Mac OS X

10.4 Tiger

Mac OS X **10.4 Tiger**

für die tägliche
Arbeit am

BRODMÜLLER-SCHMITZ LACKERBAUER

Markt+Technik

In Zusammenarbeit mit
Macwelt

Bibliografische Information Der Deutschen Bibliothek
Die Deutsche Bibliothek verzeichnet diese Publikation in der Deutschen Nationalbibliografie; detaillierte bibliografische Daten sind im Internet über http://dnb.ddb.de abrufbar.

Umwelthinweis:
Dieses Buch wurde auf chlorfrei gebleichtem Papier gedruckt.

10 9 8 7 6 5 4 3 2 1

07 06 05

ISBN 3-8272-6829-X

Einbandgestaltung: Webwo-Graphics, Marco Lindenbeck, München
Lektorat: Boris Karnikowski, bkarnikowski@pearson.de
Korrektorat: Florence Maurice, München
Herstellung: Philipp Burkart, pburkart@pearson.de
Satz: Ulrich Borstelmann, Dortmund (www.borstelmann.de)
Druck: Kösel, Krugzell (www.KoeselBuch.de)
Printed in Germany

Inhaltsverzeichnis

Vorwort

Liebe Leserin, lieber Leser,

da ein Buch wie dieses nicht die Leistung eines Einzigen ist, möchten wir uns an dieser Stelle vor allem bei den Unternehmen Apple (Georg Albrecht und Frank Limbacher), Gravis (Oliver Middelhoff), Brainworks (Josef Neumaier und Bernd Veith) und 100zehn (Martin Kuderna) sowie bei unserem Lektor Boris Karnikowski für ihre umfassende und freundliche Unterstützung mit Rat und Tat bedanken.

Wir hoffen sehr, dass Ihnen die Lektüre dieses Buches nützt und Sie bei Ihrer täglichen Arbeit mit Mac OS X Tiger begleiten wird. Haben Sie Anregungen oder Kritikpunkte das Buch betreffend? Kein Problem, wir sind jederzeit offen für Kritik und Verbesserungsvorschläge. Schicken Sie einfach eine E-Mail an `info@pearson.de` – der Verlag wird Ihre Mail an uns weiterleiten.

Vielen Dank und viel Erfolg mit dem Buch!

Die Autoren

Installation

Mac OS X 10.4 Tiger wartet mit über 200 neuen Funktionen auf, die teils unter der Oberfläche zu finden sind und sich zum Teil in vielen überarbeiteten Bestandteilen und natürlich neuen Systemprogrammen niederschlagen. Beeindruckend sind vor allem die grafischen Möglichkeiten der neuen Quartz 2D-Engine sowie die ungemein leistungsfähige Suchmaschine *Spotlight*. Auch das neu integrierte *Dashboard* stellt auf Knopfdruck eine Vielzahl kleiner Programme (Widgets) zur Verfügung, die Ihnen das Leben im IT-Umfeld erleichtern sollen. Bevor Sie jedoch in den Genuss all dieser schönen neuen Features kommen, müssen Sie Mac OS X Tiger installieren, es sei denn, Sie sind stolzer Besitzer eines neuen Macs, die werden nämlich standardmäßig mit Tiger ausgeliefert.

Tiger zu installieren ist selbst für Anfänger kein Problem. Nach ungefähr 30 Minuten der Installation ist alles vorbei und das Betriebssystem sollte Sie mit seiner Oberfläche und der Vielzahl seiner Neuerungen Willkommen heißen. Vor der Installation sind jedoch einige Dinge zu beachten, insbesondere wenn Sie ein System aktualisieren möchten. Diese finden Sie in den folgenden Abschnitten.

Systemvoraussetzungen

Derzeit werden alle Apple Macintosh-Computermodelle standardmäßig mit vorinstalliertem Mac OS X v10.4 ausgeliefert. Bevor Sie Mac OS X v10.4 auf einem anderen Apple-Computer installieren, sollten Sie klären, ob dieser die empfohlenen Systemvoraussetzungen erfüllt. Besonders wenn Sie von den immensen Grafikmöglichkeiten des neuen Betriebssystems profitieren möchten, sollten Sie darauf achten, dass Ihr Mac über eine Grafikkarte verfügt, die Quartz Extreme bzw. Quartz 2D unterstützt. Die Quartz Extreme Funktionalität wird derzeit von folgenden Video-GPUs unterstützt: NVIDIA GeForce2 MX, GeForce3, GeForce4 MX oder GeForce4 Ti oder eine beliebige AGP-basierte ATI RADEON GPU. Es werden mindestens 16 MByte VRAM benötigt.

Neben der Grafikkarte sollte ein Tiger-Mac folgende Eckdaten einhalten:

- Macintosh Computer mit einem PowerPC G3, G4 oder G5 Prozessor
- Mindestens 256 MByte RAM Arbeitsspeicher
- 3 GByte verfügbarer Speicherplatz auf der Festplatte (4 GByte bei Installation der Entwicklerwerkzeuge)
- DVD-Laufwerk

Prozessoraktualisierungskarten werden von Tiger nicht mehr unterstützt. Bei den genannten Eckdaten handelt es sich um absolute Mindestwerte. Mit einem größeren Arbeitsspeicher als 256 MByte wird Ihr Mac eindeutig schneller, ebenso mit einer Grafikkarte, die über mehr als 16 MByte VRAM verfügt.

Vor der Installation

Führen Sie vor der Aktualisierung auf Tiger unbedingt eine Datensicherung durch. Am besten ist es, wenn Sie Ihren kompletten Ordner PRIVAT auf eine externe Festplatte, DVD oder CD-ROM brennen, je nachdem wie viele Daten Sie haben.

Vergessen Sie auch nicht, Ihr Adressbuch, die iCal-Kalendereinträge, Mail-Postfächer sowie die Favoriten Ihres Webbrowsers zu sichern. Drucken Sie die Internetverbindungsdaten sowie Mail-Kontodaten (Benutzernamen, Kennwörter und Mailserver) aus oder kopieren Sie diese Daten in ein Textdokument, welches Sie ebenfalls sichern. Außerdem sollten Sie die Seriennummern Ihrer wichtigsten Programme notieren, falls eine Nachinstallation dieser Programme nach der Tiger-Aktualisierung notwendig ist.

Überprüfen Sie vor der Installation, ob Sie die Firmware Ihres Computers aktualisieren müssen. Stellen Sie mithilfe des Dienstprogramms APPLE SYSTEM PROFILER zunächst fest, welche Firmware-Version Sie verwenden. Sie erreichen dieses Programm schnell, indem Sie im Menü APPLE auf ÜBER DIESEN MAC klicken und im Fenster die Taste WEITERE INFORMATIONEN betätigen. Sie finden die Firmware-Version, wenn Sie in der Spalte INHALT den Eintrag HARDWARE markieren. Im rechten Bereich des Fensters sehen Sie dann die HARDWARE-ÜBERSICHT, wo sich hinter BOOT-ROM-VERSION die Firmware-Version Ihres Rechners verbirgt.

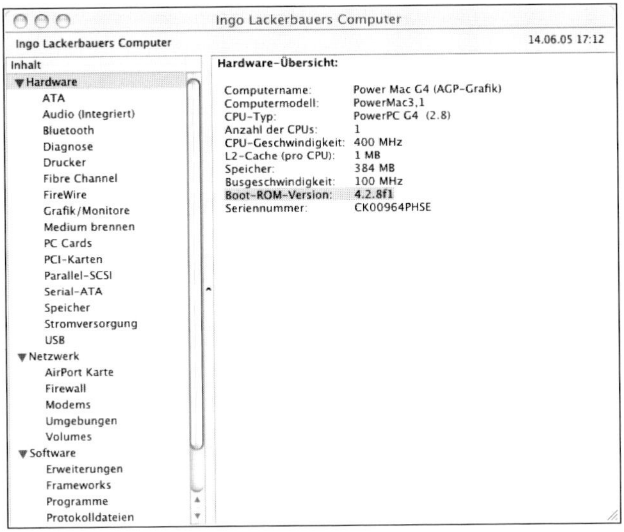

Besuchen Sie die deutsche Apple-Site (`http://www.apple.de`) und klicken Sie in SUPPORT. Sind Sie im Support-Bereich der Apple-Site angekommen, klicken Sie auf SOFTWARE LADEN. Geben Sie in das Eingabefeld FIRMWARE und Ihren Computertyp ein, z.B. G4 POWER MAC. Falls es hier eine neuere Firmware-Version zu Ihrem Computer gibt, laden Sie diese herunter. Lesen Sie die Readme-Datei und folgen Sie den Anweisungen.

Erst wenn Sie alle Daten auf ein anderes Medium gesichert und die Firmware Ihres Macs aktualisiert haben (falls notwendig), sollten Sie die Installation von Mac OS X v10.4 beginnen.

Mac OS X Tiger-Installation

Legen Sie zur Installation die Mac OS X Tiger Installations-DVD ein. Führen Sie anschließend einen Doppelklick auf das DVD-Symbol mit der Bezeichnung MAC OS X INSTALL DVD aus, sobald es auf dem Schreibtisch angezeigt wird. In dem sich öffnenden Fenster doppelklicken Sie in MAC OS X INSTALLATION.

Es begrüßt Sie ein Installationsfenster, wo Sie die Taste NEUSTART anklicken. Nach dem Hochfahren des Rechners dauert es einen Augenblick, bis Sie die Standardsprache auswählen können. Wählen Sie DEUTSCH ALS STANDARDSPRACHE VERWENDEN und klicken Sie anschließend in FORTFAHREN. Akzeptieren Sie das Software-Lizenzabkommen, da ein Klick in ABLEHNEN die Installation abbricht.

Fahren Sie soweit fort, bis Sie das Zielvolume wählen können, und klicken Sie in OPTIONEN. Mac OS X v10.4 lässt sich auf drei verschiedene Arten installieren:

- Haben Sie eine frühere Version von Mac OS X, die nicht auf Tiger aktualisiert werden kann, oder gar eine 9er-Version von Mac OS installiert, wird die Installationsoption MAC OS X INSTALLATION angezeigt und standardmäßig aktiviert.
- Standardmäßig ist für Benutzer älterer Mac OS X-Versionen MAC OS X AKTUALISIERUNG markiert. Diese Art der Installation benötigt viel freien Platz und ist daher für Systeme mit wenig Festplattenkapazität nicht geeignet. Bei dieser Option werden alle wichtigen Komponenten Ihrer alten Systemsoftware aktualisiert, wobei alle Ihre persönlichen Dateien und die meisten Einstellungen beibehalten werden.
- Mit ARCHIVIEREN UND INSTALLIEREN sichern Sie Systemdateien in den Ordner PREVIOUS SYSTEM. Aktivieren Sie das Markierungsfeld BENUTZER UND NETZWERKEINSTELLUNGEN BEIBEHALTEN, um Benutzer und Netzwerkeinstellungen zu übernehmen, sodass der Systemassistent übersprungen wird. Auf diese Weise müssen Sie Ihre Drucker, das Programm *Mail* und weitere Programme nicht erneut konfigurieren. Auch diese Art der Installation bedingt durch das Auslagern vorhandener Daten eine größere Festplattenkapazität.
- Die Option LÖSCHEN UND INSTALLIEREN stellt eine radikale, dafür allerdings auch die sauberste Installationsmethode dar. Gleichzeitig ist dies die Lösung, die die geringste Festplattenkapazität beansprucht. Da bei dieser Methode alle Daten gelöscht werden, muss vorher unbedingt eine Datensicherung auf eine externe Festplatte oder ein geeignetes Medium vorgenommen werden. Alle Programme müssen neu installiert werden.

Bestätigen Sie die Wahl Ihrer Option mit OK und fahren Sie weiter fort.

Bevor Sie in INSTALLIEREN klicken, können Sie Platz auf Ihrer Festplatte sparen, indem Sie über die Taste ANPASSEN nicht benötigte Sprachpakete und Druckertreiber abwählen. Haben Sie alle nicht benötigen Programmpakete deaktiviert (DRUCKERTREIBER, ZUSÄTZLICHE SCHRIFTEN und SPRACHPAKETE), klicken Sie in INSTALLIEREN. Tiger beginnt nun mit der ca. 30-minütigen Installation.

Nach der Installation finden Sie folgende Ordner auf der obersten Ebene Ihrer Festplatte:

- Der Ordner BENUTZER enthält die privaten Ordner aller Benutzer Ihres Computers. Jedes Home-Verzeichnis enthält unter anderem einen Ordner LIBRARY, in dem sich wiederum der Ordner FONTS mit Zeichensätzen und weitere Objekte befinden. Die hier abgelegten Daten lassen sich ausschließlich vom jeweiligen Benutzer verwenden.
- Im Ordner LIBRARY sind ebenfalls Zeichensätze, Treiber, Farbprofile und weitere Objekte abgelegt, die jedoch allen Benutzern Ihres Computers zur Verfügung stehen. Um den Inhalt dieser Ordner ändern zu können, müssen Sie sich als Administrator anmelden.
- Der Ordner PROGRAMME beinhaltet alle Programme, die automatisch installiert werden. Damit diese bei späteren Software-Aktualisierungen auffindbar bleiben, sollte der Speicherort nicht verändert werden.
- Der Ordner SYSTEM enthält die Mac OS X 10.4 Systemdateien. Dieser Ordner kann nicht bzw. nur vom Super-Administrator ROOT geändert werden. Die hier befindlichen Schriften und andere Objekte werden vom System verwendet, sodass Sie möglichst keine Änderungen vornehmen sollten.
- Befindet sich der Ordner VORHERIGES SYSTEM auf Ihrem Computer, haben Sie bei der Installation die Option ARCHIVIEREN UND INSTALLIEREN gewählt. Hier befinden sich Informationen für Benutzer und Gruppen, der Privatordner und die Netzwerkeinstellungen des vorherigen Systems.

Nach der Installation von Mac OS X startet das Installationsprogramm Ihren Mac neu. Nach dem Neustart öffnet Tiger den *Mac OS X Systemassistenten*, der Sie bei der Konfiguration Ihres neuen Systems unterstützt. Der Systemassistent hilft Ihnen beim Einstellen der Uhrzeit und des Datums, beim Einrichten Ihres Internetzugangs, der Benutzer-Accounts sowie vieler weiterer administrativer Dinge.

1 Grundlagen

Da Apple von Anfang an auf eine grafische Benutzeroberfläche baute, ist die Maus ein wichtiges Arbeitsinstrument im Umgang mit Ihrem Apple-Rechner. Natürlich spielt auch die Tastatur eine Rolle, in manchen Situationen kann sie sogar ausschließlich verwendet werden. Maus und Tastatur sind die Geräte, mit denen Sie Ihren Mac bedienen. In diesem Kapitel wird der Umgang mit Tastatur und Maus sowie der Aufbau eines Fensters erklärt.

1.1 Maus

Analog zur Bewegung der Maus auf Ihrem Schreibtisch bewegt sich ein Pfeil auf dem Bildschirm, der auch als Zeiger bezeichnet wird. Dieser Maus-Cursor oder Cursor kann verschiedene Formen annehmen, meist erscheint er jedoch als Pfeil oder als Einfügemarke (Text-Cursor). Der Mauszeiger kann zur besseren Wahrnehmung stufenlos vergrößert werden wie in Kapitel 4, *Bedienungshilfen* beschrieben.

Pfeil und Einfügemarke

Es gibt vier Basistechniken zur Bedienung der Maus: Zeigen, Einzelklick, Doppelklick und Klicken-und-Ziehen.

Zeigen

Richten Sie die Pfeilspitze durch Bewegen der Maus auf das gewünschte Objekt. Die Pfeilspitze ist der so genannte »Hotspot« (aktiver Bereich) des Pfeils, das heißt, dass dieser Bereich das Objekt berühren muss, auf das gezeigt wird. Anders ausgedrückt muss nicht der gesamte Pfeil innerhalb des gewünschten Objekts liegen, die Pfeilspitze jedoch unbedingt.

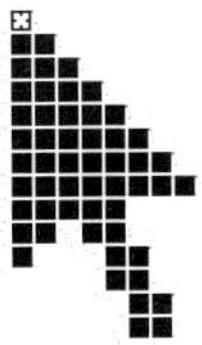

Der Hotspot

Klicken

So ist die Vorgehensweise: zunächst den Pfeil positionieren, dann einmal auf die Maustaste drücken und loslassen. Während des Klickens sollte die Maus nicht bewegt werden. Ein einfaches Klicken aktiviert das Objekt. Sie sehen, dass das ausgewählte Objekt farbig hinterlegt ist.

Ordner dienen der Verwaltung von Dateien, Dokumenten und Unterordnern. Zusammengehörige Daten werden in einem Ordner logisch gruppiert.

Ein Fenster ist ein abgegrenzter Bereich, der verschiedene Objekte (Symbole) beinhaltet.

Um eine Auswahl rückgängig zu machen, klicken Sie irgendwo in das Fenster, auf den Schreibtisch oder auf ein anderes Objekt. Möchten Sie mehrere Objekte auswählen, klicken Sie das erste Objekt an und wählen bei gedrückter [⇧]-Taste das nächste Objekt aus. Diesen Vorgang wiederholen Sie, bis alle gewünschten Objekte ausgewählt sind. Die Objekte müssen alle auf derselben Ebene liegen.

Eine weitere Variante zur Auswahl mehrerer Objekte ist das Auswahlrechteck (siehe auch Ziehen bzw. Klicken-und-Ziehen). Zeigen Sie auf eine freie Stelle in einem Fenster und drücken Sie die Maustaste. Ziehen Sie die Maus bei gedrückter Maustaste, erscheint ein von einer Linie begrenztes Rechteck. Alle Objekte innerhalb dieses Rechtecks werden ausgewählt und grau markiert.

Doppelklicken

Besonders Anfänger profitieren von der – Möglichkeit, die Geschwindigkeit der Mausbewegung sowie des Doppelklicks zu reduzieren.

Betätigen Sie die Maustaste zweimal hintereinander und lassen Sie diese dann los. Die Maus darf währenddessen nicht bewegt werden. Der Pfeil muss vorher auf das gewünschte Objekt gerichtet sein. Durch Doppelklicken wird z.B. ein Ordner geöffnet oder ein Programm gestartet. Doppelklicken in einem Text hat zur Folge, dass ein ganzes Wort ausgewählt wird. Die Geschwindigkeit der Zeigerbewegung und des Mausrads lässt sich ebenso wie das Doppelklick-Intervall in den Systemeinstellungen im Bereich HARDWARE unter MAUS ändern (siehe Kapitel 4, *Tastatur und Maus*).

Ziehen

Mit dieser Technik können Sie Objekte bewegen (entspricht dem englischen Drag-and-Drop). Die Pfeilspitze zeigt dabei auf das Objekt, welches Sie mit gedrückter Maustaste zur gewünschten Position ziehen. Lassen Sie dann die Maustaste los.

Auf dem Schreibtisch gibt es zusätzliche Cursor-Symbole:

- Pfeil mit Pluszeichen: Das Objekt wird nicht nur verschoben, sondern kopiert. Dieses Symbol erscheint nur, wenn Sie laufwerkübergreifend Dateien verschieben bzw. Ordner oder Dateien auf der Oberfläche ablegen oder während des Ziehens die Taste [⌥] drücken. Dabei wird die Originaldatei nicht von ihrem angestammten Platz (etwa auf der Festplatte) entfernt, sondern lediglich auf das neue Volume bzw. Laufwerk kopiert. Das Objekt wird während des Kopierens durchscheinend dargestellt.

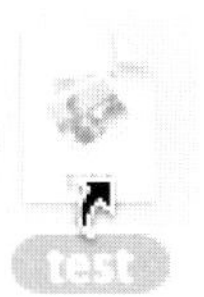

- Ein Alias ist eine Platzhalter, der auf die Originaldatei verweist. Beim Erstellen eines Alias mithilfe der Maus erscheint ein aufwärts geschwungener Pfeil. Halten Sie dazu die [⌘]- und [⌥]-Taste gleichzeitig gedrückt, und ziehen Sie anschließend die Datei oder den Ordner an die gewünschte Zielposition. Das Alias wird automatisch erzeugt, währenddessen wird das Objekt durchscheinend dargestellt. Weitere Informationen finden Sie in Kapitel 3, *Aliasdateien*.

1.2 Tastatur

Anstelle der Bedienung per Maus besteht immer die Möglichkeit, Operationen mit der Tastatur auszuführen.

Hervorgehobene Tasten können Sie mit der [↵] betätigen.

In den meisten Fällen ist das Arbeiten mit der Maus dem Arbeiten mit der Tastatur vorzuziehen. In akuten Notfällen und für häufig verwendete Befehle ist es jedoch sehr hilfreich, auf die Tastatur zurückgreifen zu können.

Zusätzlich zu den üblichen Buchstaben und Satzzeichen befinden sich auf Ihrer Apple-Tastatur weitere Elemente:

- Sondertasten wie z.B. die [⌘]-Taste oder [⌥]-Taste
- Funktionstasten wie [F1] oder [F2]
- Pfeiltasten für den Cursor und den Bildlauf
- numerischer Zahlenblock
- spezielle Tasten wie die [Hilfe]-Taste

Außerdem gibt es Tasten, die auch auf Schreibmaschinen zu finden sind, hier jedoch anders funktionieren:

[⇥]

Mit der Tabulatortaste können Sie die Einfügemarke zur nächsten Stopp-Position bewegen. Zusätzlich ist es mithilfe der Tabulatortaste möglich, in einem Dialogfenster in das jeweils nächste Textfeld zu wechseln. Die Tastenkombination [⇥] + [⇧] steuert Textfelder in umgekehrter Reihenfolge an. Mithilfe des Tastenkürzels [⌘] + [⇥] wechseln Sie zum nächsten geöffneten Programm, bei gleichzeitig gedrückter [⇧]-Taste kehrt sich auch hierbei die Reihenfolge der angesteuerten Programme um.

[CapsLock]

Die Feststelltaste ist auch unter der Bezeichnung Caps Lock bekannt. Sie stellt die Tastatur auf Großbuchstaben um, ohne jedoch die Ebene der Zahlen und Satzzeichen zu wechseln. Sie müssen die Feststelltaste erneut drücken, um wieder Kleinbuchstaben eingeben zu können. Auf der Tastatur wird die gedrückte Feststelltaste mit einer Leuchtdiode kenntlich gemacht.

[←]

Die Rückschritttaste (Backspace) oder auch Löschtaste ermöglicht das Löschen rückwärts, also links von der Einfügemarke. Um ganze Wörter oder Passagen mit einem Tastendruck zu löschen, müssen Sie diese zunächst markieren und dann die [←]-Taste drücken.

[↵]

Neben der Funktion, eine neue Zeile oder einen neuen Absatz zu beginnen, können Sie mit der Eingabetaste (auch bekannt als Enter- oder Return-Taste) hervorgehobene Tasten in Dialogfenstern bestätigen.

Sondertasten

Die Sondertasten bewirken einzeln gedrückt gar nichts, erst in Kombination mit anderen Tasten können Sie beispielsweise Sonderzeichen oder einen Tastaturbefehl eingeben.

[⌘]

Die [⌘]-Taste ermöglicht die Eingabe von Tastaturbefehlen, daher wird Sie auch Befehlstaste genannt. Neben dem Apfel ist ein Kleeblatt-Symbol abgebildet, das manchmal als Blumenkohl bezeichnet wird. Die beiden [⌘]-Tasten befinden sich links und rechts von der Leertaste.

[⇧]

Die [⇧]-Taste funktioniert als Umschalter zur Erzeugung von Großbuchstaben und Sonderzeichen. Zusätzlich ist sie in Kombination mit anderen Sondertasten zur Eingabe weiterer Sonderzeichen oder für Tastaturbefehle vonnöten. Sie finden zwei [⇧]-Tasten auf der Tastatur, eine auf der linken und eine auf der rechten Seite.

[⌥]

Diese Taste ist unter den Namen Alt-Taste, Wahltaste oder Optionstaste bekannt. Sie dient der Eingabe von Sonderzeichen sowie von Tastaturbefehlen.

Das Symbol auf der [⌥]-Taste wurde schon als Badewanne interpretiert.

[ctrl]

Die Abkürzung CTRL auf der Taste steht für Control. Die [ctrl]-Taste, auch Steuertaste genannt, ermöglicht die Eingabe von Sonderzeichen und Tastaturbefehlen.

Funktionstasten

Die in der oberen Reihe der Tastatur gelegenen Funktionstasten [F1] bis [F12] haben in einzelnen Programmen verschiedene Funktionen, wobei sie häufig gar nicht belegt sind. Mit [F9] verkleinern Sie alle geöffneten Fenster soweit, dass diese gleichzeitig sichtbar sind. Die Taste [F10] zeigt alle Fenster eines Programms an und [F11] blendet temporär alle Fenster aus, damit der Blick auf den Schreibtisch frei wird. Weitere Informationen zu den Exposé-Funktionen finden Sie in Kapitel 3, *Exposé*. Die Taste [F12] öffnet *Dashboard* und zeigt die aktiven Widgets (siehe auch Kapitel 2, *Dashboard und Widgets*).

Pfeiltasten

Mithilfe der Pfeiltasten ([↑], [↓], [←], [→]), auch Richtungstasten genannt, können Sie die Einfügemarke steuern und zwischen den Objekten innerhalb eines Fensters navigieren.

In einem aktiven Fenster können Sie ein Objekt auch über die Tastatur auswählen: [⇥], [⇧] + [⇥] oder Pfeiltasten benutzen.

Die Taste [Pos1] ermöglicht die Navigation zum Zeilenanfang, [Ende] führt zum Zeilenende.

Mit den Tasten [Bild oben] und [Bild unten] gelangen Sie zum oberen oder unteren Ende des Bildschirms, in manchen Programmen zum oberen oder unteren Rand einer Druckseite. Dabei kann die Einfügemarke ihre Position behalten oder wechseln.

Numerischer Zahlenblock

Der numerische Zahlenblock erleichtert das Eingeben von Zahlen. Er beinhaltet neben den Zahlen ein Dezimalkomma und die mathematischen Grundoperationen Addieren, Subtrahieren, Multiplizieren [*], Dividieren [/], sowie das Gleichheitszeichen [=]. Die im Zahlenblock rechts unten befindliche Taste dient als Eingabetaste. Die Taste [Num] hat jedoch eine weitere Funktion, die Sie sicherlich häufiger benötigen, nämlich das Löschen (auf der Taste als ge-x-tes Rechteck symbolisiert). Sie können mit der [Num]-Taste im Gegensatz zur [←]-Taste rechts von der Einfügemarke löschen, also vorwärts. Markierte Zeichen lassen sich sowohl mit der Rückschritttaste als auch mit der [Num]-Taste löschen. Erweiterte Tastaturen verfügen über eine separate [Entf]-Taste. Diese befindet sich im Tastenfeld oberhalb der Pfeiltasten an der linken unteren Position. Die Funktion des Vorwärts-Löschens muss jedoch von dem entsprechenden Programm unterstützt und bereitgestellt werden.

Spezielle Tasten

[Hilfe]-Taste

Die [Hilfe]-Taste öffnet die Mac-Hilfe, die auch über das Menü HILFE erreichbar ist. Bei der Arbeit in einem Programm wird die jeweilige Programmhilfe gestartet – sofern vorhanden.

[Esc]-Taste

Die Funktion der [Esc]-Taste (Escape-Taste) besteht darin, die Taste ABBRECHEN in einem Dialogfenster zu aktivieren. Darüber hinaus kann sie in verschiedenen Applikationen gar keine oder eine andere Funktion haben.

Zeichenpalette

Die *Zeichenpalette* zeigt alle verfügbaren Zeichen an und ermöglicht deren Eingabe. Damit erreichen Sie über die auf der Tastatur verfügbaren Zeichen hinaus Sonderzeichen, Symbole und Zeichen anderer Sprachen. In Programmen, die speziell auf Mac OS X ausgerichtet sind, wird die Zeichenpalette mit BEARBEITEN/SONDERZEICHEN geöffnet.

Mithilfe des Einblendmenüs Darstellung wählen Sie den Typ des einzufügenden Zeichens. Links werden verschiedene Kategorien aufgelistet, deren Zeichen im rechten Teil angezeigt werden. Klicken Sie in das Dreieck vor Informationen, um den Namen eines Zeichens sowie ähnliche Zeichen anzuzeigen. Ein Klick in das Dreieck vor Schriftvariante blendet die Schriftsammlungen ein, in denen das markierte Zeichen enthalten ist. Soweit vorhanden werden unterhalb der Schriftsammlungen Glyphenvarianten des Zeichens angezeigt.

Platzieren Sie die Einfügemarke dorthin, wo Sie das Sonderzeichen einfügen möchten und rufen Sie die Zeichenpalette mit Bearbeiten/Sonderzeichen auf. Steuern Sie das gewünschte Zeichen an und wählen Sie es per Doppelklick aus der rechten Spalte aus. Alternativ markieren Sie das Zeichen und verwenden die Taste Einsetzen.

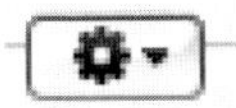

Häufig benötigte Zeichen lassen sich mit dem Aktionsmenü als Favorit sichern. Klicken Sie im oberen Teil in Favoriten, um schnell auf die Favoriten zuzugreifen.

Erscheint das Zeichen im Dokument nicht, versuchen Sie es in einem anderen Programm einzufügen oder ein anderes Zeichen auszuwählen. Ist das Einblendmenü Darstellung nicht verfügbar, klicken Sie in die kleine längliche Taste in der rechten oberen Ecke des Fensters.

Auch das Tastaturmenü bietet Zugriff auf die Zeichenpalette, dieses wird standardmäßig jedoch nicht angezeigt. Klicken Sie im Menü Apple oder im Dock auf Systemeinstellungen und unter Persönlich auf Landeseinstellungen. Klicken Sie in die Taste Tastaturmenü, markieren Sie im oberen Teil das Markierungsfeld ZEICHENPALETTE, im unteren Teil TASTATURMENÜ IN DER MENÜLEISTE ANZEIGEN und schließen Sie das Fenster. Das Tastaturmenü ist nun als Landesflagge rechts in der Menüleiste zu sehen. Mit dem Eintrag ZEICHENPALETTE EINBLENDEN haben Sie von hier aus Zugriff auf die Zeichenpalette.

Sonderzeichen

Alternativ zur Zeichenpalette können Sie Buchstaben mit Akzenten wie z.B. ê oder Sonderzeichen mit der Tastatur eingeben. Öffnen Sie das Dokument, in dem Sie die Eingabe vornehmen möchten. Legen Sie dann fest, dass das Tastaturmenü mit dem Eintrag TASTATURÜBERSICHT angezeigt wird. Klicken Sie im Menü APPLE oder im Dock auf SYSTEMEINSTELLUNGEN und unter PERSÖNLICH auf LANDESEINSTELLUNGEN. Klicken Sie in die Taste TASTATURMENÜ, markieren Sie im oberen Teil das Feld TASTATURÜBERSICHT und aktivieren Sie im unteren Teil das Feld TASTATURMENÜ IN DER MENÜLEISTE ANZEIGEN. Schließen Sie das Fenster und wählen Sie TASTATURÜBERSICHT EINBLENDEN aus dem Tastaturmenü (Landesflagge).

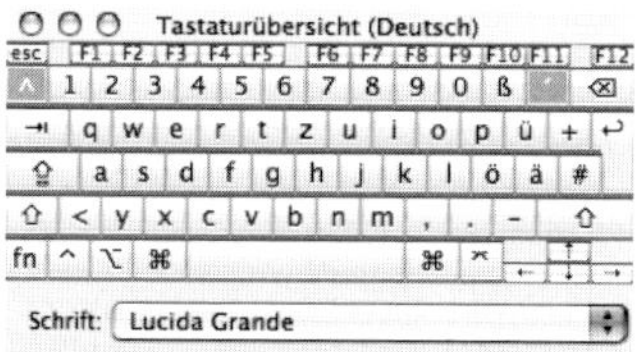

Drücken Sie nun die Taste [⌘] oder [⇧] bzw. beide gleichzeitig, werden die verfügbaren Akzente und Sonderzeichen angezeigt. Sie erkennen so, welche Tastenkombination Sie drücken müssen, um Akzente oder Sonderzeichen über die Tastatur einzugeben. Drücken Sie für Buchstaben mit Akzenten zunächst die Tastenkombination für den Akzent und anschließend die Taste des Buchstabens.

1.3 Fenster

Unter einem Volume versteht man einen Datenträger, wie z.B. eine Diskette, eine CD oder eine Festplatte bzw. Festplatten-Partition.

Fenster sind die Grundelemente der grafischen Benutzeroberfläche. Die Inhalte von Volumes, Ordnern, Dokumenten und des Papierkorbs werden jeweils in einem Fenster dargestellt. Dabei entspricht der Titel des Fensters dem Namen des Objekts. Auf dem Schreibtisch werden die Begriffe *Fenster* und *Ordner* synonym verwendet. Die meisten Fenster zeigen den Inhalt eines

Ordners. Der Papierkorb und der Schreibtisch sind ebenfalls Ordner, jedoch mit speziellen Funktionen. Darüber hinaus werden Ihnen auch in Anwenderprogrammen Fenster begegnen, die in der Regel ähnliche Elemente besitzen wie die Fenster Ihres Betriebssystems.

Um ein Fenster im Finder zu öffnen, führen Sie einen Doppelklick auf die Festplatte, einen Ordner oder ein anderes Volume aus. Sie können jedoch auch zunächst ein Objekt markieren und dann im Menü ABLAGE den Befehl ÖFFNEN wählen. Zum Öffnen des Papierkorbs genügt ein einfacher Klick auf den Papierkorb im Dock.

Sofern ein Fenster über eine Seitenleiste verfügt, öffnen Sie ein weiteres Fenster, indem Sie die Taste [⌘] drücken und gleichzeitig auf den gewünschten Ordner in der Seitenleiste klicken. Ist die Seitenleiste eines Fensters nicht eingeblendet, öffnet ein Doppelklick bei gedrückter [⌘]-Taste ein weiteres Fenster.

Wenn Sie mehrere Fenster gleichzeitig geöffnet haben, können Sie nur im aktiven Fenster agieren. Das jeweils aktive Fenster ist kräftiger dargestellt, der Titel erscheint schwarz, während das inaktive Fenster samt Symbolleiste blass erscheint und der Titel in grauer Schrift dargestellt ist. Sie aktivieren ein Fenster, indem Sie hineinklicken.

Im oberen Teil, der Titelleiste des Fensters, sehen Sie in der Mitte den Titel bzw. Namen. Das Symbol vor dem Titel zeigt Ihnen an, ob es sich um ein Volume, einen Ordner, ein Dokument oder um den Papierkorb handelt.

In der linken Ecke befinden sich drei runde, farbige Symbole – laut Apple die »Tasten für die Fenstersteuerung«.

Sobald Sie mit der Maus über eines dieser Symbole fahren, erscheinen in den Symbolen Zeichen, welche die Funktion versinnbildlichen:

- Ein Klick auf das Diagonalkreuz im roten Symbol (ganz links in der Titelleiste und Schließfeld genannt) schließt das Fenster.
- Ein Klick auf das Minuszeichen im gelben Symbol blendet das Fenster aus, d.h. das Fenster wird auf Symbolgröße minimiert und im Dock platziert (das Dock ist die Symbolleiste am unteren Rand des Bildschirms, dazu später mehr). Ein Klick auf das Symbol im Dock blendet das Fenster wieder ein.

- Ein Klick auf das Pluszeichen im grünen Symbol vergrößert das Fenster, ein nochmaliger Klick darauf minimiert es wieder zur Standardgröße.

Anstelle einiger Menüpunkte können auch Tastaturkürzel verwendet werden. Oft genutzte Befehle lassen sich per Kürzel schneller aktivieren.

Alternativ dazu können Sie auch im Menü ABLAGE den Befehl SCHLIEßEN auswählen oder das Tastaturkürzel [⌘] + [W] verwenden, um ein Fenster zu schließen. Achten Sie dabei jedoch darauf, dass das Fenster, das Sie schließen möchten, aktiv ist. Auch das Minimieren von Fenstern, bei denen diese im Dock abgelegt werden, kann auf anderem Weg erreicht werden, einmal durch Doppelklicken in die Titelleiste und mit FENSTER/IM DOCK ABLEGEN oder [⌘] + [M]. Zum Einblenden im Dock abgelegter Fenster steht im Menü FENSTER ein Eintrag mit der Bezeichnung des jeweiligen Fensters bereit. Alternativ zum Pluszeichen vergrößert auch der Eintrag ZOOMEN im Menü FENSTER das aktive Fenster.

Für den Fall, dass Sie mehrere Fenster geöffnet haben, die Sie alle auf einmal schließen möchten, klicken Sie bei gedrückter [⌥]-Taste in das Schließfeld des aktiven Fensters. Diesen Vorgang können Sie auch per Tastenkombination aktivieren: Drücken Sie zusätzlich zu der Taste [⌘] und dem Buchstaben [W] die [⌥]-Taste. Sehen Sie sich das Menü ABLAGE bei gedrückter [⌥]-Taste an. Aus dem Menüeintrag FENSTER SCHLIEßEN wird der Befehl ALLES SCHLIEßEN.

Ein besonderer Effekt wird sichtbar, wenn Sie die Taste [⇧] gedrückt halten, während Sie ein Fenster minimieren. Das Fenster verschwindet zwar wie erwartet im Dock, allerdings im Zeitlupentempo. Diese Verzögerung können Sie bei gedrückter [⇧]-Taste auch beim Einblenden von im Dock abgelegten Fenstern beobachten.

In der rechten unteren Ecke des Fensters finden Sie ein diagonal gestreiftes Feld, welches als Griff zur Skalierung der Fenstergröße dient.

Wenn Sie ein Fenster bewegen möchten, klicken Sie in die Titelleiste und ziehen Sie es mit gedrückter Maustaste zur gewünschten Position. Sie können inaktive Fenster verschieben, indem Sie beim Ziehen die [⌘]-Taste gedrückt halten.

Symbolleiste

Direkt unterhalb der Titelleiste eines Fensters befindet sich die Symbolleiste, deren Funktionen sich auf den Fensterinhalt beziehen.

Die Symbolleiste gliedert sich in vier Bereiche, die verschiedene Funktionen erfüllen. Die links angeordneten Symbole ZURÜCK und VOR führen zu den zuvor angezeigten Ordnern oder Darstellungen. Die drei folgenden Symbole dienen zum Wechsel der Fensterdarstellung. Die Aktionstaste mit dem Zahnrad-Symbol ermöglicht verschiedene Aktionen. Schließlich nimmt das Eingabefeld SUCHEN einen Suchbegriff auf (siehe Kapitel 2, *Menü Ablage*).

Mittels der Tasten zur Darstellung können Sie den Inhalt eines Fensters auf drei Arten anzeigen. Ein Mausklick in die linke Taste mit den vier kleinen Quadraten zeigt den Fensterinhalt in Form von Symbolen an. Ein Klick in die mittlere Taste präsentiert den Inhalt eines Fensters als Liste, wohingegen ein Klick auf die rechte Taste die Darstellung in Spalten zur Folge hat. Welche Art der Darstellung Sie bevorzugen, hängt von Ihrem persönlichen Arbeitsstil ab. Die Darstellung lässt sich auch über das Menü DARSTELLUNG bzw. durch Tastenkürzel verändern und betrifft immer das aktive Fenster. Einzelheiten hierzu finden Sie im Abschnitt *Darstellungsoptionen* weiter unten.

Mit der länglichen Taste im rechten Bereich der Titelleiste können Sie die Symbolleiste sowie die Seitenleiste aus- und wieder einblenden. Alternativ wählen Sie im Menü DARSTELLUNG den Eintrag SYMBOLLEISTE AUSBLENDEN bzw. verwenden die Tastenkombination [⌥] + [⌘] + [T]. Zusätzlich zur Symbolleiste wird hierbei auch die Seitenleiste ausgeblendet. Ist das Fenster so skaliert, dass nicht alle Symbole angezeigt werden können, erscheint am rechten Rand der Symbolleiste ein Doppelpfeil, über den Sie die weiteren Symbole ansteuern.

Der Menüeintrag Symbolleiste anpassen *ist nur dann aktiv, wenn ein Fenster mit Symbolleiste geöffnet ist.*

Die Symbolleiste kann um weitere Symbole ergänzt werden, zudem lässt sich die Reihenfolge und Darstellung beeinflussen. Veränderungen an der Symbolleiste setzen voraus, dass diese in einem geöffneten Finder-Fenster eingeblendet ist. Wählen Sie DARSTELLUNG/SYMBOLLEISTE ANPASSEN, um die Optionen für die Symbolleiste einzublenden.

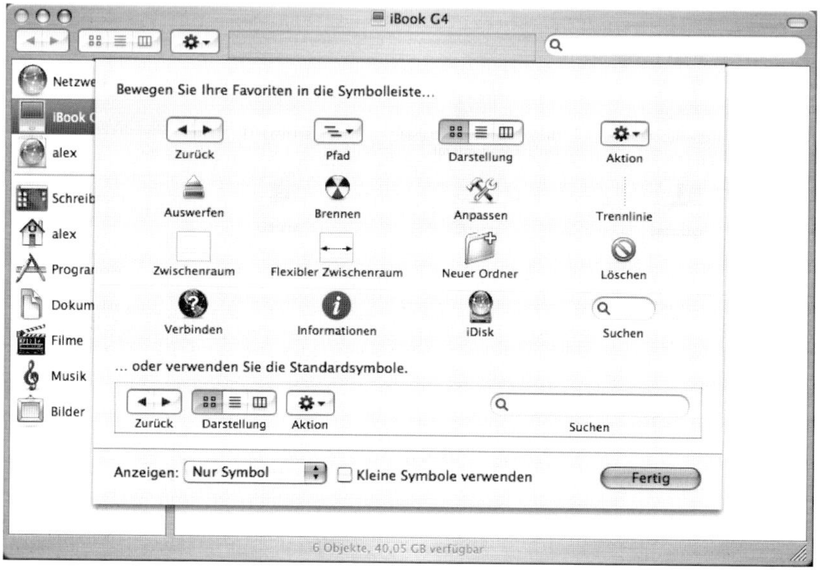

Das Hinzufügen weiterer Symbole ist sinnvoll, wenn Sie bestimmte Funktionen oft benötigen. Ziehen Sie das Symbol einfach an die gewünschte Position auf der Symbolleiste, diese kann sich auch vor oder zwischen den bereits vorhandenen Symbolen befinden. Zur Strukturierung der Symbolleiste stehen die Elemente TRENNLINIE, ZWISCHENRAUM und FLEXIBLER ZWISCHENRAUM zur Verfügung. Ein flexibler Zwischenraum füllt die verbliebene Breite der Symbolleiste aus. In der Standard-Symbolleiste sorgt ein solcher flexibler Zwischenraum dafür, dass die Sucheingabe rechts außen steht.

Möchten Sie ein Symbol aus der Symbolleiste entfernen, ziehen Sie es einfach nach oben oder unten weg. Zur Wiederherstellung der Standard-Symbolleiste ziehen Sie die Standardsymbole unter ODER VERWENDEN SIE DIE STANDARDSYMBOLE als Ganzes auf die Symbolleiste. Mithilfe des Einblendmenüs ANZEIGEN definieren Sie, ob die Symbole zusätzlich mit Text dargestellt werden (SYMBOL & TEXT) oder ob nur die textliche Beschreibung erfolgen soll (NUR TEXT). Das Markierungsfeld KLEINE SYMBOLE VERWENDEN sorgt für kleinere Symbole. Entspricht die Symbolleiste Ihren Vorstellungen, klicken Sie auf FERTIG. Die veränderte Symbolleiste steht nun in jedem Fenster zur Verfügung.

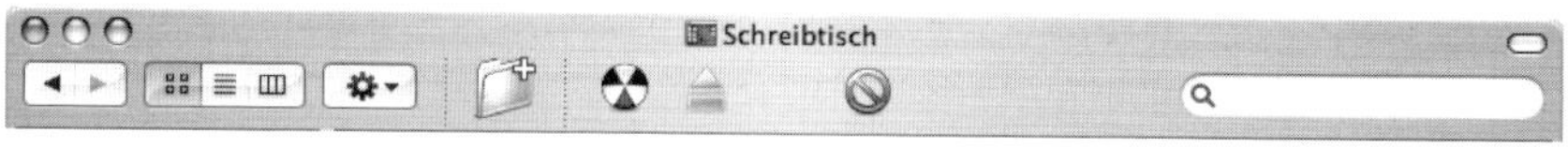

Im Beispiel sehen Sie die zusätzlichen Symbole Neuer Ordner, Brennen, Auswerfen und Löschen.

Seitenleiste

Auf die in der Seitenleiste enthaltenen Objekte können Sie von jedem Fenster aus leicht zugreifen. Neben den per Voreinstellung vorhandenen Objekten können Sie der Seitenleiste auch weitere hinzufügen.

Im oberen Teil der Seitenleiste sehen Sie das Netzwerk- sowie das Festplatten-Symbol. Sind weitere Festplatten oder Volumes mit Ihrem Computer verbunden oder CDs eingelegt, werden diese ebenfalls hier angezeigt. Die Symbole Schreibtisch, Privat (im Beispiel alex), Programme, Dokumente, Filme, Musik und Bilder zählen zu den so genannten Navigationssymbolen, mit denen Sie schnell wichtige Speicherorte erreichen.

Netzwerk

Mithilfe dieses Symbols erreichen Sie alle im Netzwerk verfügbaren Volumes und Computer. Netzwerkvolumes oder lokal angeschlossene Volumes (wie etwa eine zusätzliche externe Festplatte) sind nach dem Verbinden ebenfalls im oberen Teil der Seitenleiste sicht- und ansteuerbar. Weitere Informationen zu Netzwerkvolumes finden Sie in Kapitel 9, *Netzwerk*.

Festplatte

Ein Klick auf das Festplatten-Symbol (hier iBook G4) zeigt die Ordner der obersten Festplatten-Ebene an.

Schreibtisch

Nach einem Klick auf Schreibtisch sehen Sie den Inhalt Ihres Schreibtisches, allerdings ohne Volumes (diese werden im oberen Teil der Seitenleiste angezeigt).

Privat (Ihr Name)

Klicken Sie in das Symbol Ihres privaten Ordners, wenn Sie einen Blick auf Ihren Bereich auf der Festplatte werfen möchten. Sie sehen dann die Ordner Bilder, Dokumente, Filme, Library, Musik, den Ordner Öffentlich mit freigegebenen Objekten im Netzwerk, Schreibtisch, Web-Sites und andere Ordner, die unter Ihrem Namen auf der Festplatte abgelegt sind. Die meisten der sichtbaren Ordner werden im Rahmen der Installation automatisch angelegt.

Programme

Indem Sie auf das Symbol Programme klicken, wird der Inhalt des gleichnamigen Ordners Ihrer Festplatte angezeigt. Hier liegen die Programme, die Mac OS X 10.4 bei der Installation auf Ihre Festplatte kopiert hat. Darunter befinden sich z.B. das Adressbuch, iTunes, ein Schachprogramm, die Uhr, ein Kalender und viele weitere nützliche Anwendungen.

Dokumente, Filme, Musik, Bilder

Über diese Symbole erreichen Sie schnell Ihre privaten gleichnamigen Ordner, die sich auf oberster Ebene Ihres Privat-Ordners befinden.

Insbesondere für den oberen Teil der Seitenleiste können Sie festlegen, welche Objekte standardmäßig angezeigt werden. Wählen Sie dazu Finder/Einstellungen und klicken Sie auf Seitenleiste.

Heben Sie z.B. die Markierung für Festplatten auf, werden zusätzliche mit Ihrem Computer verbundene Festplatten nicht mehr angezeigt.

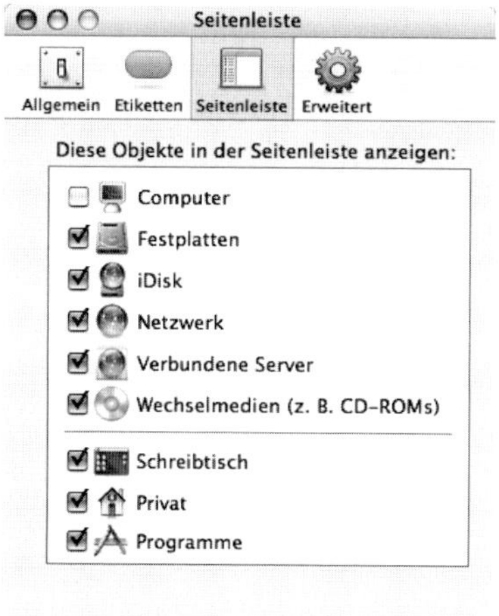

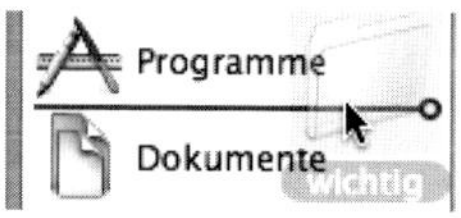

Möchten Sie einen weiteren Ordner zur Seitenleiste hinzufügen, ziehen Sie diesen einfach an eine beliebige Position im unteren Teil der Seitenleiste. Achten Sie darauf, dass die endgültige Position durch eine Linie angezeigt wird, anderenfalls könnten Sie den Ordner irrtümlicherweise in einen anderen ziehen. Die Reihenfolge der Symbole in der Seitenleiste kann einfach durch Ziehen an eine andere Position verändert werden. Alternativ hierzu fügen Sie der Seitenleiste einen Ordner hinzu, indem Sie diesen in einem Finder-Fenster markieren und im Menü ABLAGE den Eintrag ZUR SEITENLEISTE HINZUFÜGEN wählen bzw. die Tastenkombination [⌘] + [T] drücken.

Zum oberen Teil der Seitenleiste können keine beliebigen Symbole hinzugefügt werden, da sich die dortigen Symbole aus den angeschlossenen Volumes und eingelegten Medien ergeben. Um ein Symbol zu entfernen, ziehen Sie dieses einfach seitlich aus der Seitenleiste heraus. Da es sich lediglich um ein Alias handelt, wird der Originalordner hierbei nicht gelöscht. Alternativ klicken Sie das zu entfernende Symbol bei gedrückter [ctrl]-Taste oder mit der rechten Maustaste an und wählen AUS DER SEITENLEISTE ENTFERNEN aus dem Kontextmenü.

Statusleiste

In der unterhalb von Seitenleiste und Fensterinhalt liegenden Zeile, der Statusleiste, erhalten Sie Auskunft über die Anzahl der in dem Fenster befindlichen Objekte sowie über den noch freien Speicherplatz auf dem Volume. Sofern eines oder mehrere Objekte ausgewählt sind, wird auch dieses angezeigt.

ROLLBALKEN

Am unteren und rechten Rand des Fensters befinden sich Rollbalken mit Rollpfeilen und Rollgriffen. Diese Elemente sind nur dann sichtbar, wenn im Fenster nicht der gesamte Fensterinhalt dargestellt werden kann. Das Verschieben des Fensterinhalts mit den Rollgriffen oder Rollpfeilen wird auch Scrollen (englisch für Rollen), genannt. Das Scrollen mittels Rollgriffen bezeichnet man auch als Live-Scrolling, da Sie anhand der Position der Rollgriffe feststellen können, welchen Ausschnitt des Fensters Sie sehen. Um z.B. an das Ende eines großen Fensters zu gelangen, müssen Sie nicht so lange den Rollpfeil betätigen, bis das Ende des Fensters erreicht ist. Klicken Sie auf den Rollgriff, ziehen Sie ihn an das Ende des Rollbalkens und sofort sehen Sie das Ende des Fensters. Durch einen Klick oberhalb bzw. unterhalb des Rollbalkens wird automatisch der oberhalb bzw. unterhalb des aktuellen Fensterausschnitts liegende Inhalt angezeigt. Weiterhin besteht die Möglichkeit, sich mithilfe der Tastatur durch ein Fenster zu bewegen. Verwenden Sie dazu die Pfeiltasten bzw. die Tasten [Bild oben] und [Bild unten].

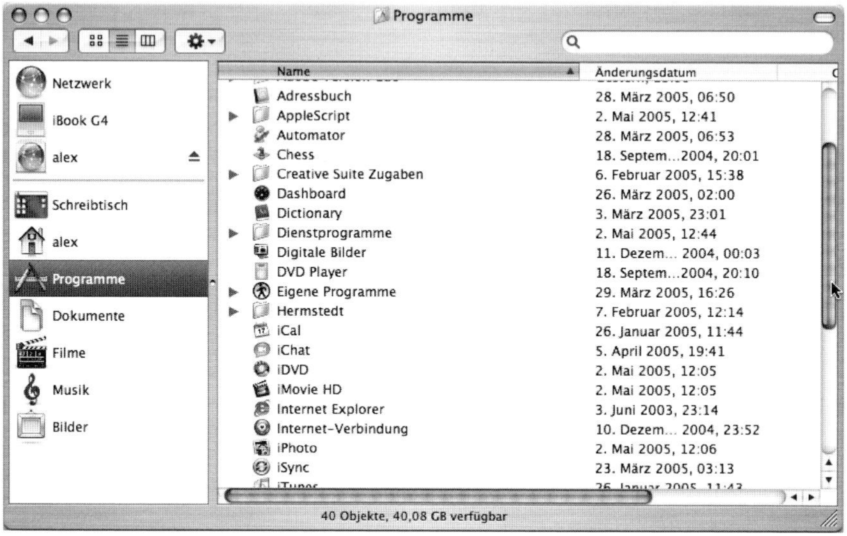

Darstellungsoptionen

Grundsätzlich gelten für alle Fenster im Finder die gleichen Voreinstellungen, die Sie jedoch für einzelne Fenster oder alle Fenster in einer bestimmten Darstellung modifizieren können. Öffnen Sie zunächst ein Finder-Fenster, um die diesbezüglichen Darstellungsoptionen anzuzeigen. Klicken Sie im Finder-Menü DARSTELLUNG auf DARSTELLUNGSOPTIONEN EINBLENDEN, verwenden Sie die Tastenkombination [⌘] + [J] oder wählen Sie DARSTELLUNGSOPTIONEN EINBLENDEN, nachdem Sie in der Symbolleiste auf die Taste AKTION geklickt haben. Das Dialogfenster erhält die gleiche Bezeichnung wie das aktive Finder-Fenster.

Je nachdem, welche Darstellungsoption für das aktive Finder-Fenster eingestellt ist, bietet das Dialogfenster unterschiedliche Optionen. Wir gehen zunächst von einem Fenster aus, das Symbole enthält.

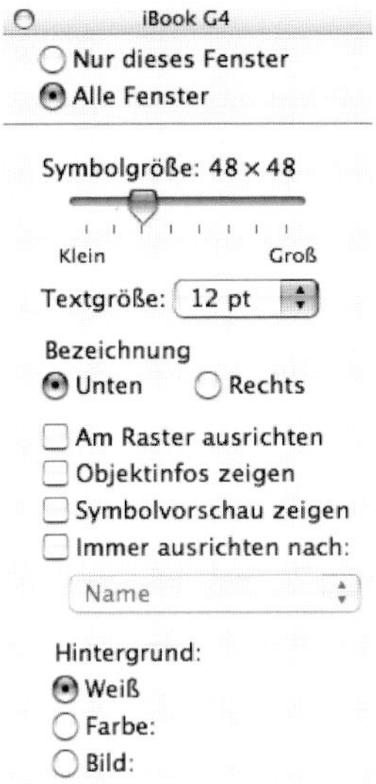

Legen Sie im oberen Teil des Dialogfensters fest, ob die nachfolgenden Einstellungen für das aktuell geöffnete oder generell für alle Fenster in der Symbolansicht gelten sollen. Im unteren Bereich können Sie verschiedene Einstellungen verändern. Halten Sie dabei das geöffnete Fenster im Blick, um die Veränderungen direkt nachvollziehen zu können.

Das Dialogfenster bekommt erst dann den entsprechenden Inhalt, wenn Sie ein Fenster geöffnet und aktiviert haben. Ansonsten beziehen sich die Optionen auf den Schreibtisch.

Unterhalb der aktuellen Symbolgröße sehen Sie einen Schieberegler, mit dem Sie die Größe der Symbole innerhalb des Fensters verändern können. Klicken Sie auf den Regler und ziehen Sie diesen in die gewünschte Richtung, um kleinere bzw. größere Symbole zu erhalten. Die Größe der Schrift lässt sich unabhängig von der Symbolgröße einstellen. Klicken Sie auf den Doppelpfeil, sodass sich ein Einblendmenü öffnet. Fahren Sie mit dem Mauszeiger zur gewünschten Größe und führen Sie einen Klick aus. Haben Sie die Größe mit gedrückter Maustaste angesteuert, genügt es, diese loszulassen, um die Auswahl zu bestätigen. Legen Sie mithilfe eines der Optionsfelder fest, wo sich die Symbolbezeichnung befinden soll.

Der nächste Bereich beschäftigt sich mit der Ausrichtung der Symbole im Fenster. Standardmäßig ist hier keine Option aktiviert, die Symbole sind also unter Umständen kreuz und quer angeordnet. Um etwas Ordnung in das eventuell vorhandene Chaos der Symbole zu bringen, aktivieren Sie die Option AM RASTER AUSRICHTEN. Die Symbole in einem Fenster werden nun entlang eines imaginären, nicht sichtbaren Rasters ausgerichtet. Beim Versuch, ein Symbol zu verschieben, wird dieses immer eine Rasterposition einnehmen. Leider wird der Inhalt des aktiven Fensters nicht automatisch aufgeräumt. Klicken Sie dazu im Menü DARSTELLUNG auf AUFRÄUMEN. Ein Fenster, dessen Inhalt am Raster ausgerichtet wird, erhält im linken Bereich der Statusleiste ein entsprechendes Symbol.

Ist das Markierungsfeld OBJEKTINFOS ZEIGEN aktiviert, wird unterhalb der Symbolbezeichnung angezeigt, wie viele Objekte ein Ordner enthält. Klicken Sie in SYMBOLVORSCHAU ZEIGEN, um anstelle von allgemeinen Programmsymbolen z.B. die Vorschau einer Grafik zu erhalten.

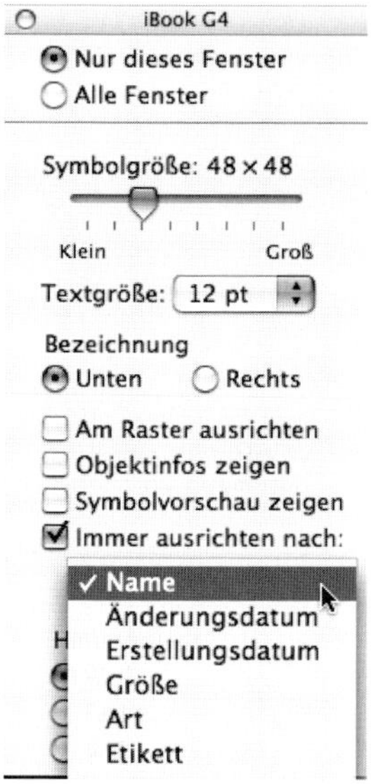

Ein Klick in Immer ausrichten nach aktiviert ein Einblendmenü. Klicken Sie in den Doppelpfeil oder die aktuelle Auswahl, um dieses anzuzeigen.

Hier haben Sie die Möglichkeit, die Symbole nach fünf Kriterien zu sortieren. Der Menüeintrag Name ist standardmäßig aktiviert, sodass alle Symbole in alphabetischer Folge im Fenster angeordnet werden. Aktivieren Sie Änderungsdatum, wenn Sie eine Darstellung wünschen, in der die Ordner und Dateien in der Reihenfolge des Änderungsdatums angezeigt werden, beginnend mit dem aktuellsten. Analog dazu verhält es sich mit dem Eintrag Erstellungsdatum. Ein Mausklick auf Größe ordnet die Dateien nach der Größe, beginnend mit der größten Datei. Indem Sie den Menüeintrag Art aktivieren, erhalten Sie eine nach Programmzugehörigkeit geordnete Aufstellung aller Elemente eines Fensters. Hierbei werden zuerst die Dateien und anschließend die Ordner alphabetisch geordnet. Ist das Markierungsfeld Immer ausrichten nach für ein Fenster aktiviert, wird dieses in der Statusleiste mit einem kleinen Symbol versehen. So können Sie schnell erkennen, dass der Inhalt des Fensters nach einem bestimmten Kriterium sortiert ist.

Im unteren Bereich des Dialogfensters treffen Sie unter Hintergrund Entscheidungen über den Fensterhintergrund. Von Haus aus ist der Fensterhintergrund weiß. Möchten Sie den Hintergrund verändern, wählen Sie die Optionen Farbe oder Bild.

Wenn Sie die Option Farbe aktivieren, erscheint rechts neben der Option ein kleines Rechteck, welches mit der aktuell definierten Farbe ausgefüllt ist, per Voreinstellung ist es Weiß. Klicken Sie mit der Maus auf dieses Rechteck, um das Dialogfenster Farben zu öffnen.

Im oberen Bereich des Fensters sehen Sie verschiedene Farbauswahlmodelle, die Sie zur Definition der Hintergrundfarbe Ihrer Fenster verwenden können. Standardmäßig öffnet das Fenster mit der Farbauswahl über das Farbrad. Dieses erscheint als rundes Farbspektrum, in dessen Mitte sich eine Markierung befindet. Bewegen Sie diese Markierung einfach in Richtung der gewünschten Farbe. Der aktuell gewählte Farbton ist oben im Fenster auf einer Fläche zu sehen. Mithilfe des an der rechten Seite befindlichen Schiebereglers können Sie eine belie-

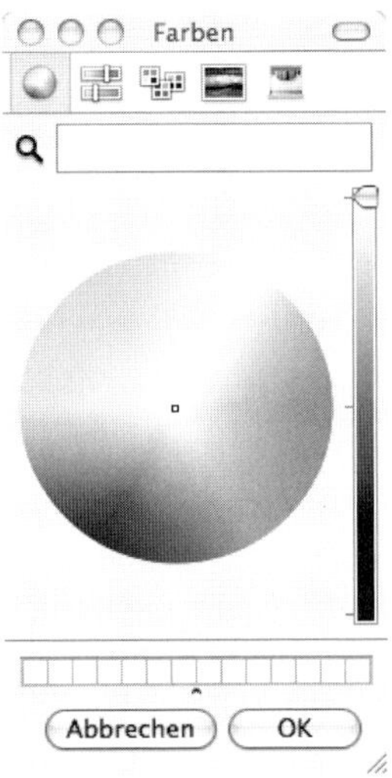

bige Helligkeitsstufe der gewählten Farbe erzeugen. Das Farbrad erlaubt eine intuitive Farbauswahl, da die Farbbereiche gezielt überfahren werden können.

Speichern Sie ausgewählte Farben, um bei der nächsten Farbänderung direkt darauf zugreifen zu können. Klicken Sie dazu in das Farbfeld oberhalb des Farbrads und ziehen Sie die Farbe in eines der Kästchen im unteren Bereich des Dialogfensters. Reicht der vorhandene Platz nicht aus, ziehen Sie den Bereich einfach nach unten hin weiter auf, sodass weitere Zeilen mit Farbkästchen erscheinen. Klicken Sie abschließend auf OK, um die Farbe als neue Hintergrundfarbe zu bestätigen.

Möchten Sie eine Farbe auswählen, die sich bereits an irgendeiner Stelle Ihrer Schreibtischoberfläche befindet, klicken Sie auf die Lupe vor dem Farbfeld. Die nun erscheinende größere Lupe kann zu einer beliebigen Stelle gezogen werden. Wenn die gewünschte Farbe im Fokus der Lupe liegt, klicken Sie einmal, sodass die Farbe ausgewählt wird.

Ein anderes Modell zur Farbauswahl stellen die Farbregler dar. Klicken Sie im oberen Bereich des Dialogfensters FARBEN auf das zweite Symbol, um die gewünschte Farbe über Farbregler zu definieren. Mit Ausnahme des Graustufenreglers erfordert dieses Prinzip der Farbauswahl einige Vorkenntnisse im Umgang mit Farben, da im Vorhinein oft unklar ist, welcher Farbton bei welchen Einstellungen der Regler entsteht. Per Voreinstellung wird der Graustufenregler eingeblendet, der lediglich verschiedene Helligkeitsstufen anbietet. Mithilfe des Einblendmenüs erreichen Sie weitere Regler. Der RGB-Regler ermöglicht die Farbdefinition mit den Einzelkomponenten Rot, Grün und Blau, deren Anteile alternativ auch in Dezimalwerten angegeben werden können. Beim CMYK-Regler müssen Sie per Schieberegler die Farben Cyan, Magenta, Gelb und Schwarz (Key) so mischen, dass der gewünschte Farbton entsteht. Schließlich definieren Sie die gewünschte Farbe mithilfe des HSV-Reglers, indem Sie den Farbton, die Sättigung und die Helligkeit angeben.

Die Farbpalette stellt das dritte Farbauswahlmodell dar. Hier können Sie per Einblendmenü zwischen verschiedenen vorhandenen Farbpaletten wählen, deren Farben aufgelistet werden oder auch eigene Farbpaletten anlegen. Die Auswahl der Farben ist bei vorhandenen Paletten beschränkt, der Vorteil liegt jedoch gerade in dieser Beschränkung, damit z.B. alle im System verwendeten Farben miteinander harmonieren.

Wählen Sie im oberen Bereich des Dialogfensters FARBEN den Modus BILDPALETTE, um die gewünschte Farbe aus dem vorhandenen Bild SPEKTRUM oder einem beliebigen eigenen Bild auszuwählen. Für Farben aus einem eigenen Bild klicken Sie zunächst unterhalb des Bilds SPEKTRUM auf PALETTE und den Eintrag NEU AUS DATEI. Steuern Sie das gewünschte Bild an und wählen Sie ÖFFNEN. Das gewünschte Bild wird nun angezeigt und kann zur Farbauswahl genutzt werden.

Wenn Sie eine möglichst einfache Farbauswahl bevorzugen und auf ein großes Spektrum verzichten können, klicken Sie in FARBSTIFTE. Im Dialogfenster FARBEN werden nun Farbstifte dargestellt, mit denen Sie per Mausklick die gewünschte Farbe bestimmen können.

Neben der homogenen Einfärbung des Fensterhintergrunds besteht auch die Möglichkeit, ihn mit einer Grafik zu versehen. Aktivieren Sie dazu die Option BILD im Dialogfenster und klicken Sie rechts neben der Option auf die Taste AUSWÄHLEN.

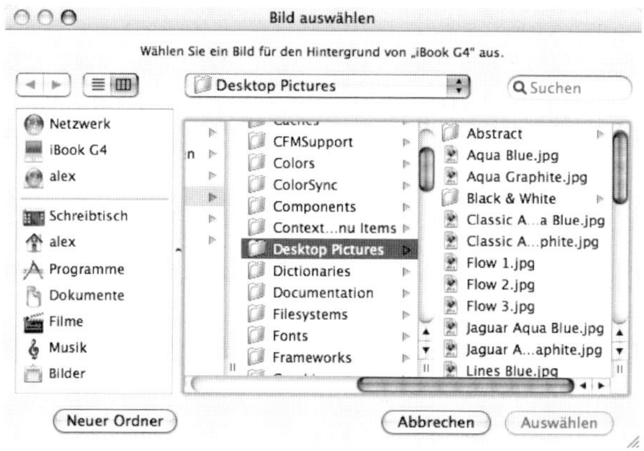

Das gewählte Hintergrundbild ist wie eine Farbe immer nur in der Symbolansicht eines Fensters zu sehen, jedoch nicht bei der Listen- und Spaltenansicht.

Das Dialogfenster BILD AUSWÄHLEN springt automatisch in den Ordner LIBRARY/DESKTOP PICTURES. Hier befinden sich die standardmäßig installierten Hintergrundbilder von Mac OS X 10.4. Sie können natürlich auch eigene Bilder als Hintergrund für Ihre Fenster definieren. Wählen Sie dazu einfach den entsprechenden Ordner aus, in dem die Bilder gespeichert sind. Wenn Sie auf eine Grafik klicken, bekommen Sie eine Voransicht des Bilds. Haben Sie das passende Hintergrundbild gefunden, betätigen Sie einfach die Taste AUSWÄH-

Len, und schon ist das gewünschte Bild als Hintergrundbild im Fenster zu sehen.

Soviel zu Fenstern in der Symbolansicht. Auch für die Listenansicht lassen sich diverse Parameter verändern. Wechseln Sie zunächst bei einem aktiven Finder-Fenster zur Darstellung als Liste, indem Sie auf das entsprechende Symbol der Symbolleiste klicken. Alternativ wählen Sie im Finder-Menü Darstellung den Eintrag Als Liste oder verwenden Sie das Tastenkürzel ⌘ + 2. Klicken Sie danach im Menü Darstellung auf Darstellungsoptionen einblenden (oder drücken Sie ⌘ + J). Sofern das Dialogfenster schon geöffnet ist, ändert sich sein Inhalt automatisch.

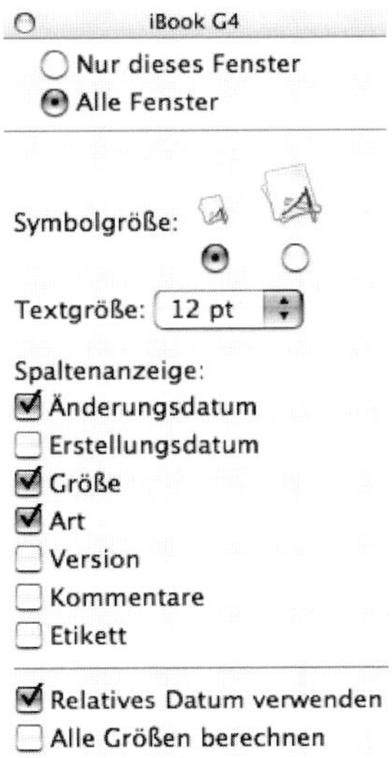

Wie bei Fenstern in der Symbolansicht können Sie im oberen Teil festlegen, ob sich die Einstellungen nur auf das aktive oder alle Fenster in der Listenansicht beziehen sollen. Entsprechend wie bei der Symbolansicht können Sie auch hier die Symbolgröße sowie die Größe der dazugehörigen Beschriftung verändern. Unter Spaltenanzeige finden Sie einige Anzeigeoptionen, um die Sie die Anzeige der Dateinamen und Ordnern in der Listenansicht ergänzen können. Standardmäßig sind Änderungsdatum, Größe, Art und relatives Datum ausgewählt. Alle Markierungsfelder können Sie nach Belieben aktivieren oder deaktivieren, die Auswirkungen werden sofort sichtbar.

Version definiert die Reihenfolge in der Liste nach Versionsnummern, wobei die niedrigste am Anfang steht. Problematisch an der Sortierung nach Version ist die Tatsache, dass Versionsbezeichnungen häufig eine Mischung aus Ziffern und Buchstaben sind. Es kann also passieren, dass die Reihenfolge nicht Ihren Erwartungen entspricht.

Kommentare sortiert die (mit einem Kommentar versehenen) Objekte in alphabetischer Reihenfolge nach den ersten Wörtern des Kommentars.

Wenn das Markierungsfeld Relatives Datum aktiviert ist, wird das gestrige Datum als Gestern und das aktuelle Datum als Heute bezeichnet. Diese Datumsanzeige kann sehr vorteilhaft sein, da sich die Bezeichnungen Gestern und Heute im Format von den anderen als Ziffern angezeigten Daten auffällig unterscheiden und somit in jeder Liste sofort zu finden sind. Möchten Sie jedoch lieber das tatsächliche Datum sehen, deaktivieren Sie das Markierungsfeld RELATIVES DATUM für das gewünschte bzw. alle Fenster in der Listendarstellung.

Als Option für die Spalte GRÖßE kann die Berechnung der Ordnergröße (ALLE GRÖßEN BERECHNEN) aktiviert werden. Da der gesamte Inhalt inklusive sämtlicher Unterordner und deren Inhalte berechnet werden, führt diese Einstellung zu einer Verzögerung.

Für alle Sortierungen in alphabetischer Reihenfolge gelten folgende Regeln:

- Es wird nicht zwischen Groß- und Kleinschreibung unterschieden, z.B. steht ADRESSEN, ALBUM, AUTO in dieser Reihenfolge.
- Ziffern stehen vor Buchstaben, also 1. VERSUCH vor ADRESSEN.
- Satzzeichen und Sonderzeichen stehen teils noch vor den Ziffern, teils zwischen Ziffern und Alphabet und teilweise danach.

Die Breite der einzelnen Spalten in der Listenansicht lässt sich individuell einrichten. Klicken Sie dazu auf die Linie zwischen zwei Spaltentiteln und halten Sie die Maustaste gedrückt. Der Pfeil verwandelt sich in eine Art Einfügemarke mit horizontalem Doppelpfeil. Sie können den Spaltenrand jetzt auf die gewünschte Breite ziehen. Der Inhalt der Spalten passt sich automatisch an die aktuelle Breite an, das heißt, Bezeichnungen werden gegebenenfalls so abgekürzt, dass sie in die Spalten passen. Das Datum wird in der schmalsten Variante als rein numerisches Datum angezeigt, in der breitesten hingegen mit ausgeschriebenem Wochentag und Monat sowie mit der Uhrzeit.

Bis auf die Spalte NAME können die Spalten auch in ihrer Position geändert werden. Klicken Sie in den zu verschiebenden Spaltentitel, halten Sie die Maustaste gedrückt und ziehen Sie ihn an die gewünschte Stelle. Sobald Sie die Maus bei gedrückter Taste bewegen, erscheint der Cursor als kleine greifende Hand.

Eine Liste kann einfach sortiert werden, klicken Sie dazu in den Spaltentitel, nach dem Sie sortieren möchten. Die Sortierrichtung können Sie durch erneuten Klick in den Spaltentitel ändern. Sie wird mittels des Richtungspfeils angezeigt, der sich am rechten Ende des jeweiligen Spaltentitels befindet.

Bei aufsteigender Sortierrichtung bewirkt ein Klick auf:

- NAME, dass die Objekte alphabetisch sortiert werden.

- ÄNDERUNGSDATUM, dass das aktuellste Datum am Anfang der Liste steht.
- ERSTELLUNGSDATUM, dass die Sortierung mit der Datei beginnt, die das aktuellste Erstellungsdatum hat.
- GRÖSSE, dass das größte Objekt an den Anfang der Liste gestellt wird.
- ART, dass nach Art des Objekts alphabetisch sortiert wird (z.B. Alias, Dokument, Ordner). Objekte gleicher Art werden untereinander alphabetisch nach Namen SORTIERT.

Die Darstellungsart ALS LISTE bietet die meisten Möglichkeiten, den Inhalt eines Fensters nach eigenen Kriterien anzuzeigen. Wird der Inhalt eines Fensters in der Listendarstellung angezeigt, ist jeder darin enthaltene Ordner (mit Ausnahme von Aliasen) mit einem dreieckigen Pfeil versehen. Ein Klick auf diesen Pfeil (der dadurch in einen abwärts zeigenden Pfeil verwandelt wird) erweitert den dazugehörigen Ordner, sein Inhalt wird leicht eingerückt eingeblendet.

Ist unterhalb eines abwärts zeigenden Pfeils eines Ordnersymbols nichts aufgelistet, ist der Ordner leer.

Ein nochmaliger Klick blendet den Ordnerinhalt wieder aus. Sie können Ordner, die sich in erweiterten Ordnern befinden, bis zu jeder gewünschten Ebene ein- oder ausblenden, wobei jede weitere Ordnerebene zunehmend eingerückt wird. So können Sie eine hierarchische Ansicht aller Ordner und Dateien auf Ihren Volumes in einem einzigen Fenster sehen.

Um in einem Schritt alle Ebenen innerhalb eines Ordners einzublenden, halten Sie die [⌥]-Taste gedrückt, während Sie auf den Pfeil des Ordners klicken. Wenn Sie direkt auf die obere Ebene eines Ordners gelangen möchten, benutzen Sie die [⌥]-Taste beim Ausblenden. Innerhalb eines Fensters können Sie Objekte per Doppelklick öffnen.

Haben Sie in der Symbolleiste eines Fensters die Spaltendarstellung gewählt, stehen im Dialogfenster nur drei Optionen zur Verfügung. So lassen sich die Textgröße verändern sowie die per Voreinstellung eingeblendeten Symbole und die Objektvorschau ausblenden.

In den Finder-Einstellungen können Sie definieren, dass alle neuen Fenster in der Spaltendarstellung angezeigt werden.

Die Breite der einzelnen Spalten kann durch Ziehen an dem geriffelten Ziehpunkt der Spaltenbegrenzung am unteren Fensterrand verändert werden. Halten Sie beim Verändern einer Spaltenbreite die Taste [⌥] gedrückt, werden alle Spalte in ihrer Breite verändert. Führen Sie bei gedrückter [⌥]-Taste einen Doppelklick auf den Ziehpunkt aus, um die Spaltenbreiten dem längsten enthaltenen Dateinamen anzupassen.

Beim Markieren in der Listen- und Spaltenanzeige können nur unmittelbar aufeinander folgende Objekte bei gedrückter [⇧]-Taste ausgewählt werden. Drücken Sie die [⌘]-Taste, um mehrere nicht direkt aufeinander folgende Objekte gleichzeitig zu markieren.

Eine weitere Darstellungsoption bezieht sich auf die Dateinamen. Die Dateierweiterung bzw. das Suffix beginnt mit einem Punkt, dem mehrere Buchstaben folgen. Ein Suffix gibt den Dateityp an und man kann daran erkennen, in welchem Dateiformat ein Dokument, ein Bild oder eine andere Datei vorliegt. Anhand des Suffixes lässt sich definieren, dass ein bestimmtes Programm zum Öffnen der Datei verwendet wird. In Mac OS X 10.4 sind die Suffixe normalerweise nicht sichtbar. Möchten Sie das Suffix für eine einzelne Datei einblenden, markieren Sie die Datei und rufen ABLAGE/INFORMATIONEN auf ([⌘] + [I]). Klicken Sie in das Dreieck neben NAME & SUFFIX und deaktivieren Sie das Markierungsfeld SUFFIX AUSBLENDEN.

Wahlweise legen Sie fest, dass grundsätzlich alle Dateien mit Suffix angezeigt werden. Wählen Sie dazu FINDER/EINSTELLUNGEN, klicken Sie in ERWEITERT und aktivieren Sie das Markierungsfeld ALLE SUFFIXE ANZEIGEN, bevor Sie das Fenster schließen.

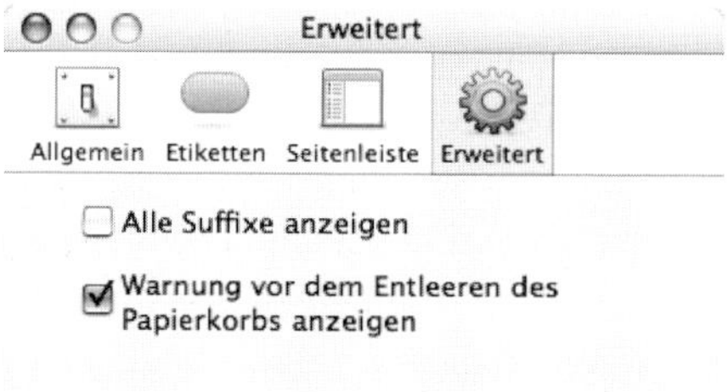

Neues Fenster

Wenn Sie im Menü ABLAGE den Eintrag NEUES FENSTER wählen ([⌘] + [N]), öffnet sich ein weiteres Finder-Fenster. Dieses zeigt per Voreinstellung den Inhalt des Ordners PRIVAT, was sich jedoch ändern lässt. Wählen Sie FINDER/EINSTELLUNGEN, klicken Sie auf ALLGEMEIN und rufen Sie das Einblendmenü NEUE FENSTER IM FINDER ANZEIGEN auf.

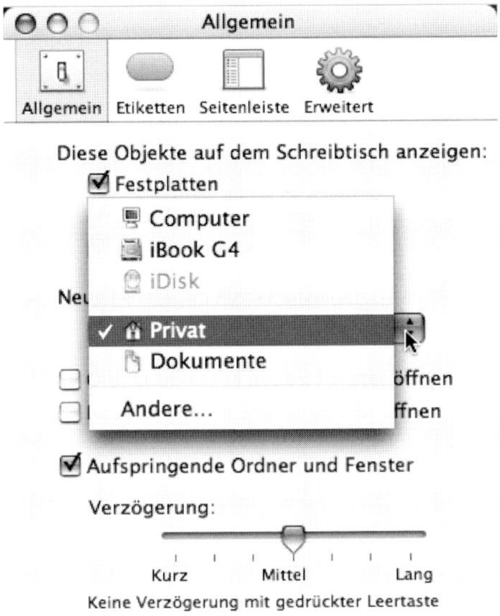

Markieren Sie hier den gewünschten Ordner bzw. klicken Sie auf ANDERE, um einen beliebigen Ordner auszuwählen. Jedes neue Finder-Fenster zeigt nun den Inhalt dieses Ordners an. Des Weiteren können Sie in den Finder-Einstellungen festlegen, dass jeder Ordner in einem neuen Fenster geöffnet wird. Per Voreinstellung bewirkt das Öffnen eines Ordners in einem Finder-Fenster bei sichtbarer Symbolleiste, dass sich der Inhalt des Fensters ändert, die Symbolleiste und der Fensterrahmen jedoch dieselben bleiben. Das Markierungsfeld ORDNER IMMER IN NEUEM FENSTER ÖFFNEN sorgt dafür, dass für jeden geöffneten Ordner ein eigenes Fenster mit Symbolleiste angezeigt wird.

Die Aktivierung des Markierungsfelds NEUE FENSTER IN SPALTENANSICHT ÖFFNEN bewirkt, dass mit ABLAGE/NEUES FENSTER bzw. (⌘ + N) aufgerufene weitere Fenster stets in der Spaltenansicht dargestellt sind. Ohne diese Einstellung erscheinen neue Fenster jeweils in der Ansicht des aktiven Fensters.

Schließen Sie das Dialogfenster, um die Änderungen zu übernehmen.

1.4 Kommentar zuweisen

Ordner und Dateien können mit Kommentaren versehen werden. Diese dienen dem Identifizieren der Datei in der Listendarstellung und werden bei der Suche mit SPOTLIGHT berücksichtigt. Hinterlegen Sie in einem Kommentar Informationen zum Ordner oder zur Datei.

Markieren Sie die Datei oder den Ordner, dem Sie einen Kommentar geben möchten, in einer beliebigen Ansicht mit einem einfachen Mausklick. Rufen Sie anschließend aus dem Menü Ablage den Eintrag Informationen auf. Verwenden Sie alternativ die Tastenkombination [⌘] + [I]. Es öffnet sich ein Fenster, das in der Titelleiste die Bezeichnung des markierten Objekts trägt.

Geben Sie Ihren Kommentar in das Eingabefeld unterhalb von Spotlight Kommentare ein. Sollte das Eingabefeld nicht sichtbar sein, klicken Sie auf das Dreieck vor Spotlight Kommentare. Der Kommentar erscheint in der Listenansicht des jeweiligen Ordners oder der Datei in der Spalte Kommentare. Diese Spalte muss allerdings in den Darstellungsoptionen (Menü Darstellung/Darstellungsoptionen einblenden) mithilfe des Markierungsfelds Kommentare aktiviert sein. Informationen zur Suche mit Spotlight finden Sie in Kapitel 5, *Spotlight*.

1.5 Etiketten

Sie können Ordner oder Dateien mit farbigen Etiketten versehen, die damit ein weiteres Merkmal erhalten, das bei der Suche oder dem Sortieren hilfreich sein kann. Markieren Sie zunächst die Datei oder den Ordner, den Sie mit einem Etikett versehen möchten, und öffnen Sie das Menü Ablage. Klicken Sie nun einfach auf eine der Etikettenfarben.

In der Symbolanzeige ist der Name des Objekts in der Etikettenfarbe unterlegt, in der Listen- oder Spaltenanzeige ist die gesamte Zeile farbig markiert. Ein zugewiesenes Etikett ist auch im Informations-Fenster zu erkennen (Ablage/Informationen oder [⌘] + [I]). Möchten Sie ein Etikett entfernen, markieren Sie das entsprechende Objekt und klicken im Menü Ablage unter Etikett auf das Kreuzsymbol. Alternativ funktioniert dies auch im Fenster Infos zu. Eine weitere Möglichkeit für das Zuweisen und Entfernen von Etiketten bietet das Kontextmenü. Klicken Sie bei gedrückter [ctrl]-Taste auf ein Objekt oder klicken Sie es mit der rechten Maustaste an sofern vorhanden.

Standardmäßig entsprechen die Etikettennamen den jeweiligen Farben. Wahlweise lassen sich die Etikettennamen ändern, sodass einem roten Etikett z.B. der Name DRINGEND zugeordnet ist. Wählen Sie im Menü FINDER den Eintrag EINSTELLUNGEN oder drücken Sie die Tastenkombination [⌘] + [,] und klicken Sie in ETIKETTEN. Geben Sie die neuen Etikettennamen ein und schließen Sie das Fenster. Die neuen Etikettennamen werden sichtbar, wenn ein oder mehrere Objekte markiert sind und Sie im Menü ABLAGE unter ETIKETT über die Farbpunkte fahren.

Schreibtisch

2

Die grafische Benutzeroberfläche und die Maus sind integraler Bestandteil des Macintosh und des Mac OS. Der Mac-Schreibtisch ist die Basis für alle Anwendungen auf Ihrem Computer. Das Programm, das den Schreibtisch mit seinen Operationsmöglichkeiten bereitstellt, heißt *Finder*. Sie können im Finder alle Vorgänge der Dateibearbeitung ausführen, wie kopieren, umbenennen oder löschen. Der Finder startet automatisch, wenn Sie Ihren Mac einschalten. Die Ausdrücke *Finder* und *Schreibtisch* sind meist austauschbar. Um von einem Programm auf die Finder-Ebene zu gelangen, klicken Sie auf eine freie Stelle des Schreibtisches.

Ein Klick auf das Finder-Symbol im Dock wechselt von einem anderen Programm zum Finder.

Der Schreibtisch (engl. Desktop) hat verschiedene Bestandteile: Am oberen Rand befindet sich die Menüleiste, die gesamte unterhalb der Menüleiste liegende Fläche bezeichnet man als Schreibtischhintergrund, den Sie individuell ändern können. Auf dem Schreibtisch sehen Sie Symbole (engl. Icon), wie z.B. das Festplattensymbol rechts oben. Der Finder benutzt Symbole, um Dateien, Dokumente, Ordner, Programme oder Volumes auf dem Schreibtisch oder in Fenstern grafisch darzustellen. Sie können bereits anhand des Symbols feststellen, welcher Art ein Objekt ist.

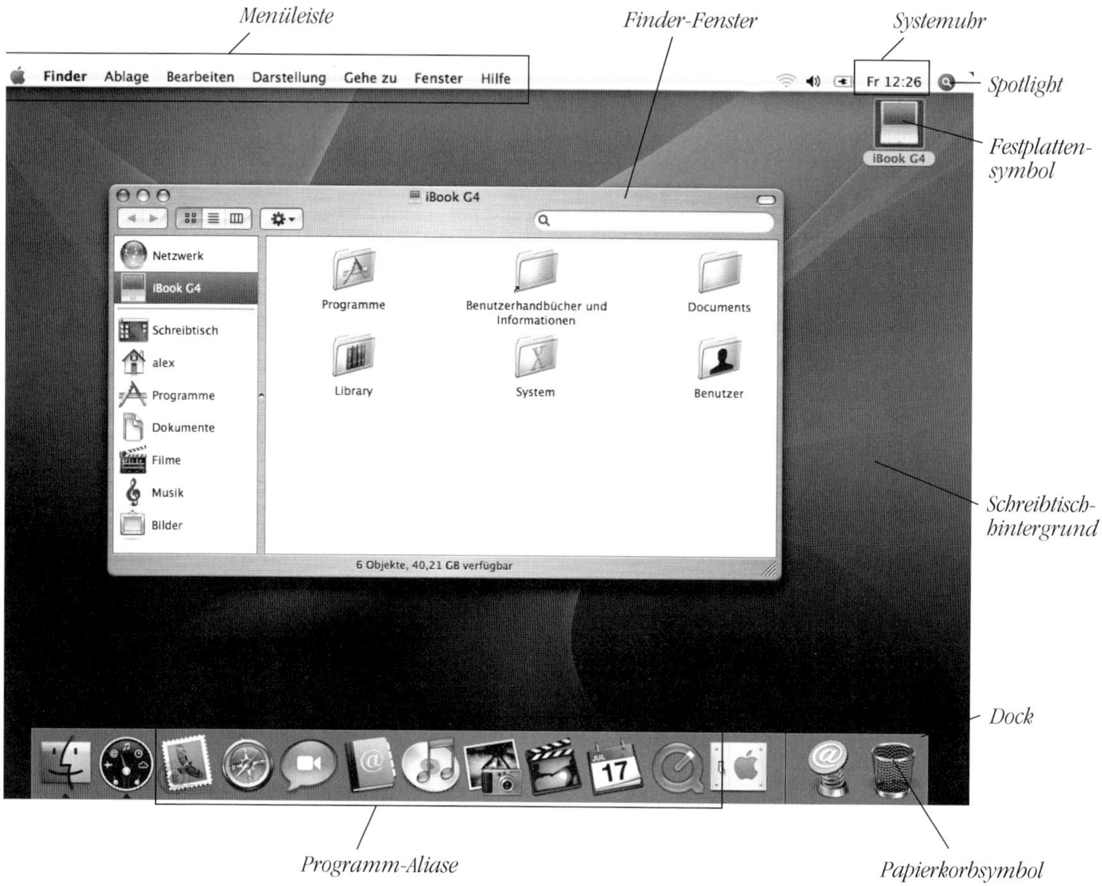

2.1 Menüleiste

Dialogfenster ermöglichen die Auswahl verschiedener Optionen zu einem Thema.

Die Menüleiste besteht aus Menüs, in denen wichtige Befehle und Optionen themenbezogen zusammengefasst sind. Wird ein Menü angeklickt, klappen seine Optionen oder Menüeinträge untereinander aufgelistet herunter (Pull-down- oder Dropdown-Menü). Menüeinträge können aktiv (schwarze Schrift) oder inaktiv (graue Schrift) sein, wobei Sie nur auf die aktiven Menüeinträge zugreifen können. Menüeinträge, die einen kleinen Pfeil aufweisen, verfügen über ein Untermenü, welches sichtbar wird, sobald Sie mit der Maus über den dazugehörigen Menüeintrag fahren. Befinden sich hinter einem Menüeintrag drei Punkte, öffnet sich durch das Anklicken dieser Option ein Dialogfenster.

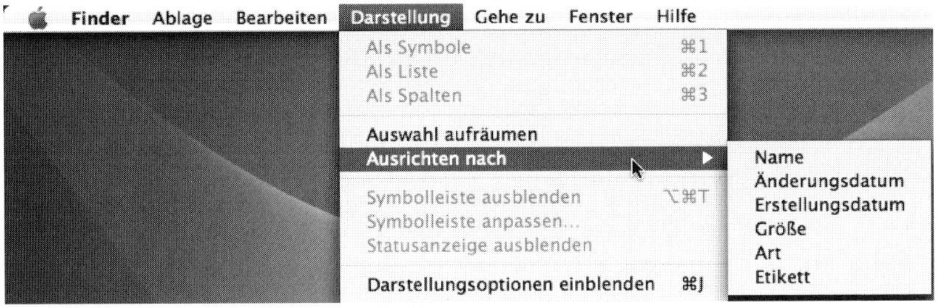

Menüeinträge, die mit einem kleinen Häkchen versehen sind, zeigen an, dass diese Option aktuell gültig ist, z.B. ob die Darstellung als Symbole, Tasten oder Liste ausgewählt ist.

Um einen Menüeintrag oder Befehl auszuwählen, klicken Sie zuerst auf das Menü, ziehen den Mauspfeil bis zum gewünschten Eintrag (das Berühren mit dem Mauspfeil hebt den Eintrag hervor) und lassen die Maustaste los. Die getroffene Auswahl bestätigt ein kurzes Aufflackern (bzw. Blinken) des Menüeintrags.

Wenn Sie ein Menü verlassen möchten, ohne einen Eintrag auszuwählen, ziehen Sie den Mauspfeil einfach aus dem Menü heraus. Sie müssen dabei nicht zum Menütitel zurückkehren. Sie haben auch die Möglichkeit, mit feststehenden Menüs zu arbeiten. Klicken Sie auf ein Menü (und lassen Sie die Maustaste los) und bewegen Sie den Mauspfeil zum gewünschten Menüeintrag. Um den Menüeintrag auszuwählen, müssen Sie ihn ebenfalls anklicken. Hinter einigen Menüeinträgen ist ein Tastaturkürzel angegeben. Anstelle den Menüeintrag per Mausklick auszuwählen, können Sie dieselbe Auswahl also auch per Tastaturkürzel treffen.

Gerade bei oft benutzten Befehlen wie z.B. Fenster schliessen *lohnt es, sich das entsprechende Tastaturkürzel zu merken. Sie werden feststellen, dass die Verwendung der Kürzel eine Zeitersparnis bedeutet.*

Wenn Sie beim Auswählen aus den Menüs auf die zur Verfügung stehenden Kürzel achten, werden sie sich Ihnen bald einprägen. Die wichtigsten Tastaturkürzel sind in fast allen Anwendungsprogrammen gleich, sodass Sie einmal erlernte Kürzel vielfältig anwenden können.

Wenn Sie ein Programm starten, ändert sich der Inhalt der Menüleiste, wobei die Systemmenüs in jedem Fall unverändert bleiben. Zu den Systemmenüs gehören das Menü Apple und die Systemuhr. Die Systemuhr informiert Sie über Datum und Uhrzeit in dem von Ihnen eingestellten Format.

Ein Kontextmenü wird geöffnet, wenn Sie mit gedrückter `ctrl`-Taste auf ein Objekt klicken, Näheres dazu finden Sie im Abschnitt *Kontextmenü* weiter unten.

Die Menüleiste enthält die Menüs APPLE, FINDER, ABLAGE, BEARBEITEN, DARSTELLUNG, GEHE ZU, FENSTER, HILFE sowie den Lautstärkeregler, die Systemuhr und das Spotlight-Menü. Diese Menüs sehen Sie immer dann, wenn Sie sich im Finder oder auf dem Schreibtisch befinden. Um in den Finder-Modus zu gelangen, klicken Sie an einer beliebigen Stelle auf den Schreibtischhintergrund oder auf ein Objekt, das sich auf dem Schreibtisch befindet. Alternativ kehren Sie zum Finder zurück, indem Sie im Dock auf FINDER klicken.

Menü Apple

Das Menü APPLE ist das erste Menü in der Menüleiste. Der Eintrag ÜBER DIESEN MAC öffnet ein Fenster, das Auskunft über die installierte Version des Mac OS X sowie den Speicher, Prozessortyp und Startvolume gibt. Die Taste SOFTWARE-AKTUALISIERUNG hat die gleiche Funktion wie der gleichnamige Eintrag im Menü APPLE: Er startet die Software-Aktualisierung, die neue Versionen der Software für Ihren Mac sucht und gegebenenfalls zum Installation anbietet (siehe Kapitel *Installation*). Ein Klick auf die Taste WEITERE INFORMATIONEN öffnet das Dienstprogramm SYSTEM PROFILER, das einen umfassenden Überblick über Ihren Computer samt der installierten Software bietet (siehe Kapitel 8, *Systemprogramme*). Mit MAC OS X SOFTWARE starten Sie *Safari* und stellen eine Verbindung zum Bereich Downloads der deutschen Apple-Website her.

Die weiteren Menüeinträge öffnen die *Systemeinstellungen* bzw. ändern die Funktionsweise des Docks (siehe Kapitel 2, *Schreibtisch*) oder wechseln die Netzwerkumgebung (siehe Kapitel 9, *Netzwerk*).

BENUTZTE OBJEKTE blendet in einem Untermenü die jeweils zehn zuletzt benutzten Programme, Dokumente und Server ein, die auf diesem Weg schnell erreichbar sind. Sie können festlegen, dass hier mehr oder weniger Objekte vorgehalten werden (siehe Kapitel 3, *Ordner ansteuern*).

Die Tastenkombination für Sofort beenden *lautet* [⌘] [⌥] [esc].

Wählen Sie SOFORT BEENDEN, wenn ein Programm nicht mehr reagiert und Sie dieses beenden möchten. In einem Dialogfenster werden alle aktuell laufenden Programme aufgelistet. Markieren Sie einfach das, von dem Sie denken, dass es nicht richtig funktioniert. Klicken Sie dann einmal in die Taste SOFORT BEENDEN. In den meisten Fällen »rappelt« sich Ihr Mac wieder auf und funktioniert korrekt, ohne dass Sie einen Neustart durchführen müssen.

Mit RUHEZUSTAND versetzen Sie Ihren Mac in eine Art Schlafzustand ohne ihn auszuschalten. Da der Computer im Ruhezustand deutlich weniger Energie verbraucht, sollten Sie den Ruhezustand aktivieren, wenn Sie den Computer momentan nicht benötigen. Wecken Sie Ihren Mac aus dem Ruhezustand, steht er nach kurzer Zeit mit allen zuvor getroffenen Einstellungen zur Verfügung. Per Voreinstellung wird der Computer nach zehn Minuten der Inaktivität automatisch in den Ruhezustand versetzt. Sie können das Zeitintervall wahlweise selbst bestimmen und festlegen, ob Sie nur den Monitor abschalten oder zusätzlich die Festplatte herunterfahren. Weitere Informationen finden Sie in Kapitel 4, *Ruhezustand*.

Der Menüeintrag NEUSTART blendet ein Dialogfeld ein, das einen Neustart in zwei Minuten ankündigt. Klicken Sie in NEU STARTEN, um den Neustart direkt durchzuführen bzw. auf Abbrechen. Diesen Hinweis können Sie umgehen, indem Sie die [⌥]-Taste gedrückt halten, während Sie den Befehl auswählen. Ein Neustart unterscheidet sich vom Aus- und wieder Einschalten des Computers. Ein Neustart ist z.B. erforderlich, wenn Sie Ihre Systemsoftware erfolgreich installiert haben. Ebenso werden manche Änderungen erst nach einem Neustart wirksam.

Ein Neustart wird auch als Warmstart bezeichnet.

Um Ihren Mac auszuschalten, können Sie diesen Befehl aus dem Menü APPLE verwenden und im Dialogfenster auf AUSSCHALTEN klicken bzw. abwarten, bis dies nach zwei Minuten automatisch geschieht. Der Computer prüft dabei, ob nicht gespeicherte Dokumente geöffnet sind. Da die nicht gespeicherten Inhalte beim Ausschalten verloren gehen würden, erhalten Sie einen Warnhinweis, der Sie auf diesen Umstand hinweist und ein Speichern ermöglicht. Zudem werden alle temporären Dateien (die ein Programm erstellt) gelöscht und alle Programme beendet. Im jedem Fall erscheint ein Hinweis, den Sie zum Ausschalten bestätigen müssen. Sie umgehen diesen Hinweis, indem Sie beim Klick auf AUSSCHALTEN die Taste [⌥] gedrückt halten.

Es ist für Ihren Mac weniger schädlich, über einen längeren Zeitraum eingeschaltet zu sein, als wiederholt ein- und wieder ausgeschaltet zu werden. Dank des energiesparenden Ruhezustands können Sie Ihren Mac auch dann eingeschaltet lassen, wenn Sie ihn für eine Weile verlassen.

Sollte Ihr Mac »eingefroren« sein, also nicht mehr auf die Maus reagieren, drücken Sie die Reset-Taste. Wenn diese Aktion nicht den gewünschten Effekt hat, halten Sie den Ein/Ausschalter fünf Sekunden lang gedrückt. Es erscheint eine Warnmeldung, die über das nicht ordnungsgemäße Ausschalten informiert, gleichzeitig startet das Programm *Erste Hilfe* eine Überprüfung des Startvolumes und gegebenenfalls die Fehlerbehebung.

Sind auf Ihrem Mac mehrere Benutzer angelegt, können Sie sich abmelden, damit ein anderer Benutzer sich an Ihrem Mac anmelden kann. Die Dokumente anderer Benutzer können, sofern diese unter BENUTZER/ANWENDERNAME gesichert sind, nicht geöffnet werden. Voraussetzung ist natürlich, dass alle Benutzer ein eigenes Kennwort haben. Wie beim Neustart und Ausschalten erscheint auch beim Abmelden ein Hinweis, den Sie bestätigen müssen.

Unterdrücken Sie diesen Hinweis, indem Sie die Taste [⌥] drücken, während Sie im Menü APPLE auf ABMELDEN klicken.

Menü Finder

Ein Klick auf ÜBER DEN FINDER im Menü FINDER öffnet ein kleines Fenster, das Ihnen lediglich Auskunft über die Version des installierten Finders gibt, mehr gibt's hier nicht zu sehen.

Über FINDER/EINSTELLUNGEN bzw. [⌘] + [,] legen Sie das Aussehen und Verhalten des Finders fest. Im Bereich ALLGEMEIN geben Sie an, welche Objekte auf dem Schreibtisch angezeigt werden und nehmen Einstellungen zu den Finder-Fenstern vor (siehe Kapitel 1, *Neues Fenster*). Des Weiteren aktivieren/deaktivieren Sie hier aufspringende Ordner und stellen die Verzögerung dazu ein (siehe Kapitel 3, *Objekte bewegen*). Unter ETIKETTEN lassen diese sich mit anderen Namen versehen (siehe Kapitel 1, *Etiketten*), im Bereich SEITENLEISTE die Objekte auswählen, die in der Seitenleiste der Finder-Fenster angezeigt werden (siehe Kapitel 1, *Seitenleiste*). Der Bereich ERWEITERT ermöglicht das Ein-/Ausblenden der Suffixe (siehe Kapitel 1, *Darstellungsoptionen*) sowie das Ein-/Ausblenden des Warnhinweises beim Entleeren des Papierkorbs (siehe Abschnitt *Papierkorb* weiter unten).

Die Einträge PAPIERKORB ENTLEEREN und PAPIERKORB SICHER ENTLEEREN löschen die Daten aus dem Papierkorb bzw. löschen diese so, dass sie nicht mehr rekonstruierbar sind (siehe auch Abschnitt *Papierkorb* weiter unten). FINDER/DIENSTE ermöglicht per Untermenü den schnellen Zugriff auf andere Programme.

Die Tastenkombination zum Ausblenden des Finders lautet [⌘] + [H].

Mithilfe des Menüeintrags FINDER AUSBLENDEN können Sie den Finder ausblenden und Platz für ein bereits geöffnetes Programme machen. Dabei verschwindet die Menüleiste des Finders am oberen Bildschirmrand und die Menüleiste des zuletzt benutzten geöffneten Programms wird angezeigt.

Sie finden im Programm-Menü (NOTIZZETTEL, VORSCHAU etc.) immer einen Menüeintrag, der besagt, dass Sie alle Fenster dieses Programms ausblenden können. Klicken Sie darauf, erscheint automatisch das nächste geöffnete Programm im Vordergrund, und das aktuelle Programm wird ausgeblendet.

Für das Ausblenden aller Anwendungen steht das Tastenkürzel [⌥] + [⌘] + [H] zur Verfügung.

Ähnlich wie beim Ausblenden des Finders werden nach einem Klick auf ANDERE AUSBLENDEN mit Ausnahme des aktuellen Programms alle Fenster und Symbolleisten der geöffneten Programme ausgeblendet. Dies kann insbesondere dann hilfreich sein, wenn Sie mehrere Fenster verschiedener Programme parallel geöffnet haben. Klicken Sie auf die entsprechenden Programmsymbole im Dock, um die Fenster einzelner Programme wieder einzublenden. Sollen alle Fenster aller Programme wieder eingeblendet werden, klicken Sie auf ALLE EINBLENDEN. Einzelne Fenster eines Programms werden mit einem Klick auf das entsprechende Symbol im Dock wieder in voller Größe angezeigt.

Menü Ablage

Die Einträge dieses Menüs ermöglichen die Verwaltung von Dateien und Ordnern. NEUES FENSTER bzw. NEUER ORDNER, NEUER INTELLIGENTER ORDNER und NEUER BRENN-ORDNER blendet ein weiteres Finder-Fenster ein (siehe dazu Kapitel 1, *Neues Fenster*) bzw. erstellt einen neuen Ordner, intelligenten Ordner oder Brenn-Ordner (siehe Kapitel 3, *Ordner anlegen*, *Intelligente Ordner* und *Brenn-Ordner*).

Ein neuer Ordner wird mit ⇧ + ⌘ + N *erstellt.*

Der Befehl ÖFFNEN lässt sich auf jedes Symbol anwenden, allerdings hängt die ausgelöste Operation davon ab, um was für ein Objekt es sich handelt.

Der Befehl Öffnen *hat das Tastaturkürzel* ⌘ + O.

- Wenn Sie ein Volume oder einen Ordner öffnen (auch per Doppelklick), wird ein Fenster geöffnet, das den Inhalt anzeigt.
- Öffnen Sie ein Programm, so wird das Programm gestartet.
- Das Öffnen eines Dokuments bewirkt, dass das Programm, in dem es erstellt wurde, gestartet wird. Erst dann wird das Dokument geöffnet.
- Das Öffnen einer Tondatei hat zur Folge, dass das Programm gestartet wird, in dem die Datei erstellt wurde bzw. ein Programm, das in der Lage ist, diesen Dateityp wiederzugeben.

Anders als ÖFFNEN zeigt der Eintrag ÖFFNEN MIT im Untermenü an, in welchem Programm das markierte Dokument standardmäßig geöffnet wird. Zudem können Sie aus den aufgelisteten Programmen eines wählen, mit dem Sie die markierte Datei öffnen möchten bzw. ein anderes, nicht aufgelistetes Programm dazu heranziehen (weitere Infos hierzu in Kapitel 3, *Öffnen mit*).

Mit ABLAGE/DRUCKEN öffnen Sie das markierte Dokument im Standardprogramm und starten unverzüglich den Druck, vorausgesetzt der Drucker ist installiert und eingeschaltet. Weitere Informationen zum Drucken finden Sie in Kapitel 3, *Drucken*.

Der Befehl SCHLIEẞEN schließt das aktuelle Finder-Fenster. Bei gedrückter ⌥-Taste verwandelt sich der Eintrag in ALLE SCHLIEẞEN, der alle geöffneten Finder-Fenster schließt. Entsprechend schließen Sie mit ⌘ + W das aktuelle und mit ⌥ + ⌘ + W alle Finder-Fenster.

Der Eintrag Informationen *ist auch über das Kontextmenü erreichbar.*

Markieren Sie ein Objekt und wählen Ablage/Informationen, blenden Sie das Fenster Infos zu ein. Ist kein Objekt markiert, beziehen sich die Informationen auf den Schreibtisch. Der Inhalt des Dialogfensters variiert je nachdem, welche Art von Objekt Sie ausgewählt haben.

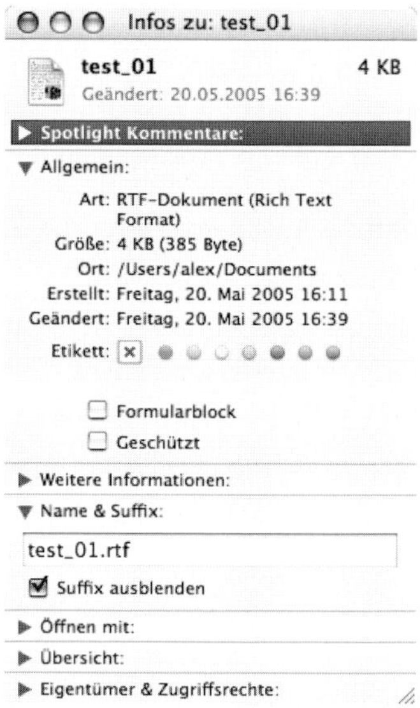

Im oberen Bereich sehen Sie das Dateisymbol mit dem Namen und Änderungsdatum des markierten Objekts. Unter Spotlight Kommentare geben Sie Informationen ein, nach denen Sie suchen oder sortieren können (siehe Kapitel 1, *Grundlagen, Kommentar zuweisen* bzw. Kapitel 5, *Spotlight*).

Im Bereich Allgemein, den Sie durch einen Klick in das Dreieck vor Allgemein einblenden, sehen Sie statistische Angaben. Die Art gibt an, ob es sich um ein Dokument, einen Ordner, ein Programm, ein Alias, ein Volume, den Papierkorb usw. handelt. Die Größe des Objekts wird in KByte, MByte oder GByte und zusätzlich in Bytes angegeben. Unter Ort erfahren Sie, auf welchem Volume in welchem Ordner sich das Objekt befindet. Erstellt zeigt das Datum der Erstellung, Geändert das Datum der letzten Änderung. Unter Etikett weisen Sie dem Objekt ein Etikett zu (siehe Kapitel 1, *Etiketten*), die Funktion der Markierungsfelder Formularblock und Geschützt ist in Kapitel 3, *Ordner und Dokumente* unter *Dokumente öffnen, sichern und schützen* erklärt.

Unter Weitere Informationen erfahren Sie, wann das Objekt zuletzt geöffnet wurde. Im Bereich Name & Suffix kann der Name des Objekts im Eingabefeld geändert und mit Drücken der [↵]-Taste übernommen sowie das Suffix aus- oder eingeblendet werden (siehe auch Kapitel 1, *Darstellungsoptionen*).

Word-Dateien lassen sich z.B. in TextEdit anzeigen.

Haben Sie ein Dokument markiert, wird im Bereich Öffnen mit das Programm angezeigt, mit dem Dokumente dieser Art standardmäßig geöffnet werden. Befindet sich das Programm, mit dem ein Dokument erstellt wurde, nicht (oder nicht mehr) auf Ihrem Apple, können Sie hier festlegen, in welchem anderen Programm das Dokument geöffnet werden soll. Sie müssen allerdings vorher klären, ob die »Ersatzprogramme« in der Lage sind, die fremden Dateien zu öffnen. Weitere Informationen hierzu finden Sie in Kapitel 3, *Öffnen mit*.

Im Bereich ÜBERSICHT wird bei grafischen Objekten eine Vorschau des markierten Dokuments gezeigt.

Unter EIGENTÜMER & ZUGRIFFSRECHTE regeln Sie die Rechte der einzelnen Benutzer und Gruppen, die mit Ihrem Computer arbeiten. Als Optionen stehen LESEN & SCHREIBEN, NUR LESEN und KEINE RECHTE zur Auswahl. Die erste Option gestattet das Lesen und Verändern von Dokumenten. Die Option NUR LESEN erlaubt einem Benutzer lediglich das Lesen der markierten Datei. Einzelheiten zur Regelung der Zugriffe und zum Schutz von Dateien erfahren Sie in Kapitel 6, *Datensicherheit*.

Handelt es sich bei dem markierten Objekt um ein Alias, ist im Bereich ALLGEMEIN unter ORIGINAL dokumentiert, wo sich das Original befindet. Mit der Taste ORIGINAL NEU ZUWEISEN können Sie ein Alias mit einem anderen Dokument verknüpfen (siehe auch Kapitel 3, *Aliasdateien*).

Bezieht sich das Fenster INFOS ZU auf eine Festplatte oder ein Volume, werden im Bereich ALLGEMEIN zusätzlich die Merkmale FORMAT, KAPAZITÄT, FREI und BENUTZT AUFGEFÜHRT.

Ein Plug-In ist eine Erweiterung, die ein Programm um zusätzliche Funktionen ergänzt.

Haben Sie ein Programm markiert, wird im Bereich ALLGEMEIN zudem die VERSION angegeben. Bei Programmen, für die Plug-Ins vorhanden sind, ist zusätzlich der Bereich PLUG-INS verfügbar. Hier können Sie Plug-Ins aktivieren bzw. deaktivieren sowie weitere Plug-Ins hinzufügen und vorhandene entfernen. Unter SPRACHEN sehen Sie die für das Programm aktivierten Sprachen und fügen weitere hinzu oder entfernen vorhandene.

Bei gedrückter [⌥]-Taste verwandelt sich ABLAGE/INFORMATIONEN in INFORMATIONEN EINBLENDEN, womit Sie ebenfalls das Fenster INFOS ZU öffnen. Haben Sie diesen Weg bzw. das Tastenkürzel [⌥] + [⌘] + [I] verwendet, lässt sich das Fenster mit dem erneut verwandelten Eintrag INFORMATIONEN AUSBLENDEN oder [⌥] + [⌘] + [I] wieder schließen. Anderenfalls schließen Sie das Fenster über das Schließfeld, ABLAGE/SCHLIEẞEN oder [⌘] + [W].

Informationen zu den Menübefehlen DUPLIZIEREN, ALIAS ERZEUGEN und ORIGINAL ZEIGEN finden Sie in Kapitel 3, *Ordner und Dokumente* in den Abschnitten *Duplizieren* und *Aliasdateien*. Mit ZUR SEITENLEISTE HINZUFÜGEN bzw. [⌘] + [T] fügen Sie markierte Dateien oder Ordner zur Seitenleiste der Finder-Fenster hinzu (siehe Kapitel 1, *Seitenleiste*). ARCHIV VON ... ERSTELLEN legt eine komprimierte Kopie der markierten Daten an (siehe dazu Kapitel 3, *Archiv erstellen*).

Der Eintrag In den Papierkorb legen (⌘ + ←) legt markierte Objekte im Papierkorb ab, Auswerfen bzw. ⌘ + E entfernt markierte Volumes bzw. öffnet das jeweilige Laufwerk, damit markierte Medien wie CDs und DVDs entfernt werden können.

CDs oder DVDs können ohne spezielles Programm gebrannt werden, indem Sie als Aktion Finder öffnen *wählen.*

Ist ein Brenn-Ordner markiert, steht der Eintrag CD/DVD brennen zur Verfügung, der den Brennvorgang nach Einlegen eines Rohlings startet (siehe Kapitel 3, *Brenn-Ordner*). Der Befehl kann jedoch auch ohne Brenn-Ordner zum Brennen genutzt werden. Legen Sie zunächst den Rohling ein, wählen Sie per Einblendmenü eine Aktion aus und klicken Sie in OK.

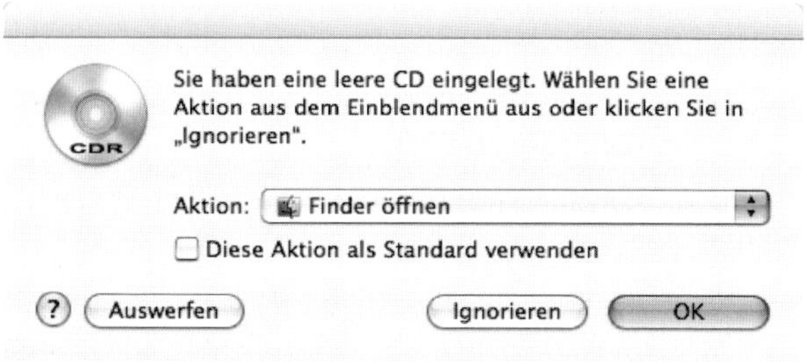

Bewegen Sie danach die gewünschten Daten auf das CD/DVD-Symbol auf dem Schreibtisch. Markieren Sie alternativ die CD/DVD in der Seitenleiste eines Finder-Fensters und ziehen Sie die gewünschten Daten in das Fenster. Markieren Sie die CD/DVD nach Abschluss des Kopiervorgangs und wählen Sie Ablage/CD/DVD brennen. In dem nun erscheinenden Dialogfenster legen Sie (je nach verwendetem Brenner) die Brenngeschwindigkeit fest, geben der CD/DVD einen Namen, speichern wahlweise den Inhalt der CD/DVD zur weiteren Verwendung in einem Brenn-Ordner und klicken auf Brennen. Das Verhalten beim Einlegen von CDs bzw. DVDs wird in den Systemeinstellungen automatisiert (siehe Kapitel 3, *Brenn-Ordner*).

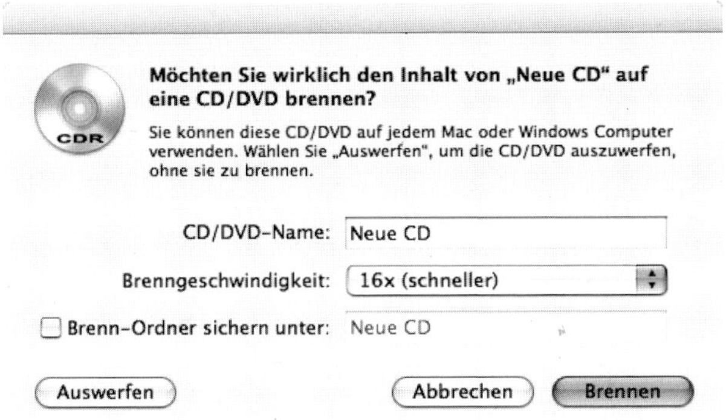

Computerbenutzer verbringen viel Zeit mit der Suche, da Dokumente die unangenehme Eigenschaft haben, genau dann zu verschwinden, wenn sie dringend benötigt werden. Im Laufe der Zeit wird sich auch bei Ihnen eine Flut von Daten ansammeln, doch keine Panik! Ihr Mac lässt Sie bei der Suche nicht allein.

Die Suche wird über Ablage/Suchen oder jedes Finder-Fenster mit Symbolleiste und Suchfeld erreicht. Hier können Sie auf verbundenen Volumes, dem eigenen Computer, dem Ordner Privat oder an näher zu bestimmenden Orten suchen. Geben Sie einfach einen Buchstaben oder einen Suchbegriff in das Suchfeld ein.

Das Tastaturkürzel für den Befehl Suchen *lautet* ⌘ + F.

Möchten Sie an einem anderen als den voreingestellten Orten suchen, klicken Sie auf Andere und dort auf Hinzufügen (Pluszeichen), um Volumes oder Ordner auszuwählen und mit Auswählen in die Suche einzubeziehen. Zum Entfernen markieren Sie einen Ort und klicken auf Entfernen (Minuszeichen). Klicken Sie anschließend in OK.

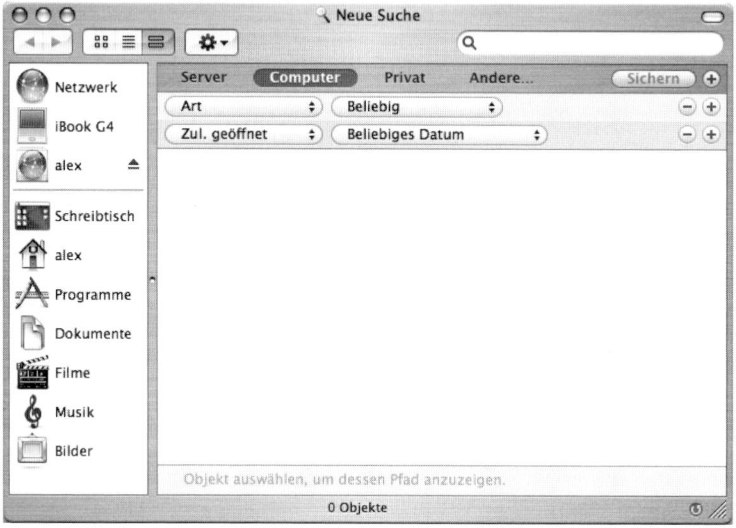

Sobald Sie mit der Eingabe beginnen, werden die ersten Suchergebnisse aufgelistet. Schränken Sie die Ergebnisse ein, indem Sie mit den Einblendmenüs Suchparameter festlegen. Per Voreinstellung ist als erster Parameter ART/BELIEBIG eingestellt. Wählen Sie eine konkrete Art aus dem Einblendmenü, z.B. BILDER. Das zweite Suchkriterium lautet standardmäßig ZULETZT GEÖFFNET, kann jedoch ebenso wie das erste per Einblendmenü an Ihre Bedürfnisse angepasst werden. Jedes Kriterium hat rechts eine Taste LÖSCHEN (Minus), mit der Sie es entfernen, und eine Taste HINZUFÜGEN (Plus), die ein weiteres Kriterium einblendet.

Wenn Sie sich an den Anfang, das Ende oder einen anderen Teil der Bezeichnung erinnern, wählen Sie den entsprechenden Eintrag aus dem Einblendmenü NAME. Die Kombination mehrerer Suchkriterien schränkt die Anzahl der Suchergebnisse sinnvoll ein.

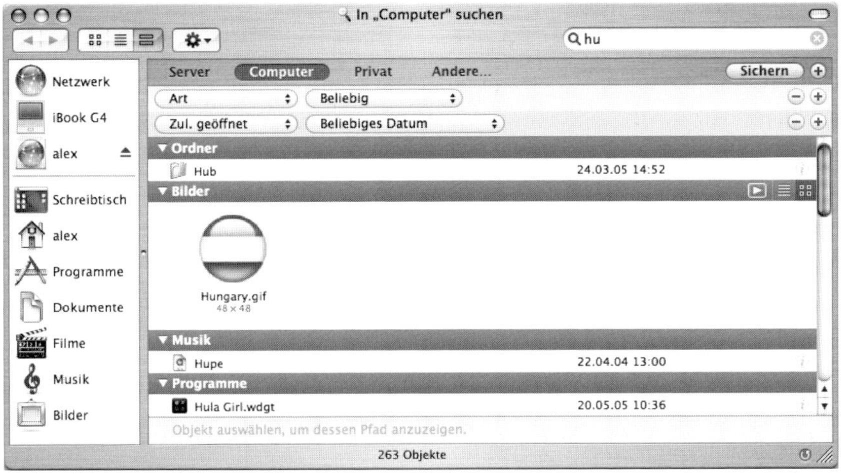

Die Suchergebnisse werden nach Kategorien getrennt aufgelistet. Markieren Sie das gewünschte Objekt, um dessen Speicherort im unteren Teil des Fensters anzuzeigen. Möchten Sie ein gefundenes Objekt öffnen, führen Sie einfach einen Doppelklick darauf aus, egal ob im oberen oder unteren Teil des Fensters.

Die durchgeführte Suche kann zur späteren Verwendung in Form eines intelligenten Ordners gespeichert werden. Klicken Sie dazu rechts oben in SICHERN, geben Sie einen Namen und Speicherort an und klicken Sie in SICHERN (siehe auch Kapitel 3, *Intelligente Ordner*).

Bei eingeblendeter Symbolleiste verfügt jedes Finder-Fenster über eine Suchmöglichkeit. Geben Sie den gesuchten Namen eines Objekts in das Eingabefeld ein, um das Suchergebnis direkt im selben Fenster darzustellen. Die bei der Suche verwendeten Einstellungen entsprechen den zuletzt benutzten, verwenden Sie die Taste SUCHKRITERIUM HINZUFÜGEN (Plus) rechts oben, um ein oder mehrere Kriterien einzublenden.

Last but not least bietet das Menü ABLAGE die Gelegenheit, ein markiertes Objekt mit einem Etikett zu versehen, weitere Informationen hierzu finden Sie in Kapitel 1, *Etiketten*.

Menü Bearbeiten

Das Menü BEARBEITEN bezieht sich auf die Bearbeitung von Dateien und Ordnern, die Befehle sind mitsamt ihren Tastenkürzeln in fast jedem Programm zu nutzen. Mit dem Befehl WIDERRUFEN machen Sie den zuletzt ausgeführten

Bearbeitungsbefehl rückgängig. Bearbeitungsbefehle sind z.B. das Schreiben, Ausschneiden oder Einsetzen von Text oder das Bewegen eines Objekts. Drücken Sie einfach [⌘] + [Z], um einen versehentlich gelöschten Textteil wieder herbeizuzaubern. Die Voraussetzung für eine solche Rettung ist, dass Sie in der Zwischenzeit keine andere Aktion getätigt haben. Das Widerrufen würde sich sonst auf diese, eben die zuletzt ausgeführte, Operation beziehen. Sollten Sie den Befehl WIDERRUFEN selbst rückgängig machen wollen, wenden Sie ihn einfach erneut an.

Wahrscheinlich die wichtigsten Tastenkürzel: [⌘] + [C] *und* [⌘] + [V] *für* Kopieren *und* Einsetzen.

Wenden Sie den Befehl AUSSCHNEIDEN auf zuvor markierte Textstellen an, verschwinden diese und werden in der Zwischenablage gespeichert. Das Kürzel für diesen Befehl lautet [⌘] + [X]. Das KOPIEREN und EINSETZEN (engl. copy and paste) lässt sich innerhalb von Dokumenten, aber auch für Datei- und Ordnernamen oder ganze Dateien nutzen (siehe dazu Kapitel 3, *Kopieren*). Mit ALLES AUSWÄHLEN werden alle Objekte eines Fensters markiert. In Textverarbeitungsprogrammen wie im zum Lieferumfang gehörenden TEXTEDIT markiert [⌘] + [A] das gesamte Dokument.

Sowohl kopierte als auch ausgeschnittene Inhalte werden bis zur weiteren Verwendung in der Zwischenablage gespeichert, die jedoch beim Ausschalten des Computers verloren geht. BEARBEITEN/ZWISCHENABLAGE EINBLENDEN verschafft Klarheit darüber, was sich aktuell in der Zwischenablage befindet. Der Eintrag SONDERZEICHEN öffnet die Zeichenpalette, mit der Sie Sonderzeichen verschiedener Art eingeben können (siehe Kapitel 1, *Zeichenpalette*).

Mit den Befehlen des Menüs DARSTELLUNG wechseln Sie die Darstellung in den Fenstern, räumen Fenster mit Symboldarstellung auf und legen fest, wonach diese ausgerichtet werden sollen. Blenden Sie die Symbolleiste und Statusleiste der Finder-Fenster aus bzw. ein und legen Sie die Darstellungsoptionen für ein oder alle Finder-Fenster fest. Weitere Informationen finden Sie in Kapitel 1, *Darstellungsoptionen*.

Menü Gehe zu

Das Menü GEHE ZU führt Sie ohne Umweg direkt zu wichtigen Ordnern (siehe dazu Kapitel 3, *Ordner ansteuern*).

Menü Fenster

Der Befehl IM DOCK ABLEGEN bzw. [⌘] + [M] minimiert das aktive Finder-Fenster und stellt eine Alternative zur Minimieren-Taste in den Fenstern dar. Mit ZOOMEN vergrößern Sie das aktuelle Finder-Fenster soweit, dass (sofern es die

Größe des Bildschirms zulässt) alle Inhalte sichtbar sind. Der Eintrag VORWÄRTS BLÄTTERN (oder ⌘ + <) aktiviert abwechselnd die geöffneten Finder-Fenster. ALLE NACH VORNE BRINGEN macht Finder-Fenster sichtbar, die von Programm-Fenstern verdeckt waren. Im unteren Teil listet das Menü FENSTER alle geöffneten Finder-Fenster auf und ermöglicht den Wechsel zwischen diesen Fenstern. Minimierte Fenster sind mit einer Raute versehen und können durch Auswählen des Namens oder durch Anklicken im Dock wieder eingeblendet werden. Weitere Informationen zu Fenstern finden Sie in Kapitel 1, *Fenster*.

Menü Hilfe

Alle uns bekannten Programme verfügen über ein Hilfe-Menü, allerdings unterscheiden sich die Menüeinträge dieser Hilfe-Menüs von dem des Finders, da programmspezifische Hilfen angeboten werden.

Das Auswählen des Menüeintrags MAC HILFE öffnet den Help Viewer mit der Titelseite der Mac Hilfe. Zum Aufrufen dieses Fensters können Sie alternativ die Hilfe-Taste Ihrer Tastatur oder das Kürzel ⌘ + ? verwenden. Da sich das Fragezeichen auf der zweiten Ebene befindet, müssen Sie genau genommen die Tasten ⌘ + ⇧ + ß drücken.

In einigen Dialogfenstern finden Sie Hilfetasten (Fragezeichen), die Sie direkt zum passenden Hilfethema führen.

Wahlweise suchen Sie unter Verwendung des Suchfelds gezielt nach den gewünschten Informationen oder navigieren mithilfe der Links durch die Themen der *Mac Hilfe*.

Geben Sie einen oder mehrere Suchbegriffe ein und starten Sie den Suchvorgang mit [↩]. Nach kurzer Zeit erhalten Sie Suchergebnisse, die nach Relevanz geordnet sind, die Wichtigsten zuerst und die weniger Wichtigen zum Schluss. Zusätzlich erkennen Sie, welcher Hilfe die Ergebnisse entstammen. Fahren Sie mit dem Mauszeiger auf ein Ergebnis, wird dessen Zusammenfassung eingeblendet. Wählen Sie eines der Ergebnisse aus, indem Sie darauf doppelklicken oder zunächst markieren und anschließend in Anzeigen klicken. Einige Hilfeeinträge ermöglichen Ihnen, die erforderlichen Dialogfenster von hier aus per Mausklick zu öffnen. Die Suche umfasst auch Themen des Produkt-Supports im Internet, sofern ein solcher existiert. Wahlweise lässt sich diese Einstellung im Menü Help Viewer mit einem Klick auf Auch im Produkt-Support suchen deaktivieren.

Verwenden Sie die Tasten Zurück und Weiter um innerhalb der Hilfethemen zu navigieren. Das Menü Gehe zu listet die zuletzt besuchten Hilfethemen auf und ermöglicht die Anzeige dieser Seiten. Die Start-Taste führt Sie zur Titelseite der *Mac Hilfe*, halten Sie die Maustaste gedrückt, um hier alle verfügbaren Hilfen aufzulisten und bei Bedarf zu einer anderen Hilfe zu wechseln. Alternativ steuern Sie die einzelnen Hilfen über das Menü Bibliothek an. Klicken Sie auf die Lupe im Suchfeld, um die Suche auf alle verfügbaren Hilfen auszuweiten. Weitere Hilfen integrierter Programme wie z.B. *iPhoto* werden automatisch hinzugefügt, sobald Sie die Hilfefunktion in dem Programm erstmalig aufrufen.

Mithilfe von Booleschen Operatoren lässt sich die Suche eingrenzen, sodass weniger und passendere Hilfethemen angezeigt werden. Dabei können Sie Suchbegriffe mit und oder oder miteinander verknüpfen, ausschließen und gruppieren.

- Und-Verknüpfung: Geben Sie z.B. Netzwerk + Bluetooth ein, um Hilfethemen zu erhalten, die beide Begriffe beinhalten.
- Oder-Verknüpfung: Geben Sie z.B. Netzwerk | Bluetooth ein, um Hilfethemen aufzuspüren, die entweder den einen oder den anderen Begriff enthalten. (Sie finden den senkrechte Strich unter [⌥] + [7].)

- Nicht: Mit NETZWERK !BLUETOOTH zeigen Sie Hilfethemen zu Netzwerk an, die jedoch nicht den Begriff Bluetooth enthalten. Achten Sie darauf, das Ausrufezeichen unmittelbar vor dem auszuschließenden Suchbegriff zu notieren.
- Gruppe: Runde Klammern gruppieren Begriffe, so z.B. in (NETZWERK + BLUETOOTH) | (BLUETOOTH + VERBINDUNG).

Die Titelseite der Mac-Hilfe bietet Hilfestellungen zu verschiedenen Themen. Klicken Sie in den Link auf der linken Seite, um via Internet direkt mit der Mac OS X-Seite von Apple verbunden zu werden. Die Hilfethemen können mit DARSTELLUNG/SCHRIFT GRÖßER (bzw. [⌘] + [+]) größer dargestellt und mit ABLAGE/DRUCKEN ([⌘] + [P]) gedruckt werden.

Einen besonderen Service bietet das Kontextmenü markierter Suchbegriffe, das Sie durch Anklicken mit gedrückter [ctrl]-Taste aufrufen. Von hier aus suchen Sie den Begriff mit *Spotlight*, wobei ein Spotlight-Fenster geöffnet wird, oder mit der Suchmaschine *Google*, wobei *Safari* gestartet und die Ergebnisse der Google-Suche angezeigt werden. IM LEXIKON NACHSCHLAGEN öffnet das *Dictionary* mit dem Suchergebnis, welches derzeit jedoch leider nur in englischer Sprache vorliegt. Da die Suche nur dann Erfolg verspricht, wenn der oder die Suchbegriffe korrekt eingegeben wurden, finden Sie im Kontextmenü unter RECHTSCHREIBUNG Gelegenheit, die Eingabe zu prüfen bzw. die Durchführung der Rechtschreibprüfung bereits während der Eingabe zu aktivieren.

2.2 Dock

Im Dock genügt ein Mausklick, um ein Programm, einen Ordner oder ein Dokument zu öffnen bzw. einzublenden.

Das *Dock* befindet sich am unteren Rand des Schreibtischs und stellt eine besondere Symbolleiste dar. Das Dock wird standardmäßig am unteren Bildschirmrand angezeigt und enthält einige der im Lieferumfang von Tiger enthaltenen Programme, die sich von hier aus mit einem Mausklick starten lassen. Beim Öffnen anderer, bislang nicht im Dock enthaltener Programme, wird das entsprechende Symbol im Dock angezeigt. Ebenso erscheinen minimierte Ordner oder Dateien im Dock. Das Dock dient im täglichen Umgang als Schaltzentrale, die schnellen Zugang zu den wichtigsten Programmen bietet. Aktuell verwendete Programme werden im Dock mit einem kleinen Pfeil gekennzeichnet.

Sie können zahlreiche Objekttypen in das Dock einfügen, in dem Sie die zugehörigen Symbole in das Dock ziehen. Das Original wird dabei nicht bewegt, im Dock wird automatisch ein Alias des Objekts angelegt. Zum Entfernen eines Symbols aus dem Dock ziehen Sie dieses einfach auf den Schreibtisch, wo es in einer kleinen Wolke »verpufft«. Da es sich bei den Symbolen im Dock um Aliase handelt, wird beim Entfernen aus dem Dock lediglich das Alias gelöscht (siehe Kapitel 3, *Aliasdateien*).

Mit der Tastenkombination [⌘] + [⇥] wechseln Sie zum nächsten geöffneten Programm, das Kürzel [⌘] + [⇧] + [⇥] kehrt die Reihenfolge um.

Wenn Sie das Symbol eines gestarteten Programms dauerhaft im Dock behalten möchten, rufen Sie das Kontextmenü zum Dock-Symbol des Programms auf. Halten Sie dazu die Taste [ctrl] gedrückt und klicken Sie in das Symbol. Wählen Sie den Eintrag IM DOCK BEHALTEN. Ein Klick in IM FINDER ZEIGEN öffnet automatisch den Ordner, in dem sich das Original befindet. Möchten Sie die Reihenfolge der im Dock befindlichen Symbole verändern, ziehen Sie die Symbole einfach mit gedrückter Maustaste an die gewünschte Position. Eine Ausnahme bilden das Finder-Symbol sowie der Papierkorb, diese Symbole sind in ihrer Position fest verankert.

Mit dem Tastenkürzel [⌥] + [⌘] + [D] schalten Sie zwischen ein- und ausgeblendetem Dock um.

Die Darstellung und Position des Docks können verändert werden. Alternativ zum unteren Bildschirmrand lässt sich das Dock am linken oder rechten Rand anzeigen. Wählen Sie dazu im APPLE-Menü DOCK/LINKS POSITIONIEREN bzw. RECHTS POSITIONIEREN. Auf Wunsch verbirgt sich das Dock und erscheint nur dann, wenn der Mauszeiger sich annähert. Klicken Sie dazu im Menü APPLE auf DOCK/AUTOMATISCH AUSBLENDEN. Fahren Sie zum temporären Einblenden des Docks mit dem Mauszeiger zu dem Bildschirmrand, an dem das Dock zuletzt platziert war.

Wählen Sie APPLE/DOCK/VERGRÖßERUNG EINSCHALTEN, um die im Dock enthaltenen Symbole beim Überfahren zu vergrößern. Mit APPLE/DOCK/VERGRÖßERUNG AUSSCHALTEN stellen Sie den Effekt wieder ab.

Eine zentrale Stelle für die Einstellungen des Docks finden Sie in den Systemeinstellungen. Klicken Sie im Menü APPLE auf DOCK/SYSTEMEINSTELLUNG „DOCK", um direkt zu den das Dock betreffenden Systemeinstellungen zu gelangen.

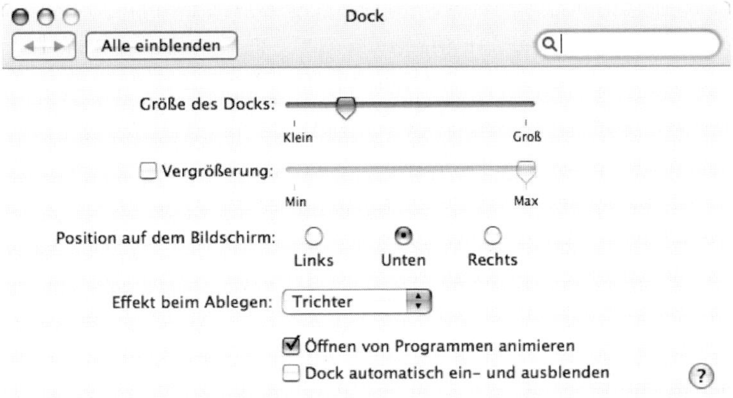

Bewegen Sie den Schieberegler GRÖSSE DES DOCKS bei gedrückter Maustaste und behalten Sie das Dock im Auge. Lassen Sie die Maustaste los, wenn die gewünschte Größe erreicht ist. Alternativ funktioniert die Skalierung auch mit der Maus. Positionieren Sie den Mauszeiger auf die vertikale Trennlinie im Dock, die den Papierkorb von den restlichen Symbolen trennt. Der Mauszeiger verwandelt sich in einen nach oben und unten zeigenden Doppelpfeil. Halten Sie nun die Maustaste gedrückt und bewegen Sie die Maus nach unten und oben. Lassen Sie die Maustaste los, wenn die gewünschte Größe erreicht ist. Die Größe der Symbole im Dock hängt auch davon ab, wie viele Programme aktuell geöffnet und wie viele Dokumente im Dock abgelegt sind. Das Dock wird automatisch so skaliert, dass alle enthaltenen Symbole sichtbar sind.

Der Schieberegler VERGRÖSSERUNG ist nur aktiv, wenn im APPLE-Menü DOCK/VERGRÖSSERUNG EINSCHALTEN ausgewählt bzw. hier das zugehörige Markierungsfeld markiert ist. Sie stellen hier den Grad der Vergrößerung ein, mit dem die Symbole des Docks beim Überfahren hervorgehoben werden.

Die Position des Docks wird hier alternativ zu den Menüeinträgen unter APPLE/DOCK per Optionsfeld bestimmt. Beim Minimieren von Fenstern verschwinden diese, als würden sie von einer unsichtbaren Kraft angezogen, langsam ins Dock. Dieser Effekt heißt TRICHTER und kann deaktiviert werden, indem Sie mit LINEAR die lineare Verkleinerung wählen.

Beim Öffnen eines Programms aus dem Dock hüpft das Programmsymbol im Dock auf und ab, bis das Programm gestartet ist. Deaktivieren Sie das Markierungsfeld ÖFFNEN VON PROGRAMMEN ANIMIEREN, wenn Sie diesen Effekt unterbinden möchten.

Ein weiteres Markierungsfeld ermöglicht Ihnen das Dock von hier aus auszublenden, sodass es nur bei Annäherung mit dem Mauszeiger erscheint.

Schließen Sie das Dialogfenster, um die vorgenommenen Änderungen zu übernehmen. Mit der Taste ALLE EINBLENDEN gelangen Sie zur Übersicht der Systemeinstellungen.

Neben APPLE/DOCK und den Dock-Systemeinstellungen kann das Dock auch mithilfe des Kontextmenüs verändert werden. Klicken Sie dazu bei gedrückter ctrl-Taste auf den Dock-Hintergrund (das funktioniert am besten bei der Trennlinie zum Papierkorb) und rufen Sie den gewünschten Eintrag auf.

2.3 Papierkorb

Dateien, Dokumente, Ordner und Programme, die Sie nicht mehr benötigen, werden mithilfe des Papierkorbs gelöscht. Ziehen Sie dazu das gewünschte Objekt auf das Papierkorbsymbol im Dock und lassen Sie die Maustaste los, wenn der Papierkorb aktiviert ist. Das Papierkorbsymbol ändert jetzt sein Aussehen und zeigt an, dass Sie etwas hineingeworfen haben. Aus dem Korb schauen einige Papiere heraus.

Das Tastaturkürzel für In den Papierkorb legen *lautet* ⌘ + ←.

Sollte der Papierkorb mit dem Dock ausgeblendet sein, ziehen Sie das zu löschende Objekt in Richtung Dock, bis dieses erscheint, und dann in den Papierkorb. Darüber hinaus haben Sie die Möglichkeit, den Menüeintrag IN DEN PAPIERKORB LEGEN aus dem Menü ABLAGE zu wählen. Dazu muss das zu löschende Objekt vorher angeklickt, das heißt aktiviert werden. Diese Methode ist effektiver, besonders wenn Sie das Tastaturkürzel verwenden.

Wenn Sie feststellen, dass Sie ein bereits in den Papierkorb gelegtes Objekt doch noch benötigen, ist das kein Problem. Mit einem Klick auf das Papierkorbsymbol öffnet sich ein Fenster, in dem der gesamte Inhalt des Papierkorbs angezeigt wird. Sie können nun das gewünschte Objekt aus diesem Fenster entfernen, indem Sie es auf den Schreibtisch ziehen.

Um die in den Papierkorb gelegten Objekte endgültig zu löschen, muss der Papierkorb wie im echten Leben geleert werden. Wählen Sie dazu aus dem Menü FINDER den Eintrag PAPIERKORB ENTLEEREN. Bevor es ernst wird, erscheint jetzt ein Warnhinweis, der nachfragt, ob Sie ganz sicher dieses Objekt löschen wollen. Dies ist die letzte Möglichkeit, es sich noch einmal anders zu überlegen. Wenn Sie den Inhalt des Papierkorbs tatsächlich löschen möchten, bestätigen Sie den Warnhinweis mit OK.

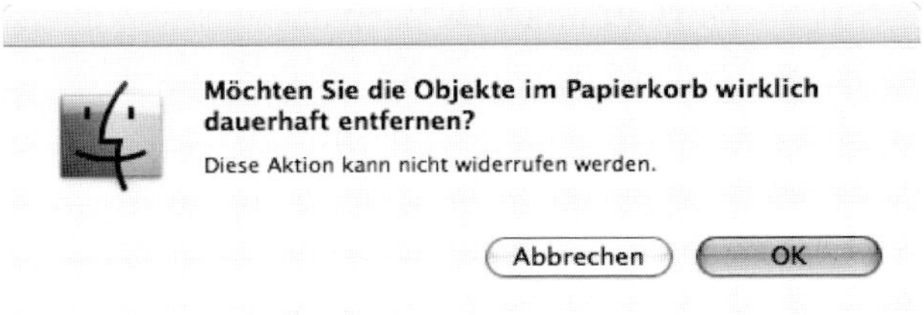

Drücken Sie die ⌥-Taste beim Auswählen des Menüeintrags PAPIERKORB ENTLEEREN, wird der Warnhinweis für dieses eine Mal unterdrückt und der Papierkorb ohne weiteres geleert.

Auch für das Entleeren des Papierkorbs gibt es eine Tastenkombination. Halten Sie die Tasten ⇧, ⌘ und ← gleichzeitig gedrückt. Wie bei FINDER/PAPIERKORB ENTLEEREN erscheint eine Warnmeldung, die bestätigt werden muss. Möchten Sie die Warnung für diesen einen Vorgang umgehen, drücken Sie zusätzlich die Taste ⌥. Da die Tasten ⌘ und ⌥ unmittelbar nebeneinander liegen, lassen sich die Tasten ⇧, ⌘, ⌥ und ← auch ohne Fingerakrobatik gleichzeitig drücken. Eine weitere Möglichkeit der Müllabfuhr besteht darin, das Kontextmenü des Papierkorbsymbols im Dock aufzurufen. Halten Sie dazu die Taste `ctrl` gedrückt, klicken Sie auf den Papierkorb und auf PAPIERKORB ENTLEEREN. In diesem Fall erscheint keine Warnung, sodass der Papierkorb direkt geleert wird.

Die Anzeige der Warnmeldung kann in den Finder-Einstellungen prinzipiell deaktiviert werden. Wählen Sie im Menü FINDER den Eintrag Einstellungen oder drücken Sie die Tastenkombination ⌘ + , und klicken Sie auf ERWEITERT. Deaktivieren Sie das Markierungsfeld WARNUNG VOR DEM ENTLEEREN DES PAPIERKORBS ANZEIGEN und schließen Sie das Fenster.

Gelöschte Daten sind nach Entleeren des Papierkorbs verloren. Mithilfe spezieller Software lassen sich die Objekte jedoch möglicherweise rekonstruieren. Für den Fall, dass Sie sensible Daten löschen und sicher gehen möchten, dass diese wirklich gelöscht werden, wählen Sie FINDER/PAPIERKORB SICHER ENTLEEREN. Der Inhalt des Papierkorbs wird mit diesem Verfahren überschrieben, sodass eine Wiederherstellung unmöglich wird. Durch das Überschreiben nimmt das sichere Entleeren mehr Zeit in Anspruch. Wählen Sie diese Funktion daher insbesondere, wenn Sie den Computer verkaufen oder verschenken möchten und zuvor persönliche Daten löschen.

Manche Objekte können nicht in den Papierkorb gelegt werden, da sie mit einem Schutz versehen sind. Markieren Sie ein solches Objekt und rufen Sie

ABLAGE/INFORMATIONEN (⌘ + I) auf. Klicken Sie in das Dreieck vor ALLGEMEIN, um diesen Bereich einzublenden und deaktivieren Sie das Markierungsfeld GESCHÜTZT. Anschließend lässt sich das Objekt in den Papierkorb legen.

Sie können mithilfe des Papierkorbs auch CDs und Volumes auswerfen. Ziehen Sie dazu das Symbol der CD oder des Volumes auf den Papierkorb. Der Papierkorb im Dock verändert sich dabei in eine Auswurftaste. Das Symbol wird vom Schreibtisch entfernt und die CD ausgeworfen. Bei dieser Aktion werden keine Daten gelöscht. Es gibt allerdings eine weitere Alternative, wählen Sie das CD-Symbol aus und klicken Sie bei gedrückter ctrl-Taste auf das Symbol der CD. Wählen Sie aus dem anschließend erscheinenden Kontextmenü den Eintrag AUSWERFEN.

2.4 Kontextmenü

Sofern Sie eine Maus mit zweiter Taste verwenden, können Sie beim Zeigen auf ein Objekt das Kontextmenü durch Drücken der rechten Maustaste aufrufen.

Auf dem Schreibtisch können Sie zu allen Objekten Kontextmenüs anzeigen. Zeigen Sie auf ein Objekt, drücken Sie die ctrl-Taste und klicken Sie, um das Kontextmenü zu öffnen. Das Kontextmenü enthält Einträge, die auf das jeweilige Objekt angewendet werden können. Der Inhalt hängt davon ab, welcher Art das Objekt ist. Der Schreibtisch selbst hat ebenso wie jedes darauf befindliche Objekt ein eigenes Kontextmenü. Auch für im Dock befindliche Objekte lässt sich ein Kontextmenü einblenden. Zum Auswählen eines Menüpunkts ziehen Sie den Mauszeiger auf den gewünschten Eintrag, bis dieser hervorgehoben wird, und klicken ihn an. Zum Verlassen des Menüs klicken Sie an eine Stelle des Schreibtischs, die außerhalb des Menüs liegt.

2.5 Dashboard und Widgets

Widget ist eine Zusammensetzung aus Windows und Gadgets, wobei sich Windows hier auf das X Window System von Unix bezieht.

Ein eigenes Hintergrundbild für den Schreibtisch ist mit Tiger nur ein Schritt zur Personalisierung. Mit den neuen Widgets, kleinen praktischen Miniprogrammen, holen Sie gezielt Informationen ein, ohne dafür ein komplexes Programm starten zu müssen. Führen Sie z.B. Berechnungen durch, schlagen Sie etwas in einem Wörterbuch nach oder versorgen Sie sich mit aktuellen Wetterdaten. Einige Widgets stellen Ableger von ausgewachsenen Programmen dar, wie z.B. die iTunes-Steuerung oder das Adressbuch. Andere Widgets beziehen ihre Inhalte aktuell aus dem Internet, natürlich ohne dass ein Browser gestartet werden muss. Für die Nutzung der vielseitigen Helfer ist lediglich eine so genannte Engine vonnöten, in Mac OS X 10.4 das Dashboard (Armaturenbrett). Das Dashboard ist auf der Festplatte im Ordner PROGRAMME abgelegt und einfach über das Dock zu erreichen.

Mac OS X 10.4 bringt folgende Widgets für den täglichen Gebrauch mit: Adressbuch, Einheiten konvertieren, Flüge suchen, iCal, iTunes, Lexikon, Notizzettel, Puzzle, Rechner, Übersetzung, Weltuhr und Wetter. Leider haben nicht alle Widgets einen lokalen Anbieter, sodass die Widgets Börse, Lexikon und Telefonbuch sich derzeit nur auf die USA beziehen. Bereits kurz nach dem Erscheinen von Tiger gibt es zahlreiche weitere Widgets, die Sie aus dem Internet laden und nutzen können. Die systemeigenen Widgets befinden sich auf der Festplatte unter LIBRARY/WIDGETS. Klicken Sie im Dock auf DASHBOARD oder drücken Sie die Taste F12, um das Dashboard zu öffnen.

Beim Starten des Dashboards wird der Schreibtisch abgedunkelt, nur die geöffneten Widgets stehen im Rampenlicht. Per Voreinstellung sehen Sie vier geöffnete Widgets: Rechner, Weltuhr, Kalender und Wetter. Möchten Sie das Dashboard verlassen, kehren Sie mit einem Klick auf den Schreibtisch oder erneutem Drücken von F12 zum Schreibtisch zurück.

Bestimmte Widgets benötigen eine Internetverbindung.

Bei iBooks oder PowerBooks ist die Funktionstaste F12 für das Auswerfen zuständig. Weisen Sie dem Dashboard in diesem Fall einen anderen Kurzbefehl zu bzw. verwenden Sie aktive Ecken. Öffnen Sie dazu die Systemeinstellungen über das Menü Apple oder das Dock und klicken Sie im Bereich Persönlich auf Dashboard & Exposé.

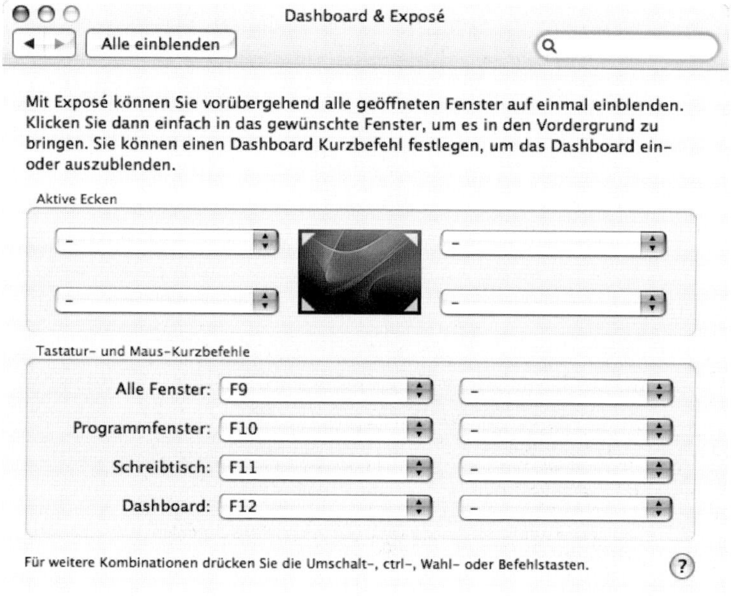

Im Bereich Aktive Ecken legen Sie fest, dass eine der vier Bildschirmecken als aktive Ecke für Dashboard verwendet wird. Sobald der Mauszeiger in diese Ecke fährt, wird das Dashboard automatisch gestartet. Wahlweise verwenden Sie einen anderen Kurzbefehl zum Aufrufen von Dashboard. Stellen Sie dazu unter Tastatur- und Maus-Kurzbefehle für Dashboard mit dem linken Einblendmenü eine andere Funktionstaste bzw. mit dem rechten Einblendmenü eine Maustaste ein. Klicken Sie in Schließen, um die Systemeinstellungen zu verlassen und die neuen Einstellungen zu übernehmen.

Widget anpassen

Widgets, bei denen irgendeine Einstellung möglich ist, werden zu diesem Zweck einfach umgedreht. Fahren Sie dazu mit der Maus über das Widget, bis die Taste Info erscheint und klicken Sie darauf.

Das Widget *Wetter* zeigt (eine Verbindung zum Internet vorausgesetzt) per Voreinstellung die Wetterdaten von Berlin an. Dabei handelt es sich jedoch keineswegs um die deutsche Hauptstadt, zudem wird die Temperatur in Grad Fahrenheit angezeigt. Ein Klick auf die Info-Taste dreht das Widget um. Geben Sie eine Stadt ein und drücken Sie die [↵]-Taste, um nach Wetterdaten zu suchen. Verwenden Sie dabei keine Umlaute, sondern schreiben Sie z.B. Koln oder die englische Bezeichnung Cologne, um das Wetter in Köln anzuzeigen. Je nach Suchbegriff stehen mehrere Städte zur Auswahl, so etwa 18 Mal Berlin inklusive Berlin, Germany. Hat die Suche keinen Erfolg, versuchen Sie es mit einer größeren Stadt in der Nähe. Ein Klick in die Front des Widgets blendet eine 6-tägige Vorhersage mit Wettersymbolen und Höchsttemperaturen ein. Aktivieren Sie das Markierungsfeld Include lows in 6-day forecast, um hier auch die Tiefsttemperaturen anzuzeigen. Klicken Sie auf Done, um das Widget umzudrehen und mit den neuen Einstellungen anzuzeigen.

Widget öffnen

Die Taste Öffnen (ein Pluszeichen links auf Höhe des Docks) blendet die Widget Leiste ein und ermöglicht den Zugriff auf einzelne Widgets. Gleichzeitig erhalten die bereits geöffneten Widgets links oben eine Schließen-Taste, mit der sie beendet werden können. Alternativ zum Mausklick auf die Öffnen-Taste blendet die Tastenkombination [⌘] + [´] die Widget Leiste ein bzw. aus. Sie finden die Taste links von der [←]-Taste.

Die Widget Leiste unterhalb des Docks zeigt die verfügbaren Widgets an, darunter auch die bereits geöffneten. Öffnen Sie weitere Widgets, indem Sie das entsprechende Symbol aus der Widget Leiste nach oben ziehen oder einfach anklicken. Während des Öffnens ist – bei geeigneter Grafikkarte – der so genannte Welleneffekt sichtbar, das Widget scheint in eine Wasserfläche zu fallen und verursacht kleine Wellen.

Steuern Sie mithilfe der Pfeiltasten in der Widget Leiste weitere verfügbare Widgets an. Klicken Sie zum Schließen eines Widgets in die SCHLIEßEN-Taste, die bei eingeblendeter Widget Leiste für jedes geöffnete Widget sichtbar sind. Sie möchten ein Widget schließen, obwohl die Widget Leiste ausgeblendet ist? Kein Problem: Fahren Sie bei gedrückter [⌥]-Taste über das betreffende Widget und klicken Sie in die SCHLIEßEN-Taste.

Klicken Sie zum Ausblenden der Widget Leiste in die SCHLIEßEN-Taste.

Widgets benutzen

Die Anzeige einiger Widgets lässt sich variieren. Klicken Sie z.B. in den oberen Teil des Kalenders, bleiben lediglich Wochentag, Monat und Datum sichtbar, die Monatsübersicht wird ausgeblendet. Das Widget *Wetter* wird per Mausklick erweitert und zeigt im unteren Teil eine Vorhersage für sechs Tage an. Im Folgenden finden Sie die Eigenschaften der standardmäßig unter Mac OS X 10.4 installierten Widgets. Öffnen Sie die Widgets zunächst, indem Sie diese in der Widget Leiste anklicken.

Adressbuch

Dieses Widget bietet direkten Zugriff auf Ihr Adressbuch. Die einzelnen Kontakte können mit den Tasten ZURÜCK und WEITER bzw. mithilfe des Suchfelds angesteuert werden. Die rote runde Taste öffnet das Adressbuch, sodass Sie z.B. einen neuen Kontakt aufnehmen können.

Dictionary (Lexikon)

Wie der Name bereits vermuten lässt, ist das Lexikon ebenso wie der integrierte Thesaurus auf Englisch. Drücken Sie nach Eingabe eines Suchbegriffs die [↵]-Taste, um die Ergebnisse anzuzeigen. Klicken Sie in THESAURUS, um verwandte Wörter zu finden. Blättern Sie mit den Pfeiltasten in den bisher angezeigten Ergebnissen und verwenden Sie die Index-Taste (links) für eine Auflistung weiterer Wörter. Verändern Sie nach einem Klick auf die INFO-Taste die Schriftgröße.

Flight Tracker (Flüge suchen)

Mit diesem Widget lassen sich Flüge bestimmter Fluggesellschaften oder bestimmter Flugstrecken suchen. Geben Sie die Fluggesellschaft (Airline), den Abflugort (Depart City) und den Zielort (Arrive City) ein und klicken Sie in FIND FLIGHTS. Wählen Sie einen Flug und klicken Sie in TRACK FLIGHT, werden ein Kartenausschnitt und Fluginformationen angezeigt. Klicken Sie in die Karte, um diese zu verkleinern bzw. vergrößern. Das Widget FLIGHT TRACKER funktioniert nur mit einer Internetverbindung.

Anstelle der Ortsnamen funktionieren auch die Flughafen-Kennungen wie z.B. FRA für Frankfurt.

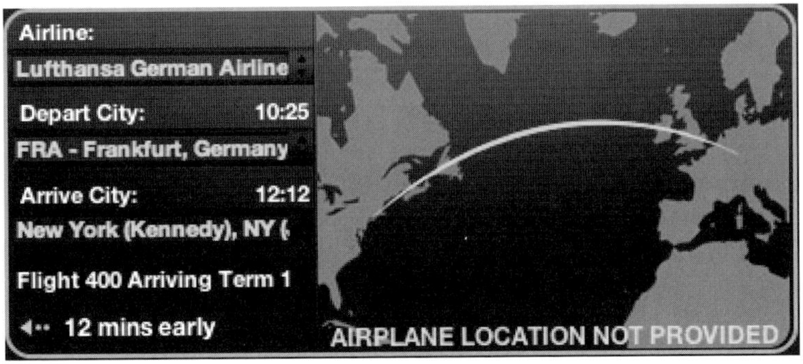

iTunes

Starten Sie das Widget iTunes, *ohne dass iTunes je gestartet wurde, müssen Sie beim automatischen Starten von iTunes zunächst den Software-Lizenzvertrag akzeptieren.*

Die Verwendung des Widgets *iTunes* setzt voraus, dass Ihre iTunes-Bibliothek bereits Musiktitel enthält. Klicken Sie auf die Wiedergabe-Taste, wird iTunes im Hintergrund automatisch gestartet und die Wiedergabe der Bibliothek beginnt. Ist iTunes beim Öffnen des Widgets *iTunes* bereits geöffnet, startet die Wiedergabe sofort. Mit Pause stoppen Sie die Wiedergabe, die Doppelpfeile Zurück und Weiter ermöglichen das Ansteuern zurückliegender bzw. folgender Titel. Bewegen sie das Click Wheel bei gedrückter Maustaste, um die Lautstärke zu verändern. Das Display zeigt den aktuellen Titel, einen Verlaufsbalken sowie die abgelaufene Zeit an. Klicken Sie auf den Verlaufsbalken, um innerhalb des aktuellen Songs zu einer anderen Stelle zu springen. Links unten im Display sehen Sie ein Shuffle-Symbol, klicken Sie darauf, um die Titel in zufälliger Reihenfolge wiederzugeben. Das Gegenstück dazu befindet sich rechts unten und steht für die fortlaufende Wiedergabe in der vorgegeben Reihenfolge. Klicken Sie erneut auf das Symbol, wird der aktuelle Titel fortlaufend wiederholt.

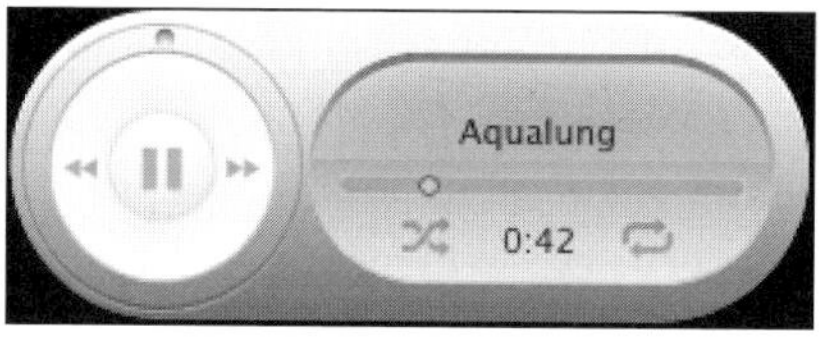

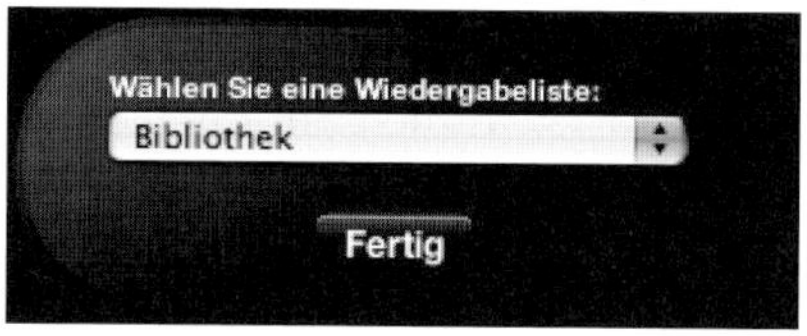

Standardmäßig werden alle Titel der iTunes-Bibliothek wiedergegeben. Klicken Sie auf die Info-Taste, um auf der Rückseite des Widgets per Einblendmenü eine Wiedergabeliste auszuwählen. Kehren Sie mit Fertig zur Frontseite des Widgets zurück.

Kalender

Klicken Sie in das Datum, um den Monatskalender aus- bzw. einzublenden.

Verwenden Sie die Pfeile im unteren Teil der Monatsübersicht, um vorherige bzw. folgende Monate anzuzeigen. Die mittlere Taste führt zum aktuellen Monat. Das Widget *Kalender* ist mit *iCal* verbunden und kann daher neben dem Datum und der Monatsübersicht geplante Aktivitäten anzeigen. Ein Klick in ein Datum soll die Ereignisse dieses Tages einblenden und den Wechsel zu *iCal* ermöglichen. Leider wird diese Funktion im Moment noch nicht unterstützt. Möchten Sie das aktuelle Datum ändern, klicken Sie in der Menüleiste auf die Systemuhr und „Datum & Uhrzeit" öffnen. Weitere Informationen zu den Systemeinstellungen Datum & Uhrzeit finden Sie in Kapitel 4, *Persönliche Einstellungen*.

Notizzettel

Die *Notizzettel* sind kaum von »echten« zu unterscheiden (obwohl ich keinen direkt auf den Bildschirm klebe). Schreiben Sie kurze Notizen auf, sodass diese im Dashboard-Modus sichtbar sind. Standardmäßig erscheinen die Notizen 16 Punkt groß, das Widget passt die Schriftgröße jedoch automatisch dem verbleibenden Platz an, wenn Sie das Ende des Zettels erreichen. Auch mit diesem Trick hat jeder Zettel ein Ende und zwar, wenn in 10 Punkt Schriftgröße keine weiteren Notizen aufgenommen werden können. Benötigen Sie mehr Platz, öffnen Sie einfach einen weiteren Notizzettel, indem Sie das Widget in der Widget Leiste erneut anklicken.

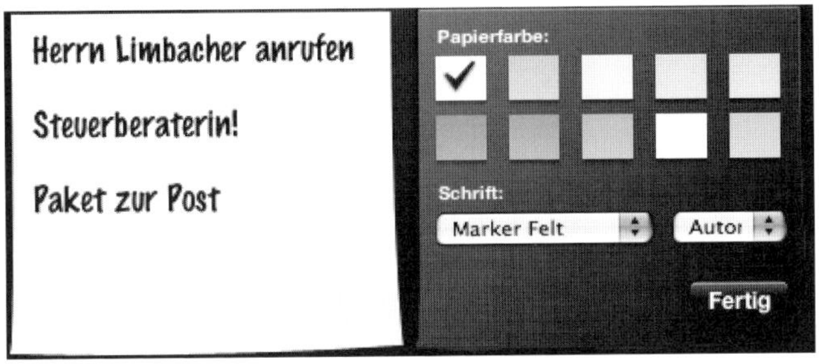

Auf Wunsch lassen sich die Papierfarbe, die Schriftart sowie die Schriftgröße auf der Rückseite des Widgets festlegen. Klicken Sie auf die INFO-Taste, nehmen Sie die gewünschten Einstellungen vor und bestätigen Sie diese mit FERTIG.

Phone Book (Telefonbuch)

Dieses Widget bezieht sich auf die gelben Seiten vieler US-amerikanischer Städte. Wählen Sie per Einblendmenü eine Kategorie oder geben Sie einen (englischen) Suchbegriff ein und drücken Sie die [↵]-Taste. Die gefundenen Einträge verweisen auf eine Internetseite mit weiteren Einzelheiten, ein Klick auf die Adresse zeigt die Lage in einem Kartenausschnitt, nachdem Safari automatisch gestartet und die entsprechende Seite geladen wurde. Klicken Sie auf die Telefonnummer, um diese stark vergrößert anzuzeigen. Auf der Rückseite des Widgets stellen Sie die Stadt oder Region der USA ein, in der Sie suchen möchten, geben an, in welchem Umkreis die Einträge liegen sollen und legen fest, wie viele Einträge pro Seite ausgegeben werden sollen. Kehren Sie mit DONE zur Front des Widgets zurück. Für die Nutzung des Widgets muss eine Internetverbindung vorhanden sein.

Phone Book ist ein sinnvolles Widget und wird hoffentlich in ähnlicher Form für Deutschland erhältlich sein. Bis dahin kann man sich mit dem Widget *Telefon* trösten, das immerhin die Daten der Internetseite `http://www.das-oertliche.de` bereithält. Weiter Informationen hierzu finden Sie im Abschnitt *Widget hinzufügen*.

Puzzle

Puzzle ist ein einfaches und dennoch lustiges Widget, das einigen sicher noch in der Hardware-Version bekannt ist. Klicken Sie in das Puzzle, um die Teile zu mischen und klicken Sie erneut, um das Mischen zu beenden. Klicken Sie nun jeweils auf das Puzzleteil, das Sie auf den freien Platz schieben möchten, bis das ursprüngliche Bild wieder zusammengesetzt ist. Zwar sind für dieses Widget keine weiteren Einstellungen möglich, Sie können das Motiv jedoch variieren.

Beim Schließen des Puzzles geht das neue Bild verloren. Solange es geöffnet ist, werden alle weiteren Instanzen des Puzzles mit dem neuen Bild geöffnet.

Steuern Sie im Finder ein Bild an, das Sie als Puzzle verwenden möchten, wählen Sie das Bild aus und halten Sie die Maustaste gedrückt, während Sie mit [F12] das Dashboard einblenden. Lassen Sie die Maustaste los, wenn diese sich über dem Widget *Puzzle* befindet. Verwenden Sie aktive Ecken für Dashboard, fahren Sie bei gedrückter Maustaste in die definierte Ecke, um Dashboard einzublenden und das Bild im *Puzzle* Widget abzulegen.

Rechner

Das Gleichheitszeichen wird mit der [↵]-Taste bedient.

Auf den ersten Blick scheint der Rechner nicht spektakulär. Sofern das Widget *Rechner* bereits geöffnet ist, führen Sie per Mausklick die gewünschte Rechenoperation durch. Beim ersten Anklicken wird der Rechner aktiviert, erkennbar am hellblau hinterleucheten Display. Einmal aktiviert, lässt sich der Rechner mit der Tastatur bedienen, was insbesondere bei Tastaturen mit Ziffernblock sehr komfortabel ist.

Stocks (Börse)

Für die Darstellung der Kurse ist eine Internetverbindung erforderlich.

Leider funktioniert das Widget derzeit nur für die Börsenkurse aus den USA. Der Klick auf eine Aktie blendet deren Wertentwicklung ein, über Tasten oberhalb des Diagramms legen Sie fest, welcher Zeitraum dargestellt wird. Ein Doppelklick auf eine Aktie öffnet eine Seite mit weiteren Informationen zur

Aktie in *Safari*. Ein Klick auf die Entwicklung in Punkten ändert die Darstellung in prozentuale Kursänderung.

Die Kurse werden mit bis zu 20-minütiger Verspätung angezeigt.

Ein Klick auf die INFO-Taste dreht das Widget und ermöglicht die Aufnahme weiterer Aktien bzw. das Entfernen vorhandener. Geben Sie die Bezeichnung der gesuchten Aktie in das Suchfeld ein und klicken Sie in die Taste HINZUFÜGEN, um diese in das Widget aufzunehmen. Markieren Sie eine Aktie und entfernen Sie diese mit REMOVE aus dem Widget. Aktivieren Sie das Markierungsfeld SHOW CHANGE AS A PERCENTAGE, um die Kursentwicklungen prozentual anzuzeigen. Drehen Sie das Widget mit DONE wieder um.

Umrechnen

Dieses Widget hilft beim Konvertieren verschiedenster Einheiten. Legen Sie mit dem Einblendmenü UMRECHNEN zunächst fest, welche Art von Einheit Sie konvertieren möchten. Wählen Sie anschließend von welcher in welche Einheit die Umrechnung erfolgen soll und geben Sie den zu berechnenden Wert in das entsprechende Feld ein. Das Ergebnis erscheint unmittelbar im anderen Feld.

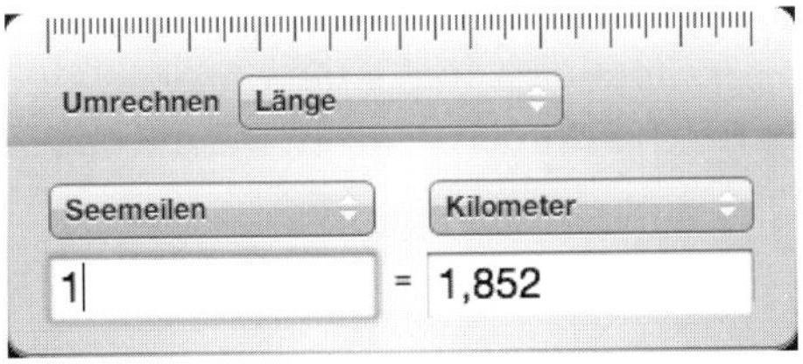

Weather (Wetter)

Eine Abbildung des Widgets finden Sie weiter oben im Abschnitt *Widget anpassen*. Halten Sie die Tasten [⌥] + [⌘] gleichzeitig gedrückt und klicken Sie auf das Wettersymbol, um mit jedem weiteren Klick das Symbol eines weiteren Wetterszenarios zu sehen. Drehen Sie das Widget anschließend mithilfe der INFO-Taste um, geben Sie die Stadt an, deren Wetter Sie anzeigen möchten und drücken Sie die [↵]-Taste. Werden mehrere Treffer angezeigt, wählen Sie den gewünschten Ort oder führen Sie eine neue Suche durch. Mit DONE kehren Sie zur Front des Widgets zurück.

Weltuhr

Uhrzeiten zwischen 0:00 Uhr und 12:00 Uhr werden mit hellem Ziffernblatt und dem Zusatz AM, Zeiten zwischen 12:00 Uhr und 24:00 Uhr mit dunklem Ziffernblatt und PM dargestellt.

Die Weltuhr gehört zu den Widgets, die per Voreinstellung geöffnet und beim Einblenden des Dashboards sichtbar sind. Sollte die Uhrzeit nicht korrekt sein, stellen Sie diese in den *Systemeinstellungen* ein bzw. rufen Sie die aktuelle Uhrzeit von einem Server ab. Klicken Sie dazu in der Menüleiste in die Systemuhr und auf „DATUM & UHRZEIT" ÖFFNEN. Eine Internetverbindung vorausgesetzt, ist das Stellen der Uhr mithilfe des Markierungsfelds DATUM & UHRZEIT AUTOM. EINSTELLEN komfortabel gelöst, sofern im Einblendmenü der passende Server gewählt ist. Alternativ stellen Sie die Uhr mit den Pfeiltasten bzw. durch Eingabe.

Mehrere *Weltuhr*-Widgets versetzen Sie in die Lage, die aktuelle Uhrzeit verschiedener Zeitzonen präsent zu haben. Klicken Sie in die INFO-Taste und stellen Sie per Einblendmenü zunächst den Kontinent und dann die Stadt ein, deren Uhrzeit Sie anzeigen möchten. Mit FERTIG übernehmen Sie die Änderungen und drehen das Widget wieder um.

Übersetzung

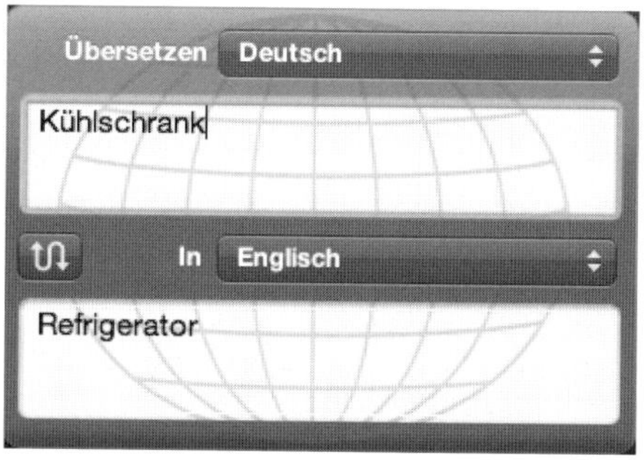

Mit diesem Widget können Sie schnell einzelne Wörter, Ausdrücke oder Sätze übersetzen. Geben Sie dazu die Ausgangssprache per Einblendmenü an und schreiben Sie die zu übersetzenden Inhalte in das obere Textfeld. Wählen Sie nun die Zielsprache und klicken Sie in das untere Textfeld, wo nach kurzer

Denkpause die Übersetzung erscheint. Die Pfeiltaste kehrt Ausgangs- und Zielsprache um.

Komplizierte Sätze oder fehlerhafte Eingaben überfordern das Widget. Kurze korrekt geschriebene Eingaben führen zu den besten Ergebnissen.

Widget hinzufügen

Zusätzlich zu den bereits installierten lassen sich weitere Widgets laden und zur Widget Leiste hinzufügen. Eine Methode für weitere Widgets ist in der Widget Leiste integriert. Öffnen Sie das Dashboard mit F12, klicken Sie in die Taste ÖFFNEN und rechts in WEITERE WIDGETS. Daraufhin startet Safari und zeigt die Apple-Site mit weiteren Dashboard Widgets an. Wählen Sie ein Widget aus und folgen Sie den Anweisungen auf der Website. Das Widget wird automatisch installiert, nachdem es geladen wurde.

Suchen Sie z.B. das Widget *Telefon* und klicken Sie auf DOWNLOAD, um es herunterzuladen. Der Download-Manager warnt davor, dass es sich um ein ausführbares Programm handelt, das potenziell gefährlich ist. Bestätigen Sie die Warnmeldung mit LADEN. Beenden Sie *Safari*, öffnen Sie das Dashboard mit F12 und blenden Sie die Widget Leiste mit ÖFFNEN ein. Steuern Sie das Widget TELEFON an und klicken Sie darauf, um es zu öffnen.

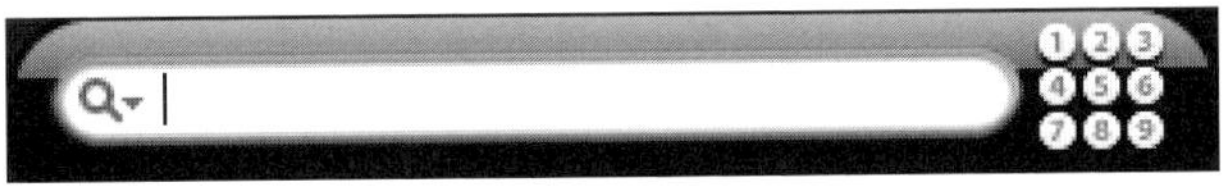

Geben Sie in das Textfeld den Namen und Wohnort des gesuchten Teilnehmers ein und drücken Sie die ↵-Taste. Achten Sie darauf, ein Komma gefolgt von einem Leerzeichen zwischen dem Namen und dem Ort zu notieren (Mustermann, Musterstadt). Unter Umständen muss zusätzlich nach dem Namen der Vorname angegeben werden. Trennen Sie dann Namen und Vornamen durch ein Leerzeichen und Vornamen und Ort durch ein Komma gefolgt von einem Leerzeichen (Mustermann Erika, Musterstadt).

Alleine auf der Apple-Homepage werden zahlreiche weitere Widgets aufgelistet, die als Freeware kostenlos heruntergeladen werden können. Das Widget *iCal Events* füllt z.B. die Lücke im Kalender-Widget, es zeigt die Ereignisse des aktuellen Tages an. Auf der Rückseite des Widgets können Sie zwischen verschiedenen iCal-Kalendern wechseln. Der *Currency Tracker* ist ein kleiner Währungsrechner, der sich täglich aktualisiert, mit *iChrono* platzieren Sie eine Stoppuhr im Dashboard. *Wikipedia* ermöglicht die Suche in der Wikipe-

dia-Enzyklopädie, wobei sowohl die Ergebnisse als auch weiterführende Links innerhalb des Widgets angezeigt werden. Natürlich gibt es auch eher unterhaltsame Widgets, wie etwa ein *Countdown* für beliebige Ereignisse und ein *Hula Girl*, das die Hüfte auf dem Dashboard schwingt.

Auch andere Quellen bieten zahlreiche Widgets, und täglich werden es mehr. Die Installation der meisten Widgets funktioniert automatisch, was die Sache einfach, aber auch problematisch macht. *Safari* installiert Widgets nach dem Laden unter Benutzer/Privat/Library/Widgets.

Wird der Download von einer Webseite selbstständig gestartet, ist schnell ein Widget installiert, von dem Sie nichts wissen. Einzig im Download-Manager von *Safari* (Fenster/Geladene Dateien) ist der Vorgang nachzuvollziehen. Für den Start eines solchen Widgets muss dieses zwar aus der Widget Leiste gezogen werden, aber das ist schnell passiert. Um unschöne Überraschungen zu vermeiden und nur solche Widgets zu installieren, die aus Ihrer Meinung nach vertrauenswürdigen Quellen stammen, müssen Sie lediglich eine Einstellung in *Safari* ändern. Öffnen Sie Safari per Dock, wählen Sie Safari/Einstellungen und deaktivieren Sie unter Allgemein das Markierungsfeld „Sichere" Dateien nach dem Laden öffnen. Damit werden allerdings auch andere Dateien nach dem Downloaden nicht mehr automatisch geöffnet.

Auch ohne diese Einstellung werden nicht alle Widgets sofort installiert. Das Widget *Niederschlagsradar*, das wahlweise für die Schweiz oder Deutschland Karten mit animierter oder fixer Anzeige der Niederschläge zeigt, ist ein Beispiel dafür. Beim Download werden die Dateien in einen Ordner verstaut, in dem sich vier einzelne Widgets befinden. Wählen Sie eines dieser Widgets aus und starten es per Doppelklick, muss die erstmalige Ausführung explizit akzeptiert werden. Schließen Sie das Widget, ist es nicht in der Widget Leiste, sondern nach wie vor im Ausgangsordner zu finden. Möchten Sie ein neues Widget in die Widget Leiste übernehmen, speichern Sie es unter Benutzer/Privat/Library/Widgets.

Die Widgets basieren neben HTML auf JavaScript und CSS, sodass Sie mit Erfahrung auf diesen Gebieten eigene Widgets erstellen können. Bestandteil von Mac OS X 10.4 sind die Developer Tools, die Beispiele für Widgets enthalten.

Ordner und Dokumente

Mithilfe von Ordnern strukturieren Sie Ihre Daten. In einem Ordner können sich verschiedenartige Objekte wie Dokumente, Dateien, Programme oder andere Ordner befinden. Die einzigen Objekte, die nicht in einen Ordner gelegt werden können, sind Volumes und der Papierkorb, diese müssen auf dem Schreibtisch bleiben. Der grundlegende Unterschied zu einem realen Büro besteht darin, dass Sie auf Ihrem Mac Ordner in Ordner ablegen können, wobei Sie diese Ordner in weitere Ordner legen können. Durch diesen Vorgang erhalten Sie eine Ordnerhierarchie, innerhalb derer Sie die abgelegten Objekte nach ihrem Bezug zueinander ordnen können.

Dabei empfiehlt es sich, eine bestimmte Ordnung einzuhalten, die es Ihnen erleichtert, die Übersicht über die Daten auf Ihrer Festplatte zu bewahren. Natürlich hängt es von Ihrer Arbeitsweise und von den zu verwaltenden Datenmengen ab, wie Sie Ihre Arbeitsumgebung organisieren. Denken Sie jedoch bei jedem Speichervorgang daran, dass Sie diese Daten eines (vielleicht fernen) Tages wieder benötigen. Folgen Sie Ihrer eigenen Logik, denn die wird Ihnen auch in einem halben Jahr noch zur Verfügung stehen. Sie werden feststellen, dass eine klare Struktur Ihre Arbeit erleichtert.

Sie können Ihre Ordnerhierarchie visualisieren, indem Sie das Fenster zu Ihrer Festplatte als Liste darstellen lassen. Klicken Sie in das Dreieck eines Ordners, erscheint dessen Inhalt nach rechts eingerückt. Diesen Vorgang können Sie wiederholen, bis die unterste Ebene Ihrer Hierarchie erreicht ist (oder die Bildschirmgröße nicht mehr ausreicht). Die Objekte, die in diesem Fenster ganz links stehen, gehören zur oberen Hierarchieebene.

Wie bereits in Kapitel 1, *Grundlagen*, erwähnt, können Sie mit einem Doppelklick jeden Ordner und jedes Dokument öffnen. Es besteht noch die etwas umständlichere Alternative, den Ordner oder das Dokument zuerst zu aktivieren und dann im Menü Ablage den Befehl Öffnen zu wählen. Möchten Sie den Inhalt eines Ordners in einem separaten Fenster anzeigen, halten Sie beim Doppelklicken die Taste [⌘] gedrückt. Ist die Symbolleiste ausgeblendet (mithilfe der Taste in der rechten Ecke der Titelleiste), genügt ein Doppelklick. Möchten Sie erreichen, dass sich nach jedem Doppelklick auf einen Ordner ein neues Fenster öffnet, können Sie dies in den Finder-Einstellungen angeben wie in Kapitel 1, *Grundlagen*, beschrieben.

3.1 Ordner ansteuern

Unter Apple/Benutzte Objekte/Menü löschen *stellen Sie die Einträge zurück.*

Im Apple-Menü werden unter Benutzte Objekte die zehn zuletzt benutzten Programme, Dokumente und Server bereitgehalten und sind somit schnell erreichbar. Wahlweise können Sie diesen Service ausweiten, beschränken oder deaktivieren. Klicken Sie im Menü Apple oder im Dock auf Systemeinstellungen und dort unter Persönlich auf Erscheinungsbild.

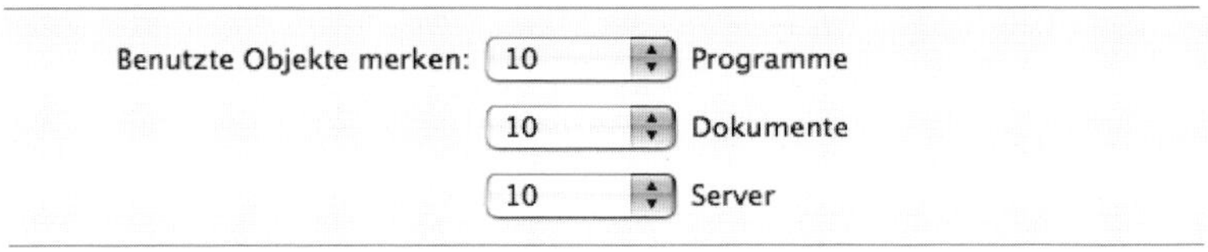

Legen Sie unter Benutzte Objekte merken für Programme, Dokumente und Server per Einblendmenü fest, ob und wie viele Objekte vorgehalten werden sollen. Schließen Sie das Fenster, um die Änderungen zu übernehmen und die Systemeinstellungen zu verlassen.

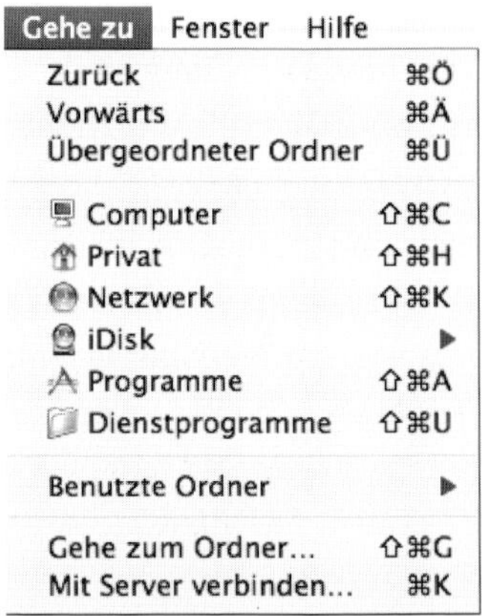

Weitere Möglichkeiten zum schnellen Ansteuern bestimmter Ordner bieten das Menü Gehe zu bzw. die entsprechenden Tastenkürzel.

Mit Zurück ([⌘] + [Ö]) und Vorwärts ([⌘] + [Ä]) erreichen Sie die Darstellung bereits angezeigter Inhalte im aktiven Fenster. Die Pfeile Zurück und Vor in der Symbolleiste der Finder-Fenster erfüllen den gleichen Zweck. Übergeordneter Ordner bzw. das Tastenkürzel ([⌘] + [Ü]) führt Sie zu dem Ordner, der den aktuell angezeigten enthält, diesem in der Hierarchie also übergeordnet ist.

Ein Klick auf COMPUTER bzw. [⇧] + [⌘] + [C] öffnet ein Fenster, das alle Volumes (Festplatten, Server, CD-ROMs etc.) Ihres Rechners sowie damit verbundene Volumes aufzeigt. Außerdem finden Sie ein Symbol mit der Bezeichnung NETZWERK. Sofern Sie Teil eines Netzwerkes sind, werden nach einem Doppelklick auf NETZWERK alle eingeschalteten Computer aufgelistet, die am Netzwerk teilnehmen.

Ihr privater Ordner ist ebenso wie in der Seitenleiste der Finder-Fenster im Menü GEHE ZU verfügbar, das Kürzel lautet [⇧] + [⌘] + [H]. Dieser private Ordner, der als Bezeichnung Ihren Kurznamen hat, ist ein sicherer Speicherort für Ihre Dokumente. Ihren privaten Ordner kann außer dem Benutzer *root* kein anderer Benutzer ändern. Ihr privater Ordner enthält den Unterordner ÖFFENTLICH, auf den andere Benutzer bzw. Benutzer anderer Computer zugreifen können, wenn Sie PERSONAL FILE SHARING aktiviert haben. Weitere Informationen zum Thema *Datensicherheit* finden Sie im gleichnamigen Kapitel 6.

GEHE ZU/NETZWERK öffnet Ihren Netzwerk-Ordner, alternativ erreichen Sie diesen mit [⇧] + [⌘] + [K] bzw. einem Klick auf NETZWERK in der Seitenleiste eines Finder-Fensters. Ist Ihr Computer in ein Netzwerk eingebunden, sehen Sie hier die Teilnehmer des Netzwerks, deren Rechner eingeschaltet sind.

Mit *iDisk*, das Bestandteil von .Mac ist, sichern Sie Daten auf Apples Internet-Servern. Wenn Sie Ihre virtuelle Festplatte im Internet öffnen möchten, klicken Sie im Menü GEHE ZU auf IDISK und MEINE IDISK und melden sich mit Ihrem .Mac-Benutzernamen und Kennwort an. Weitere Einträge ermöglichen Zugriff auf die iDisk anderer Benutzer. Mehr Informationen zu *iDisk* finden Sie in Kapitel 7, *Internet*.

Mit einem Klick auf PROGRAMME führt Mac OS X 10.4 Sie direkt zum Ordner PROGRAMME auf Ihrer Festplatte, in dem die Systemprogramme bzw. mitgelieferte Programme abgelegt sind. Per Tastenkürzel erreichen Sie den Ordner mit [⇧] + [⌘] + [A], in Finder-Fenstern über die Seitenleiste.

Der Ordner DIENSTPROGRAMME ist ein Unterordner des Ordners PROGRAMME und kann mit [⇧] + [⌘] + [U] direkt erreicht werden. Hier finden Sie z.B. das Programm *Bildschirmfoto*.

Der Eintrag BENUTZTE ORDNER listet ähnlich wie im Menü APPLE, wo Sie die zuletzt verwendeten Programme, Dokumente und Server erreichen, die zehn zuletzt benutzten Ordner zum direkten Zugriff auf.

Mit GEHE ZU/GEHE ZUM ORDNER bzw. [⇧] + [⌘] + [G] öffnen Sie einen Ordner durch Eingabe des Pfadnamens. Ein Pfadname besteht aus den Namen aller Ordner, die das Objekt enthalten, welche durch einen Schrägstrich (/) getrennt sind. Um den Unterordner ITUNES MUSIC im Ordner ITUNES auf Ihrem Mac zu öffnen, der sich wiederum im Ordner Musik befindet, geben Sie ~/MUSIK/ITUNES/ITUNES MUSIC in das Eingabefeld ein und klicken auf START. Die Tilde steht für Ihren privaten Ordner und wird mit [alt] + [N] eingegeben.

Wählen Sie MIT SERVER VERBINDEN bzw. [⌘] + [K], um eine Verbindung zu einem Server oder einem anderen Mac im Netzwerk herzustellen. Über diesen Weg nehmen Sie auch Verbindung mit einem Windows-Rechner in heterogenen Netzwerken auf. Einzelheiten zu diesen Themen erfahren Sie in Kapitel 9, *Netzwerk*.

3.2 Ordner anlegen

Um einen neuen Ordner zu erhalten, wählen Sie NEUER ORDNER aus dem Menü ABLAGE. Alternativ können Sie die Tastenkombination [⇧] + [⌘] + [N] verwenden oder im Kontextmenü (mit gedrückter [ctrl]-Taste klicken) NEUER ORDNER wählen.

Mit der Tastenkombination [⌘] + [O] öffnen Sie ein zuvor markiertes Objekt.

Der neue Ordner erscheint auf dem Schreibtisch oder in dem gerade aktiven Fenster und hat den Namen NEUER ORDNER. Der Ordner ist aktiviert und das Namensfeld ist aktiv, sodass Sie sofort einen Namen für ihn eingeben können. Bei der Namensgebung sind Ihrer Fantasie keine Grenzen gesetzt, außer dem Doppelpunkt sind alle Zeichen erlaubt, der Name kann insgesamt 255 Zeichen lang sein. Lange Dateinamen erweisen sich jedoch als unpraktisch, da sie z.B. in Dialogfenstern abgekürzt werden. Möchten Sie Daten mit PC-Benutzern austauschen, sollten Sie außerdem beachten, die folgenden Sonderzeichen nicht zu verwenden: ?, *, /, \, “, <, > und |. Bestätigen Sie die Eingabe mit der [↵]-Taste, wird der Ordner in die alphabetische Reihenfolge einsortiert. Werden in einem Fenster mehrere neue Ordner geschaffen, werden diese zur Unterscheidung fortlaufend nummeriert. Möchten Sie einen neuen Ordner auf dem Schreibtisch erstellen, aktivieren Sie diesen zunächst (indem Sie an einer beliebigen Stelle auf den Schreibtisch klicken) und wählen dann NEUER ORDNER.

Zum Umbenennen eines bereits existierenden Ordners müssen Sie den Namen zunächst aktivieren. Klicken Sie dazu in den Namen des Ordners (nicht auf das Symbol), bis ein Bearbeitungsrechteck um den Namen erscheint und dieser hervorgehoben wird. Der Pfeil-Cursor verwandelt sich in eine Einfügemarke. Geben Sie dann den gewünschten Namen ein. Klicken Sie auf den Schreibtisch oder eine leere Stelle eines Fensters, um die Namenseingabe zu beenden. Wenn Sie Ihre Eingabe mit der [↵]-Taste bestätigen, bleibt der Ordner, nicht jedoch sein Namensfeld, aktiv.

Intelligente Ordner

Denkende Ordner? Nicht ganz. Intelligente Ordner fassen Suchergebnisse zusammen, sodass diese auch zu einem späteren Zeitpunkt noch zur Verfügung stehen. Wählen Sie Menü ABLAGE/NEUER INTELLIGENTER ORDNER oder verwenden Sie das Tastenkürzel [⌥] + [⌘] + [N], um einen neuen intelligenten Ordner zu erstellen. Beschränken Sie die Suche gegebenenfalls auf bestimmte Speicherorte, geben Sie ein oder mehrere Suchkriterien und den Suchbegriff an. Die Ergebnisse werden mithilfe von Spotlight schon während der Eingabe zusammengestellt und nach Art der Objekte sortiert.

Klicken Sie in SICHERN, um die Suche zu speichern und geben Sie dem Ordner einen Namen. Per Voreinstellung werden Suchabfragen im Ordner GESICHERTE SUCHABFRAGEN gespeichert, der beim Erstellen des ersten intelligenten Ordners unter PRIVAT/LIBRARY angelegt und zur Seitenleiste hinzugefügt wird. Per Einblendmenü legen Sie einen anderen Speicherort fest und können das

Hinzufügen zur Seitenleiste unterbinden. Bei Bedarf lässt sich die Suche durch weitere Suchkriterien verfeinern, auch bei einem bereits vorhandenen intelligenten Ordner. Steuern Sie einen intelligenten Ordner via Seitenleiste oder in Privat/Library/Gesicherte Suchabfragen an und klicken Sie in Bearbeiten.

Warum nun »intelligente« Ordner? Haben Sie einen intelligenten Ordner angelegt, wird dieser automatisch aktualisiert, wenn weitere Objekte den Suchkriterien entsprechen. Mehr Informationen zu Spotlight finden Sie in Kapitel 5, *Spotlight*.

Brenn-Ordner

Mit Mac OS X Tiger hält der Brenn-Ordner Einzug in das Betriebssystem, der das Brennen von Daten auf CD oder DVD aus dem Finder vereinfacht. Wählen Sie Ablage/Neuer Brenn-Ordner, um einen solchen auf dem Schreibtisch zu erstellen. Alternativ erstellen Sie Brenn-Ordner mit dem entsprechenden Eintrag im Kontextmenü. Der Ordnername ist bereits zur Bearbeitung markiert, sodass Sie direkt mit der Eingabe der Bezeichnung beginnen können. Beim Hinzufügen der gewünschten Objekte werden im Brenn-Ordner automatisch Aliase der Objekte erstellt, sodass die Originale unverändert an ihren jeweiligen Speicherorten verbleiben und nicht kopiert werden. Gegenüber der früheren Praxis, die zu brennenden Daten zunächst in einen Ordner zu kopieren, stellt dies einen erheblichen Zeitgewinn dar.

Tiger unterstützt weit mehr Brenner sowie Double-Layer-DVD-Brenner und UDF 2.01.

Öffnen Sie einen Brenn-Ordner und klicken Sie in die Taste Brennen, um den Brennvorgang zu starten. Markieren Sie alternativ einen Brenn-Ordner und wählen Sie Ablage/CD/DVD brennen. Eine Meldung informiert Sie darüber, welche Kapazität die CD oder DVD für die Objekte des Brenn-Ordners haben muss. Legen Sie eine leere oder wiederbeschreibbare CD oder DVD ein und folgen Sie den Anweisungen.

Ein Brenn-Ordner ist insbesondere für die Datensicherung praktisch. Erstellen Sie einen Brenn-Ordner mit Ihren wichtigen Daten und brennen Sie diesen von Zeit zu Zeit. Da der Ordner mit Aliasen bestückt ist, bleibt dieser inhaltlich immer auf dem neuesten Stand. Lediglich neue Ordner, die sich nicht in einem bereits hinzugefügten Ordner befinden, müssen dem Brenn-Ordner hinzugefügt werden.

In den Systemeinstellungen legen Sie fest, welche Aktion dem Einlegen von CDs und DVDs folgen soll. Öffnen Sie die Systemeinstellungen über das Apple-Menü oder das Dock und klicken Sie unter Hardware auf CDs & DVDs.

Beim Einlegen einer leeren CD oder DVD wird standardmäßig nachgefragt, welche Aktion Sie ausführen möchten. Legen Sie hier wahlweise per Einblendmenü eine Aktion fest. Beim Einlegen bespielter CDs und DVDs hängt die Aktion beim Einlegen vom Inhalt ab: bei Musik-CDs wird iTunes, bei Bilder-CDs iPhoto und bei Video-DVDs der DVD Player geöffnet. Möchten Sie stattdessen andere oder keine Aktion ausführen, stellen Sie dies per Einblendmenü ein. Schließen Sie das Dialogfeld, um die Änderungen zu übernehmen und die Systemeinstellungen zu verlassen.

3.3 Objekte bewegen

Sie bewegen ein Objekt, indem Sie es mit gedrückter Maustaste zur gewünschten Position ziehen. Um ein Objekt in einen Ordner zu legen, ziehen Sie das Objekt auf das Symbol des gewünschten Ordners. Erst wenn der Ordner aktiviert ist, also dunkler erscheint und der Name invers dargestellt wird, lassen Sie die Maustaste los. Das gezogene Objekt befindet sich nun in dem von Ihnen angesteuerten Ordner. Während des Ziehens sehen Sie eine Art Schatten, ein durchscheinendes Symbol, das zu dem zu ziehenden Objekt gehört. Dieser Schatten zeigt Ihnen, wo sich das gezogene Objekt nach dem Loslassen der Maustaste befindet.

Wenn Sie ein Objekt auf einen Ordner ziehen und einen kleinen Augenblick warten, lernen Sie aufspringende Ordner kennen. Automatisch öffnet sich das Fenster des Ordners, auf den Sie das Objekt gezogen haben. Möchten Sie das Objekt in einen Unterordner ablegen, ziehen Sie es dorthin. Nach einer kurzen Zeit wird auch für diesen Ordner ein Fenster geöffnet. In den Finder-Einstellungen lassen sich die aufspringenden Ordner deaktivieren bzw. deren Verzögerung verändern. Wählen Sie FINDER/EINSTELLUNGEN ([⌘] + [,]), klicken Sie in ALLGEMEIN und deaktivieren Sie das Markierungsfeld AUFSPRIN-

Ziehen Sie ein Objekt auf einen Ordner, bis dieser markiert ist. Drücken Sie jetzt die [Leertaste], um sofort das Fenster des Ordners zu öffnen.

GENDE ORDNER UND FENSTER, um diese Funktion zu unterbinden. Möchten Sie die Geschwindigkeit verändern, lassen Sie das Markierungsfeld aktiviert und stellen Sie die Verzögerung per Schieberegler ein. Schließen Sie das Fenster, um die Einstellungen zu übernehmen.

Wenn Sie mehrere Objekte eines Fensters auf einmal bewegen möchten, markieren Sie diese zunächst. Klicken Sie bei gedrückter [⌘]-Taste auf die einzelnen Objekte. Sie machen eine Markierung rückgängig, indem Sie (bei weiterhin gedrückter [⌥]-Taste) erneut auf das Objekt klicken. Die Markierung aller Objekte verschwindet, wenn Sie an eine leere Stelle des jeweiligen Fensters klicken. Eine andere Methode zur Auswahl von Objekten ist das Auswahlrechteck. Ziehen Sie mit gedrückter Maustaste diagonal über die Objekte, die Sie markieren möchten. Sobald ein Objekt dunkler erscheint, ist es markiert, auch dann, wenn das graue Rechteck, welches Sie beim Auswählen sehen, es nur knapp berührt. Um diese Auswahl rückgängig zu machen, klicken Sie in eine leere Stelle des Fensters, allerdings gehen damit sämtliche Markierungen verloren. Wenn Sie alle Objekte eines Fensters markieren möchten, gibt es eine weitere Alternative. Anstatt jedes Objekt einzeln anzuklicken oder ein Auswahlrechteck zu ziehen, wählen Sie die Option ALLES AUSWÄHLEN aus dem Menü BEARBEITEN. Das Tastaturkürzel für diese Operation lautet [⌘] + [A]. Hierbei werden alle Ordner, Unterordner und Dateien des aktiven Fensters markiert.

Auch mittels der [⇧]-Taste (Umschalttaste) können Sie Ordner oder Dateien markieren. Diese Funktion ist für Folgen von Dateien oder Ordnern gedacht, die sich unmittelbar hintereinander befinden. Markieren Sie zunächst das erste Objekt. Betätigen Sie dann die [⇧]-Taste, und klicken Sie anschließend bei gedrückter [⇧]-Taste das letzte Objekt an. Nun sind alle Dateien oder Ordner zwischen erstem und letztem Mausklick markiert.

Objekte, die in Ordnern unterschiedlicher Hierarchiestufe abgelegt sind, können mithilfe der gedrückten [⌘]-Taste gleichzeitig markiert werden. Dazu ist erforderlich, den Ordner, in dem sich alle zu markierenden Objekte (in Unterordnern) befinden, als Liste darstellen zu lassen. Dadurch befinden sich Objekte unterschiedlicher Hierarchie in einem gemeinsamen Fenster und können dort markiert werden.

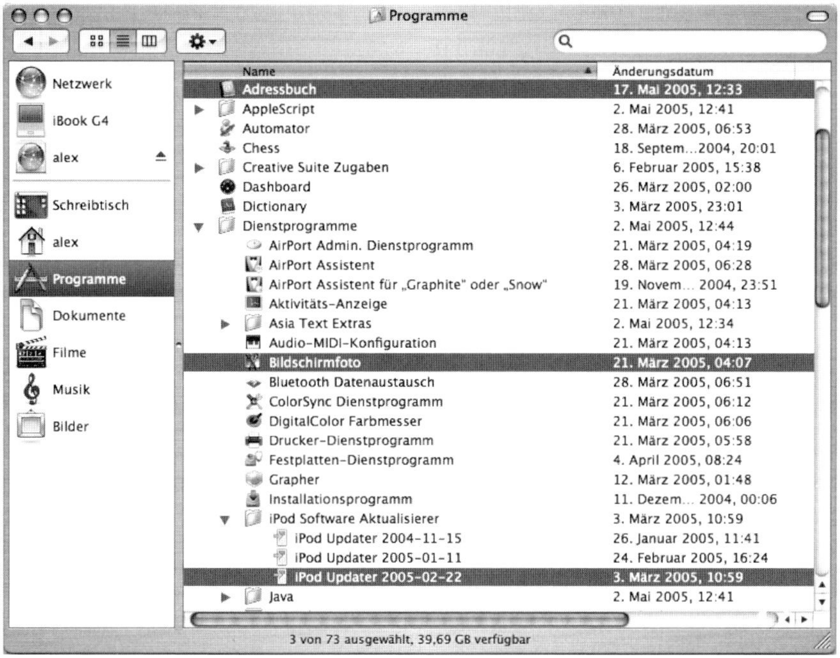

Um die markierte Gruppe von Objekten nun zu bewegen, ziehen Sie ein beliebiges der markierten Objekte zur gewünschten Position. Sie sehen auch hier einen Schatten der Objekte, die Sie ziehen. Lassen Sie die Maustaste erst dann los, wenn der Zielordner aktiv ist, also dunkler erscheint. Entscheidend für die Zielposition ist immer die Spitze des Mauspfeils.

Sie haben zudem die Möglichkeit, über die Tastatur in einem Fenster zu navigieren. Ist in einem Fenster bereits ein Objekt markiert, können Sie mittels der Pfeiltasten andere Objekte dieses Fensters ansteuern. Eine andere Variante besteht darin, den oder die Anfangsbuchstaben eines Objekts einzugeben. Mit der ⇥-Taste gelangen Sie zum nächsten Objekt, wobei die alphabetische Reihenfolge eingehalten wird. (Auch dann, wenn Sie im Menü Darstellung/Anordnen nach Größe eingestellt haben.)

Das Ziehen eines Objekts innerhalb eines Volumes verändert nur seine Position. Ziehen Sie jedoch ein Objekt von einem Volume zu einem anderen (z.B. einen Ordner von einer CD auf Ihren Schreibtisch), so bleibt das Original unverändert an seinem Platz und auf Ihrem Schreibtisch wird eine Kopie des Objekts abgelegt. Es öffnet sich ein Fenster, das Ihnen Auskunft über den Status des Kopiervorgangs gibt.

Immer dann, wenn Sie ein Objekt verschieben (d.h. innerhalb eines Volumes an eine andere Stelle ziehen) oder kopieren (z.B. von einem anderen Volume auf Ihre Festplatte), vergleicht der Finder, ob an der Zielposition Objekte mit gleicher Bezeichnung vorhanden sind. Dieser Vergleich geht in der Regel so schnell vonstatten, dass Sie gar nichts davon bemerken. Verschieben oder kopieren Sie größere Datenmengen an einen Zielort, der ebenfalls größere Datenmengen beinhaltet, dauert die Überprüfung der Daten entsprechend länger. Sie sehen dann ein Dialogfenster, das Ihnen die Vorbereitung des Kopierens mitteilt. Während des Kopierens können Sie in einer Anwendung arbeiten, da der Kopiervorgang im Hintergrund abläuft.

3.4 Dokumente öffnen, sichern und schützen

Ein Dokument ist eine Datei, die mit einem Programm erstellt wurde. Das kleine Textverarbeitungsprogramm *TextEdit*, das in Ihrem Betriebssystem enthalten ist, ermöglicht die Erstellung von Dokumenten. Hauptsächlich können Sie mit diesem Programm die BITTE-LESEN-Dokumente, die vielen Programmen beiliegen, lesen. Sie finden *TextEdit* im Ordner PROGRAMME auf Ihrer Festplatte. Wenn Sie das Programm öffnen, erscheint das Fenster eines Dokuments mit dem Namen OHNE TITEL. Wählen Sie den Menüeintrag SICHERN UNTER aus dem Menü ABLAGE. Sie sehen ein Dialogfenster, in dem Sie das Dokument benennen und festlegen, an welcher Stelle es gespeichert werden soll.

Wählen Sie die Option Sichern unter, *wenn Sie den Namen und/oder den Speicherort des Dokuments ändern möchten.*

Geben Sie dem Dokument zunächst im Eingabefeld SICHERN UNTER eine Bezeichnung. Beachten Sie dabei, keine Schrägstriche zu verwenden. Im unteren Bereich legen Sie fest, in welchem Dateiformat das Dokument gespeichert wird.

Sie können mithilfe des Einblendmenüs ORT in der Ordnerhierarchie auf gewisse Fixpunkte zugreifen und Ihre Datei dort speichern. Der erste per Voreinstellung ausgewählte Eintrag lautet DOKUMENTE. Klicken Sie nun in die Taste SICHERN, wird Ihre Datei unter BENUTZER/PRIVAT/DOKUMENTE gespeichert. PRIVAT steht stellvertretend für den Namen, unter dem Sie sich am System angemeldet haben. In meinem konkreten Fall wäre das BENUTZER/ALEX/DOKUMENTE. Man spricht in diesem Zusammenhang auch vom Home-Verzeichnis, dem Ordner, in dem Ihre Daten personenbezogen gespeichert werden. Meldet sich jemand anderes an Ihrem Mac an, etwa mit Namen Ingo, würde dieser das Home-Verzeichnis BENUTZER/INGO/DOKUMENTE zugewiesen bekommen.

Als weiterer Speicherort steht der SCHREIBTISCH zur Verfügung, der Dateien auf dem Schreibtisch ablegt. Wenn Sie ein Dokument auf dem Schreibtisch sichern möchten, können Sie bei geöffnetem SPEICHERN-Dialogfenster die Tastenkombination [⌘] + [D] verwenden, um diesen Eintrag auszuwählen.

Weitere vordefinierte Speicherorte sind die oberste Hierarchie des Computers (der Name ist abhängig davon, welche Bezeichnung Sie vergeben haben) und PRIVAT. Letzterer ist identisch mit dem Home-Verzeichnis des Anwenders, der gerade am Rechner arbeitet, und trägt den Namen, mit dem Sie beim System angemeldet sind.

Weitere direkt zugängliche Speicherorte sind die Ordner PROGRAMME, FILME, MUSIK und BILDER, auf die Sie auch in jedem Finder-Fenster über die Seitenleiste Zugriff haben. Zusätzlich werden die zuletzt benutzten Ordner im unteren Bereich aufgelistet.

Eine Besonderheit stellt der Eintrag NETZWERK dar, mit dessen Hilfe Sie das Dokument nicht auf dem eigenen Mac, sondern auf einem anderen Rechner im Netzwerk sichern können.

Rechts neben dem Eingabefeld SICHERN UNTER befindet sich ein kleines Dreieck. Klicken Sie darauf, erweitert bzw. reduziert sich die Ansicht des Dialogfensters. In der erweiterten Ansicht können Sie den genauen Platz auswählen, wo das Dokument gespeichert werden soll. Standardmäßig wird die Dateierweiterung, das Suffix, ausgeblendet. Insbesondere wenn Sie Daten mit PC-Nutzern austauschen möchten, sollten Sie die Dateierweiterungen stets anzeigen lassen. Deaktivieren Sie daher im unteren Bereich das Markierungsfeld SUFFIX AUSBLENDEN, um den Dokumentennamen um die entsprechende Dateierweiterung zu ergänzen.

Wenn Sie den Zielordner für Ihr Dokument mithilfe des seitlichen und horizontalen Rollbalkens erreicht haben, bestätigen Sie mit einem Klick in die Taste SICHERN (oder mit [↵]).

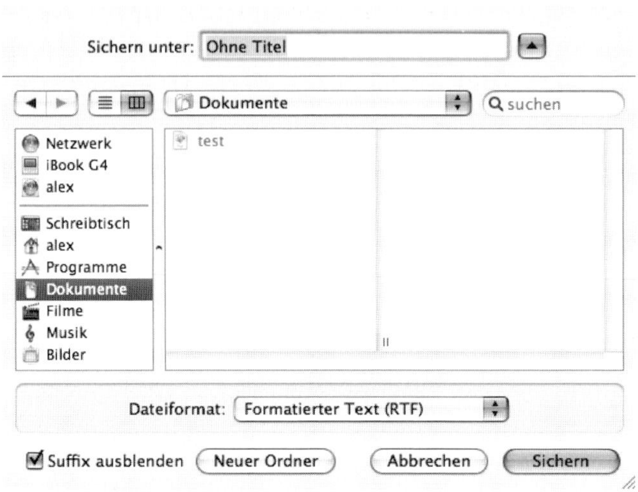

Zu guter Letzt gibt es noch die Taste NEUER ORDNER. Damit legen Sie innerhalb eines bereits bestehenden markierten Ordners einen weiteren Unterordner an. Hilfreich ist dies, wenn Sie beim Speichern plötzlich feststellen, dass die Datei in einen Unterordner des vorhandenen Ordners gespeichert werden soll, dieser aber noch gar nicht existiert. Mit dieser Funktion ist das Erstellen eines Ordners schnell erledigt.

Eines der wichtigsten Tastaturkürzel lautet ⌘ + S *und steht in fast allen Programmen für* Sichern.

Bei jedem weiteren Sichern dieses Dokuments benutzen Sie den Befehl SICHERN, der ebenfalls im Menü ABLAGE zu finden ist. Der Speicherort und der Name des Dokuments bleiben dabei unverändert. Sichern Sie Ihre Eingaben und Änderungen innerhalb eines Dokuments regelmäßig. Nach einem Systemabsturz oder unerwartetem Programmende können Sie nur auf die zuletzt gesicherte Version eines Dokuments zugreifen. Daten, die nach der letzten Sicherung eingegeben wurden, sind in einem solchen Fall verloren.

Zum Öffnen eines Dokuments geben Sie die Tastenkombination ⌘ + O *ein.*

Ein bestehendes Dokument lässt sich auf verschiedenen Wegen öffnen. Führen Sie einen Doppelklick auf das Dokument aus, so öffnet sich das Programm, mit dem das Dokument erstellt wurde (sofern es noch nicht geöffnet ist), und das Dokument wird geöffnet. Sie können das Dokument bzw. sein Symbol auch auf das Symbol des Programms, mit dem es erstellt wurde, ziehen. Das Programm und das Dokument werden geöffnet. Dies funktioniert auch mit einem Alias des Programms. Eine weitere Alternative stellt das Kontextmenü zur Verfügung: Halten Sie die Taste ctrl gedrückt, während Sie auf das zu öffnende Dokument klicken und wählen Sie den Eintrag ÖFFNEN. Ist das Programm bereits geöffnet, wählen Sie ÖFFNEN aus dem Menü ABLAGE.

Es öffnet sich ein Dialogfenster, das Ihnen die Auswahl des Dokuments ermöglicht. Die Navigation in diesem Feld funktioniert wie im Dialogfenster SICHERN.

Es besteht die Möglichkeit, Dokumente vor Änderungen zu schützen. Klicken Sie in einem Finder-Fenster einmal auf das betreffende Dokument, um es zu aktivieren. Wählen Sie Menü ABLAGE/INFORMATIONEN und klicken Sie in das Markierungsfeld GESCHÜTZT. Daraufhin wird das Symbol im oberen Teil des Dialogfensters in der linken unteren Ecke mit einem kleinen Vorhängeschloss versehen. Das Dokumentsymbol erhält an seinem Speicherort ebenfalls ein kleines Schloss.

Drücken Sie alternativ die Tastenkombination [⌘] + [I]*, nachdem Sie das Dokument aktiviert haben.*

Versuchen Sie ein geschütztes geändertes Dokument zu sichern, erscheint ein Hinweis, welcher Sie darüber informiert, dass das Dokument schreibgeschützt ist. Klicken Sie in ÜBERSCHREIBEN, um das Dokument dennoch mit den Änderungen sichern zu können. Ein Klick in NICHT ÜBERSCHREIBEN lässt das Dokument unverändert. Wenn Sie sowohl die unveränderte als auch die geänderte Fassung eines Dokuments speichern möchten, klicken Sie im Menü ABLAGE auf SICHERN UNTER und geben dem Dokument eine andere Bezeichnung.

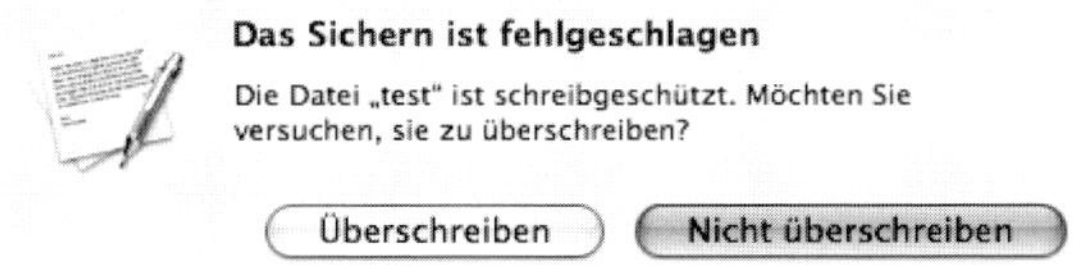

Wenn Sie das Dokument mit einer anderen Anwendung öffnen, kann der Dialog anders ausfallen, möglicherweise erscheint ein Hinweis auf den Status des Dokuments bereits beim Öffnen.

Sollte ein Überschreiben des Dokuments nicht möglich sein, müssen Sie es zunächst wieder entsperren (über ABLAGE/INFORMATIONEN, anschließend das Markierungsfeld GESCHÜTZT deaktivieren).

Eine Kontrolle über den Zugriff auf ein Dokument können Sie im Dialogfenster INFOS ZU unter EIGENTÜMER & ZUGRIFFSRECHTE ausüben. Aktivieren Sie das Dokument und klicken Sie im Menü ABLAGE auf INFORMATIONEN. Klicken Sie in das Dreieck vor EIGENTÜMER & ZUGRIFFSRECHTE, um diesen Bereich einzublenden. Wählen Sie nun die gewünschten Zugriffsrechte aus dem jeweiligen Einblendmenü.

In einem Formularblock können Sie oft benötigte Einstellungen definieren z.B. für einen Standardbrief.

Im Dialogfenster INFOS ZU finden Sie neben GESCHÜTZT ein weiteres Markierungsfeld FORMULARBLOCK. Aktivieren Sie diese Option, erhalten Sie ein Dokument, welches Sie als Vorlage für weitere Dokumente verwenden können. Wenn Sie einen Formularblock öffnen, erhalten Sie ein neues Dokument, das die in der Vorlage definierten Eigenschaften besitzt. Der Formularblock selbst bleibt unverändert, sodass er immer wieder die gleiche Vorlage bietet.

3.5 Dokumente und Ordner verwalten

Im Umgang mit Dokumenten und Ordnern sorgen verschiedene Funktionen dafür, dass die Daten selbst oder Hinweise auf deren Speicherort an mehreren Orten zu finden sind. Stellen Sie sich z.B. vor, Sie müssten Fotos von der letzten Familienfeier auf dem Computer orten. Suchen Sie im Ordner BILDER, weil dort die *iPhoto Library* angelegt ist, oder haben Sie die Bilder vielleicht per CD bekommen und unter DOKUMENTE/PRIVAT/FAMILIE/FOTOS gespeichert? So lange sich wenige Daten auf dem Mac befinden, ist das kein Problem: Sie schauen einfach an allen Speicherorten nach, die möglich erscheinen. Auf Dauer ist eine eindeutige Struktur jedoch sinnvoll. Dokumente oder Dateien, die logisch in verschiedene Ordner gehören, werden entweder kopiert und mehrmals abgelegt, oder Sie erstellen Aliasdateien, die auf das Original verweisen.

Duplizieren

Das Duplizieren einer ganzen Datei bzw. eines ganzen Ordners funktioniert denkbar einfach: Markieren Sie in einem Finder-Fenster die gewünschten Objekte (Dokumente, Ordner oder beides) und wählen Sie DUPLIZIEREN aus dem Menü ABLAGE. Die duplizierten Objekte stimmen exakt mit dem Original überein und befinden sich am selben Speicherort wie die ursprünglichen Objekte. Die Datei- bzw. Ordnernamen erhalten den Zusatz KOPIE. Alternativ finden Sie den Eintrag DUPLIZIEREN auch im Kontextmenü, nachdem Sie ein oder mehrere Objekte markiert haben und mit gedrückter `ctrl`-Taste darauf klicken.

Bei umfangreichen oder zahlreichen Objekten öffnet sich während des Vorgangs ein Fenster, das über den Status informiert. Neben der Anzahl der zu kopierenden Objekte sehen Sie einen Verlaufsbalken und erhalten eine Vorhersage über die Dauer des Kopiervorgangs. Mit der Taste STOPP brechen Sie den Vorgang ab, ebenso mit der Tastenkombination ⌘ + . oder der esc-Taste. Wenn Sie sehr kleine Objekte duplizieren, haben Sie aufgrund der Geschwindigkeit kaum Gelegenheit, das Dialogfenster KOPIEREN wahrzunehmen.

Auch beim Ziehen eines Objekts auf ein anderes Volume entsteht eine Kopie, das Original bleibt unverändert.

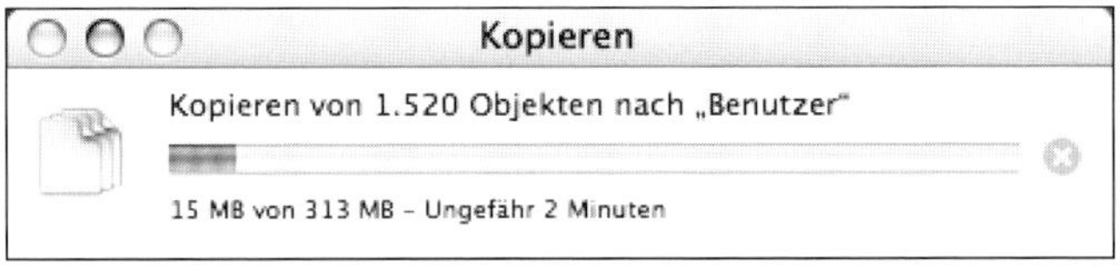

Erstellen Sie weitere Kopien eines duplizierten Objekts, erhalten diese zur Unterscheidung den Zusatz KOPIE 1, KOPIE 2 usw. Duplizieren Sie einen Ordner, erhält der Ordner die Endung KOPIE, die in dem Ordner befindlichen Objekte jedoch nicht.

⌘ + D ist das Kürzel zum Duplizieren eines oder mehrerer markierter Objekte.

Auch wenn von Kopieren die Rede ist, ist der Menüeintrag DUPLIZIEREN nicht mit dem Eintrag KOPIEREN des Menüs BEARBEITEN zu verwechseln. Dieser bewirkt, dass ein oder mehrere Objekte in die Zwischenablage kopiert werden, die an anderer Stelle eingefügt werden können.

Kopieren

Anders als beim Duplizieren werden markierte Dokumente und Ordner beim Kopieren (BEARBEITEN/X OBJEKTE KOPIEREN) zunächst in die Zwischenablage überführt, um von dort aus an einem anderen Speicherort eingefügt zu werden. Alternativ verwenden Sie die Tastenkombination ⌘ + C oder rufen bei gedrückter ctrl-Taste das Kontextmenü auf und wählen dort den Eintrag X OBJEKTE KOPIEREN.

Der Menüeintrag ändert sich je nachdem, wie viele Objekte markiert wurden.

Zum Einfügen der kopierten Objekte wählen Sie BEARBEITEN/OBJEKT(E) EINSETZEN, das Tastenkürzel ⌘ + V bzw. OBJEKT(E) EINSETZEN aus dem Kontextmenü, nachdem Sie in den Zielordner geklickt haben. Die Objekte unterscheiden sich nicht vom Original, auch die Bezeichnung bleibt gleich.

Existiert am Zielort Ihrer Kopie bereits ein Objekt gleichen Namens, erhalten Sie einen Warnhinweis hierüber, verbunden mit der Frage, ob Sie das vorhandene Objekt ersetzen möchten.

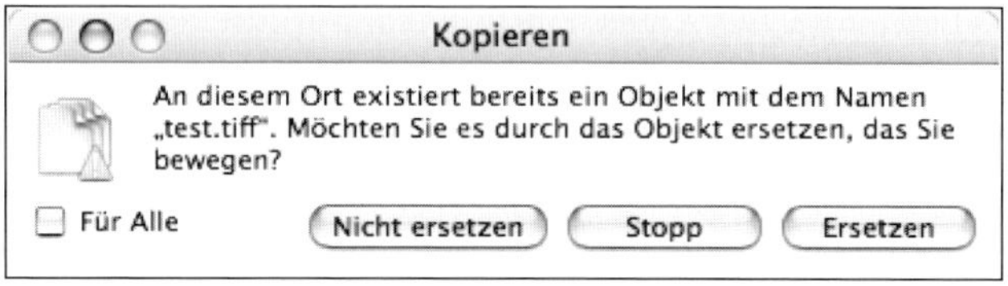

Wenn Sie nicht sicher sind, ob das Ersetzen des oder der vorhandenen Objekte Ihrer Absicht entspricht, betätigen Sie die Taste STOPP. Wenn z.B. an einer Zielposition ein Ordner gleichen Namens existiert, kann dessen Inhalt völlig unterschiedlich sein, was leider nicht berücksichtigt wird. Wenn Sie dem Ersetzen in diesem Fall mit einem Klick auf ERSETZEN zustimmen würden, wäre der vor dem Verschieben an dieser Position vorhandene Ordner mit allen enthaltenen Objekten verschwunden. Daher empfiehlt es sich, gleich lautende Ordner zuerst zu öffnen und dann lediglich die Inhalte zu verschieben.

In der Zwischenablage werden jeweils nur das oder die zuletzt kopierten Elemente gespeichert. Solange kein anderes Objekt kopiert wird, kann der Inhalt der Zwischenablage beliebig oft eingesetzt werden. Zeigen Sie den Inhalt der Zwischenablage an, um sich zu vergewissern, was Sie an einem anderen Ort einsetzen können. Wählen Sie dazu BEARBEITEN/ZWISCHENABLAGE EINBLENDEN. Sie können den Inhalt dieses Fensters nicht auswählen oder in irgendeiner Form bearbeiten.

Beim jedem Ausschalten des Computers verschwindet der Inhalt der Zwischenablage.

Sind in der Zwischenablage größere Datenmengen gespeichert, verlangsamt sich die Arbeitsgeschwindigkeit Ihres Macs. Zwar können Sie den Inhalt der Zwischenablage nicht löschen (das bewirkt nur ein Neustart), Sie können jedoch ein sehr kleines Objekt (z.B. einen einzelnen Buchstaben) in die Zwischenablage speichern, um den vorherigen Inhalt zu entfernen.

Aliasdateien

Unter einem Alias versteht man eine Art Kopie des Objektsymbols, die auf das Originalobjekt verweist. Ein Alias dient zum Öffnen des Originalobjekts, ohne dass Sie dieses suchen müssen, da Sie ein Alias an eine leicht zugängliche Stelle platzieren können.

Die Tastenkombination für die Erstellung eines Alias lautet ⌘ + L.

Markieren Sie ein Dokument oder einen Ordner und wählen Sie ABLAGE/ALIAS ERZEUGEN. Alternativ steht der Befehl ALIAS ERZEUGEN auch im Kontextmenü markierter Objekte zur Verfügung. Das Alias wird im gleichen Ordner erstellt wie das Original und erhält den Zusatz ALIAS, das Symbol wird mit einem kleinen aufwärts geschwungenen Pfeil versehen. Erstellen Sie mehrere Aliase eines Objekts, werden die einzelnen Aliase durchnummeriert. Auch das Alias eines Alias hat eine direkte Verknüpfung zur Originaldatei und funktioniert auch dann, wenn das erste Alias gelöscht wird.

Ziehen Sie das Alias in den Ordner, von wo aus Sie Zugriff auf das Dokument bzw. den Ordner haben möchten. Ein Doppelklick auf ein Alias öffnet die Originaldatei bzw. den Originalordner. Wenn Sie z.B. ein Alias Ihres Schriftverkehr-Ordners auf dem Schreibtisch anlegen, genügt ein Doppelklick darauf, um den Originalordner zu öffnen. Ohne das Alias müssten Sie zunächst das Fenster Ihrer Festplatte öffnen und dann so lange Unterordner öffnen, bis der Ordner SCHRIFTVERKEHR erreicht wäre.

Sie können den Zusatz Alias *entfernen, wenn Sie das Alias an eine andere Position als das Originalobjekt verschoben haben.*

Aliasdateien werden an einen anderen Speicherort verschoben, um von dort aus schnellen Zugang zum Original zu ermöglichen. Mit folgender Methode erstellen Sie ein Alias beim Ziehen einer Datei. Halten Sie die Tasten [⌘] + [⌥] gedrückt und ziehen Sie das Objekt an die Position, an der das Alias liegen soll. (Sie können es natürlich auch temporär auf den Schreibtisch legen.) Lassen Sie die Tasten erst dann los, wenn Sie den Zielort erreicht haben.

Aliase können von jedem beliebigen Objekt angelegt werden und sind an den kleinen Pfeilen in der linken unteren Ecke des Objektsymbols zu erkennen. Da Aliase selbst keine Daten beinhalten, benötigen Sie nicht viel Speicherplatz.

Ein Doppelklick auf ein Alias bedeutet immer, dass das Originalobjekt geöffnet wird. Es ist also erforderlich, dass Aliase eine Verbindung zum Originalobjekt haben. Diese Verbindung wird als Pfad bezeichnet, den Sie sich unter ABLAGE/INFORMATIONEN im Bereich ALLGEMEIN unter ORIGINAL ansehen können. Das Original zu einem Alias wird auch dann gefunden, wenn Sie das Original umbenannt und an eine andere Position verschoben haben.

Sie können umgekehrt auch das Alias umbenennen oder verschieben, die Verknüpfung zwischen Original und Alias bleibt bestehen. Bearbeiten Sie ein Alias, indem Sie es umbenennen, löschen oder kopieren, wird nur das Alias bearbeitet,

Wenn Sie den Inhalt eines Ordners kopieren möchten, müssen Sie immer den Originalordner benutzen. Die Kopie eines Alias kann (wie das Alias selbst) keine Daten beinhalten.

das Originalobjekt wird nicht angetastet. Wenn Sie ein Objekt auf ein Ordneralias verschieben, wird es im Originalordner abgelegt. Markieren Sie ein Alias und wählen Sie Ablage/Original zeigen bzw. die Tastenkombination [⌘] + [R], um das Original in einem Finder-Fenster anzuzeigen. Alternativ steht der Eintrag Original zeigen auch im Kontextmenü eines Alias zur Verfügung.

Beim Löschen des Originalobjekts bleibt das Alias zwar bestehen, hat jedoch keine Funktion mehr, da es das Originalobjekt nicht öffnen kann. Möchten Sie einem herrenlosen Alias wieder ein Objekt zuweisen, mit dem es zukünftig verbunden sein soll, markieren Sie das Alias, wählen Sie Ablage/Informationen ([⌘] + [I]) und klicken Sie in die Taste Original neu zuweisen. Steuern Sie ein neues Bezugsobjekt für das Alias an, klicken Sie in Auswählen und schließen Sie das Fenster Infos zu.

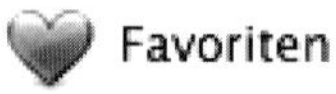

Mithilfe des Ordners Favoriten haben Sie dank Aliasdateien schnellen Zugriff auf Programme, Dokumente, Ordner und Server. Fügen Sie Aliase häufig genutzter Objekte zum Ordner Favoriten hinzu, der sich unter Benutzer/Privat/Library befindet. Wählen Sie nun Ablage/Zur Seitenleiste hinzufügen ([⌘] + [T]), steht der Ordner mit den Aliasen in allen Finder-Fenstern zur Verfügung.

Archiv erstellen

Mithilfe dieser Funktion legen Sie eine Kopie ausgewählter Daten in komprimierter Form an. Derartige Archive eignen sich insbesondere für Datensicherungen und zur Übertragung von Daten. Wählen Sie ein oder mehrere Objekte aus, die Sie komprimieren möchten, und wählen Sie Ablage/Archiv von erstellen. Der Befehl steht auch im Kontextmenü markierter Objekte zur Verfügung. Während des Archivierens informiert ein Fenster über die verbleibende Dauer und ermöglicht das Abbrechen des Vorgangs.

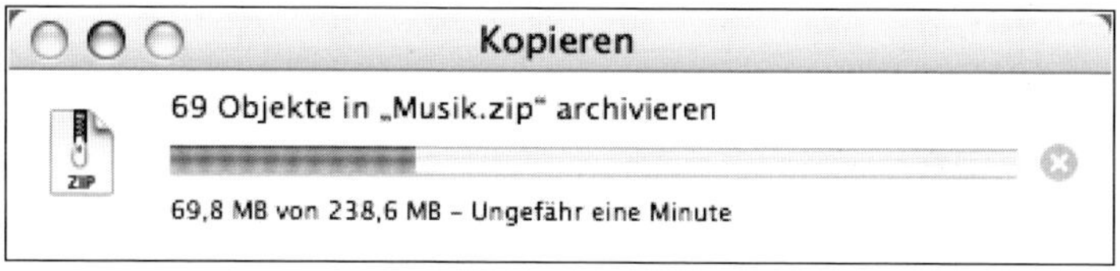

Ein einzelnes Objekt behält seine ursprüngliche Bezeichnung und erhält das Suffix zip, mehrere Objekte werden mit Archiv.zip bezeichnet. Die veränderte Größe können Sie leicht feststellen: Markieren Sie Original- und Archivdatei, rufen Sie ABLAGE/INFORMATIONEN auf und vergleichen Sie die Dateigröße im Bereich ALLGEMEIN.

Beim Öffnen einer Archivdatei startet ein Dienstprogramm, das die Daten entpackt und in unkomprimierter Form in einem Ordner bereitstellt. Das Archiv bleibt dabei erhalten.

Öffnen mit ...

Ein Doppelklick auf ein Dokument öffnet dieses normalerweise mit dem Programm, in dem es erstellt wurde. Ist dieses nicht verfügbar, wird ein anderes Programm herangezogen, das diesen Dateityp darstellen bzw. verarbeiten kann. Per Voreinstellung sind Dateitypen bestimmten Systemprogrammen zugeordnet, die beim Öffnen einer Datei dieses Typs standardmäßig gestartet werden. Der Befehl ABLAGE/ÖFFNEN MIT zeigt das Standardprogramm eines markierten Dokuments und ermöglicht Ihnen, es einmalig mit einem anderen Programm zu öffnen. Wird das gewünschte Programm hier nicht aufgeführt, wählen Sie ÖFFNEN MIT/ANDEREM PROGRAMM, um das Programm anzusteuern und mit der Taste ÖFFNEN zu starten.

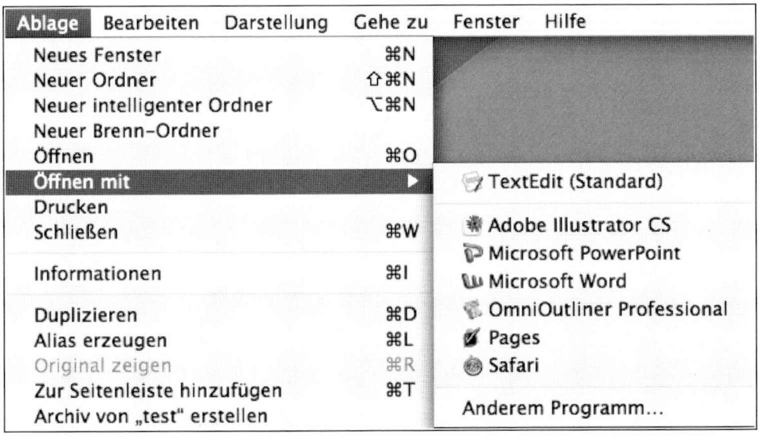

Möchten Sie grundsätzlich immer ein anderes Programm für ein bestimmtes Dokument oder alle ähnlichen Dokumente verwenden, können Sie die Standardeinstellung ändern. Markieren Sie dazu ein Dokument des entsprechenden Dateityps und wählen Sie ABLAGE/INFORMATIONEN ([⌘] + [I]). Klicken Sie in das Dreieck vor ÖFFNEN MIT, um diesen Bereich einzublenden. Wählen Sie per Einblendmenü das Programm, mit dem das Dokument zukünftig geöffnet werden soll bzw. wählen Sie ANDEREM PROGRAMM und steuern dieses

test.tiff

test.tiff

an, wenn dieses hier nicht aufgeführt ist. Soll diese Festlegung für alle Dokumente desselben Typs gelten, klicken Sie in die Taste ALLE ÄNDERN. Schließen Sie das Fenster INFOS ZU. Beobachten Sie das Symbol des betreffenden Dokuments, da jedes Programm eigene Symbole mitbringt, wird dieses sich bei der Umstellung des Standardprogramms ändern.

Zukünftig wird das Dokument beim Öffnen per Doppelklick oder ABLAGE/ÖFFNEN in dem festgelegten Programm geöffnet. Alternativ markieren Sie ein Dokument, drücken die ⌥-Taste, wählen ABLAGE/IMMER ÖFFNEN MIT und im Untermenü das gewünschte Programm (bzw. ANDEREM PROGRAMM).

Dienste

Die von einigen Programmen bereitgestellten Dienste dienen dazu, Inhalte schnell in einem anderen Programm benutzen zu können. Markieren Sie das Objekt oder den Inhalt, den Sie verwenden möchten, und wählen Sie DIENSTE sowie den gewünschten Dienst aus dem Programmmenü. Nur die aktiv dargestellten Einträge können verwendet werden, andere sind möglicherweise nur mit anderen Objekten zu nutzen.

Der Dienst *Mail* öffnet z.B. das Programm *Mail* und ermöglicht das direkte Versenden von Inhalten des aktuellen Programms oder einer markierten Datei.

Exposé

Exposé unterstützt Sie dabei, Objekte zwischen verschiedenen Fenstern eines Programms bzw. unterschiedlicher Programme zu verschieben oder kopieren. Legen Sie z.B. ein Dokument auf den Schreibtisch, indem Sie es bei gedrückter Maustaste beginnen zu ziehen und dann die Taste F11 drücken. Durch diese Funktionstaste werden alle geöffneten Fenster temporär ausgeblendet, sodass Sie den Schreibtisch ohne Probleme erreichen.

Möchten Sie nicht den Schreibtisch, sondern geöffnete Finder-Fenster erreichen, verwenden Sie den Eintrag ALLE NACH VORNE BRINGEN im Menü FENSTER. Damit holen Sie Finder-Fenster in den Vordergrund, die zuvor von Programmfenstern verdeckt waren.

Zeigen Sie mit einem Druck auf F10 alle Fenster eines Programms an. Dadurch wird das Kopieren oder Verschieben von Inhalten eines Fensters in ein anderes Fenster desselben Programms erleichtert. Ziehen Sie z.B. eine Textpassage in einem Dokument und drücken Sie F10, um alle weiteren geöffneten Fenster des Programms anzuzeigen. Ziehen Sie das Element zu dem gewünschten Fenster und drücken Sie wieder [F10], damit dieses aktiviert wird. Fügen Sie dem Fenster das Element hinzu, indem Sie die Maustaste loslassen.

Drücken Sie die Taste [F9], um alle geöffneten Fenster anzuzeigen. Dabei werden diese soweit verkleinert, dass alle auf dem Schreibtisch Platz finden und Sie sich einen Überblick verschaffen können. Sie können nichts erkennen? Beim Überfahren der einzelnen Fenster wird deren Namen (bzw. der Name des Dokuments oder des Ordners) eingeblendet. Drücken Sie die [Leertaste], um zu dem Fenster zu wechseln, dessen Name aktuell angezeigt wird oder klicken Sie in ein Fenster, um dorthin zu wechseln.

Navigieren Sie wahlweise mit den Pfeiltasten zwischen mehreren angezeigten Fenstern.

Die Tasten [F9], [F10] und [F11] erfüllen ihre Aufgabe solange sie gedrückt bleiben. Sobald Sie die jeweilige Taste loslassen, kehren Sie zur vorherigen Ansicht zurück. Drücken Sie eine der Tasten jedoch nur kurz, bleibt die veränderte Ansicht (alle geöffneten Fenster einblenden, alle Fenster eines Programms einblenden, alle Fenster ausblenden) solange bestehen, bis Sie die Taste erneut drücken.

Wahlweise definieren Sie andere Tasten bzw. Maustasten oder verwenden aktive Ecken für die Funktionen von Exposé. Klicken Sie im Menü APPLE oder im Dock in SYSTEMEINSTELLUNGEN und unter PERSÖNLICH auf DASHBOARD & EXPOSÉ. Im oberen Teil legen Sie aktive Ecken fest, fahren Sie einfach mit der Maus in eine Ecke des Bildschirms, um die jeweilige Aktion auszulösen. Analog zu [F9], [F10] und [F11] stehen hier ALLE FENSTER, PROGRAMMFENSTER und SCHREIBTISCH zur Verfügung. Im unteren Bereich können Sie andere Tastenkürzel bzw. Maustasten zur Anzeige aller Fenster, aller Programmfenster bzw. des Schreibtischs bestimmen.

3.6 Drucken

Tiger enthält mehr Druckertreiber als je zuvor und unterstützt hunderte von Druckern namhafter Hersteller sowie GIMP-Print.

Damit Sie Dokumente drucken können, muss ein direkt oder über das Netzwerk angeschlossener Drucker vorhanden, installiert und eingeschaltet sein. Etliche USB-Drucker werden nach dem Anschließen automatisch erkannt und hinzugefügt und stehen daher sofort im Drucken-Dialog beliebiger Programme zur Verfügung, ebenso werden Drucker, die Bonjour (vormals Rendezvous) unterstützen, innerhalb eines lokalen Netzes automatisch gefunden.

1. Zum Drucken eines Dokuments öffnen Sie dieses und wählen im Menü ABLAGE den Befehl DRUCKEN.
2. Wählen Sie den gewünschten Drucker aus dem Einblendmenü DRUCKER bzw. DRUCKER HINZUFÜGEN, wenn der Drucker nicht aufgelistet wird. In der Druckerübersicht werden im STANDARD-BROWSER die meisten Drucker aufgelistet, können markiert und mit HINZUFÜGEN übernommen werden.
3. Legen Sie die weiteren Druckoptionen fest, indem Sie die Art der Optionen aus dem Einblendmenü KOPIEN & SEITEN wählen und die entsprechenden Einstellungen vornehmen.
4. Verwenden Sie die Taste VORSCHAU, um eine Vorschau des Druckauftrags zu sehen und starten Sie den Druckvorgang mit DRUCKEN.

Mit der Taste PDF haben Sie die Möglichkeit, das Dokument zur späteren Verwendung als PDF-Dokument oder PostScript-Datei zu sichern oder als PDF zu faxen. Das Einblendmenü enthält weitere Optionen, bei denen es sich um Applescripte für PDF-Dateien handelt.

Drucker einrichten und verwalten

TCP/IP-Drucker müssen anders als USB-Drucker und Bonjour-Drucker möglicherweise manuell eingerichtet werden. Für die Installation eines Druckers gehen Sie wie folgt vor:

1. Schließen Sie den Drucker an und schalten Sie ihn ein.
2. Öffnen Sie das zu druckende Dokument und wählen Sie ABLAGE/DRUCKEN.
3. Wählen Sie den Eintrag DRUCKER HINZUFÜGEN aus dem Einblendmenü DRUCKER.
4. Klicken Sie in der Druckerübersicht auf IP-DRUCKER. Standardmäßig wird das Protokoll LINE PRINTER DEAMON – LPD für TCP/IP-Drucker verwendet. Tragen Sie in das Eingabefeld ADRESSE den Hostnamen oder die IP-Adresse des Druckers ein. Sie finden diese Angaben in der ausgedruckten Selbstdiagnose des Druckers (wie in der Dokumentation des Druckers beschrieben). Geben Sie wahlweise einen Namen und Standort für den Drucker an, damit Sie diesen eindeutig identifizieren können. Im Einblendmenü DRUCKEN MIT wird das Druckermodell angezeigt. Sollte dies nicht der Fall sein, stellen Sie den Druckertyp bzw. Hersteller ein und wählen das Modell aus der Liste.
5. Übernehmen Sie den Drucker mit HINZUFÜGEN. Werden anschließend die Druckeroptionen angezeigt, wählen Sie diese aus und klicken in FORTFAHREN.
6. Der Drucker steht nun im Einblendmenü DRUCKER des Druckdialogs zur Verfügung. Nehmen Sie die gewünschten Einstellungen vor und klicken Sie in DRUCKEN.

Alternativ zur beschriebenen Vorgehensweise können Drucker auch ohne konkreten Druckauftrag über die Systemeinstellungen eingerichtet und verwaltet werden. Wählen Sie APPLE/SYSTEMEINSTELLUNGEN oder klicken Sie im Dock auf SYSTEMEINSTELLUNGEN und wählen Sie unter HARDWARE den Punkt DRUCKEN & FAXEN.

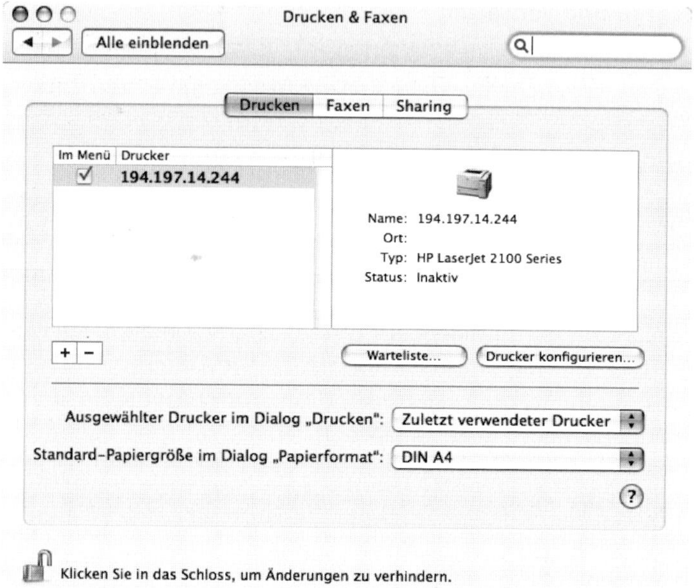

Klicken Sie in die Taste HINZUFÜGEN (Pluszeichen), um einen neuen Drucker einzurichten. Gehen Sie in der Druckerübersicht vor wie oben beschrieben.

Wählen Sie links einen Drucker, um dessen Einzelheiten im rechten Bereich anzuzeigen. Mithilfe der Taste DRUCKER KONFIGURIEREN öffnen Sie das Drucker-Dienstprogramm und nehmen bei Bedarf Änderungen an NAME & STANDORT, DRUCKERMODELL oder INSTALLATIONSOPTIONEN vor. Übernehmen Sie die Einstellungen mit ÄNDERUNGEN AKTIVIEREN.

Zurück in den Systemeinstellungen legen Sie fest, welcher Drucker im Dialog Drucken ausgewählt sein soll und welche Standard-Papiergröße Sie verwenden.

Klicken Sie in SHARING, um einen oder mehrere Drucker für andere Benutzer freizugeben. Aktivieren Sie das Markierungsfeld DIESE DRUCKER MIT ANDEREN COMPUTERN GEMEINSAM NUTZEN und wählen Sie den oder die vorgesehenen Drucker aus. Aktivieren Sie zudem das entsprechende Markierungsfeld im unteren Teil des Fensters, um anderen Benutzern das Faxen über Ihren Mac zu erlauben.

Schließen Sie das Dialogfenster, um die getroffenen Einstellungen zu übernehmen und die Systemeinstellungen zu verlassen.

Schreibtischdrucker

Mit Tiger können Sie wie gewohnt ein oder mehrere Druckersymbole auf dem Schreibtisch erstellen. Ziehen Sie zu druckende Dokumente einfach auf ein solches Symbol, um den Druckvorgang zu starten. Das Dokument muss dafür nicht einmal geöffnet werden.

Öffnen Sie das DRUCKER-DIENSTPROGRAMM, das Sie unter /PROGRAMME/DIENSTPROGRAMME finden. Markieren Sie den Drucker in der Liste und wählen Sie DRUCKER/SCHREIBTISCHDRUCKER ERSTELLEN. Geben Sie dem Schreibtischdrucker einen Namen, klicken Sie in SICHERN und beenden Sie das Programm.

3.1 Faxen

Mithilfe des integrierten Modems können Sie Faxe an ein Faxgerät oder als Datei zum Ausdruck auf einem Drucker versenden.

1. Öffnen Sie das zu faxende Dokument und wählen Sie ABLAGE/DRUCKEN.
2. Wählen Sie PDF FAXEN aus dem Einblendmenü PDF.

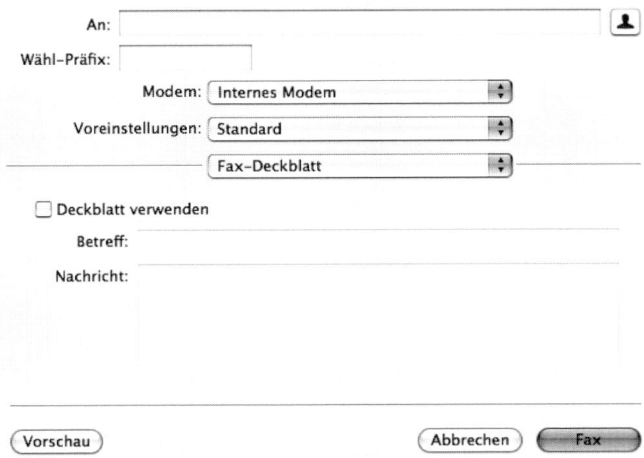

3. Tragen Sie die Faxnummer des Empfängers in das Feld AN ein bzw. verwenden Sie die Taste ADRESSBUCH rechts vom Eingabefeld, um eine dort gespeicherte Faxnummer per Doppelklick zu übernehmen. Geben Sie ein Wahl-Präfix ein, wenn Ihre Telefonanlage dies erfordert.
4. Wählen Sie das interne oder ein anderes Modem aus dem Einblendmenü MODEM.

5. Markieren Sie das Feld DECKBLATT VERWENDEN, um das Fax mit einem Deckblatt zu versehen. Notieren Sie ein Betreff und eine persönliche Notiz in den Eingabefeldern.
6. Wählen Sie einen anderen Eintrag aus dem Einblendmenü FAX-DECKBLATT, um weitere Optionen festzulegen.
7. Verwenden Sie die Taste VORSCHAU, um das Fax inklusive Deckblatt im Vorhinein zu betrachten und klicken Sie in FAX.

Persönliche Einstellungen

4

Ihre Gewohnheiten und Anforderungen unterscheiden sich wahrscheinlich von denen anderer Benutzer. In diesem Kapitel geht es um Einstellungen, die Ihren Mac personalisieren, also auf Ihre persönlichen Wünsche ausrichten. Das Programm *Systemeinstellungen* stellt die Basis für Änderungen in einzelnen Bereichen dar. Sie erreichen die *Systemeinstellungen* über das Menü APPLE, das Dock oder im Ordner PROGRAMME. Die Systemeinstellungen haben unterschiedliche Relevanz, was natürlich auch von der Art der Nutzung abhängt. Ein Teil der Systemeinstellungen wird in diesem Kapitel nicht behandelt, da sie in gesonderten Kapiteln beschrieben sind, wie z.B. Kapitel 9, *Netzwerk*.

Je nachdem welche Software oder Hardware installiert ist, können die Systemeinstellungen vom hier gezeigten Überblick abweichen. Ergänzende Einstellungen Dritter finden Sie im Bereich Sonstige.

Sind Sie als Benutzer angemeldet, können Sie die meisten Einstellungen verändern. Diese Änderungen werden unter Ihrem Benutzernamen gesichert und erstrecken sich nicht auf das gesamte System. Ein anderer Benutzer kann mit anderen Einstellungen arbeiten und diese auch verändern. Verfügen Sie dagegen über die Rechte eines Administrators, können Sie auch systemübergreifende Einstellungen vornehmen. Da der erste angelegte Benutzer automatisch mit administrativen Rechten ausgestattet wird, darf dieser alle Systemeinstellungen verändern. Einzelheiten zu den Benutzern und deren Rechten erfahren Sie in Kapitel 6, *Datensicherheit*.

Mit [⌘] + [L] *kehren Sie aus einzelnen Systemeinstellungen zur Übersicht zurück.*

Mit den Tasten ZURÜCK und VOR in der Symbolleiste blättern Sie in zuvor angezeigten Systemeinstellungen. Mit ALLE EINBLENDEN kehren Sie zur Übersicht aller Systemeinstellungen zurück, die in die Kategorien PERSÖNLICH, HARDWARE, INTERNET & NETZWERK sowie SYSTEM unterteilt ist. Manche Programme klinken sich hier ein und bieten zentral Zugriff auf ihre Einstellungen. Solche Systemeinstellungen werden vom jeweiligen Programmsymbol repräsentiert und im separaten Bereich SONSTIGE aufgeführt.

Ziehen Sie eine alphabetische Anordnung der Systemeinstellungen vor, wählen Sie EINSTELLUNGEN/ALPHABETISCH ORDNEN. Alternativ zum Klick auf die Symbole steuern Sie die einzelnen Systemeinstellungen über das Menü EINSTELLUNGEN an.

4.1 Benutzer

Sie können und sollten für jede Person, die Ihren Computer benutzt, einen eigenen Benutzer-Account einrichten. Jeder Benutzer besitzt dann einen eigenen privaten Ordner und kann Einstellungen anpassen, ohne dass dies Auswirkungen auf andere Benutzer hat. Benutzer können grundsätzlich nicht auf die Inhalte des privaten Ordners anderer Benutzer zugreifen. Dies ist auch für Administratoren oder den Systemadministrator nicht möglich. Eine Ausnahme bilden einzelne Ordner, die vom Benutzer für andere freigegeben wurden. Der einzige Benutzer, der Zugriff auf alle Inhalte hat ist der Super-Administrator *root* (siehe Kapitel 6, *Datensicherheit*). Wählen Sie Apple/Systemeinstellungen und klicken Sie unter System in Benutzer. Stellen Sie sicher, dass der Bereich Kennwort aktiv ist.

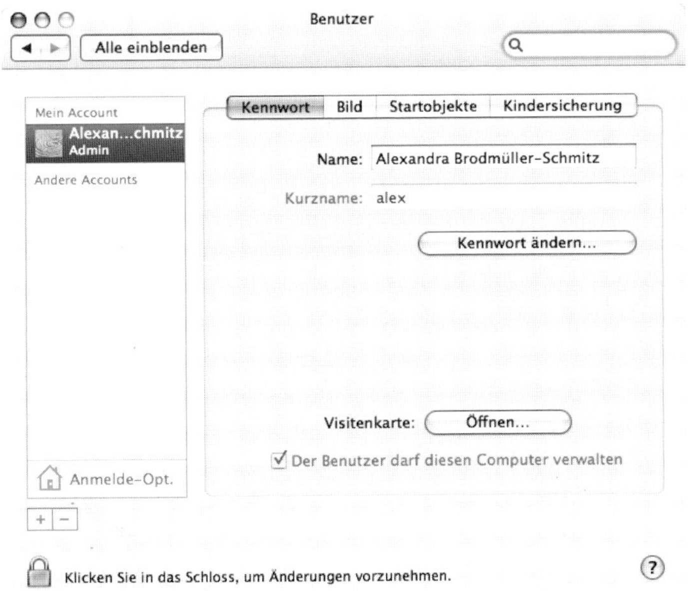

Wie Sie sehen, wurde im Rahmen der Installation bereits ein Benutzer angelegt. Die Installationsroutine fragt den installierenden Benutzer nach einem Namen und Kennwort. Dieser Benutzer ist standardmäßig mit administrativen Rechten ausgestattet, weil nur er in der Lage sein darf, Installationen durchzuführen. Im privaten Umfeld mag dies eine untergeordnete Rolle spielen, in Unternehmen wird jedoch peinlich genau darauf geachtet, dass nur der Administrator derartige Aufgaben durchführt.

Klicken Sie in die Taste KENNWORT ÄNDERN, wenn Sie das bisher verwendete Kennwort erneuern möchten. Geben Sie zunächst Ihr aktuelles und dann das neue Kennwort ein, das zur Bestätigung ein zweites Mal eingegeben werden muss. Im Eingabefeld MERKHILFE können Sie bei Bedarf eine Notiz machen, die Sie an Ihr Kennwort erinnert. Klicken Sie abschließend in KENNWORT ÄNDERN.

Im Zuge der Installation werden Sie automatisch mit Ihrem Kurznamen ins Adressbuch eingetragen. Möchten Sie Ihre Visitenkarte vervollständigen, klicken Sie unter VISITENKARTE auf ÖFFNEN. Tragen Sie die gewünschten Daten in das *Adressbuch* ein, das in Kapitel 8, *Mac OS X 10.4-Systemprogramme*, behandelt wird.

Das Bild erscheint bei der Anmeldung, im Adressbuch *und in* iChat.

Klicken Sie in BILD, um das Bild zu ändern, das bei der Anmeldung neben Ihrem Namen erscheint. Klicken Sie einfach in ein Bild, um eines der systemeigenen Bilder zu übernehmen. Mithilfe der Taste BEARBEITEN lässt sich jedes beliebige Bild übernehmen. Ziehen Sie das Bild einfach in den Rahmen oder klicken Sie in WÄHLEN, steuern Sie das gewünschte Bild an und übernehmen Sie es mit ÖFFNEN. Verwenden Sie den Schieberegler, um die Bildgröße anzupassen, und klicken Sie in OK.

Klicken Sie in das Schloss, geben Sie Ihr Kennwort ein und klicken Sie in OK, um die Anmelde-Optionen Ihres Accounts einzusehen und gegebenenfalls zu ändern.

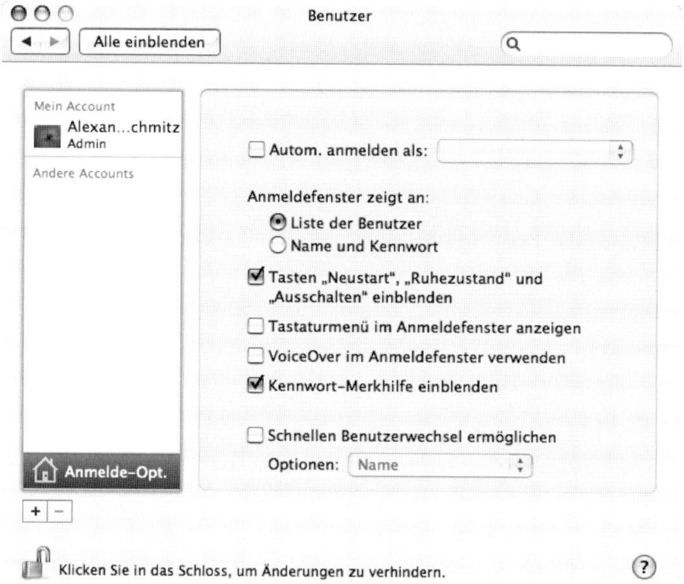

Markieren Sie das Feld AUTOM. ANMELDEN ALS, wählen Sie einen Account aus dem Einblendmenü und geben Sie das Kennwort ein, wenn Sie beim Starten des Computers automatisch angemeldet werden möchten. Damit müssen Sie Ihr Kennwort beim Starten nicht eingeben. Achtung: Ist die automatische Anmeldung aktiviert, kann jeder Ihren Mac starten und hat Zugriff auf Ihre Daten und Ihren Account. Da bei der Installation von Tiger automatisch ein Administrator-Account eingerichtet wird, gibt die automatische Anmeldung jedem, der den Mac einschaltet, Administrator-Rechte. Damit können weitere Benutzer-Accounts erstellt, Software in Programme und Library installiert und Einstellungen für alle Benutzer verändert werden.

Per Voreinstellung wählen Sie aus der Liste der Benutzer denjenigen aus, als der Sie sich anmelden möchten. Sofern keine automatische Anmeldung erfolgt, müssen Sie das dazugehörige Kennwort eingeben. Aktivieren Sie die Option ANMELDEFENSTER ZEIGT AN: NAME UND KENNWORT, muss jeder Benutzer sowohl seinen Benutzernamen als auch das Kennwort eingeben, was die genaue Schreibweise von Benutzernamen und Kennwort voraussetzt und insofern eine höhere Sicherheitsstufe darstellt.

Indem Sie das Feld DIE TASTEN „NEUSTART", „RUHEZUSTAND" UND „AUSSCHALTEN" EINBLENDEN deaktivieren, können Sie die entsprechenden Tasten im Anmeldefenster deaktivieren. Damit wird die Umgehung des Anmeldevorgangs erschwert. Der Computer lässt sich allerdings trotzdem ausschalten und von einer CD neu starten. Einen hundertprozentigen Schutz vor der Umgehung der Anmeldung stellt diese Möglichkeit also nicht dar.

Ist das Feld TASTATURMENÜ IM ANMELDEFENSTER ANZEIGEN aktiviert, sehen Sie im Anmeldefenster ein Tastaturmenü mit Flagge und Tastaturbelegung. Hier wechseln Sie per Einblendmenü über ANDERE QUELLEN das Tastaturlayout. Diese Einstellung ist daher von Nutzen, wenn ein Benutzer eine andere Tastaturbelegung benötigt.

Mit VOICEOVER IM ANMELDEFENSTER VERWENDEN aktivieren Sie das Dienstprogramm *VoiceOver*, welches akustisch zur Eingabe des Kennworts auffordert. Die Einstellung ist daher interessant für Benutzer, die Probleme mit dem Sehen haben.

KENNWORT-MERKHILFE EINBLENDEN bedeutet nicht anderes, als dass nach drei Fehlversuchen bei der Kennworteingabe die Merkhilfe eingeblendet wird. Dies setzt natürlich voraus, dass Sie eine Merkhilfe eingetragen haben.

Die Merkhilfe definieren Sie in der Systemeinstellung Benutzer *bzw. mit* Kennwort ändern.

Das Feld SCHNELLEN BENUTZERWECHSEL ERMÖGLICHEN wird erst dann interessant, wenn mehrere Benutzer angelegt sind (siehe folgenden Abschnitt *Benutzer anlegen* sowie *Benutzerwechsel*).

Klicken Sie links in Ihren Account, um diesen weiterzubearbeiten bzw. schließen Sie das Fenster, um eventuelle Änderungen zu übernehmen und die Systemeinstellungen zu verlassen. Verwenden Sie die Taste HINZUFÜGEN (Pluszeichen), um einen neuen Benutzer anzulegen wie im folgenden Abschnitt beschrieben. Mit der Taste ALLE EINBLENDEN kehren Sie zur Übersicht der Systemeinstellungen zurück.

Benutzer anlegen

Zum Anlegen eines neuen Benutzers blenden Sie die Systemeinstellung BENUTZER ein und klicken in das Schloss, um Änderungen vornehmen zu können, nachdem Sie Ihr Kennwort eingegeben und mit OK bestätigt haben. Klicken Sie in HINZUFÜGEN (Pluszeichen) unterhalb der Anmelde-Optionen.

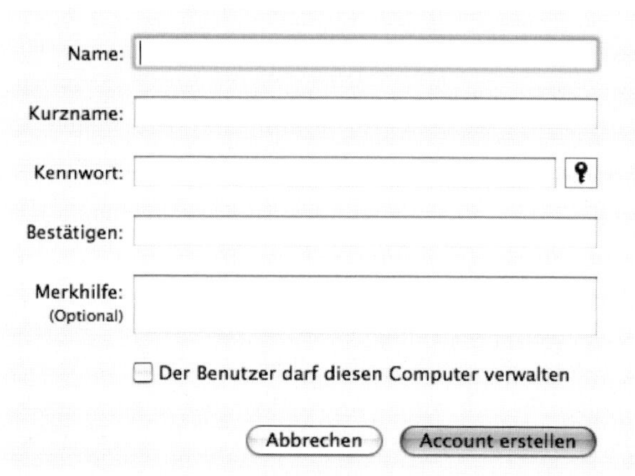

Tragen Sie in das Eingabefeld NAME zunächst den Namen des neuen Benutzers ein, mit dem sich der Anwender zukünftig am System anmelden muss. Aus dem Namen wird automatisch ein Kurzname generiert. Für die tägliche Arbeit am Mac hat dieser Name insofern Bedeutung, als er mit der Bezeichnung des persönlichen Ordners im Ordner BENUTZER identisch ist. Geben Sie hier einen anderen Kurznamen ein, wenn Ihnen der vorgegebene nicht zusagt. Achtung, der Kurzname lässt sich im Nachhinein nicht mehr verändern.

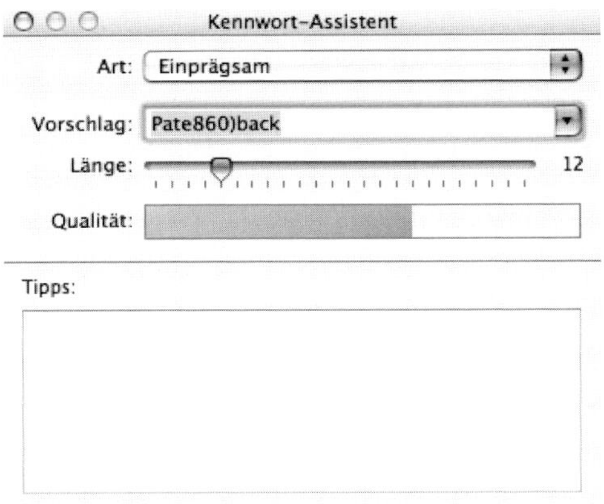

Geben Sie unter KENNWORT ein Kennwort aus mindestens sechs Zeichen ein. Schreiben Sie dieses unter BESTÄTIGEN erneut, da aus Sicherheitsgründen bei der Eingabe nur Punkte zu sehen sind und die Gefahr von Tippfehlern relativ groß ist. Klicken Sie in die Schlüsseltaste, um den *Kennwort-Assistent* zu verwenden. Wählen Sie im Einblendmenü ART eine Art von Kennwort, schlägt der Assistent im Feld VORSCHLAG ein entsprechendes Kennwort vor. Das Einblendmenü VORSCHLAG hält weitere Kennwörter der gewählten Kategorie bereit. Per Schieberegler legen Sie die Länge des Kennworts fest. Unter QUALITÄT sehen Sie einen Balken, der die Qualität des Kennworts visualisiert. Je grüner und größer der Balken, desto besser und sicherer ist das Kennwort. Erkennt der Assistent Strukturen in automatischen oder manuell eingegebenen Kennwörtern, erhalten Sie im Feld TIPPS Hinweise darüber, wie Sie das Kennwort verbessern können.

Wenn Sie keinen Wert auf Sicherheit legen, oder diese bei Ihnen nur eine untergeordnete Rolle spielt, brauchen Sie kein Kennwort einzugeben.

Merken Sie sich das Kennwort und schließen Sie den *Kennwort-Assistent*, um das aktuell angezeigte Kennwort zu übernehmen. Wiederholen Sie das Kennwort im Feld BESTÄTIGEN.

MERKHILFE nimmt optional eine kleine Merkhilfe auf, die an das Kennwort erinnern soll. Lassen Sie dieses Feld frei, wenn auf Ihrem Computer wichtige Daten abgelegt sind. Aus diesem Inhalt könnte ein Unbefugter erste Informationen bekommen, die zum Kennwort führen. Die Merkhilfe wird normalerweise nach drei ungültigen Eingaben gezeigt. Diese Funktion lässt sich jedoch in den Anmelde-Optionen deaktivieren.

Soll ein Benutzer auf alle Dateien und Systemeinstellungen zugreifen können (einschließlich der Einstellungen, die alle Benutzer betreffen), aktivieren Sie das Markierungsfeld DER BENUTZER DARF DIESEN COMPUTER VERWALTEN. Aktivieren Sie diese Option nur nach sorgfältiger Überlegung, da Sie den Benutzer damit zum Administrator machen.

Klicken Sie in ACCOUNT ERSTELLEN, um den Benutzer-Account einzurichten. Dem neuen Benutzer wird automatisch ein Bild zugewiesen. Die Zuordnung eines anderen Bilds funktioniert wie im vorhergehenden Abschnitt *Benutzer* beschrieben.

Der Name eines bestehenden Benutzer-Accounts kann geändert werden, indem Sie links den Account markieren und rechts im Bereich KENNWORT in KENNWORT ZURÜCKSETZEN klicken. Hier lassen sich auch nachträglich Administrator-Rechte vergeben. Die Anmelde-Optionen stehen für alle Accounts zur Verfügung und sind mit einem Klick in ANMELDE-OPTIONEN einzurichten.

Ist FileVault, *das den Inhalt des privaten Ordners verschlüsselt, für einen Account aktiviert, kann dieser nicht gelöscht werden. Deaktivieren Sie zunächst* FileVault *in der Systemeinstellung* Sicherheit *(siehe Kapitel 6).*

Zum Löschen eines Accounts markieren Sie diesen in der Liste und klicken Sie in die Taste LÖSCHEN. Klicken Sie in SOFORT LÖSCHEN, um den Benutzer-Account einschließlich seiner persönlichen Daten zu löschen. Mit OK löschen Sie den Account, der persönliche Ordner wird dabei jedoch unter BENUTZER/GELÖSCHTE BENUTZER gesichert. Der bei der Installation angelegte Administrator kann nicht aus der Liste der Benutzer gelöscht werden.

Benutzerwechsel

Wählen Sie zum Abmelden BENUTZER ABMELDEN aus dem Menü APPLE (Benutzer steht für Ihren Benutzernamen) bzw. verwenden Sie die Tastenkombination [⇧] + [⌘] + [Q]. Klicken Sie in ABMELDEN, werden alle geöffneten Dokumente und Programme automatisch geschlossen, sofern Sie das nicht bereits erledigt haben. Im Anmeldefenster kann sich nun ein anderer Benutzer anmelden wie für seinen Account festgelegt (mit oder ohne Kennwort).

Haben Sie den schnellen Benutzerwechsel aktiviert, können Sie einen solchen bei geöffneten Dokumenten und Programmen vornehmen.

1. Wählen Sie APPLE/SYSTEMEINSTELLUNGEN und klicken Sie unter System auf BENUTZER.
2. Klicken Sie in das Schloss, geben Sie Ihr Kennwort ein und bestätigen Sie dieses, um Änderungen vornehmen zu können.
3. Klicken Sie in ANMELDE-OPTIONEN und aktivieren Sie das Feld SCHNELLEN BENUTZERWECHSELN ERMÖGLICHEN. Klicken Sie im Hinweis, der Sie über die Folgen dieser Einstellung informiert, auf OK.
4. Für den schnellen Benutzerwechsel wird der NAME des aktuellen Benutzers in der Menüleiste angezeigt. Wählen Sie die Option KURZNAME oder SYMBOL, um Benutzer damit zu repräsentieren.
5. Schließen Sie die Systemeinstellungen.

Der Name des aktuellen Benutzers ist rechts in der Menüleiste eingeblendet. Klicken Sie in diesen Namen, um einen anderen Benutzer auszuwählen und nach Eingabe des Kennworts zu diesem Account zu wechseln. Der Wechsel wird – bei geeigneter Grafikkarte – von einem optischen Effekt begleitet: Der Schreibtisch scheint sich um 90 Grad zu drehen, so als stellte der andere Account eine andere Seite desselben Würfels dar.

Für größere Sicherheit können Sie festlegen, dass alle Accounts nach einer bestimmten Zeit der Inaktivität automatisch abgemeldet werden. Einzelheiten dazu finden Sie in Kapitel 6, *Datensicherheit*.

4.2 Erscheinungsbild

In den Systemeinstellungen zum Erscheinungsbild können Sie unter anderem die Farben für aktivierte Menüs und andere Elemente sowie das Verhalten der Rollpfeile und -balken verändern. Öffnen Sie die *Systemeinstellungen* im Menü APPLE oder im Dock und klicken Sie unter PERSÖNLICH auf ERSCHEINUNGSBILD.

Erscheinungs-bild

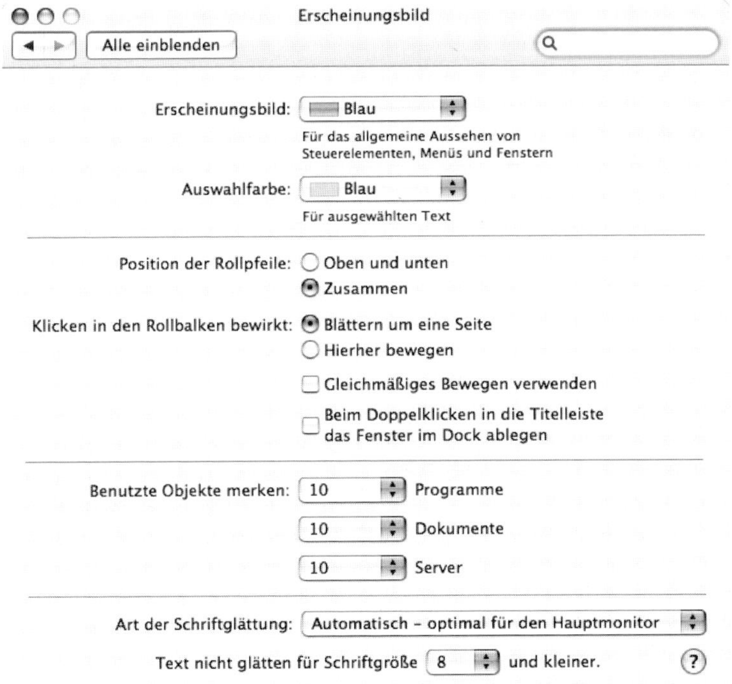

Im oberen Teil haben Sie im Einblendmenü ERSCHEINUNGSBILD die Wahl zwischen den Farben BLAU und GRAPHIT, wobei BLAU standardmäßig eingestellt ist. Diese Farbe wird für Bestandteile von Feldern, Menüs und Fenstern verwendet. Sie sehen die Auswirkungen eines Farbwechsels besonders an der Menüleiste, sobald Sie die Farbe ändern, ändern auch das Apfel-Symbol und die Hintergrundfarbe markierter Menüs ihre Farbe. Die AUSWAHLFARBE wird sichtbar, wenn Sie z.B. einen Datei- oder Ordnernamen zur Bearbeitung markieren.

Die Position der Rollpfeile kann ebenso wie die Funktion der Rollbalken variiert werden. Wechseln Sie unter POSITION DER ROLLPFEILE zur Option OBEN UND UNTEN, verteilen sich die Rollpfeile an das obere und untere Ende des Rollbalkens bzw. bei horizontalen Rollbalken entsprechend nach links und rechts.

Möchten Sie die Funktion der Rollbalken ausnahmsweise ändern, halten Sie beim Anklicken die ⌥-Taste gedrückt.

Darunter finden Sie zwei Optionsknöpfe für das Verhalten der Rollbalken. Die Option BLÄTTERN UM EINE SEITE ist standardmäßig aktiviert. Wenn Sie in die Rollbalken eines Fensters klicken, bewegt sich der Inhalt des Fensters um eine komplette Seite weiter. Ist die Option HIERHER BEWEGEN aktiviert, springt der Rollbalkengriff eines Fensters genau zu der Position, wo sich der Mauszeiger im Rollbalken befindet. Entsprechend bewegt sich der Inhalt des Fensters nicht um eine Seite, sondern bis zur Position des Mauszeigers im Rollbalken.

Im Bereich BENUTZTE OBJEKTE MERKEN definieren Sie, ob und wie viele Programme, Dokumente und Server im Menü APPLE/BENUTZTE OBJEKTE zum schnellen Ansteuern vorgehalten werden (siehe dazu auch Kapitel 3, *Ordner ansteuern*).

Im unteren Teil des Fensters verändern Sie die Schriftglättung bei Bedarf, sprich um die Textdarstellung zu verbessern. Die Art der Schriftglättung richtet sich in erster Linie danach, ob Sie einen Röhrenmonitor oder einen Flachbildschirm angeschlossen haben. Erscheint die Schrift auf Ihrem Schreibtisch verschwommen, erhöhen Sie die Punktgröße, ab der die Schrift geglättet wird. Sehen die Zeichen eher »ausgefranst« aus, können Sie es mit einer kleineren Punktgröße versuchen. Häufig sind kleine Schriftgrößen mit eingeschalteter Schriftglättung schlecht zu erkennen, probieren Sie daher verschiedene Einstellungen aus. Da auch die Auflösung die Darstellung am Bildschirm beeinflusst, siehe auch den Abschnitt *Monitore*.

Schließen Sie das Fenster, um die Einstellungen zu übernehmen und die Systemeinstellungen zu verlassen.

4.3 Schreibtisch anpassen

Neben der Seitenleiste und dem Dock (siehe Kapitel 1, *Grundlagen*) kann auch der Schreibtisch individuell gestaltet werden. Wählen Sie FINDER/EINSTELLUNGEN und klicken Sie in ALLGEMEIN. Hier legen Sie im oberen Teil fest, welche Objekte auf dem Schreibtisch dargestellt werden. Per Voreinstellung sind sowohl Festplatten als auch CDs, DVDs, iPods und mit Ihrem Rechner verbundene Server sichtbar. Deaktivieren Sie einzelne Markierungsfelder, um die entsprechenden Symbole auf dem Schreibtisch auszublenden.

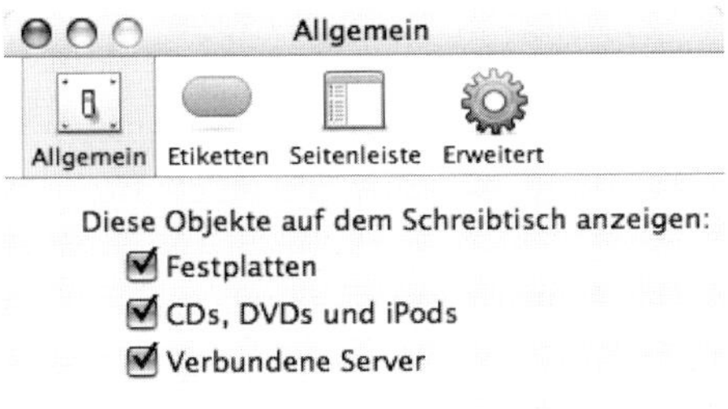

Mit Ausnahme des Docks und der zusätzlich dargestellten Volumes finden Sie auf dem Schreibtisch die Elemente des gleichnamigen Ordners. Die Darstellungsoptionen dieses Ordners beziehen sich jedoch nicht auf den Schreibtisch, sondern lediglich dessen Fensterdarstellung.

Klicken Sie auf eine beliebige Stelle des Schreibtisches und rufen Sie den Eintrag DARSTELLUNGSOPTIONEN EINBLENDEN aus dem Menü DARSTELLUNG auf (bzw. drücken Sie die Tastenkombination [⌘] + [J]). Wie in Kapitel 1, *Darstellungsoptionen*, beschrieben, legen Sie hier unter anderem die Größe der Symbole und Beschriftung sowie deren Lage fest. Anders als bei gewöhnlichen Fenstern in der Symbolansicht kann der Hintergrund für den Schreibtisch allerdings nicht in den Darstellungsoptionen verändert werden.

Schreibtischhintergrund

Der Schreibtischhintergrund wird in den *Systemeinstellungen* definiert. Wählen Sie im Finder-Fenster des Ordners SCHREIBTISCH aus der Symbolleiste die Aktion SCHREIBTISCHHINTERGRUND ÄNDERN. Alternativ wählen Sie SCHREIBTISCHHINTERGRUND ÄNDERN aus dem Kontextmenü des Schreibtisches ([ctrl]-Klick auf den Schreibtisch) oder APPLE/SYSTEMEINSTELLUNGEN/SCHREIBTISCH & BILDSCHIRMSCHONER. Wurde der Bereich BILDSCHIRMSCHONER zuletzt aufgerufen, liegt dieser im Vordergrund. Klicken Sie in die Taste SCHREIBTISCH, um die Schreibtisch-Systemeinstellungen anzuzeigen.

Verwenden Sie die Taste Schreibtisch, *um von den Bildschirmschoner- zu den Schreibtisch-Einstellungen zu wechseln.*

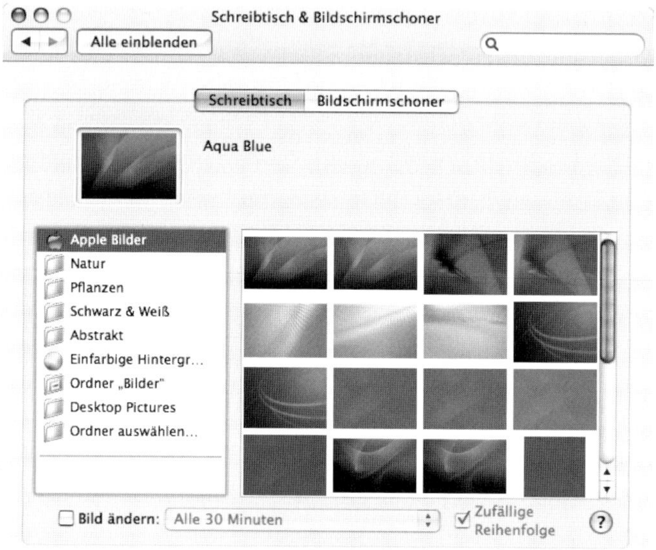

Im oberen Bereich wird das aktuell installierte Hintergrundbild mit seiner Bezeichnung gezeigt. Zum Ändern des Bildes wählen Sie einfach ein Hintergrundbild aus einer der vorhandenen im linken Teil aufgelisteten Sammlungen. Im rechten Teil ist eine Vorschau der Bilder zu sehen, die einzelnen Bilder lassen sich über Rollbalken bzw. Rollpfeile ansteuern. Klicken Sie auf das gewünschte Bild, bildet dieses ab sofort den Schreibtischhintergrund und wird im oberen Teil des Fensters dargestellt.

Die Bilder befinden sich auf Ihrer Festplatte unter LIBRARY/DESKTOP PICTURES. Die Apple Bilder sind nicht in einem eigenen Ordner untergebracht, die Ordner PFLANZEN, SCHWARZ & WEIß, ABSTRAKT und EINFARBIGE HINTERGRÜNDE haben anders als in den Schreibtisch-Systemeinstellungen englische Bezeichnungen (PLANTS, BLACK & WHITE, ABSTRACT, SOLID COLORS). Natürlich können Sie auch eigene Bilder als Schreibtischhintergrund verwenden. Klicken Sie links auf ORDNER „BILDER“, um dessen Inhalt anzuzeigen. Dieser Ordner befindet sich auf Ihrer Festplatte unter BENUTZER/PRIVAT. Sind die gewünschten Bilder an einem anderen Ort gespeichert, klicken Sie auf ORDNER AUSWÄHLEN. Gehen Sie zu dem Ordner, der die Bilder enthält, und klicken Sie in AUSWÄHLEN. Der Ordner wird daraufhin in die Auflistung der Schreibtisch-Systemeinstellungen übernommen und alle enthaltenen Bilder lassen sich als Hintergrund verwenden.

Da die Größe eigener Bilder unter Umständen nicht für die bildschirmfüllende Darstellung geeignet ist, erscheint bei allen Sammlungen, die nicht Bestandteil von Mac OS X 10.4 sind, ein zusätzliches Einblendmenü. So lässt sich ein kleineres Bild z.B. bildschirmfüllend vergrößern, zentriert darstellen oder kacheln, wobei sich das gesamte Hintergrundbild aus Wiederholungen eines kleinen Bildes ergibt.

Aktivieren Sie im unteren Bereich des Dialogfensters das Markierungsfeld BILD ÄNDERN, können Sie per Einblendmenü festlegen, in welchem Zeitintervall ein anderes Bild den Schreibtischhintergrund bildet. Normalerweise werden die Bilder der gewählten Sammlung in zufälliger Reihenfolge verwendet. Deaktivieren Sie das Feld ZUFÄLLIGE REIHENFOLGE, um die Bilder in der alphabetischen Reihenfolge ihrer Dateinamen darzustellen.

Wahlweise lässt sich das Bild bei jeder Anmeldung oder dem Beenden des Ruhezustands ändern.

Schließen Sie das Fenster, um die Einstellungen zu übernehmen und die Systemeinstellungen zu verlassen bzw. kehren Sie mit ALLE EINBLENDEN zur Übersicht zurück.

Bildschirmschoner

Nach 20 Minuten Inaktivität wird automatisch ein Bildschirmschoner gestartet. In diesem Modus sehen Sie ein vollflächiges Bild, das den Schreibtisch verdeckt. Der Bildschirm wird so vor Beschädigung geschützt, da sich bei einem Röhrenmonitor, der über lange Zeit hinweg dasselbe Bild abbildet, im Lauf der Zeit die Umrisse des Bildes in die Bildschirmmaske einbrennen. Wählen Sie APPLE/SYSTEMEINSTELLUNGEN und klicken Sie unter PERSÖNLICH auf SCHREIBTISCH & BILDSCHIRMSCHONER und dort in die Taste BILDSCHIRMSCHONER, sofern diese nicht bereits aktiviert ist.

iTunes Artwork *stellt eine Collage aus vorhandenen iTunes-Covern zusammen.*

Wählen Sie aus der Liste links das Motiv Ihres Bildschirmschoners aus, um rechts eine Vorschau zu sehen. Klicken Sie in TEST, um den gewählten Bildschirmschoner im Vollbildmodus zu sehen. Eine Mausbewegung genügt, um wieder zur vorherigen Darstellung zurückzukehren. Sie haben die Wahl zwischen mehreren animierten Motiven. Mit Ausnahme der Bildschirmschoner COMPUTER NAME und SPECTRUM ist die Taste OPTIONEN bei allen Motiven aktiv und ermöglicht die Änderung der Anzeigeoptionen. Die verfügbaren Anzeigeoptionen können je nach Bildschirmschoner variieren. Aktivieren Sie das Feld BILDSCHIRMSCHONER ZUFÄLLIG AUSWÄHLEN, um einen der Bildschirmschoner zu zeigen.

RSS VISUALIZER stellt die Inhalte eines RSS-Feeds innerhalb eines Bildschirmschoners dar. Klicken Sie in OPTIONEN, um einen der in Safari mit einem Lesezeichen versehenen Feeds als Bildschirmschoner auszuwählen und bestätigen Sie mit der Taste FERTIG. Die RSS-Feeds stellen Titel und eine kurze Zusammenfassung verschiedener Artikel dar. Möchten Sie mehr über ein Thema wissen, drücken Sie einfach die auf dem Bildschirm angezeigte Taste, woraufhin *Safari* startet und die gewünschten Informationen anzeigt. Weitere Informationen zu RSS-Feeds finden Sie in Kapitel 7, *Safari 2.0 RSS*.

Mit .MAC starten Sie eine freigegebene .Mac-Diashow. Sofern Sie ein .Mac-Mitglied kennen, das Bilder per iDisk im Internet zur Verfügung stellt, können

Sie diese als Bildschirmschoner verwenden, ohne selbst .Mac-Mitglied zu sein. Sie benötigen lediglich den Mitgliedsnamen der Person. Klicken Sie auf .MAC und in OPTIONEN. Geben Sie den .Mac-Mitgliedsnamen ein und klicken Sie in OK. Die Bilder werden daraufhin auf Ihren Computer geladen. Wenn Sie eigene Bilder veröffentlichen wollen, müssen Sie als .Mac-Mitglied registriert sein. Weitere Informationen zu *.Mac* erhalten Sie in Kapitel 7, *Internet*.

PICTURES FOLDER blendet die in Ihrem Benutzerordner im Ordner BILDER befindlichen Bilder abwechselnd ein. Sie möchten Bilder aus einem anderen Ordner verwenden? Kein Problem: Wählen Sie aus der Liste der Bildschirmschoner den Eintrag ORDNER AUSWÄHLEN, steuern Sie den gewünschten Ordner an und klicken Sie in AUSWÄHLEN.

Aktivieren Sie das Markierungsfeld BILDSCHIRMSCHONER ZUFÄLLIG AUSWÄHLEN, um sich von dem jeweiligen Bildschirmschoner überraschen zu lassen. Mit dem Schieberegler BILDSCHIRMSCHONER AKTIVIEREN stellen Sie die Dauer der Inaktivität ein, ab welcher der Bildschirmschoner starten soll. Schieben Sie den Regler ganz nach rechts auf NIE, geht der Bildschirmschoner niemals an.

Wie für das Dashboard können Sie mithilfe der Taste AKTIVE ECKEN auch für den Bildschirmschoner festlegen dass dieser startet bzw. endet, wenn Sie mit der Maus in eine Ecke des Bildschirms fahren.

Ein Bildschirmschoner kann in puncto Sicherheit problematisch sein. Sofern Sie nicht abgemeldet sind, kann jeder den Bildschirmschoner mit einer Mausbewegung beenden, um freie Sicht auf Ihre Daten zu bekommen. Legen Sie daher für größere Sicherheit fest, dass beim Beenden des Bildschirmschoners ein Kennwort abgefragt wird.

Wechseln Sie mit ALLE EINBLENDEN zur Übersicht der Systemeinstellungen und klicken Sie unter PERSÖNLICH in SICHERHEIT. Aktivieren Sie im unteren Bereich das Feld KENNWORT VERLANGEN BEIM BEENDEN DES RUHEZUSTANDES ODER DES BILDSCHIRMSCHONERS und schließen Sie das Fenster. Drücken Sie nun eine beliebige Taste, wird ein zuvor aktiver Bildschirmschoner zwar beendet, der Zugriff auf den Rechner ist allerdings nur nach Eingabe des Kennworts möglich.

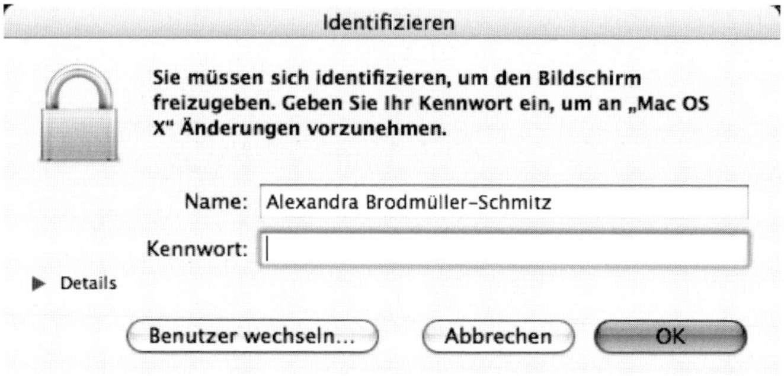

Damit dies nicht bedeutet, dass nur derjenige den Bildschirmschoner beenden kann, der zuletzt am Computer gearbeitet hat, bietet die Taste Benutzer wechseln einem anderen Benutzer die Gelegenheit sich anzumelden. Weitere Informationen zum Thema Sicherheit finden Sie in Kapitel 6, *Datensicherheit*.

4.4 Monitor

Mithilfe der Systemeinstellung Monitore stellen Sie die Bildschirmauflösung und Farbtiefe Ihres Bildschirms ein. Für die korrekte Farbwiedergabe können Sie den Monitor hier kalibrieren. Wählen Sie im Menü Apple oder im Dock Systemeinstellungen, klicken Sie unter Hardware in Monitore und dort in die Taste Monitor.

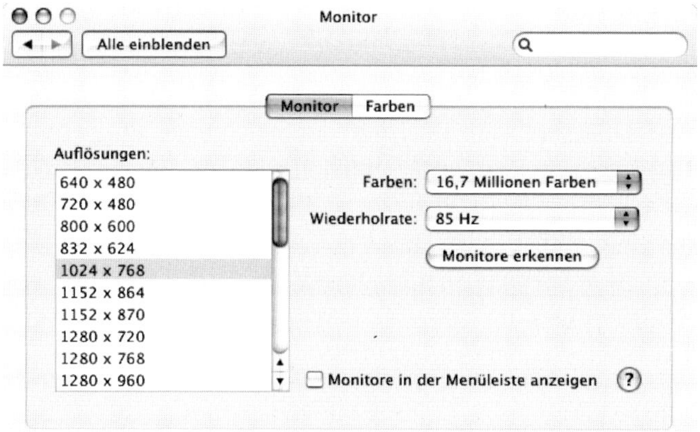

Links sehen Sie eine Auflistung der Bildschirmauflösungen, die Ihr Monitor unterstützt, die aktuelle Auflösung ist grau hinterlegt. Möchten Sie die Auflösung ändern, klicken Sie mit der Maus einfach eine neue Bildschirmauflösung an. Der Monitor wird für einen Augenblick blau und startet kurze Zeit später mit der neuen Auflösung. Eine höhere Auflösung sorgt dafür, dass die auf dem Schreibtisch dargestellten Objekte kleiner dargestellt werden, mit anderen Worten passt mehr auf den Schreibtisch.

Verwenden Sie die Tastenkombination [⌥] + [F14] *oder* [F15]*, um die Systemeinstellung* Monitore *aufzurufen, auch wenn* Systemeinstellungen *noch nicht geöffnet ist.*

Im Einblendmenü FARBEN stehen drei Farbtiefen zur Verfügung, die der Anzahl der darstellbaren Farben entsprechen.

Unter WIEDERHOLRATE stellen Sie die Bildwiederholrate (Frequenz) des angeschlossenen Monitors ein. Je größer der Monitor ist, desto höher muss die Frequenz sein, um eine gleich bleibende Bildqualität zu erreichen. Eine Bildwiederholrate von 85 Hz bedeutet, dass das Bild 85-mal pro Sekunde auf dem Bildschirm abgebildet wird. Geringere Bildwiederholraten erzeugen ein Flackern, das die Augen sehr schnell ermüden lässt. Grundsätzlich führt ein höherer Wert zu einer besseren Bildqualität. Tiger ermittelt automatisch die beste Wiederholrate, denn zu hoch eingestellte Raten können den Monitor auf Dauer schädigen. Die unterstützten Frequenzen finden Sie in den Unterlagen zu Ihrem Monitor.

Bei TFT-Monitoren kann keine Wiederholrate eingestellt werden, da diese nicht mit einer Kathodenstrahlröhre arbeiten.

Mithilfe der Taste MONITORE ERKENNEN ermitteln Sie automatisch die optimalen Einstellungen für Ihren Monitor, vorausgesetzt, dieser wird wie die Apple-Bildschirme erkannt.

Aktivieren Sie das Markierungsfeld MONITORE IN DER MENÜLEISTE ANZEIGEN, um der Menüleiste ein weiteres Menü hinzuzufügen. Hier lassen sich Auflösung und Wiederholrate schnell ändern. Zudem können Sie von hier aus auch direkt die Systemeinstellung MONITORE öffnen.

Verwenden Sie ein iBook oder PowerBook, können Sie per Schieberegler die Helligkeit des Monitors einstellen.

Klicken Sie in die Taste FARBEN, um ein Farbprofil für Ihren Monitor auszuwählen bzw. mithilfe des Kalibrierungs-Assistenten ein eigenes Farbprofil zu erstellen. Bei der Kalibrierung werden Farbtöne, die der Monitor falsch oder nur teilweise richtig darstellt, korrigiert. Klicken Sie in KALIBRIEREN, um den Kalibrierungs-Assistenten zu starten.

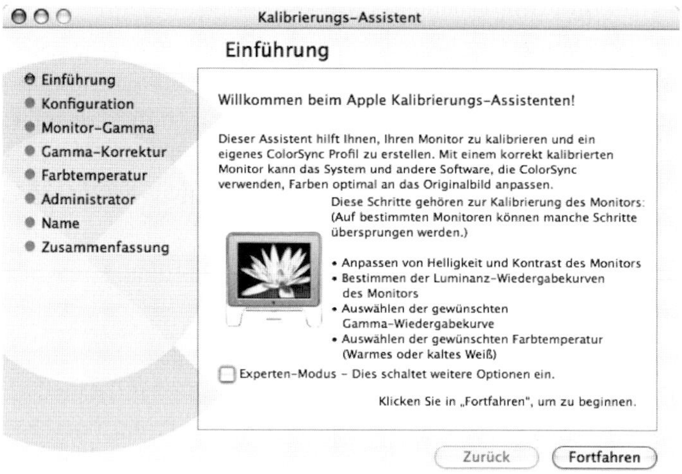

Mit einem korrekt kalibrierten Monitor kann Software, die ColorSync *unterstützt, Farben optimal an die des Originals anpassen.*

Für eine detaillierte Kalibrierung mit weiteren Optionen aktivieren Sie das Feld Experten-Modus. Folgen Sie den Anweisungen des Assistenten. Geben Sie dem neuen Profil einen Namen oder übernehmen Sie den Vorschlag. Klicken Sie dann in Fortfahren und schließen Sie die Kalibrierung mit Fertig ab. Das neue Profil wird den vorhandenen Monitor-Profilen automatisch hinzugefügt und kann in Zukunft in den Systemeinstellungen Monitore auf der Registerkarte Farben aktiviert werden.

Profis können Farbprofile im ColorSync Dienstprogramm öffnen und bearbeiten. Wählen Sie dazu ein Profil aus der Liste und klicken Sie in Profil öffnen. Weitere Informationen finden Sie in der *ColorSync Dienstprogramm Hilfe*.

ColorSync-Profile sind an verschiedenen Orten auf der Festplatte untergebracht, je nachdem, ob es sich um systemübergreifende oder eigene Profile handelt. Eigene Profile finden Sie auf der Festplatte unter Benutzer/Benutzername/Library/ColorSync/Profiles. Entfernen Sie ein Monitor-Profil aus diesem Ordner, wird es gleichzeitig aus der Liste der Monitor-Profile gelöscht. Wahlweise entfernen Sie ein Farbprofil, indem Sie es markieren und die Taste Profil löschen drücken.

Schließen Sie das Fenster, um die Einstellungen zu übernehmen und die Systemeinstellungen zu verlassen bzw. verwenden Sie die Taste Alle einblenden, um weitere Systemeinstellungen vorzunehmen.

4.5 Ruhezustand

Im Ruhezustand benötigt der Mac weniger Energie, daher sollten Sie diesen aktivieren, wenn Sie den Computer eine absehbare Zeitspanne nicht benötigen. Bringen Sie den Mac zur Ruhe, indem Sie den Eintrag RUHEZUSTAND im Menü APPLE wählen. Drücken Sie zum Beenden des Ruhens eine beliebige Taste. Tiger schickt Ihren Mac standardmäßig nach zehn Minuten der Inaktivität automatisch schlafen, das Zeitintervall lässt sich jedoch ändern. Öffnen Sie die *Systemeinstellungen* über das Menü APPLE oder das Dock, klicken Sie im Bereich HARDWARE in ENERGIE SPAREN und dort in die Taste RUHEZUSTAND.

Die Aktivierung des Rechners aus dem Ruhezustand ist wesentlich schneller als ein Neustart.

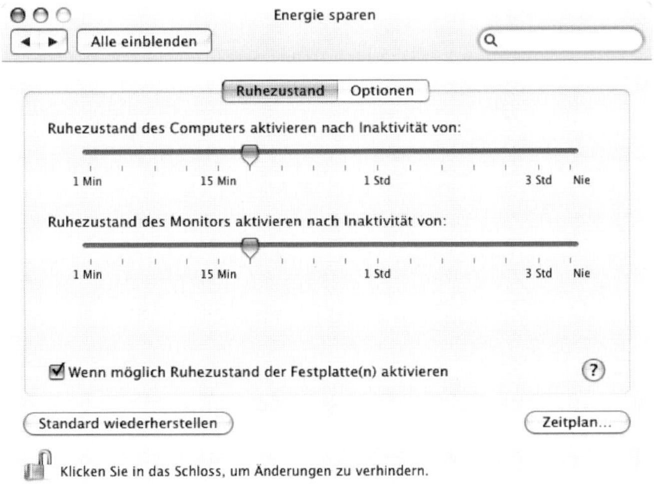

Mithilfe von Schiebereglern legen Sie die Zeitspanne der Inaktivität fest, nach welcher der Ruhezustand eintreten soll. Der obere Regler betrifft das gesamte System, der Untere ermöglicht ein eigenes Zeitintervall für den Monitor. Wenn Sie den Mac in keinem Fall in den Ruhezustand versetzen möchten, bewegen Sie die Regler auf NIE. Ist das Intervall für den Ruhezustand des Monitors kürzer als das für die Aktivierung des Bildschirmschoners, erscheint ein Hinweis sowie die Taste BILDSCHIRMSCHONER. Ein Markierungsfeld ermöglicht den Ruhezustand der Festplatte. Bei iBooks oder PowerBooks bietet ein Einblendmenü verschiedene Einstellungen für den Betrieb mit Netzteil und mit Batterie. Wählen Sie aus dem Einblendmenü OPTIMIERUNG eine der Voreinstellungen oder EIGENE EINSTELLUNGEN und nehmen Sie die gewünschten Einstellungen vor.

Das Trennen von Bildschirm und Festplatte ist sinnvoll, wenn Ihr Mac in ein Netzwerk eingebunden ist.

Die Taste ZEITPLAN ermöglicht Ihnen, den Computer täglich zu einem bestimmten Zeitpunkt in den Ruhezustand zu versetzen bzw. daraus zu wecken oder ganz auszuschalten.

Sie wecken Ihren Mac mit dem Drücken einer beliebigen Taste oder mit einem Mausklick.

Klicken Sie in OPTIONEN, um anzugeben, wie Ihr Mac im Schlaf reagieren soll. Die Optionen unterscheiden sich je nach Modell (besonders zwischen Notebooks und anderen Macs). Aktivieren Sie unter AUFWACHEN das Feld BEI EINGEHENDEN ANRUFEN, wenn der Computer weiter ruhen, jedoch auf das Modem reagieren soll. BEI ADMINISTRATIVEN ETHERNET NETZWERK-ZUGRIFFEN AUFWACHEN ermöglicht Zugriffe über das Netzwerk.

Mit der Einstellung AKTIVIEREN DES RUHEZUSTANDS ÜBER EIN-/AUSSCHALTER ERMÖGLICHEN können Sie mit der Ein-/Austaste am Gehäuse Ihres Computers ein Dialogfeld öffnen, das u.a. die Taste RUHEZUSTAND enthält. Die Kontrollleuchte des Ein-/Ausschalters am Gehäuse wechselt dabei die Farbe von Grün zu einem rötlichen Ton und nimmt in der Intensität ab und wieder zu (wie ein ganz langsames Pulsieren). Je nachdem, welchen Mac Sie besitzen (iBook, Powerbook, PowerMac G4, PowerMac G5 etc.), differieren der Farbton sowie die Lage der Kontrollleuchte.

BEI DIESER STROMQUELLE DIE HELLIGKEIT DES INTEGRIERTEN MONITORS VERRINGERN (nur Notebooks) sorgt dafür, dass im Batterie-Modus Strom gespart wird. Wahlweise dimmen Sie den Monitor vor dem Ruhezustand herunter (MONITOR-HELLIGKEIT VOR AKTIVIEREN DES RUHEZUSTANDS AUTOMATISCH VERRINGERN). NACH STROMAUSFALL AUTOMATISCH NEU STARTEN führt nach einer Stromunterbrechung selbstständig einen Neustart durch. Bei Notebooks kann der Batterie-Zustand über die Menüleiste kontrolliert werden, aktivieren Sie dazu das Feld BATTERIE-STATUS IN DER MENÜLEISTE ANZEIGEN. Das Einblendmenü Prozessor-Leistung ist bei PowerBook, iBook und Power Mac G5 sichtbar und sorgt für maximale Geschwindigkeit bzw. maximale Energieersparnis. Mit AUTOMATISCH regelt Ihr Mac diese Einstellung je nach Bedarf automatisch.

4.6 Datum und Uhrzeit

Datum und Uhrzeit werden in der Menüleiste angezeigt und auch im E-Mail-Programm *Mail* verwendet. In den Systemeinstellungen können Sie eine Zeitzone festlegen, einen Zeitserver für die Synchronisierung verwenden oder manuelle Korrekturen vornehmen. Darüber hinaus geben Sie an, wo und in welcher Form die Daten angezeigt oder auch vorgelesen werden. In den Landeseinstellungen können Sie einen anderen Kalender auswählen.

Rufen Sie die Systemeinstellungen aus dem Menü Apple oder dem Dock auf und klicken Sie unter System auf Datum & Uhrzeit. Alternativ klicken Sie in die Zeitanzeige der Menüleiste und wählen dort „Datum & Uhrzeit“ öffnen. Klicken Sie oben in die Taste Datum & Uhrzeit.

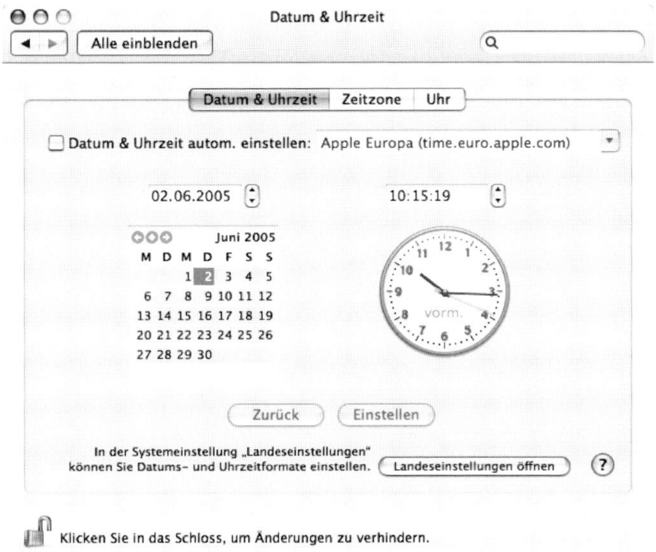

Unter Datum & Uhrzeit sehen Sie links das aktuelle Datum und rechts die aktuelle Uhrzeit. Den Monat stellen Sie mit den kleinen Pfeiltasten im Kalender ein. Den Tag bestimmen Sie, indem Sie einfach auf den entsprechenden Tag in der Monatsübersicht klicken oder die Pfeile seitlich von der Datumsanzeige benutzen. Zum Einstellen der Uhrzeit klicken Sie in die Stundenanzeige und betätigen anschließend die beiden Pfeiltasten rechts neben der Anzeige oder geben den Zahlenwert manuell ein, um die Stundenanzeige einzustellen. Verfahren Sie analog dazu mit den Minuten und Sekunden. Die Uhrzeit kann auch auf andere Weise gestellt werden: Klicken Sie auf den Stunden- oder Minutenzeiger der Uhr und bewegen Sie diesen bei gedrückter Maustaste entsprechend der aktuellen Uhrzeit. Sind alle Einstellungen getätigt, klicken Sie in die Taste Einstellen, damit die Änderungen dem gesamten System mitgeteilt werden. Die Taste Zurück macht die zuletzt vorgenommene Änderung rückgängig.

Sind die Stunden, Minuten oder Sekunden markiert, können Sie die Uhrzeit auch über die Tastatur eingeben.

Auch die beste Computer-Uhr kann vor- oder nachgehen. Im Internet gibt es Zeitserver, die ihrerseits die genaue Uhrzeit von Atomuhren erhalten. Verwenden Sie einen Zeitserver, damit Datum und Uhrzeit automatisch aktualisiert werden. Aktivieren Sie dazu das Markierungsfeld DATUM & UHRZEIT AUTOM. ENSTELLEN und wählen Sie aus dem Einblendmenü einen Zeitserver.

Die Darstellungsform von Datum und Uhrzeit kann in der Systemeinstellung LANDESEINSTELLUNGEN der Kategorie PERSÖNLICH verändert werden. Klicken Sie in „LANDESEINSTELLUNGEN" ÖFFNEN, um dorthin zu gelangen (siehe folgender Abschnitt *Landeseinstellungen*).

Klicken Sie oben in die Taste ZEITZONE, um die für Sie gültige Zeitzone einzustellen. Klicken Sie in den Teil der Weltkarte, in dem Sie sich befinden und wählen Sie eine Stadt aus dem Einblendmenü (für Deutschland ist dies BERLIN – DEUTSCHLAND).

Klicken Sie oben in die Taste UHR, wenn Sie Art und Ort der Uhrzeitanzeige ändern möchten.

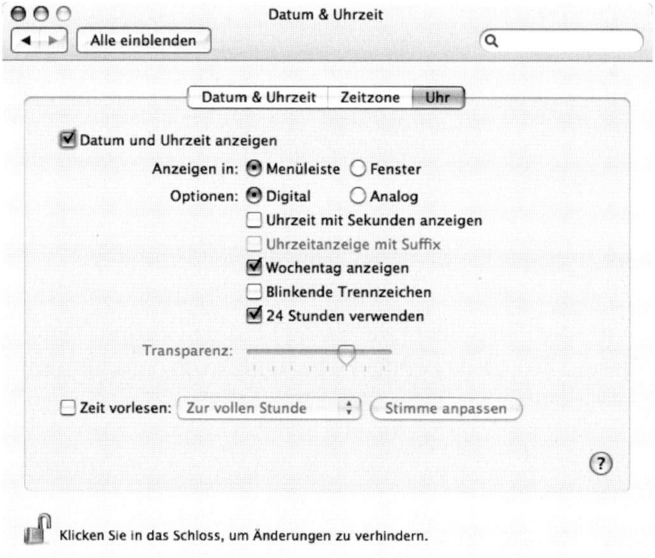

Deaktivieren Sie das Markierungsfeld DATUM UND UHRZEIT ANZEIGEN, um die Uhr am rechten Ende der Menüleiste auszublenden. Ist das Feld aktiviert, können Sie festlegen, ob die Uhrzeit in der Menüleiste oder einem separaten Fenster angezeigt wird, das sich frei platzieren lässt. Die darunter befindlichen Optionen blenden eine digitale oder analoge Variante ein, je nach Einstellung in der Menüleiste oder im eigenen Fenster. Mithilfe der folgenden Markierungsfelder spezifizieren Sie die Anzeige. Welche Einstellungen aktiv sind, hängt vom gewählten Ort und der Art der Anzeige ab. Haben Sie die Anzeige im Fenster gewählt, stellen Sie per Schieberegler den Grad der Transparenz ein. Die Uhr kann so an einem beliebigen Ort auf dem Schreibtisch platziert werden und lässt dahinter liegende Objekte durchscheinen. Probieren Sie einfach aus, welche Variante Ihnen am besten gefällt.

Alternativ oder zusätzlich können Sie sich die Uhrzeit in festen Abständen vorlesen lassen. Aktivieren Sie dazu das Feld ZEIT VORLESEN und wählen Sie ein Zeitintervall aus dem Einblendmenü. Klicken Sie in STIMME ANPASSEN, um mit PLAY eine Hörprobe der im Einblendmenü VOICE eingestellten Stimme wiederzugeben bzw. die Wiedergabe mit STOP zu unterbrechen. Der Eintrag USE SYSTEM VOICE besagt, dass für die Uhrzeit die allgemeine Systemstimme verwendet wird, die in der Systemeinstellung SPRACHE eingestellt ist. Stellen Sie wahlweise die Sprechgeschwindigkeit per Schieberegler ein und verändern Sie die Lautstärke bei Bedarf. Leider wird die Uhrzeit auf Englisch angesagt.

Schließen Sie das Fenster, um die Einstellungen zu übernehmen und die Systemeinstellungen zu verlassen.

Landeseinstellungen

Die LANDESEINSTELLUNGEN sind über APPLE/SYSTEMEINSTELLUNGEN unter PERSÖNLICH zu finden, können jedoch auch aus der Systemeinstellung DATUM & UHRZEIT mit der Taste LANDESEINSTELLUNGEN angesteuert werden. Klicken Sie in SPRACHEN.

Landeseinstellungen

Die Änderungen der Spracheinstellungen werden erst beim nächsten Start von Tiger aktiv.

Sie können die für Menüs, Fenster und Meldungen verwendete Sprache ändern. Die Liste im linken Teil stellt die bevorzugte Reihenfolge für Menüs etc. dar. Ziehen Sie die Sprachen einfach bei gedrückter Maustaste an die gewünschte Position innerhalb der Liste. Über die Taste LISTE BEARBEITEN können Sie der Liste per Markierungsfeld weitere Sprachen hinzufügen bzw. nicht benötigte entfernen. Wird die zuerst genannte Sprache von einem Programm nicht unterstützt, wird die zweite Sprache verwendet usw., bis eine Sprache gefunden ist, die es darstellen kann.

Im Einblendmenü REIHENFOLGE FÜR SORTIERTE LISTEN stellen Sie ein, nach welchen Regeln Listen sortiert werden (z.B. bei der Darstellung von Ordnerinhalten in Listenform). Das Einblendmenü SILBENTRENNUNG bietet je nach Sprache verschiedene Optionen zur Silbentrennung.

Klicken Sie in FORMATE, um die Formate für die Anzeige des Datums, der Uhrzeit sowie von Zahlen festzulegen.

Standardmäßig ist im Einblendmenü REGION DER EINTRAG DEUTSCHLAND ausgewählt. Möchten Sie die Formate eines anderen deutschsprachigen Landes verwenden, müssen Sie das entsprechende Land auswählen. Die hier verfügbaren Regionen richten sich nach der unter SPRACHEN eingestellten Sprache. Aktivieren Sie das Feld ALLE REGIONEN ZEIGEN, um aus allen Regionen wählen zu können.

Die aktuellen Einstellungen werden getrennt nach Datum, Uhrzeit und Zahlen in einem Beispiel angezeigt. Das Datum ist von oben nach unten vollständig, sowie in Lang-, Mittel- und Kurzform dargestellt. Klicken Sie im Bereich DATUM in ANPASSEN, um die Darstellung einer dieser Formen zu verändern. Ziehen Sie die benötigten Elemente dazu einfach in das Eingabefeld oder geben Sie dort weitere Zeichen über die Tastatur ein. Die Kurzform kann z.B. um die Anzeige der Kalenderwoche erweitert werden, wenn Sie diese Angabe häufig benötigen. Verwenden Sie Leerzeichen oder Klammern, um die Angabe der Kalenderwoche vom restlichen Datum zu trennen. Nach der Anpassung ändert sich die REGION in EIGENE, da Sie ein eigenes Datumsformat kreiert haben. Falls es Ihnen nicht mehr gefallen sollte, wählen Sie einen der vordefinierten Einträge aus dem Einblendmenü.

Die Datumsanzeige hängt vom zugrunde liegenden Kalendersystem ab. Im Einblendmenü KALENDER ist mit dem gregorianischen Kalender für Deutschland der allseits bekannte Kalender mit Schaltjahren eingestellt. Wahlweise können Sie hier jedoch auch einen anderen Kalender auswählen, die Auswirkung wird im Beispiel sichtbar.

Das Anzeigeformat für die Uhrzeit ist standardmäßig das 24-Stunden-Format in Kurzform. Möchten Sie auf das 12-Stunden-Format zurückgreifen oder die Anzeige um Millisekunden oder die Zeitzone ergänzen, klicken Sie in ANPASSEN. Auch hier finden Sie ein Einblendmenü, mit dem Sie zunächst die zu verändernde Zeitanzeige auswählen. Ziehen Sie weitere Elemente in das Eingabefeld bzw. ergänzen Sie dieses um Eingaben wie Leerzeichen oder Trennzeichen, bis das gewünschte Format erreicht ist. Wie beim Ändern des Datumsformats wechselt die Region in EIGENE.

Im unteren Bereich finden Sie die aktuelle Darstellung von Zahlen und Währungsbeträgen. Im Einblendmenü WÄHRUNG ist entsprechend der Region Deutschland EURO ausgewählt. Stellen Sie eine andere Währung ein, um deren Währungszeichen zu verwenden. Die Trennzeichen zur Trennung von Nachkommastellen und Tausenderstellen werden automatisch so angezeigt wie in der gewählten Region üblich. Das Einblendmenü MAßEINHEITEN gibt an, welches Maßsystem verwendet wird, hier haben Sie die Wahl zwischen dem metrischen und englischen System.

Klicken Sie in TASTATURMENÜ, um Tastaturbelegungen und Eingabemethoden festzulegen. Klicken Sie einfach in das Markierungsfeld vor der jeweiligen Sprache. Aktivieren Sie unten das Feld TASTATURMENÜ IN DER MENÜLEISTE ANZEIGEN, um von dort aus zwischen verschiedenen Tastaturbelegungen wechseln zu können. Verwenden Sie für abweichende Tastaturbelegungen die *Tastaturübersicht*, damit Sie erkennen, welches Zeichen mit welcher Taste eingegeben werden kann. Aktivieren Sie dazu das Feld EIN der TASTATURÜBERSICHT im oberen Teil.

Beenden Sie die Systemeinstellungen, indem Sie das Fenster schließen oder klicken Sie in ALLE EINBLENDEN, um weitere Änderungen vorzunehmen.

4.7 Tastatur und Maus

Wählen Sie APPLE/SYSTEMEINSTELLUNGEN, klicken Sie unter Hardware in TASTATUR & MAUS und in TASTATUR, um die Wiederholrate und Ansprechverzögerung der Tastatur einzustellen.

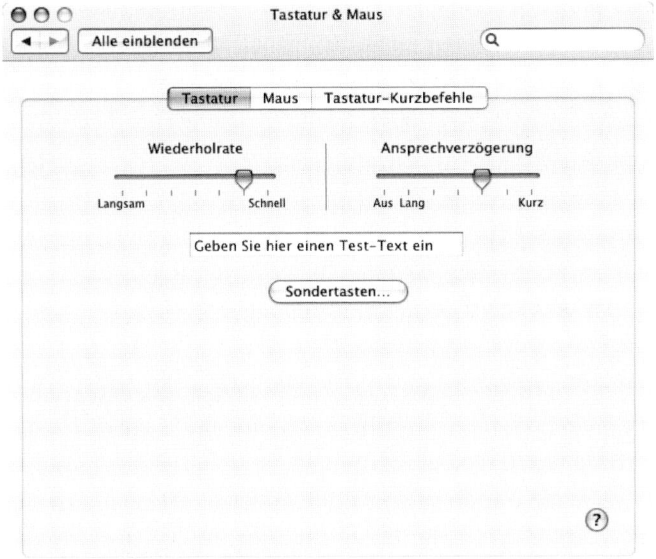

Der linke Schieberegler ist für die Wiederholrate eines Tastaturzeichens verantwortlich, wenn Sie eine Taste dauerhaft drücken. Die Ansprechverzögerung macht sich bemerkbar, wenn Sie eine Taste dauerhaft bei langer Ansprechverzögerung drücken, die Wiederholfunktion startet erst nach einer kurzen Pause. Testen Sie die Einstellungen mit dem Eingabefeld unterhalb der Regler. Probieren Sie so lange, bis Sie die für Sie optimalen Einstellungen gefunden haben.

Die Funktion der Sondertasten [CapsLock], [ctrl], [⌥] und [⌘] lässt sich verändern. Vor allem wenn Sie ein anderes Tastaturlayout gewöhnt sind, können Sie damit unerwünschte Effekte vermeiden. Klicken Sie in SONDERTASTEN, legen Sie per Einblendmenü fest, welche Funktion die einzelnen Tasten übernehmen sollen und bestätigen Sie die Änderungen mit OK. Mit STANDARD WIEDERHERSTELLEN machen Sie die Änderungen wieder rückgängig.

Klicken Sie in MAUS, um deren Verhalten zu modifizieren. Stellen Sie mit dem Schieberegler ZEIGERBEWEGUNG ein, wie schnell der Mauszeiger auf dem Bildschirm der Mausbewegung folgen soll. Probieren Sie aus, mit welcher Mausgeschwindigkeit Sie am besten zurechtkommen. Mit dem Schieberegler DOPPELKLICK-INTERVALL auf der rechten Seite legen Sie die Geschwindigkeit des Doppelklicks fest. Besonders Anfänger, die im Umgang mit der Maus ungeübt sind, sollten hier ein langsameres Intervall einstellen. Im darunter liegenden

Testfeld können Sie die Geschwindigkeit des Doppelklicks ausprobieren. Klicken Sie dazu mit Ihrer Maus einfach doppelt auf ein Wort des Satzes ZUM TESTEN HIER KLICKEN und achten Sie darauf, bei welchem Intervall das Wort markiert wird.

Verfügt Ihre Maus über ein Rad, mit dem Sie in Fenstern und Dokumenten navigieren können, können Sie auch deren Geschwindigkeit einstellen. Hat Ihre Maus zwei Maustasten, lässt sich hier auch die rechte als die primäre Taste definieren, mit der die meisten Aktionen ausgeführt werden (Klick, Ziehen, Doppelklick). Das ist einerseits für Linkshänder hilfreich, kann aber auch über einen verletzten Zeigefinger hinwegtrösten.

Wenn Ihnen die Handhabung der Maus schwer fällt, können Sie viele Aktionen alternativ mithilfe der Tastatur ausführen. Für ständig wiederkehrende Befehle empfiehlt sich ohnehin die Verwendung der jeweiligen Tastenkombinationen, da Ihre Hände die Tastatur dabei nicht verlassen müssen, um mit der Maus zu arbeiten. Dies fällt umso stärker ins Gewicht, je besser Sie das Zehnfingersystem beherrschen. Klicken Sie in TASTATUR-KURZBEFEHLE, um standardmäßige Kurzbefehle einzusehen und gegebenenfalls zu ändern.

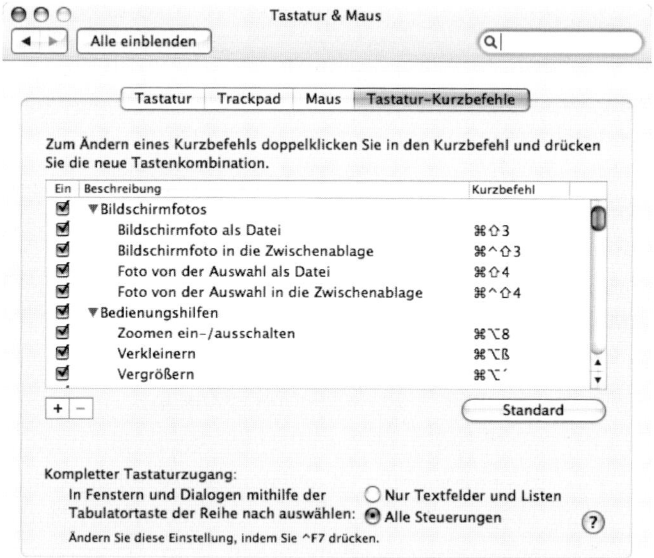

Geänderte oder neue Kurzbefehle werden erst nach einem Neustart wirksam.

Wählen Sie einen Befehl aus der Liste, dessen Kurzbefehl Sie bearbeiten möchten. Deaktivieren Sie das Markierungsfeld in der Spalte Ein, um den Kurzbefehl für diese Aktion zu deaktivieren. Wahlweise deaktivieren Sie das Markierungsfeld einer übergeordneten Beschreibung, um eine ganze Gruppe von Kurzbefehlen auszuschalten. Doppelklicken Sie direkt in den Kurzbefehl, um diesen durch Drücken der gewünschten Tastenkombination zu ändern. Wird der gedrückte Kurzbefehl bereits anderweitig eingesetzt, erscheint ein Warnzeichen bei den betreffenden Aktionen. Ändern Sie eine der beiden Tastenkombinationen oder deaktivieren Sie den Kurzbefehl für eine der Aktionen. Hilfreich ist auch die Taste Standard, die alle Kurzbefehle zurücksetzt.

Die Taste Hinzufügen (Pluszeichen) unterhalb der Auflistung ermöglicht die Definition weiterer Kurzbefehle, die global oder für ein bestimmtes Programm gelten können. Wählen Sie im Einblendmenü Programm den Eintrag Alle Programme, eines der aufgelisteten Systemprogramme oder Andere, um ein Programm eines Drittherstellers auszuwählen. Geben Sie im Eingabefeld Menü den Befehl ein, für den der Kurzbefehl gelten soll. Die korrekte Schreibweise ist dabei unerlässlich, da der Kurzbefehl ansonsten nicht funktionieren kann. Sie müssen nur den Befehl, nicht jedoch das jeweilige Menü angeben.

Im folgenden Beispiel wird eine Tastenkombination zum Einblenden des Inhalts der Zwischenablage definiert:

1. Wählen Sie Alle Programme aus dem Einblendmenü Programm.
2. Geben Sie im Feld Menü den Befehl Zwischenablage einblenden ein.
3. Klicken Sie in das Feld Tastatur-Kurzbefehl und drücken Sie nacheinander die Tasten [⌘] + [⌥] + [Z], ohne die jeweils zuvor gedrückte Taste loszulassen. Möchten Sie die Eingabe korrigieren, müssen Sie den Kurzbefehl zuerst markieren.

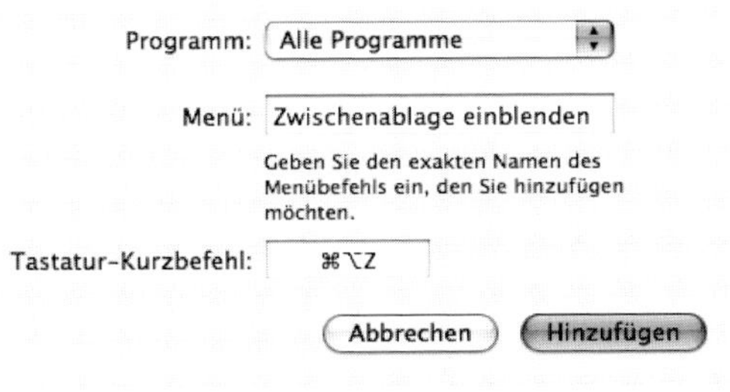

4. Klicken Sie in Hinzufügen, um den neuen Kurzbefehl in die Liste aufzu-

nehmen. Derartige selbst hinzugefügte Kurzbefehle finden Sie in der Liste ganz unten in der Rubrik TASTATUR-KURZBEFEHLE FÜR PROGRAMME.

5. Schließen Sie das Fenster, um die Systemeinstellungen zu verlassen. Schließen Sie alle Dokumente und Programme und wählen Sie APPLE/NEUSTART. Erst jetzt steht der neue Kurzbefehl zur Verfügung.

Im Menü BEARBEITEN ist der neue Kurzbefehl dem Befehl ZWISCHENABLAGE EINBLENDEN zugeordnet und kann so schnell ermittelt werden. Zum ersatzlosen Entfernen eines Kurzbefehls markieren Sie diesen in der Liste und klicken Sie in die Taste LÖSCHEN (Minuszeichen). Die standardmäßigen Kurzbefehle können nur deaktiviert, nicht jedoch gelöscht werden.

Im unteren Teil des Fensters können Sie festlegen, ob die [⇆]-Taste in Fenstern und Dialogen NUR TEXTFELDER UND LISTEN oder ALLE STEUERUNGEN nacheinander auswählt. Drücken Sie die Tastenkombination [ctrl] + [F7], um zwischen diesen beiden Optionen umzuschalten.

Die Tastatursteuerung ermöglicht das Ansteuern und Auswählen verschiedener Objekte nur über die Tastatur. Standardmäßig ist die Tastatursteuerung aktiviert, bei Notebooks finden Sie unter TASTATUR das Feld MIT DEN TASTEN F1-F12 SOFTWARE-FUNKTIONEN STEUERN, das Sie zur Verwendung der Tastatursteuerung zusätzlich aktivieren müssen. Drücken Sie zum Aktivieren/Deaktivieren der Tastatursteuerung den Kurzbefehl [ctrl] + [F1]. Alternativ finden Sie die Kurzbefehle der Tastatursteuerung in der Systemeinstellung TASTATUR & MAUS, nachdem Sie in TASTATUR-KURZBEFEHLE geklickt und sich in der Liste nach unten bewegt haben. Das Deaktivieren/Aktivieren des Felds EIN vor Tastatursteuerung schaltet die Tastatursteuerung ebenfalls aus bzw. ein.

Über die auf der Registerkarte angegebenen Kürzel hinaus gelten folgende Tasten bzw. Tastenkombinationen zum Hervorheben von Objekten bzw. Auswählen von Aktionen.

⇥	Nächstes Objekt hervorheben, z.B. nächstes Menü
⇥ + ⇧	Reihenfolge der Hervorhebung umkehren
ctrl + ⇥	Nächstes Objekt hervorheben, wenn das aktuelle ein Textfeld ist
←, →, ↑, ↓	Nächstes Objekt in einer Liste oder einem Menü hervorheben
←, →, ↑, ↓	Schiebe- oder Drehregler bewegen
ctrl + Pfeiltaste	Zu einem Objekt neben dem aktuellen Textfeld wechseln
↵	Auswählen der Standardaktion
Leertaste	Hervorgehobenes Objekt auswählen
esc	Abbrechen der Aktion
esc	Schließen ohne Auswahl

Die folgenden Tasten-Kurzbefehle stellen die Tastatursteuerung dar:

ctrl + F1	Schaltet die Tastatursteuerung ein/aus
ctrl + F2	Menüleiste hervorheben
ctrl + F3	Dock hervorheben
ctrl + F4	Zum aktiven Fenster oder dem Fenster dahinter bewegen
ctrl + F5	Zur Symbolleiste des aktiven Fensters bewegen
ctrl + F6	Zu einem Paletten-Fenster bewegen (z.B. dem Fenster FARBEN)
ctrl + F7	Wechseln zwischen den Einstellungen für die ⇥-Taste (wählt nur Textfelder und Listen oder alle Steuerungen aus)
ctrl + F8	Zu den Symbolen der Menüleiste wechseln (AirPort, Lautstärkeregler, bei Notebooks Ladezustand, Tastaturmenü, Uhrzeit, Benutzermenü)
ctrl + <	Zum nächsten Fenster des aktiven Programms bewegen

Wenn Sie ein Notebook verwenden, steht in der Systemeinstellung TASTATUR & MAUS zusätzlich der Bereich TRACKPAD zur Verfügung. Hier können Sie wie im Bereich MAUS die Geschwindigkeit der Zeigerbewegung und das Doppelklick-Intervall ändern. Darüber hinaus legt das Markierungsfeld KLICKEN fest, dass Sie durch Tippen auf das Trackpad ein Objekt anklicken können. Ist KLICKEN aktiviert, können Sie mit BEWEGEN definieren, dass ein zweimaliges Antippen des Trackpads mit unmittelbar folgender Ziehbewegung ein Objekt bewegt. In dieser Einstellung heben Sie den Finger einfach vom Trackpad, um ein bewegtes Objekt an neuer Position loszulassen. Aktivieren Sie BEWEGEN DURCH ANTIPPEN BEENDEN, müssen Sie an der Zielposition des Objekts einmal auf das Trackpad tippen, um es loszulassen.

Unter TRACKPAD-OPTIONEN legen Sie mit VERSEHENTLICHE TRACKPAD-EINGABE IGNORIEREN fest, dass das Trackpad während einer Tastatureingabe unbeachtet bleibt. Aktivieren Sie TRACKPAD IGNORIEREN, WENN EINE MAUS ANGESCHLOSSEN IST, um widersprüchliche Eingaben zu vermeiden.

4.8 Ton

In der Systemeinstellung TON können Sie den Warnton auswählen und die Lautstärke der Tonausgabe regeln sowie das verwendete Ausgabe- bzw. Eingabegerät einstellen. Öffnen Sie die Systemeinstellungen über das Menü APPLE oder das Dock und klicken Sie unter HARDWARE auf TON. Sie erreichen diese Systemeinstellung auch per Tastatur, Voraussetzung hierfür ist allerdings, dass Sie über eine erweiterte Tastatur mit Tasten für die Toneinstellung verfügen (oberhalb des Ziffernblocks). Drücken Sie einfach eine der Tonfunktionstasten und die Taste [⌥]. Klicken Sie in TONEFFEKTE.

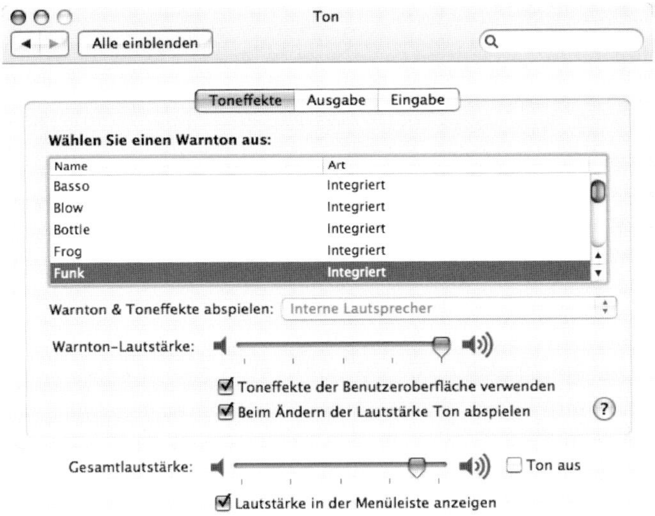

Tiger bringt eine Reihe von Warntönen mit, von denen Sie einen auswählen können. Klicken Sie auf einen Warnton, wird dieser abgespielt. Per Voreinstellung wird der Warnton über die eingebaute Soundkarte und den internen Lautsprecher ausgegeben. Falls Sie eine weitere Soundkarte eingebaut oder angeschlossen haben, können Sie diese über das Einblendmenü WARNTON & TONEFFEKTE ABSPIELEN auswählen. Die Lautstärke des Warntons lässt sich per Schieberegler einstellen. Über das Markierungsfeld können Sie die Toneffekte der Benutzeroberfläche deaktivieren.

Bei jeder Veränderung wird automatisch ein Ton abgespielt, der der aktuellen Lautstärke entspricht. Deaktivieren Sie das Markierungsfeld BEIM ÄNDERN DER LAUTSTÄRKE TON ABSPIELEN, um diese Tonwiedergabe zu unterdrücken.

Bei einigen Modellen kann die Lautstärke auch per Tastatur geregelt werden.

Der Schieberegler im unteren Bereich dient zum Einstellen der Gesamtlautstärke. Über das Feld TON AUS deaktivieren Sie den Ton komplett. Aktivieren Sie das Markierungsfeld LAUTSTÄRKE IN DER MENÜLEISTE ANZEIGEN, um einen Lautstärkeregler im rechten Teil der Menüleiste anzuzeigen.

Klicken Sie in AUSGABE, um gegebenenfalls zusätzlich angeschlossene Lautsprecher zur Tonausgabe auszuwählen. Sobald Kopfhörer angeschlossen sind, werden diese automatisch zur Tonausgabe verwendet. Den Regler mit der Bezeichnung BALANCE benutzen Sie, wenn Sie den Stereoklang verändern möchten.

Nach einem Klick in Eingabe können Sie ein Gerät zur Toneingabe auswählen. Einige Modelle verfügen über integrierte Mikrofone, bei anderen müssen Sie zur Toneingabe ein externes Mikrofon anschließen. Der Eingangspegel des ausgewählten Geräts wird dargestellt und kann mit dem Schieberegler Eingangslautstärke verändert werden.

Schließen Sie das Fenster, um die veränderten Einstellungen zu übernehmen und die Systemeinstellungen zu verlassen. Klicken Sie in Alle einblenden, wenn Sie weitere Systemeinstellungen vornehmen möchten.

Sprache

Ihr Mac ist in der Lage Sprache zu erkennen und Text in gesprochener Form wiederzugeben. Außerdem haben Sie die Möglichkeit, diverse Befehle per Spracheingabe durchzuführen, sofern Sie über ein internes oder externes Mikrofon verfügen. Öffnen Sie die Systemeinstellungen (über das Menü Apple oder das Dock), klicken Sie unter System auf Sprache und dort in Spracherkennung.

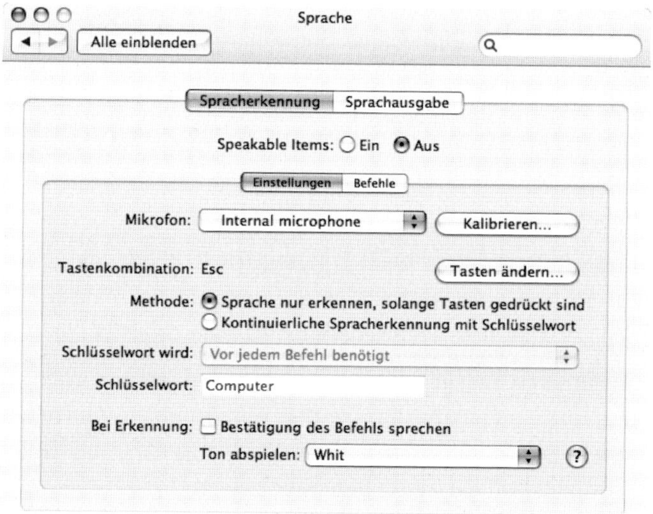

Klicken Sie unter Speakable Items ganz oben in Ein, um die Sprachausgabe zu aktivieren. Wenige Augenblicke später erscheint ein rundes Wiedergabefenster auf dem Bildschirm. Per Voreinstellung ist die Taste esc als Spracheingabetaste definiert. Halten Sie die esc-Taste gedrückt, während Sie einen Befehl sprechen. Im Wiedergabefenster wird das Mikrofon aktiv darge-

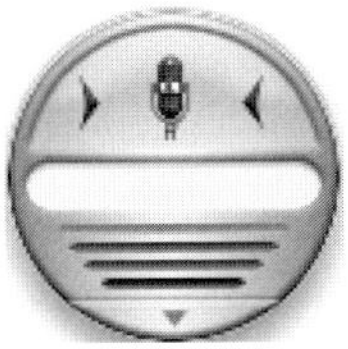

stellt. Leider funktioniert die Spracherkennung nur auf Englisch, sodass englische Befehle gesprochen werden müssen. Sprechen Sie den Satz »Open Speech Commands window«, um das Fenster Speech commands anzuzeigen. Achten Sie beim Sprechen darauf, dass der im runden Wiedergabefenster dargestellte Eingangspegel im grünen Bereich liegt. Alternativ dazu klicken Sie auf das kleine Dreieck unten im runden Wiedergabefenster und wählen dort Open Speech Commands window. Im oberen Teil des Fensters werden die zuletzt gesprochenen Befehle aufgelistet, darunter sehen Sie Kategorien von Kommandos. Klicken Sie in eines der Dreiecke, um die möglichen Kommandos anzuzeigen.

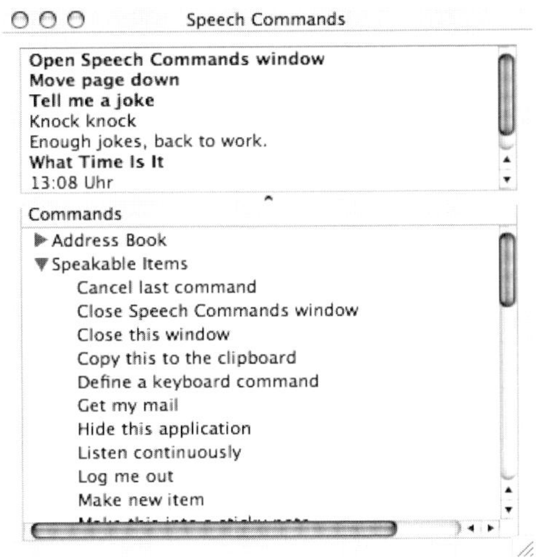

Der untere Teil zeigt wahlweise Einstellungen oder Befehle an. Klicken Sie in Einstellungen. Legen Sie dort das gewünschte Mikrofon mit dem Einblendmenü Mikrofon fest. Haben Sie Probleme mit dem Mikrofon, klicken Sie in Kalibrieren. Sprechen Sie die dort aufgelisteten Befehle und stellen Sie den Schieberegler so ein, dass das Gesprochene gut erkannt wird. Sobald ein Befehl erkannt wird, blinkt er kurz auf. Beenden Sie die Einstellung mit Fertig.

Wenn Sie die Spracherkennung zum ersten Mal aktivieren, erscheinen Tipps zum Umgang mit dem Mikrofon. Klicken Sie in Fortfahren.

Unter Tastenkombination sehen Sie standardmäßig die esc-Taste als Spracheingabetaste. Klicken Sie in Tasten ändern, um eine oder mehrere Tasten zum Starten der Spracheingabe zu definieren und mit OK zu bestätigen.

Für das Starten der Spracheingabe stehen zwei Methoden zur Verfügung: Sprache nur erkennen, solange Tasten gedrückt sind bedeutet, dass Sie die esc-Taste (oder die selbst definierte Taste) während der gesamten Sprechdauer gedrückt halten müssen. Aktivieren Sie die Option Kontinuierliche Spracherkennung mit Schlüsselwort, müssen Sie die Spracheingabe mit einem Schlüsselwort beginnen, das das Mikrofon aktiviert. Wahlweise stellen Sie per Einblendmenü ein, das Schlüsselwort optional zu verwenden bzw. nach dem Befehl zu sprechen. Das Eingabefeld Schlüsselwort zeigt das Standardschlüsselwort COMPUTER, das auch im Wiedergabefenster sichtbar ist. Wenn Sie möchten, geben Sie ein anderes Schlüsselwort ein.

Damit Sie schnell merken, ob ein gesprochener Befehl erkannt wurde, ertönt ein akustisches Signal. Unter BEI ERKENNUNG lässt sich dieser Ton im Einblendmenü TON ABSPIELEN variieren oder mit KEINEN deaktivieren.

Klicken Sie in Nützliche Tipps, *um erneut die Tipps zu sehen, die bei der ersten Aktivierung der Speakable Items angezeigt wurden.*

Klicken Sie in die Taste BEFEHLE, um per Markierungsfeld festzulegen, welche Art von Befehlen Sie mit der Spracherkennung benutzen möchten. Markieren Sie eine Befehlsart und klicken Sie (falls aktiv) in die Taste KONFIGURIEREN, um weitere Einstellungen vorzunehmen. Für das Adressbuch wählen Sie hier aus, welche Namen aus dem Adressbuch Sie für die Spracherkennung aktivieren möchten.

Damit sich Objekte durch gesprochene Befehle öffnen lassen, müssen Sie ein Alias des Objekts in den Ordner SPEAKABLE ITEMS legen. Dieser befindet sich auf Ihrer Festplatte unter BENUTZER/PRIVAT/LIBRARY/SPEECH/SPEAKABLE ITEMS. Da der Name des Alias den Befehl zum Öffnen dieses Objekts darstellt, sollten Sie hier einen Namen vergeben, der aus drei bis sechs Worten besteht, nicht mit bestehenden Befehlen verwechselbar ist und sich englisch aussprechen lässt. Klicken Sie in „SPEAKABLE ITEMS"-ORDNER ÖFFNEN, um diesen Ordner zu öffnen und eine Übersicht sprechbarer Befehle zu erhalten.

Auch Programme, die nicht Bestandteil von Tiger sind, lassen sich mit gesprochenen Befehlen steuern, indem Sie bei geöffnetem Programm ein entsprechendes AppleScript erstellen und im Ordner des Programms innerhalb von SPEAKABLE ITEMS ablegen.

Neben der Sprachsteuerung ist Ihr Mac in der Lage, Texte in gesprochener Form auszugeben. Klicken Sie oben in die Taste SPRACHAUSGABE, um diesbezügliche Optionen einzublenden.

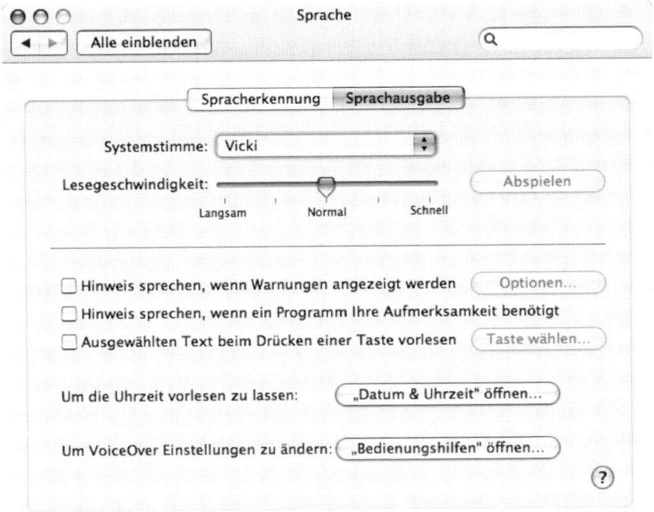

Hier legen Sie fest, mit welcher Stimme Ihr Mac zu Ihnen spricht. Per Voreinstellung ist die Stimme VICKI ausgewählt. Wählen Sie im Einblendmenü SYSTEMSTIMME einfach eine andere Stimme und klicken Sie in ABSPIELEN. Mithilfe eines Schiebereglers lässt sich die Sprechgeschwindigkeit verändern.

Leider funktioniert das Abspielen der einzelnen Stimmen von hier aus noch nicht. Um einen Eindruck der verfügbaren Stimmen zu bekommen, klicken Sie unten in „DATUM & UHRZEIT" ÖFFNEN, aktivieren das Feld ZEIT VORLESEN und klicken Sie in STIMME ANPASSEN. Mit dem Eintrag USE SYSTEM VOICE im Feld VOICE wird zum Verlesen der Uhrzeit die in der Systemeinstellung SPRACHE unter SPRACHAUSGABE eingestellte Stimme verwendet. Wählen Sie hier eine andere Stimme aus dem Einblendmenü und klicken Sie in PLAY bzw. STOP, um die Stimme zu hören bzw. die Hörprobe abzubrechen. Haben Sie so die gewünschte Stimme ermittelt, wechseln Sie unter Verwendung der Tasten CANCEL und ALLE EINBLENDEN zur Übersicht und klicken Sie in SPRACHE und SPRACHAUSGABE, um zum Ausgangspunkt zurückzukehren. Stellen Sie nun hier die gewünschte Stimme ein.

Im unteren Teil finden Sie Optionen zu gesprochenen Meldungen. Da die Sprachwiedergabe ebenso wie die Spracherkennung nur in Englisch funktioniert, werden Warnungen nur dann gesprochen, wenn Englisch als Standardsprache angegeben ist. Aktivieren Sie das Feld AUSGEWÄHLTEN TEXT BEIM

DRÜCKEN EINER TASTE VORLESEN, können Sie eine Taste bzw. eine Tastenkombination definieren, die das Vorlesen markierter Textpassagen startet.

Die Taste „DATUM & UHRZEIT“ ÖFFNEN wechselt zu dieser Systemeinstellung, wo Sie einstellen können, dass die Uhrzeit automatisch jede Viertel-, halbe oder ganze Stunde mit der Systemstimme oder einer dort ausgewählten Stimme vorgelesen wird (siehe dazu auch den Abschnitt *Datum und Uhrzeit*).

Wechseln Sie mit der Taste „BEDIENUNGSHILFEN“ ÖFFNEN zur gleichnamigen Systemeinstellung, in der Sie u.a. die Sprachoberfläche *VoiceOver* einschalten. Weitere Informationen finden Sie im folgenden Abschnitt *Bedienungshilfen*.

4.9 Bedienungshilfen

Die Systemeinstellung BEDIENUNGSHILFEN fasst verschiedene Mittel zusammen, die Benutzern mit körperlichen Einschränkungen bei der Verwendung des Macs zur Seite stehen. Wählen Sie SYSTEMEINSTELLUNGEN aus dem Menü APPLE oder dem Dock, klicken Sie unter SYSTEM auf BEDIENUNGSHILFEN und dort in SEHEN.

Im oberen Bereich aktivieren Sie die Sprachoberfläche *VoiceOver*, was alternativ mit dem Kurzbefehl [⌘] + [F5] funktioniert. Beim Einschalten bekommen Sie bereits einen ersten Eindruck: *VoiceOver* meldet sich und gibt das aktuelle Fenster mit Systemeinstellungen/Bedienungshilfen-Fenster an. Leider ist auch diese Sprachfunktion auf Englisch. Für weitere Einstellungen drücken Sie bei eingeschaltetem VoiceOver die Tastenkombination [ctrl] + [⌥] + [F8] oder klicken Sie in VoiceOver Utility öffnen.

Klicken Sie unter Zoom in ein, um den Bildschirminhalt zu vergrößern bzw. zoomen zu können. Drücken Sie die Tastenkombination [⌘] + [⌥] + [´], um den Bildschirminhalt ausgehend vom aktiven Objekt bzw. von der Position des Mauszeigers heranzuzoomen, also zu vergrößern. Mit [⌘] + [⌥] + [ß] wird der Inhalt wieder verkleinert. Die Zoom-Funktion kann auch per Tastenkürzel aktiviert bzw. deaktiviert werden, verwenden Sie in beiden Fällen den Kurzbefehl [⌘] + [⌥] + [8]. Klicken Sie in Optionen, um den minimalen und maximalen Vergrößerungsfaktor per Schieberegler festzulegen sowie weitere Einstellungen vorzunehmen. Klicken Sie abschließend in Fertig.

Der untere Bereich bezieht sich auf die Bildschirmdarstellung. Aktivieren Sie die Option Weiß auf Schwarz, wird der Bildschirminhalt in Falschfarben und invers mit weißer Schrift auf schwarzem Grund dargestellt. Aktivieren Sie das Feld Graustufen verwenden, wenn Sie die Farben des Monitors in Grautöne umwandeln möchten. Ein Schieberegler regelt den Kontrast.

Klicken Sie oben in Hören, um Optionen für Benutzer mit Problemen beim Hören einzublenden. Hier machen Sie Warntöne sichtbar, indem Sie den Bildschirm aufflackern lassen, wenn ein Warnton erklingt. Verwenden Sie die Taste Bildschirm blinken lassen, um einen Eindruck davon zu bekommen. Mithilfe der Taste Lautstärke anpassen gelangen Sie direkt zur Systemeinstellung Ton, wo Sie die Lautstärke für Warntöne sowie die Gesamtlautstärke regeln können.

Klicken Sie in Tastatur, wenn Sie Probleme damit haben, mehrere Tasten gleichzeitig zu drücken, wie es bei Tastenkürzeln erforderlich ist bzw. die Tastatur verzögert reagieren soll.

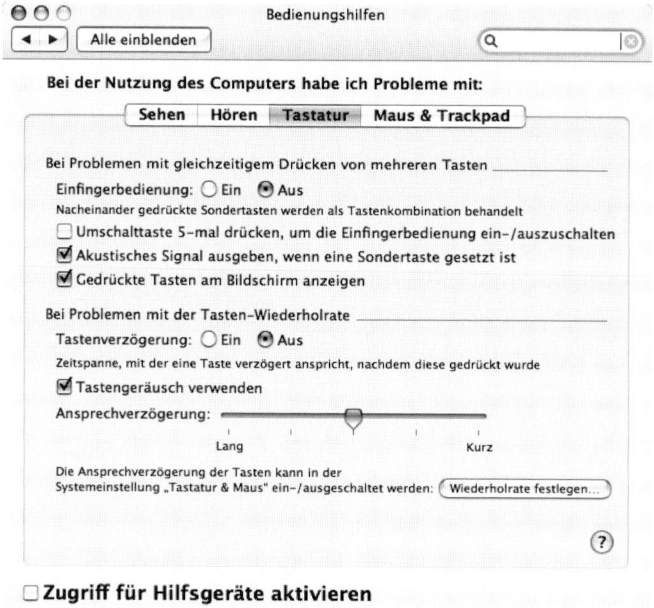

Aktivieren Sie unter EINFINGERBEDIENUNG die Option EIN, um diese Funktion zu aktivieren und nacheinander gedrückte Tasten als Einheit zu behandeln. Aktivieren Sie das erste Markierungsfeld, damit die Funktion durch fünfmaliges Drücken der ⇧-Taste aktiviert/deaktiviert werden kann. Per Voreinstellung sind die beiden folgenden Felder aktiviert. Sie sorgen dafür, dass beim Setzen von Sondertasten ein akustisches Signal ertönt und bereits gedrückte Tasten als Symbol auf dem Bildschirm angezeigt werden.

Im unteren Teil definieren Sie unter TASTENVERZÖGERUNG mit EIN, dass eine gedrückte Taste erst mit Zeitverzögerung auf den Druck anspricht. Nur bei eingeschalteter Tastenverzögerung wirkt sich das Feld TASTENGERÄUSCH VERWENDEN aus, das eine akustische Rückmeldung auf einen Tastendruck gibt. Der Schieberegler ANSPRECHVERZÖGERUNG verändert die Länge der Zeitverzögerung. Ein Klick in WIEDERHOLRATE FESTLEGEN öffnet die Systemeinstellung TASTATUR & MAUS, wo die Ansprechverzögerung ausgeschaltet werden kann. Damit wird auch das längere Drücken einer Taste nur einmal umgesetzt.

Klicken Sie oben in MAUS, wenn Sie Schwierigkeiten mit deren Handhabung haben.

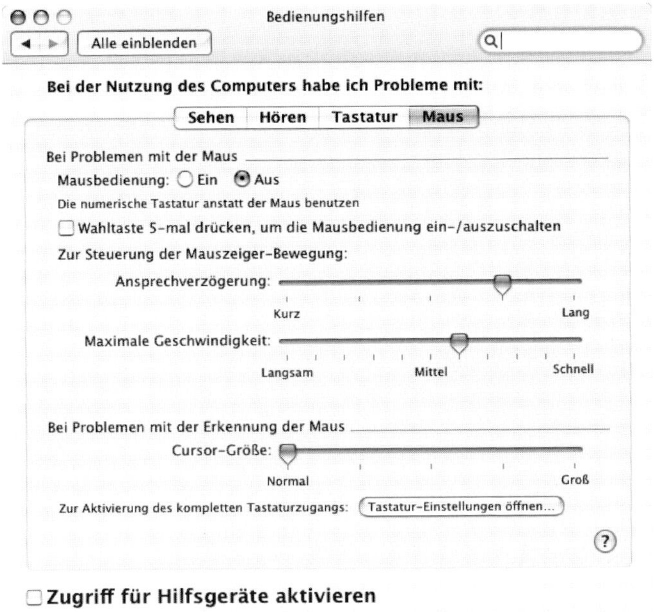

Klicken Sie unter MAUSBEDIENUNG auf EIN, um diese Funktion zu aktivieren und den Mauszeiger über die numerische Tastatur zu steuern. Benutzen Sie die Ziffern [8] und [2], um den Zeiger nach oben bzw. unten zu bewegen. Entsprechend sorgen die Tasten [4] und [6] für seitliche Bewegungen. Die Ziffern [1], [7], [9] und [3] bewegen den Zeiger in diagonale Richtungen und die Ziffer [5] erzeugt einen Mausklick. Beachten Sie, dass eine Ansprechverzögerung eingestellt ist. Sie müssen die Zifferntasten also eine Weile gedrückt halten, bevor die Zeigerbewegung einsetzt. Die Ansprechverzögerung sowie die maximale Geschwindigkeit lassen sich individuell über Schieberegler einstellen.

Drücken Sie fünfmal hintereinander die Taste [⌥], um die Mausbedienung zu aktivieren bzw. zu deaktivieren.

Können Sie den Mauszeiger schlecht erkennen, stellen Sie unter BEI PROBLEMEN MIT DER ERKENNUNG DER MAUS den Schieberegler CURSOR-GRÖSSE weiter nach rechts. Der Mauszeiger verändert seine Größe bereits während des Ziehens.

Über die Taste TASTATUR-EINSTELLUNGEN ÖFFNEN gelangen Sie zur Systemeinstellung TASTATUR (siehe dazu weiter onben den Abschnitt *Tastatur und Maus*).

Unterhalb der Bereiche SEHEN/HÖREN/TASTATUR/MAUS & TRACKPAD finden Sie das Markierungsfeld HILFSGERÄTE ERMÖGLICHEN. Aktivieren Sie dieses Feld, wenn Sie den Computer per Hilfsgerät steuern möchten.

4.10 Software-Aktualisierung

Mithilfe der *Software-Aktualisierung* können Sie automatisch oder manuell im Internet nach Aktualisierungen von Systemprogrammen suchen und diese installieren. Klicken Sie im Menü APPLE oder im Dock auf SYSTEMEINSTELLUNGEN und unter SYSTEM auf SOFTWARE-AKTUALISIERUNG.

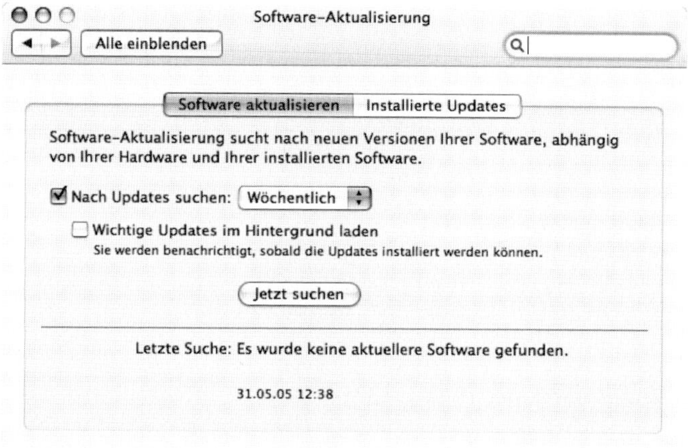

Sie erreichen die Software-Aktualisierung auch mit Apple/Software-Aktualisierung *bzw. aus dem Fenster* Über diesen Mac *heraus.*

Prinzipiell stehen Ihnen bei der Software-Aktualisierung zwei Optionen zur Verfügung, die automatische und die manuelle Suche nach Aktualisierungen auf Apples Webseiten. Standardmäßig ist die automatische Suche aktiviert. Über das Einblendmenü legen Sie fest, in welchem Zeitintervall nach Updates gesucht werden soll, TÄGLICH, WÖCHENTLICH oder MONATLICH. Je nach Einstellung sucht Ihr Rechner bei einer bestehenden Internetverbindung automatisch nach Systemaktualisierungen. Damit sind Sie bzw. Ihre Systemprogramme immer auf dem neuesten Stand. Aktivieren Sie das Feld WICHTIGE UPDATES IM HINTERGRUND LADEN, wenn Sie wichtige Aktualisierungen automatisch laden möchten. Sie werden über das Ende des Ladevorgangs informiert und können die Installation beginnen.

Möchten Sie keine automatische Suche durchführen, deaktivieren Sie das Markierungsfeld NACH UPDATES SUCHEN. Wahlweise starten Sie den Aktualisierungsvorgang kontrolliert, indem Sie in die Taste JETZT SUCHEN klicken. Sofern Updates vorliegen, öffnet sich das Dialogfenster SOFTWARE-AKTUALISIERUNG mit einer Liste.

Wählen Sie im oberen Teil per Markierungsfeld aus, welche der gefundenen Aktualisierungen Sie installieren möchten. Im unteren Bereich sehen Sie Erläuterungen zum markierten Update. Klicken Sie in Objekt installieren, um die markierten Objekte zu installieren. Geben Sie im Dialogfenster Identifizieren einen Administratornamen und das entsprechende Kennwort ein und klicken Sie auf OK. Diese Identifikation stellt sicher, dass nur Administratoren Software auf Ihrem Rechner installieren. Im Folgenden müssen Sie die jeweiligen Lizenzbedingungen akzeptieren, bevor Ladevorgang und Installation beginnen. Häufig ist nach der Installation ein Neustart erforderlich.

Einzelne Updates lassen sich gezielt ignorieren, wie etwa der iPod-Updater, wenn Sie kein solches Gerät besitzen. Markieren Sie ein solches Update, wählen Sie den Eintrag Update ignorieren aus dem Menü Aktualisieren und bestätigen Sie die Meldung mit OK. Software-Aktualisierung/Ignorierte Updates zurücksetzen zeigt bei der nächsten Software-Aktualisierung wieder alle verfügbaren Updates an.

Im Bereich Installierte Updates der Systemeinstellung *Software-Aktualisierung* sind die bereits installierten Aktualisierungen aufgelistet. Hier erhalten Sie einen Überblick darüber, wann welches Update installiert wurde.

Abgesehen von der Software-Aktualisierung steht im Apple-Menü der Eintrag Mac OS X Software zur Verfügung, der Safari startet und den Download-Bereich von Apples Mac OS X-Seiten anzeigt.

4.11 Startvolume

Wenn Sie Ihren Mac einschalten, sucht er zuerst nach einem Volume mit Systemordner, von dem aus er starten kann. Dies ist in der Regel die interne Festplatte. Zuerst wird in der Systemeinstellung Startvolume nach einem ausgewählten Startvolume gesucht, wird der Computer dort nicht fündig, sucht er auf der internen Festplatte nach einem Systemordner. Sollte auch hier kein solcher zu finden sein, sucht er auf externen Volumes weiter.

Startvolume

Öffnen Sie die Systemeinstellungen aus dem Menü Apple oder dem Dock und klicken Sie unter System in Startvolume. Das aktuell gestartete Betriebssystem ist markiert, beim nächsten Hochfahren startet der Computer mit dem ausgewählten System. Verwenden Sie die Taste Neustart, um sofort einen Neustart auszuführen.

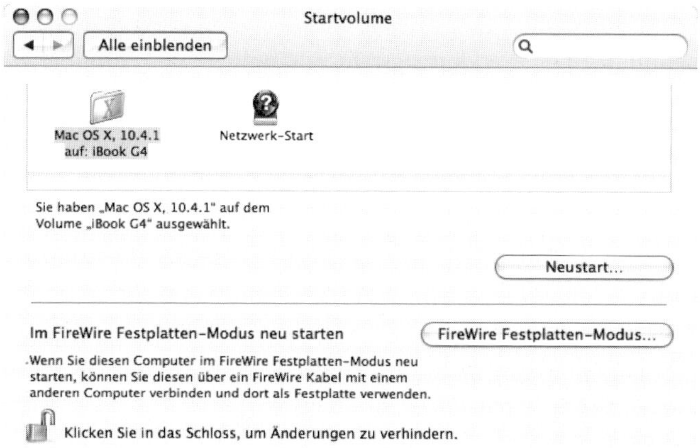

Mit Apple/Über diesen Mac *finden Sie heraus, welches Startvolume verwendet wird.*

Markieren Sie Netzwerk-Start, um beim nächsten Starten nach einem Netzwerk-Volume zu suchen, das den Dienst *NetBoot* bereithalten muss. Ist ein solches Volume aktuell verfügbar, wird es mit einer Weltkugel und einem Mac OS X-Systemordner dargestellt. NetBoot ist ein Dienst von Mac OS X Server, weitere Informationen finden Sie unter `http://www.apple.com/de/server/macosx/`.

Mithilfe der Taste FireWire Festplatten-Modus starten Sie den Mac in diesem Modus neu. Verbinden Sie Ihren Computer mit einem anderen über ein Firewire-Kabel, um Ihren Mac als Festplatte zu nutzen. Beenden Sie diesen Modus durch Drücken der Ein-/Austaste. Alternativ halten Sie beim Starten die Taste T gedrückt, um im Firewire-Festplattenbetrieb zu arbeiten. Weitere Informationen hierzu finden Sie in Kapitel 9, *Netzwerk*.

Das Startvolume kann auch während des Startens ausgewählt werden. Halten Sie dazu die ⌥-Taste beim Starten gedrückt und wählen eines der verfügbaren Startvolumes. Halten Sie die Taste C gedrückt, um von CD zu starten.

4.12 Classic

Neuere Computer können nicht unter Mac OS 9 starten, Mac OS 9-Programme können jedoch weiterhin im Classic-Modus gestartet und verwendet werden. Voraussetzung hierfür ist, dass Sie einen Mac OS 9-Systemordner installieren. Die Classic-Umgebung erfordert mindestens die Mac OS 9.1-Systemsoftware, besser ist Mac OS 9.2.

1. Legen Sie die mit dem Computer ausgelieferte Mac OS 9-Installations-CD ein und halten Sie die Taste C gedrückt, während Sie einen Neustart durchführen. Wählen Sie das Installationsprogramm durch Doppelklicken aus.

   Verwenden Sie alternativ die mit dem Computer ausgelieferte Mac OS X-CD/DVD *Zusätzliche Software & Apple Hardware Test*. Doppelklicken Sie Zusätzliche Software installieren.

2. Folgen Sie den Anweisungen auf dem Bildschirm.

Systemordner

Ein kleiner Tipp am Rande: Zur soeben aufgezeigten Vorgehensweise gibt es eine Alternative. Bei einigen Rechnern, die Apple ausliefert, findet sich eine CD mit der Bezeichnung Zusätzliche Software & Apple Hardware Test. Öffnen Sie diese CD und klicken Sie anschließend auf Zusätzliche Software installieren. Folgen Sie den Anweisungen des Assistenten. Nach Beendigung der Installationsroutine sollten Sie auf Ihrem Mac eine konfigurierte Classic-Umgebung inklusive eines kompletten Mac OS 9 vorfinden.

Zurück zur eigentlichen Installation von Mac OS 9. Nach der Installation befinden sich der Mac OS 9-Systemordner sowie der Ordner Applications (Mac OS 9) auf der oberen Ebene Ihrer Festplatte. Möchten Sie ein Mac OS 9-Programm verwenden, öffnen Sie das Programmsymbol oder ein Dokument, das mit dem betreffenden Programm erstellt wurde, durch einen Doppelklick.

Daraufhin startet die Classic-Umgebung und das Programm wird geöffnet. Das Starten der Classic-Umgebung kann längere Zeit in Anspruch nehmen, je mehr Arbeitsspeicher verfügbar ist, desto schneller startet sie.

Die Classic-Umgebung lässt sich jedoch auch von der Systemeinstellung CLASSIC aus starten, wählen Sie dazu APPLE/SYSTEMEINSTELLUNGEN und klicken Sie unter SYSTEM auf CLASSIC. Zunächst wird nach einem Mac OS 9-Systemordner gesucht. Sofern ein solcher vorhanden ist, genügt ein Klick in die Taste START, um die Classic-Umgebung zu starten, was eine Weile dauern kann.

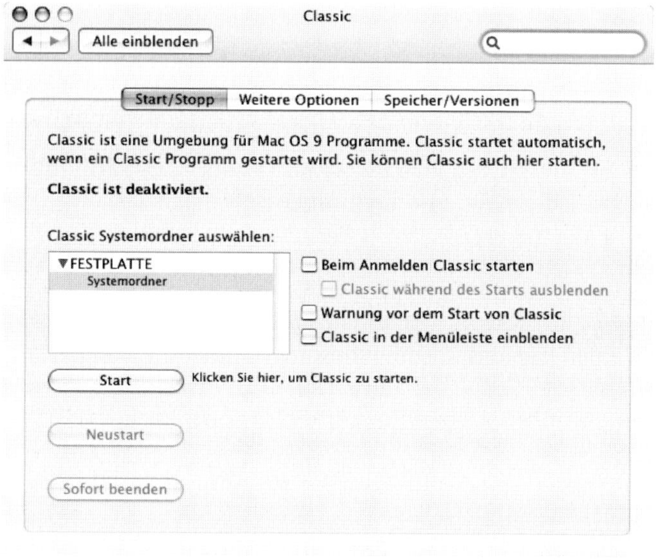

Aktivieren Sie das Feld BEIM ANMELDEN CLASSIC STARTEN, um direkt beim Anmelden in die Classic-Umgebung zu wechseln. Alternativ können Sie ein mit einem Mac OS 9-Programm erstelltes Dokument oder ein Mac OS 9-Programm als Startobjekt definieren (siehe weiter unten den Abschnitt *Startobjekte*).

Das Markierungsfeld WARNUNG VOR DEM START VON CLASSIC führt dazu, dass Sie einen Hinweis erhalten, wenn Sie im Begriff sind, die Classic-Umgebung zu starten. Da diese Prozedur eine Weile dauert, können Sie es sich noch einmal anders überlegen und den Startvorgang stoppen. Wahlweise zeigen Sie Classic in der Menüleiste an, um auf diesem Weg schnell wechseln bzw. die Systemeinstellung CLASSIC öffnen zu können.

Standardmäßig startet die Classic-Umgebung mit deaktivierten Systemerweiterungen. Diese werden beim Systemstart von Mac OS 9.x geladen und ermöglichen Aktionen wie etwa den Netzwerkzugriff, die Verbindungsaufnahme mit dem Internet oder das Abspielen von Filmen und anderen Dateien. Sie werden von Mac OS X nicht mehr unterstützt. Die verschiedenen Arten von Systemerweiterungen sind Dokumente (in denen sich z.B. Informationen der verschiedenen Hilfen befinden), Bibliotheken (deren Inhalt von mehreren Programmen genutzt werden können), Auswahlerweiterungen (die im Programm AUSWAHL erscheinen), Programme (wie der *Desktop Print Monitor*) und Kommunikationsmodule.

Die Symbole von Systemerweiterungen ähneln einem Puzzlestück.

Wie gesagt gibt es unter Mac OS X keine Systemerweiterungen mehr, Sie werden auch vergebens nach einem Systemordner suchen. Wenn Sie weitere Systemerweiterungen für die Arbeit in der Classic-Umgebung benötigen, installieren Sie diese im Ordner SYSTEMERWEITERUNGEN, indem Sie diese auf den geschlossenen Systemordner ziehen. Neu hinzugefügte Systemerweiterungen sind erst nach einem Neustart verfügbar. Wenn Sie Systemerweiterungen entfernen möchten, müssen diese zunächst in den Ordner SYSTEMERWEITERUNGEN AUS verschoben werden, da das System sie sonst als in Gebrauch befindlich erkennt und ein Löschen nicht erlaubt.

Klicken Sie in der Systemeinstellung CLASSIC in WEITERE OPTIONEN, können Sie die Classic-Umgebung mit der Startoption „ERWEITERUNGEN EIN/AUS" ÖFFNEN starten. Die Systemerweiterungen lassen sich nun einzeln aktivieren bzw. deaktivieren.

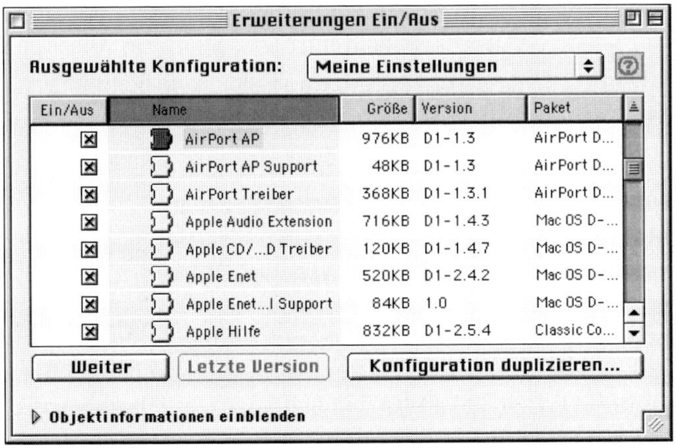

Am unteren Rand des Fensters lassen sich zusätzliche Objektinformationen einblenden, in einem Kommentarfeld wird die Funktion des aktivierten Objekts beschrieben. Sie aktivieren oder deaktivieren eine Erweiterung, indem Sie in das zugehörige Markierungsfeld klicken. So lassen sich Systemerweiterungen ausfindig machen, welche die Classic-Umgebung während des Starts behindern und mitunter zum Absturz bringen.

Eine weitere Startoption lautet TASTENKOMBINATION. Wählen Sie diesen Eintrag, um eine Kombination von bis zu fünf Tasten einzugeben, mit deren Kombination Sie die Classic-Umgebung zukünftig starten können.

Wenn Ihr Computer von mehreren Personen genutzt wird, können Sie die Classic-Umgebung so einrichten, dass alle Benutzer über eigene Mac OS 9-Einstellungen verfügen. Aktivieren Sie dazu das Feld MAC OS 9 EINSTELLUNGEN AUS IHREM ORDNER „PRIVAT" VERWENDEN. Sobald ein Benutzer die Classic-Umgebung zum ersten Mal startet, wird er durch eine Meldung aufgefordert, vorhandene Einstellungen aus dem Mac OS 9-Systemordner in den Ordner CLASSIC zu kopieren, der sich im Ordner LIBRARY seines persönlichen Ordners befindet.

Im mittleren Teil finden Sie einen Schieberegler, mit dem Sie einstellen, nach welchem Zeitraum der Inaktivität die Classic-Umgebung automatisch in den Ruhezustand versetzt wird.

Im unteren Bereich dient die Taste NEU ANLEGEN dazu, die Schreibtischdatei der Classic-Umgebung von Zeit zu Zeit neu anzulegen. Die Schreibtischdatei beinhaltet Informationen über Verknüpfungen zwischen Symbolen, Dokumenten, Programmen und Aliasen. Sie sorgt also dafür, dass z.B. der Doppelklick auf ein auf dem Schreibtisch befindliches Programm-Alias das Starten des entsprechenden Original-Programms auslöst. Da die Schreibtischdatei beschädigt werden kann, sollten Sie diese regelmäßig (etwa jeden Monat) erneuern.

Klicken Sie in SPEICHER/VERSIONEN, sehen Sie Prozesse, die mit der Classic-Umgebung in Zusammenhang stehen. Aktivieren Sie HINTERGRUNDPROGRAMME ANZEIGEN, um weitere Prozesse sichtbar zu machen.

Möchten Sie die Classic-Umgebung starten, klicken Sie unter START/STOPP in die Taste START bzw. unter WEITERE OPTIONEN in CLASSIC STARTEN. Zum Beenden der Classic-Umgebung klicken Sie im Bereich START/STOPP auf STOPP oder SOFORT BEENDEN. NEUSTART startet die Classic-Umgebung erneut.

4.13 Startobjekte

Startobjekte sind Dokumente oder Programme, die bei der Anmeldung automatisch mit gestartet bzw. geöffnet werden. So können Sie beispielsweise ein täglich genutztes Programm automatisch starten, sobald Sie sich anmelden. Öffnen Sie die Systemeinstellungen über das Menü APPLE oder das Dock und klicken Sie unter SYSTEM in BENUTZER und dort in STARTOBJEKTE. Verwenden Sie die Taste HINZUFÜGEN (Pluszeichen), um eine Anwendung aus dem Ordner PROGRAMME auszuwählen oder steuern Sie ein gewünschtes Dokument an. Zum Ändern der Reihenfolge ziehen Sie die einzelnen Objekte einfach auf die gewünschte Position. Möchten Sie einzelne Objekte vom automatischen Start ausschließen, aktivieren Sie das jeweilige vorangestellte Markierungsfeld. Zum endgültigen Entfernen aus der Liste der Startobjekte markieren Sie ein Objekt und klicken Sie anschließend in LÖSCHEN (Minuszeichen).

Unterdrücken Sie den automatischen Start von Objekten, indem Sie nach dem Klick in Anmelden *die Taste* [⇧] *gedrückt halten.*

Kann das hinzugefügte Programm oder Dokument nur unter Mac OS 9 betrieben bzw. geöffnet werden, wechselt der Mac beim Start automatisch in die Classic-Umgebung.

Spotlight

5

Mit Spotlight hält eine völlig neue Suchtechnologie Einzug in Mac OS X, mit deren Hilfe Sie Gesuchtes blitzschnell aufspüren. Suchen Sie nicht mehr nur nach Dateinamen und Dateityp, sondern auch nach Schlüsselwörtern, Etiketten, Größe, Änderungsdatum und sogar nach Inhalten. Revolutionär daran ist, dass nicht mehr Dateien, sondern Informationen Grundlage der Suchfunktion sind. Damit werden Sie auch bei themenübergreifenden Dokumenten fündig, deren Inhalte sich nicht alle im Dateinamen und Speicherort widerspiegeln.

Spotlight ist fest ins Betriebssystem integriert und basiert auf zwei miteinander verknüpften Datenbanken, einer inhaltlichen und einer Metadatenbank. Beide Datenbanken werden zu Beginn automatisch aufgebaut, was die Geschwindigkeit von Tiger je nach Datenbestand für einige Stunden reduziert. Metadaten sind Daten über Daten, die z.B. in PDF- und Office-Dateien gespeichert sind. Dies können z.B. der Autor, bei MP3-Dateien der Komponist oder bei Fotos das Datum der Erstellung sein. Markieren Sie im Finder ein mit einer digitalen Kamera aufgenommenes Foto, drücken Sie [⌘] + [I] und blenden Sie den Bereich WEITERE INFORMATIONEN ein. Die dort angezeigten Informationen sind Metadaten und werden bei der Spotlight-Suche berücksichtigt.

Spotlight ist im Finder und aus Programmen zugänglich, die Spotlight unterstützen. Sie können nach Programmen, Systemeinstellungen, Dokumenten, Ordnern, E-Mails, Adressbucheinträgen, Bildern (JPEG, GIF, TIFF, PNG, EXIF), PDF-Dokumenten, iCal-Einträgen, Musikstücken (MP3 und AAC), Word- und Excel-Dokumenten, Keynote-Präsentationen und Filmen (MOV) suchen. Die Unterstützung weiterer Formate hängt davon ab, dass entsprechende Plug-Ins für Spotlight entwickelt werden. Suchen Sie im Internet nach Spotlight-Plug-Ins, vielleicht ist das von Ihnen benötigte ja schon verfügbar.

Die Suchergebnisse können in intelligenten Ordnern gespeichert werden. Der Clou daran ist, dass diese ihren Inhalt dynamisch verändern, wenn weitere Dateien den Suchkriterien entsprechen, da die Suchdatenbanken laufend aktualisiert werden.

5.1 Spotlight Menü

In der Menüleiste ist *Spotlight* durch ein blaues Symbol mit Lupe vertreten, das jederzeit erreichbar ist, egal in welchem Programm Sie arbeiten. Klicken Sie in das Spotlight-Symbol, um ein Textfeld anzuzeigen, das Ihre Suchanfrage aufnimmt. Geben Sie einen Buchstaben oder ein ganzes Wort ein, um den kompletten Datenbestand in Echtzeit zu durchsuchen. Die Treffer erscheinen in einer Ergebnisliste, die nach Programmen, Systemeinstellungen, Dokumenten, Ordnern, E-Mails, Kontakten, iCal-Einträgen, Bildern, PDF-Dokumenten, Lesezeichen, Musik, Filmen, Schriften und Präsentationen sortiert ist. Es werden nur die Kategorien angezeigt, in denen auch Treffer erzielt wurden.

Halten Sie die [⌘]-Taste gedrückt, um zum Top-Treffer zu springen und diesen mit [↵] zu öffnen.

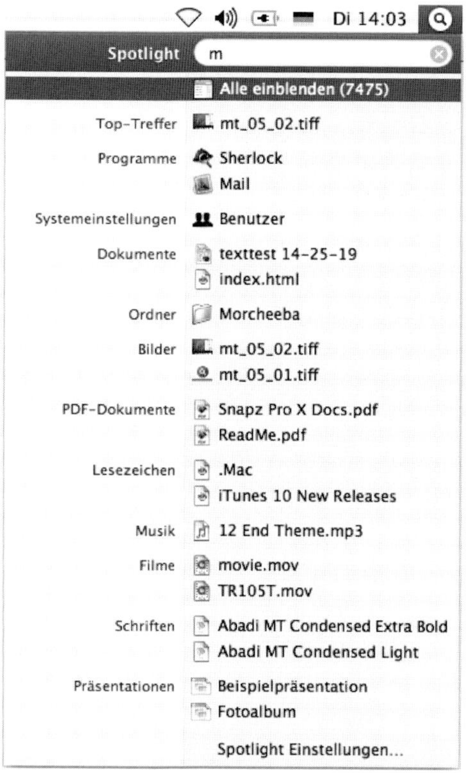

Wenn Sie einen Begriff eingeben, startet die Suche bereits während der Eingabe, auch wenn erst ein einzelner Buchstabe eingetragen ist. Klicken Sie in ein Objekt in der Liste, um dieses zu öffnen.

Klicken Sie in den ersten Eintrag ALLE EINBLENDEN, um die Ergebnisse in einem separaten Spotlight-Fenster darzustellen, das Möglichkeiten zur Sortierung bietet (siehe folgenden Abschnitt *Spotlight Fenster*). Mit dem letzten Eintrag SPOTLIGHT EINSTELLUNGEN rufen Sie die Systemeinstellung SPOTLIGHT auf (siehe Abschnitt *Kategorien verwalten*).

Das Spotlight-Menü kann alternativ zum Mausklick auch mit dem Kurzbefehl [⌘] + [Leertaste] geöffnet werden und ist sofort zur Aufnahme eines Suchbegriffs bereit. Halten Sie die Taste [⌘] gedrückt und drücken Sie dazu [↓], springen Sie im Menü vom Top-Treffer zum jeweils ersten Treffer der folgenden Kategorien. Verwenden Sie die [↵]-Taste, um ein so angesteuertes Objekt zu öffnen.

Natürlich können Sie in die Suche auch Kommentare einbeziehen, die Sie einem Objekt im Fenster INFOS ZU zugewiesen haben (siehe Kapitel 1, *Kommentar zuweisen*).

Nach wie vor können Sie auch direkt in Finder-Fenstern nach Objekten suchen, wobei jedoch nur der Name eines Objekts zur Suche herangezogen wird. Bei der mit [⌘] + [F] bzw. ABLAGE/SUCHEN angestoßenen Suche legen Sie wahlweise zusätzliche Kriterien fest (siehe dazu Kapitel 2, *Menü Ablage*).

Die Suche funktioniert in vereinfachter Form auch in den Öffnen- und Sichern-Dialogen von Programmen, allerdings kann dabei nur nach Dateinamen gesucht werden.

5.2 Spotlight Fenster

Ergänzend zur Listendarstellung der Suchergebnisse direkt unterhalb des Spotlight-Textfelds können Sie die Treffer in einem eigenen Spotlight-Fenster anzeigen. Klicken Sie dazu in der Liste in den ersten Eintrag ALLE EINBLENDEN.

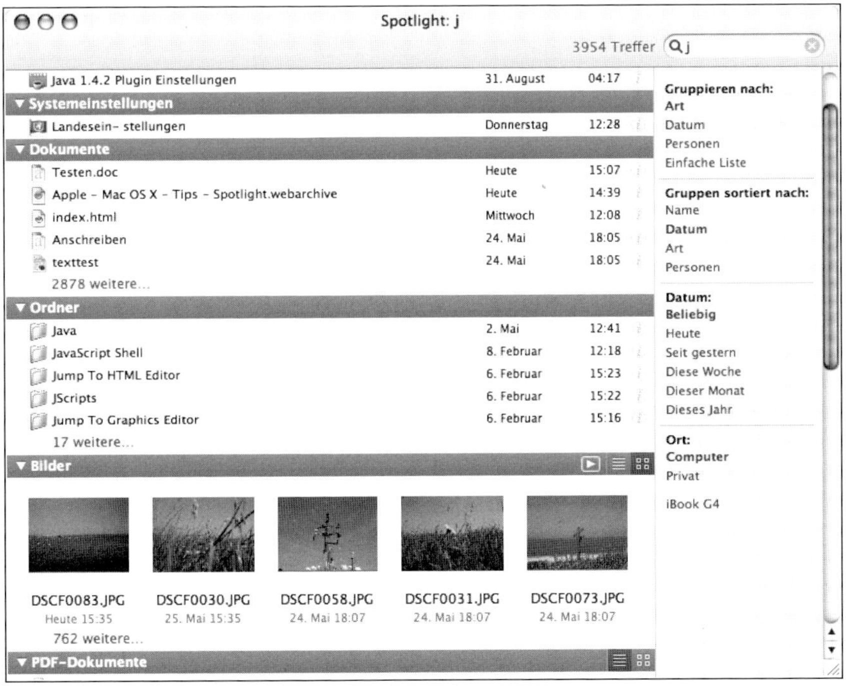

Klicken Sie bei gedrückter [⌥]-Taste in das Dreieck einer Kategorie, um alle Kategorien aus- bzw. einzublenden.

Das Spotlight-Fenster listet im linken Bereich die Fundstellen nach Kategorien auf. Klicken Sie in das Dreieck vor dem jeweiligen Kategorienamen, um die Treffer dieser Kategorie aus- bzw. wieder einzublenden. Standardmäßig werden die ersten fünf Treffer jeder Kategorie angezeigt. Klicken Sie in X WEITERE unterhalb der ersten fünf Treffer, um alle Treffer einer Kategorie einzublenden. Kehren Sie mit OBERE 5 EINBLENDEN zur vorherigen Ansicht zurück.

Jeder Treffer ist rechts mit einer kleinen Info-Taste ausgestattet. Klicken Sie in diese Taste, um weitere Informationen und Metadaten zu dem Objekt zu erhalten wie den Speicherort, die Größe, das Datum der Erstellung etc. Ein erneuter Klick blendet diese Informationen wieder aus.

Die Kategorie BILDER kann auf verschiedene Arten dargestellt werden. Klicken Sie in die WIEDERGABE-Taste, um das markierte Bild bildschirmfüllend anzuzeigen. Ist kein einzelnes Bild markiert, werden alle Bilder bildschirmfüllend als Diashow angezeigt. Bewegen Sie in beiden Fällen die Maus, um eine Steuerung einzublenden, mit der Sie die Diashow stoppen, vor- und zurückblättern, das Bild in Originalgröße zeigen, zu *iPhoto* hinzufügen oder den Modus beenden. Die mittlere Taste zeigt die Bilder als Liste, die rechte in der Symboldarstellung, was einer Miniaturansicht entspricht.

In der Kategorie MUSIK führt ein Klick in die INFO-Taste dazu, dass neben zusätzlichen Informationen (Metadaten) ein Steuerelement zur Wiedergabe eingeblendet wird. Sie spielen damit einen Titel an, ohne dass *iTunes* oder ein anderes Wiedergabeprogramm geöffnet werden muss.

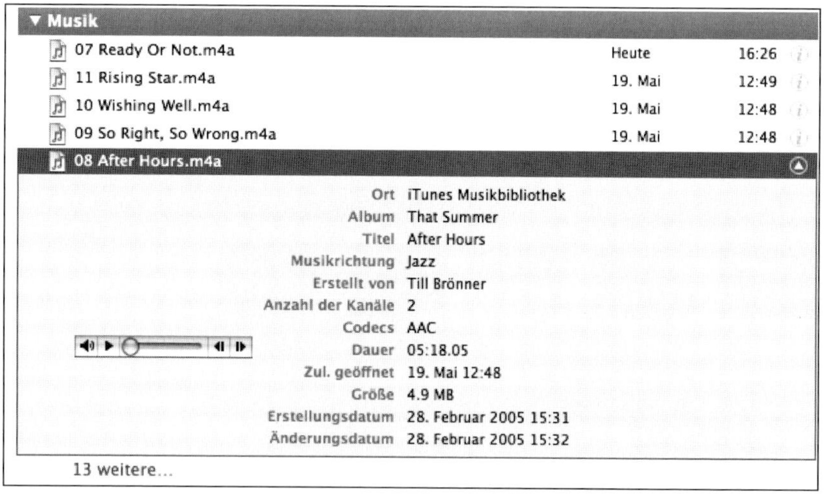

Ähnlich wie bei Musiktiteln zeigt der Info-Bereich von Filmen eine Vorschau mit Steuerelementen zur Wiedergabe.

Verwenden Sie die Seitenleiste auf der rechten Seite zum Gruppieren der Treffer nach einem anderen System und legen Sie fest, nach welchem Kriterium die Sortierung innerhalb der Gruppen erfolgen soll. Wählen Sie Einfache Liste, um die Einordnung in Kategorien zu beenden. Geben Sie wahlweise einen Zeitraum oder einen Speicherort an, auf den Sie die Suche beschränken möchten.

Wie im Spotlight-Menü können auch die im Spotlight-Fenster angezeigten Treffer per Doppelklick geöffnet werden. Markieren Sie ein Objekt und drücken Sie die Tasten [⌘] + [I], um das Fenster Infos zu anzuzeigen. Im Kontextmenü der einzelnen Objekte ([ctrl]-Klick oder rechter Mausklick) finden Sie den Eintrag Im Finder zeigen, der den Speicherort der Datei im Finder einblendet.

Möchten Sie direkt ein Spotlight-Fenster zur Suche verwenden, drücken Sie die Tasten [⌘] + [⌥] + [Leertaste] und geben den Suchbegriff ein. Alternativ verwenden Sie das Spotlight-Menü in der Menüleiste zur Eingabe des Suchbegriffs und drücken anschließend die [↵]-Taste.

Kategorien verwalten

Per Voreinstellung werden bei der Spotlight-Suche sämtliche verfügbaren Kategorien in einer festgelegten Reihenfolge berücksichtigt. Sie können die Reihenfolge der Kategorien verändern sowie einzelne Kategorien ausschließen. Klicken Sie in einer Ergebnisliste des Spotlight-Menüs ganz unten in Spotlight-Einstellungen oder wählen Apple/Systemeinstellungen und klicken unter Persönlich in Spotlight.

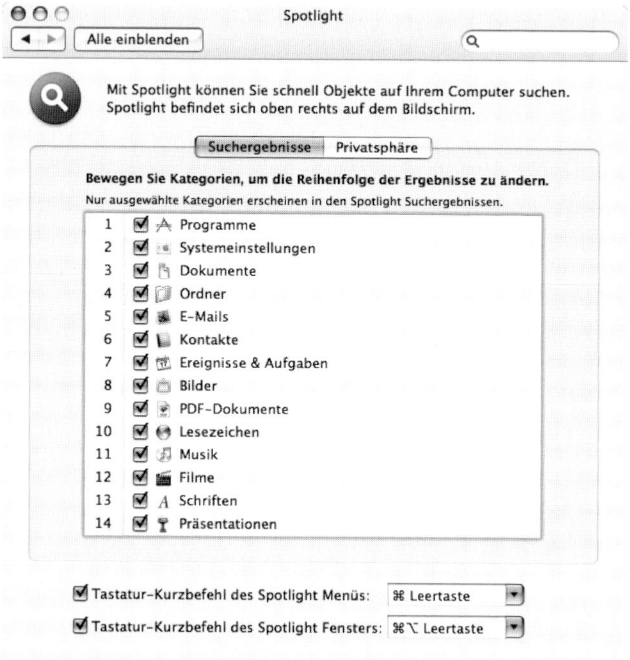

Bringen Sie die Kategorien in die gewünschte Reihenfolge, indem Sie einzelne Kategorien an eine andere Position ziehen. Deaktivieren Sie das Markierungsfeld einer Kategorie, um diese aus den Spotlight-Suchergebnissen zu entfernen.

Im unteren Bereich legen Sie mithilfe von Markierungsfeldern fest, ob die Kurzbefehle zum Öffnen des Spotlight Menüs und des Spotlight Fensters aktiviert bleiben sollen. Wahlweise bestimmen Sie im jeweiligen Einblendmenü einen anderen Kurzbefehl. Schließen Sie das Fenster, um die Systemeinstellungen zu verlassen bzw. klicken Sie in PRIVATSPHÄRE, um dort weitere Einstellungen vorzunehmen wie im folgenden Abschnitt beschrieben.

Privatsphäre

Grundsätzlich werden bei der Suche nur Daten desjenigen Benutzers durchsucht, der aktuell angemeldet ist.

Öffnen Sie die Systemeinstellungen aus dem Menü APPLE oder dem Dock und klicken Sie unter PERSÖNLICH in SPOTLIGHT und dort in PRIVATSPHÄRE. Ziehen Sie Ordner oder Volumes in die Liste, um diese von der Suche auszuschließen. Verwenden Sie alternativ die Taste HINZUFÜGEN (Pluszeichen), um ein Objekt anzusteuern und mit AUSWÄHLEN in die Liste zu übernehmen. Umgekehrt markieren Sie ein Objekt in der Liste und entfernen es mit LÖSCHEN (Minuszeichen) von der

Liste. Auch wenn die hier aufgelisteten Orte von der Spotlight-Suche ausgenommen werden, können diese im Finder gefunden werden.

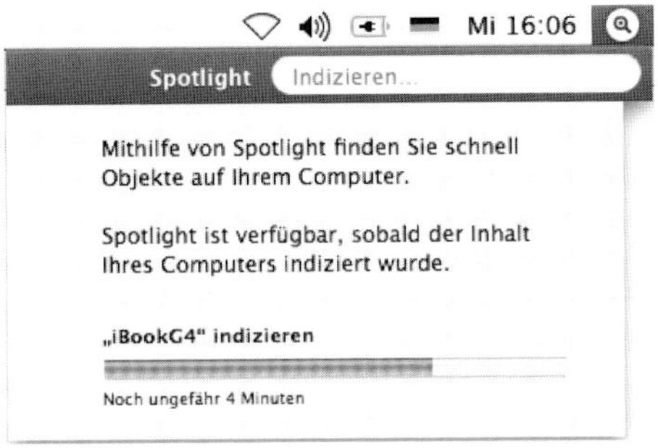

Haben Sie Probleme mit der Spotlight-Suche, können Sie den Bereich PRIVATSPHÄRE dazu benutzen, die Spotlight-Datenbank neu anzulegen. Ziehen Sie dazu das betreffende Volume zunächst in die Liste PRIVATSPHÄRE, um dessen Index zu löschen. Markieren Sie das Volume anschließend und klicken Sie in LÖSCHEN (Minuszeichen), um es wieder von der Liste zu entfernen. Zum Verlassen der Systemeinstellungen schließen Sie das Fenster. Das Spotlight-Symbol in der Menüleiste pulsiert, woran Sie den Prozess der Indizierung erkennen. Klicken Sie in die Lupe, um einen Verlaufsbalken mit Zeitangabe einzusehen.

5.3 Suche einschränken

Im obigen Abschnitt *Kategorien verwalten* geht es darum, ganze Objektkategorien aus der Spotlight-Suche herauszuhalten. Sie können jedoch auch die jeweils aktuelle Suche einschränken, indem Sie neben dem Suchbegriff weitere Angaben machen.

Suchen Sie z.B. nach einem exakten Ausdruck, setzen Sie diesen im Spotlight-Suchfeld in Anführungszeichen: „SUCHBEGRIFF".

Möchten Sie festlegen, dass nur Treffer einer Kategorie angezeigt werden, notieren Sie SUCHBEGRIFF ART:KATEGORIE. Hier kommen alle Kategorien der Suchergebnisse infrage. Die Eingabe M ART:BILDER listet z.B. als Treffer alle Bilder auf, deren Name oder Metadaten den Buchstaben m beinhalten. Achten Sie unbedingt darauf, den Suchbegriff (oder Buchstaben) mit einem Leerzeichen von art:objektart zu trennen.

Art:Objektart kann wahlweise groß geschrieben werden, darf jedoch kein Leerzeichen enthalten.

Suchen nach	Eingabe
exakter Ausdruck	„Suchbegriff"
Programmen	Suchbegriff art:programm Suchbegriff art:programme

Suchen nach	Eingabe
Systemeinstellungen	Suchbegriff art:systemeinstellung Suchbegriff art:systemeinstellungen
Dokumenten (mit PDF-Dokumenten)	Suchbegriff art:dokument Suchbegriff art:dokumente
Ordner	Suchbegriff art:ordner
E-Mails	Suchbegriff art:e-mail Suchbegriff art:e-mails Suchbegriff art:mail Suchbegriff art:mails
Kontakte	Suchbegriff art:kontakt Suchbegriff art:kontakte
Ereignisse & Aufgaben	Suchbegriff art:ereignis Suchbegriff art:aufgabe
Bilder	Suchbegriff art:bild Suchbegriff art:bilder
PDF-Dokumente	Suchbegriff art:pdf Suchbegriff art:pdfs Suchbegriff art:pdf-dokument Suchbegriff art:pdf-dokumente
Lesezeichen	Suchbegriff art:lesezeichen
Musik	Suchbegriff art:musik
Filme	Suchbegriff art:film Suchbegriff art:filme
Schriften	Suchbegriff art:schrift Suchbegriff art:schriften
Präsentationen	Suchbegriff art:präsentation Suchbegriff art:präsentationen

Auf ähnlichem Wege lässt sich die Suche auf einen bestimmten Zeitraum begrenzen. Geben Sie dazu SUCHBEGRIFF DATUM:ZEITRAUM an. Ihr Mac als Hellseher? Die Beschränkung der Suche auf Morgen findet natürlich nicht die Dokumente, die Sie morgen öffnen werden, sondern ist für eingetragene Ereignisse und Aufgaben in iCal gedacht.

Suchen innerhalb von	Eingabe
Heute	datum:heute
Gestern	datum:gestern
Morgen	datum:morgen
Dieser Woche	datum:diese woche
Diesem Monat	datum:dieser monat
Diesem Jahr	datum:dieses jahr

Die Einschränkungen hinsichtlich der Art und des Zeitraums lassen sich auch kombinieren. Notieren Sie z.B. ROBERT ART:E-MAIL DATUM:GESTERN, um eine E-Mail zu finden, die gestern von Robert kam oder an Robert ging bzw. den Begriff Robert beinhaltet.

5.4 Suche speichern

Eine Suchabfrage lässt sich inklusive der erzielten Treffer in einem intelligenten Ordner speichern. Intelligent ist dieser deshalb, weil er im Hintergrund ständig aktualisiert wird und weitere Objekte aufnimmt, die den Suchkriterien entsprechen.

1. Drücken Sie den Kurzbefehl [⌘] + [⌥] + [N], um einen neuen intelligenten Ordner zu erstellen oder wählen Sie alternativ ABLAGE/NEUER INTELLIGENTER ORDNER. Per Voreinstellung sind im oberen Bereich Suchkriterien eingeblendet, mit denen Sie die Suche eingrenzen können. Sollte dies nicht der Fall sein, wählen Sie den Eintrag SUCHKRITERIEN EINBLENDEN aus dem Aktionsmenü.
2. Geben Sie an, wo Sie suchen möchten, indem Sie oberhalb der Suchkriterien in einen der Standardorte klicken. Die Taste ANDERE erlaubt das Hinzufügen weiterer Ordner oder Volumes.

3. Geben Sie die Kriterien für die Suche an. Anders als im Spotlight-Menü oder -Fenster können Sie hier z.B. auch nach Etiketten suchen. Verwenden Sie die Taste HINZUFÜGEN (Pluszeichen) rechts in der Zeile eines Kriteriums bzw. neben der Taste SICHERN, um ein weiteres hinzuzufügen.

   Wählen Sie im ersten Einblendmenü ANDERE, um ein neues Suchkriterium auszuwählen und mit OK zu übernehmen. Hier finden Sie z.B. die AUDIO-BITRATE, die bei der Suche nach Musikdateien behilflich sein kann, und zahlreiche weitere Kriterien. Je nach Kriterium enthält ein weiteres Einblendmenü entsprechende Einträge; bei AUDIO-BITRATE können Sie dort einstellen, ob diese GRÖßER ALS oder KLEINER ALS der Wert sein soll, den Sie in einem Eingabefeld notieren.

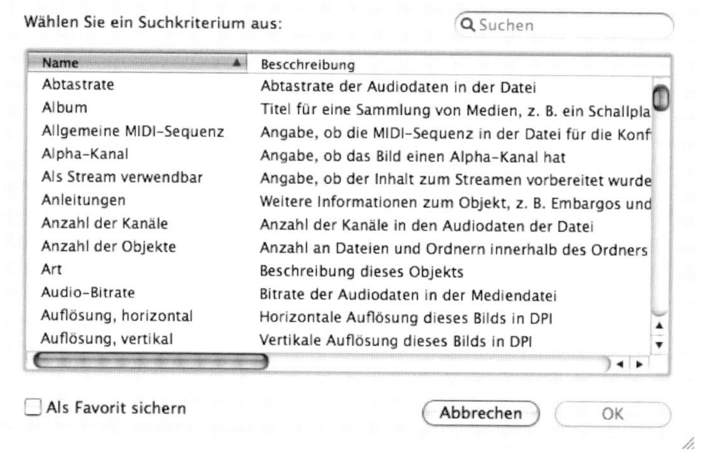

4. Geben Sie einen Buchstaben oder einen Begriff in das Suchfeld des intelligenten Ordners ein.
5. Klicken Sie in SICHERN, um das Suchergebnis zu speichern. Geben Sie dem intelligenten Ordner einen Namen und wählen Sie gegebenenfalls den Speicherort. Per Voreinstellung werden intelligente Ordner im Ordner GESICHERTE SUCHABFRAGEN gespeichert, der sich im LIBRARY-Ordner des jeweiligen Benutzers befindet. Deaktivieren Sie das Feld ZUR SEITENLEISTE HINZUFÜGEN, wenn der intelligente Ordner nicht in der Seitenleiste von Finder-Fenstern erscheinen soll. Alternativ lassen sich intelligente Ordner auch nachträglich einfach aus der Seitenleiste ziehen.
6. Klicken Sie in SICHERN.

Experimentieren Sie mit den Suchkriterien, um einen Eindruck davon zu bekommen, was Sie wie suchen können. Mit dem Kriterium ART ANDERE erscheint z.B. ein weiteres Eingabefeld/Einblendmenü, aus dem Sie zahlreiche Dateiarten auswählen können.

Intelligente Ordner haben ein spezielles Zahnrad-Symbol. Öffnen Sie einen intelligenten Ordner an seinem Speicherort bzw. aus der Seitenleiste eines Finder-Fensters, um mit BEARBEITEN Änderungen daran vornehmen zu können. Nachdem Sie die Suchkriterien verändert haben, muss der intelligente Ordner gesichert werden, die Änderungen gehen ansonsten verloren.

Leider kann eine im Spotlight-Menü oder -Fenster erfolgte Suche nicht gespeichert werden. Führen Sie die Suche erneut durch, nachdem Sie einen intelligenten Ordner eingerichtet haben.

5.5 Systemeinstellungen

In den Systemeinstellungen ist Spotlight in besonderer Weise integriert, die Bereiche, in denen Treffer vorkommen, werden durch einen Lichtkegel hervorgehoben. Öffnen Sie die Systemeinstellungen über das APPLE-Menü oder das Dock und schreiben Sie einen Buchstaben oder Suchbegriff in das Suchfeld der Systemeinstellungen. Geben Sie weitere Buchstaben ein, um die Suche einzugrenzen und dadurch weniger Systemeinstellungen anzustrahlen.

Unterhalb des Eingabefelds erscheint ein Kontextmenü, dessen Einträge beim Anklicken die entsprechende Systemeinstellung öffnen. Der hellste Spot bezieht sich auf den im Menü aktuell ausgewählten Eintrag. Verwenden Sie die Tasten [↑] und [↓] um zu sehen, welcher Eintrag zu welcher Systemeinstellung gehört. Klicken Sie in einen Lichtkegel, um die entsprechende Systemeinstellung zu öffnen.

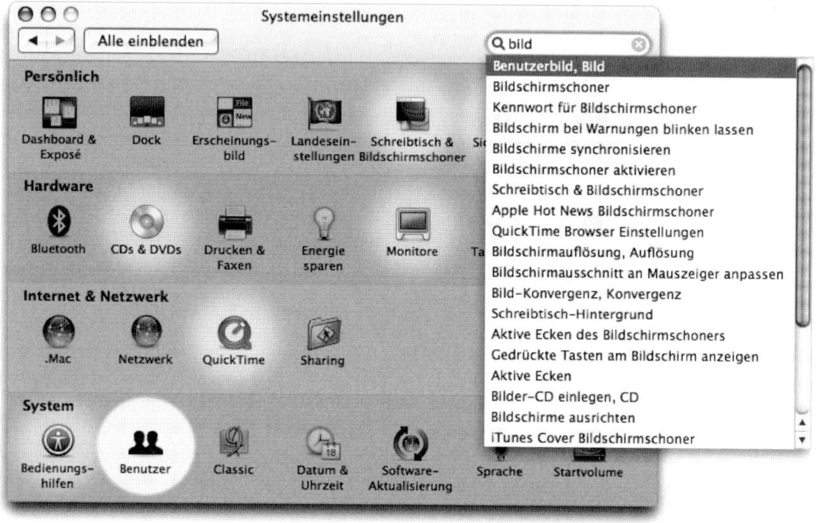

Auch die Suche im Spotlight-Menü oder –Fenster lässt sich auf Systemeinstellungen begrenzen, indem Sie nach dem Suchbegriff ART:SYSTEMEINSTELLUNGEN notieren, aber finden Sie die Lichtkegel nicht auch viel anschaulicher?

5.6 Plug-Ins

PDF.mdimporter

Für jeden Dateityp, der indiziert werden soll, muss ein Importfilter vorliegen, der die Aufnahme der dateispezifischen Metainformationen in die Spotlight-Datenbank regelt. Die Standardmodule befinden sich unter /SYSTEM/LIBRARY/SPOTLIGHT.

Durch zusätzliche Module kann Spotlight so erweitert werden, dass auch die Dateien von Programmen Dritter vollständig in die Suche aufgenommen werden können. Beim Downloaden von Spotlight-Plug-Ins aus dem Internet werden diese in der Regel automatisch installiert.

Weitere Importfilter müssen, sofern sie für alle Benutzer verfügbar sein sollen, im Ordner SPOTLIGHT des allgemeinen LIBRARY-Ordners liegen. Soll nur ein Benutzer ein Plug-In verwenden können, bringen Sie es im Ordner SPOTLIGHT innerhalb des privaten LIBRARY-Ordners eines Nutzers unter. Der SPOTLIGHT-Ordner innerhalb von privaten LIBRARY-Ordnern ist standardmäßig nicht vorhanden und muss angelegt werden.

Daten-
sicherheit

6

Mac OS X 10.4 bietet eine Vielzahl von Sicherheitsfunktionen. Sicherheit ist ein immens wichtiges Thema, sowohl für den global agierenden Großunternehmen als auch für den Heimanwender, der sich den Rechner mit seiner Familie teilt. Unternehmen und Heimanwender sollten ihre Daten vor unberechtigtem Zugriff von außerhalb und innerhalb des Unternehmens bzw. des privaten Umfelds schützen. Die in Mac OS X 10.4 integrierte Firewall schützt einen Rechner oder ein Netzwerk vor Angriffen von außerhalb (in der Regel aus dem Internet), mehr dazu im Kapitel 9, *Netzwerk*.

Um seinen privaten Datenbestand vor dem Zugriff von Kollegen oder Familienmitgliedern zu schützen, finden Sie unter Mac OS X 10.4 eine Reihe von Möglichkeiten. Hier sind besonders der Schlüsselbund, die Vergabe von Kennwörtern und der eingeschränkte Zugriff auf Daten von Mitbenutzern unter Tiger zu erwähnen.

Neben dem Schutz von Daten vor unberechtigtem Zugriff sollten Sie auch nicht vergessen, Ihren Datenbestand regelmäßig auf ein entsprechendes Archivierungsmedium (z.B. Streamer, externe Festplatte, CD- oder DVD-RW oder JAZ-Medium) zu bannen. Somit rückt der Daten-GAU in weite Ferne, wenn Ihr Mac einmal den Dienst versagen sollte. Programme neu zu installieren ist fast immer machbar, einmal verlorene Daten wieder zu beschaffen jedoch nahezu unmöglich.

Da es sich bei Mac OS X 10.4 um ein so genanntes Multi-User-Betriebssystem handelt (mehrere Benutzer können an ein und demselben Rechner zu unterschiedlichen Zeiten arbeiten), kommt der strikten Trennung der Privatbereiche der einzelnen Anwender und der Zugriffsbeschränkung durch andere

Mitbenutzer eine besondere Bedeutung zu. Es geht dabei darum, wie Sie Ihre Apple-Systemumgebung schützen, wenn z.B. mehrere Familienmitglieder auf Ihrem Rechner arbeiten.

Stellen Sie sich vor, Sie hätten Ihren Rechner in jahrelanger Arbeit Ihren Vorstellungen angepasst. Dazu zählen besondere Programmsymbole, Hintergrundbilder, Systemtöne und vieles mehr, an das Sie sich im Laufe der Jahre gewöhnt haben. Haben Sie Familie oder einen weitläufigen Bekanntenkreis, und sind Sie der einzige Besitzer eines Rechners weit und breit, können Sie garantiert ein Lied davon singen, wie der Rechner aussieht, wenn Sie das gute Stück einmal ausgeliehen haben, alles ist verstellt, und nichts mehr an seinem Platz. Sie müssen Zeit investieren, um den Rechner wieder in Ihren Lieblingszustand zu versetzen.

Viel schlimmer ist jedoch, dass eventuell wertvolle Daten nicht mehr vorhanden sind oder gelesen wurde, was nicht für fremde Augen bestimmt war. Doch keine Panik, das Schreckensszenario lässt sich mit wenig Aufwand in den Griff bekommen. Ein wichtiges Sicherheitsmerkmal unter Mac OS X 10.4 ist der Zugangsschutz, den Sie dadurch erreichen, dass Sie mehrere Benutzer anlegen, die Ihren Mac mitbenutzen dürfen. Somit sorgen Sie von vornherein für eine strikte Trennung der Bereiche der einzelnen Mitbenutzer und schützen automatisch Ihren Privatbereich.

Die Ordner der anderen Mitbenutzer werden mit einem Durchfahrt verboten-Symbol versehen, ein Zeichen dafür, dass Sie diese Ordner nicht öffnen können. Versuchen Sie es trotzdem, erscheint ein Warnhinweis, der Sie darüber informiert, dass Sie nicht die entsprechende Berechtigung haben.

Damit der Schutz funktioniert, sollten Sie Ihre Daten innerhalb der Struktur / BENUTZER/PRIVAT auf der Festplatte speichern. Jeder neu angelegte Mitbenutzer erhält die gleiche Ordnerstruktur unterhalb von /BENUTZER/PRIVAT. Der aktuell angemeldete Benutzer hat immer nur Zugriff auf sein eigenes Home-Verzeichnis. Es gibt aber zwei Ausnahmen, alle auf Ihrem Mac angelegten Mitbenutzer haben gegenseitigen Zugriff auf die Ordner ÖFFENTLICH und WEB-SITES der anderen Benutzer. Unter ÖFFENTLICH können Sie Dateien ablegen, die Sie anderen Benutzern Ihres Rechners zur Verfügung stellen möchten. Mitbenutzer haben standardmäßig auf diesen Ordner einen Nur-Lese-Zugriff, das heißt, dass sie keine Dateien in diesem Ordner ablegen können.

Im Ordner WEB-SITES legen Sie Ihre Website ab. Die anderen Benutzer Ihres Macs haben auch auf diesen Ordner einen Nur-Lese-Zugriff. Ein Klick auf INDEX.HTML genügt, um die Website des entsprechenden Mitbenutzers zu starten. Wie dies genau geht und was Sie dabei beachten sollten, erfahren Sie im Kapitel 7, *Internet*.

6.1 Benutzertypen unter Tiger

Der Systemkern von Mac OS X 10.4 ist wie bei jedem anderen UNIX-Betriebssystem auch ein Multi-User-System. Die Verwaltung von verschiedenen Benutzern bei Mac OS X 10.4 ist fest im System verankert und damit elementarer Bestandteil des Betriebssystems.

Im Rahmen der Installation legt Mac OS X v10.4 den besonderen Administrator ROOT, einen Systemadministrator, sowie den Benutzer an, der das System installiert. Dieser Benutzer wird ebenfalls mit administrativen Rechten versehen.

Weitere Benutzer müssen entweder vom Systemadministrator oder einem anderen Benutzer mit administrativen Rechten angelegt werden. Jeder dieser Benutzer hat im Ordner BENUTZER seine persönlichen Ordner, wo er seine Dateien (Dokumente, Musik, Fotos, Videos usw.) ablegt. Er kann für jede Datei und für jeden Ordner bestimmen, welche Art von Zugriff (nur lesen, nur schreiben, lesen und schreiben, kein Zugriff) die anderen Benutzer darauf haben sollen. Innerhalb des persönlichen Ordners jedes angelegten Benutzers finden Sie einen kleinen Systemordner mit der Bezeichnung LIBRARY. Hier sind die persönlichen Voreinstellungen, Fonts und Plug-Ins usw. des jeweiligen Benutzers Ihres Macs abgelegt.

Normale Benutzer

Diese Benutzer können nur in ihrem eigenen Benutzer-Ordner frei schalten und walten. Auf alle anderen Ordner haben sie (sofern es vom Administrator nicht anders bestimmt ist) einen Nur-Lese-Zugriff. Dem Benutzer mit Nur-Lese-Zugriff ist es nicht möglich, Programme im Ordner PROGRAMME abzulegen bzw. zu installieren. Er darf Programme aus diesem Ordner lediglich starten. Der Zugriff auf die Ordner unterhalb des PRIVAT-Ordners anderer Benutzer auf demselben Mac ist gänzlich blockiert, eine Einsicht in die Ordner nicht möglich.

Administrator

Die Person, die das System installiert, wird automatisch mit administrativen Rechten ausgestattet. Parallel zu diesem Anwender legt Mac OS X 10.4 einen Benutzer mit der Bezeichnung SYSTEM ADMINISTRATOR an, der dasselbe Kennwort hat wie der Benutzer, der das System installiert hat.

Nur der Administrator ist in der Lage, Änderungen der Systemeinstellungen vorzunehmen, die für das ganze System gelten.

Es ist im Nachhinein auch ohne weiteres möglich, andere Benutzer mit administrativen Rechten zu versehen. Der Benutzer mit administrativen Rechten (der in der Regel den Namen dessen trägt, der das System installiert hat) verfügt, wie jeder andere Benutzer auch, über einen persönlichen Ordner im Ordner BENUTZER. Der Systemadministrator hat im Unterschied dazu keinen persönlichen Ordner im Ordner BENUTZER. Er nimmt rein administrative Aufgaben wahr und speichert keine Dokumente. Im Gegensatz zum normalen Benutzer verfügt der Administrator über zusätzliche Befugnisse. Er darf Programme im Ordner PROGRAMME installieren oder etwa Schriftarten, die allen Benutzern zur Verfügung stehen sollen.

root

ROOT ist der Super-Administrator. Er hat als Einziger Schreib- und Lesezugriff auf sämtliche Programme und Dokumente aller Benutzer Ihres Macs. Da Sie als ROOT eine Menge Schaden anrichten können, sollten Sie sehr vorsichtig agieren, wenn Sie als ROOT angemeldet sind. Melden Sie sich nur dann als ROOT an, wenn es absolut nötig ist.

Aus den genannten Sicherheitsgründen hat Apple in Mac OS X 10.4 den ROOT-Account per Voreinstellung deaktiviert. Um ROOT zu aktivieren, gehen Sie wie folgt vor:

1. Rufen Sie das Programm NETINFO MANAGER im Ordner PROGRAMME/DIENSTPROGRAMME auf. Um Änderungen vorzunehmen, müssen Sie als Benutzer über administrative Rechte verfügen. Ist dies gewährleistet, klicken Sie einmal in das Schloss unten links. Es öffnet sich ein kleines Dialogfenster, in das Sie Ihr Administratorkennwort eingeben müssen. Nach einem Klick in die Taste OK können Sie Änderungen am geöffneten Programm vornehmen.
2. Wählen Sie nun SICHERHEIT/ROOT-BENUTZER AKTIVIEREN. Daraufhin erhalten Sie einen Warnhinweis, dass Sie sich nochmals als Systemadministrator zu erkennen geben müssen. Klicken Sie also nochmals in das kleine Schloss, um das Kennwort des Administrators einzugeben. Ist dies geschehen, wird der Benutzer ROOT aktiviert.

Um sich als ROOT anzumelden, müssen Sie sich zuerst einmal abmelden. Dies geschieht über das Menü APPLE und den Menübefehl BENUTZERNAME ABMELDEN. Es folgt ein Dialogfenster, das darüber informiert, dass alle aktiven Programme geschlossen werden. Diese Meldung müssen Sie mit ABMELDEN bestätigen. Im anschließenden Anmelde-Dialogfenster klicken Sie auf ANDERE und geben darauf den Namen (ROOT) und das entsprechende Kennwort ein.

6.2 Kennwörter in Mac OS X

Damit die Daten auf Ihrem Computer jederzeit geschützt sind, sollten Sie ein geeignetes Kennwort für Ihren Benutzer-Account wählen.

Prinzipiell stehen unter Tiger vier wichtige Kennwörter zur Verfügung:

- Die Vergabe eines Kennwortes an einen Benutzer-Account gestattet es den entsprechenden Benutzern sich per Benutzername und Kennwort bei ihren privaten Ordnern anzumelden. Dieses Kennwort nennt man auch Anmeldekennwort.
- Administratorkennwörter sind erforderlich, um administrative Aufgaben mit dem Computer zu erledigen. Dazu gehören das Festlegen von Systemeinstellungen, das Installieren von Software und das Verwalten von Benutzer-Accounts.
- Das Hauptkennwort gilt für den gesamten Mac. Dieses Hauptkennwort richtet ein Administrator als Sicherheitsmaßnahme für den Fall ein, dass der Administrator sein Anmeldekennwort vergessen sollte. Das Hauptkennwort wird normalerweise zusammen mit dem Programm *FileVault* verwendet. *FileVault* dient der Verschlüsselung des privaten Ordners eines Benutzers, sodass nur der betreffende Benutzer auf diesen Ordner zugreifen kann.
- Zu guter Letzt gibt es das Schlüsselbundkennwort. Der Schlüsselbund eines Benutzers speichert Kennwörter für verschiedene Programme und Ressourcen auf dem Computer. Der Schlüsselbund gibt die Kennwörter frei, sodass diese verwendet werden können. Das Schlüsselbundkennwort ist mit dem Anmeldekennwort eines Benutzers identisch.

6.3 Arbeiten mit Kennwörtern

Kennwörter sind das A und O jeder Sicherheitsstruktur. Allerdings sind Kennwörter nur dann sinnvoll, wenn sie von Zeit zu Zeit geändert werden und immer aus einer Buchstaben-Zahlen-Kombination bestehen. Beim Finden eines geeigneten Kennwortes hilft Ihnen der *Kennwort-Assistent* (siehe dazu Kapitel 4, *Benutzer anlegen*). Auf den folgenden Seiten erfahren Sie, wie Sie die Kennwörter verschiedener Benutzertypen ändern.

Ändern eines Benutzerkennworts

Verwenden Sie die Systemeinstellung BENUTZER, um das Kennwort eines normalen Benutzers bzw. das eines mit administrativen Rechten auf einem Mac mit mehr als einem Benutzer zu ändern. Gehen Sie dabei wie folgt vor:

1. Melden Sie sich als Benutzer mit administrativen Rechten an.
2. Öffnen Sie die SYSTEMEINSTELLUNGEN und klicken Sie auf das Symbol BENUTZER.
3. Klicken Sie in das Schloss, wenn es geschlossen dargestellt wird. Geben Sie anschließend im Dialogfenster IDENTIFIZIEREN den Namen und das Kennwort des Administrators ein.
4. Wählen Sie anschließend den Namen des Benutzers, dessen Kennwort Sie ändern möchten.
5. Klicken Sie in die Taste KENNWORT ZURÜCKSETZEN.

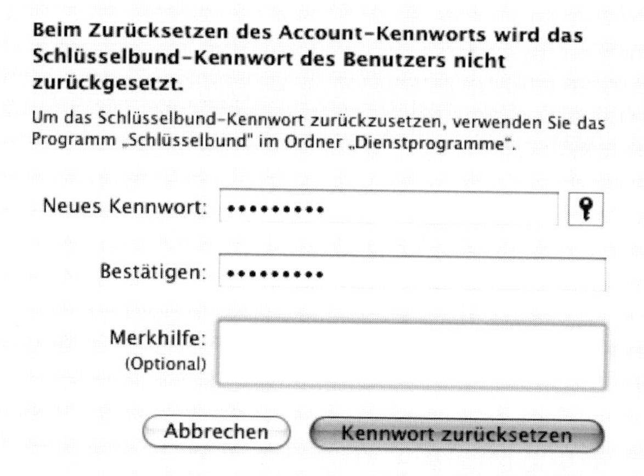

6. Geben Sie unter NEUES KENNWORT und BESTÄTIGEN das neue Kennwort ein und klicken Sie anschließend in die Taste KENNWORT ZURÜCKSETZEN.
7. Schließen Sie das Dialogfenster BENUTZER sowie die *Systemeinstellungen*.

Unabhängig davon, aus wie vielen Zeichen das Kennwort tatsächlich besteht, werden in den Feldern KENNWORT und BESTÄTIGEN maximal 13 Punkte angezeigt, wenn das Kennwort des Benutzers das nächste Mal geändert werden soll.

Administratorkennwort zurücksetzen

Sollten Sie das Administratorkennwort vergessen haben, müssen Sie Ihren Mac von der Mac OS X Tiger-DVD starten. Legen Sie dazu die DVD in das DVD-Laufwerk Ihres Rechners ein, starten Sie den Mac neu und halten Sie während des Startvorgangs die Taste [C] gedrückt.

1. Ist das Installationsprogramm geöffnet, legen Sie Deutsch als Standardsprache fest. Wählen Sie im Installationsprogramm DIENSTPROGRAMME/KENNWÖRTER ZURÜCKSETZEN. Bestimmen Sie im Programm KENNWÖRTER ZURÜCKSETZEN das Volume, auf dem das Kennwort zurückgesetzt werden soll. Ist dies geschehen, legen Sie den Benutzer fest, dessen Kennwort Sie zurücksetzen möchten. Wählen Sie den Benutzer aus dem Einblendmenü.
2. Sie müssen das neue Kennwort anschließend zweimal eingeben. Betätigen Sie die Eingaben mit einem Klick in SICHERN und die anschließende Meldung darüber, dass das Kennwort beendet wurde, mit OK.
3. Beenden Sie das Programm KENNWÖRTER ZURÜCKSETZEN mit einem Klick in den entsprechenden Eintrag im Menü KENNWÖRTER ZURÜCKSETZEN oder der Tastenkombination [⌘] + [Q].
4. Beenden Sie das Installationsprogramm, indem Sie im Menü INSTALLATIONSPROGRAMM in INSTALLATIONSPROGRAMM BEENDEN klicken.
5. Starten Sie Ihren Mac wieder ganz normal von der Festplatte, indem Sie auf NEUSTART klicken.

Ändern eines Hauptkennworts

Das Hauptkennwort gilt für Ihren gesamten Mac. Dieses Hauptkennwort sollten Sie einrichten für den Fall, dass Sie einmal das Kennwort des Administrators vergessen haben, Sie müssen hierfür über administrative Rechte verfügen. Beachten Sie, dass das Hauptkennwort nicht mit dem Kennwort für Ihren Benutzer-Account (das Anmeldekennwort) identisch ist.

1. Klicken Sie in den *Systemeinstellungen* unter PERSÖNLICH in SICHERHEIT.
2. Klicken Sie in das Schloss und geben Sie im Dialogfenster IDENTIFIZIEREN den Namen und das Kennwort eines Administrator-Benutzers ein.
3. Klicken Sie in die Taste HAUPTKENNWORT FESTLEGEN.

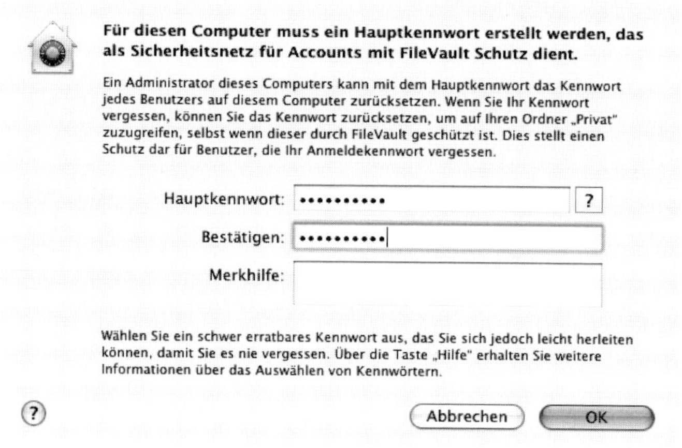

4. Geben Sie das neue Hauptkennwort ein und bestätigen Sie es.
5. Geben Sie anschließend eine Merkhilfe ein, die Sie an Ihr Kennwort erinnern soll.
6. Bestätigen Sie Ihre Eingaben mit OK.
7. Schließen Sie die Systemeinstellung *Sicherheit*.

Ändern des Schlüsselbundkennworts

Sie können das Kennwort Ihres Schlüsselbunds jederzeit ändern. Stellen Sie sicher, dass Ihr Schlüsselbundkennwort mit Ihrem Tiger-Anmeldekennwort identisch ist. Nur dann ist es möglich, dass Ihr Standardschlüsselbund im Rahmen Ihrer Anmeldung automatisch freigegeben wird.

Stimmt Ihr OS X-Anmeldekennwort nicht mit dem Kennwort Ihres Standardschlüsselbunds überein, werden Sie immer zur Eingabe des Kennworts aufgefordert, wenn ein Programm Zugriff auf Ihren Schlüsselbund benötigt und Ihr Schlüsselbund geschützt ist.

1. Öffnen Sie das Programm *Schlüsselbund* (PROGRAMM/DIENSTPROGRAMME) und wählen Sie den Schlüsselbund ANMELDUNG in der Schlüsselbundliste aus.
2. Rufen Sie aus dem Menü BEARBEITEN den Menüeintrag KENNWORT FÜR SCHLÜSSELBUND "ANMELDUNG" ÄNDERN.
3. Wenn der Schlüsselbund geschützt ist, geben Sie das Kennwort ein, um ihn freizugeben.

4. Geben Sie das aktuelle Kennwort für diesen Schlüsselbund und anschließend das neue Kennwort ein. Zu guter Letzt wiederholen Sie das Kennwort noch einmal im Eingabefeld ÜBERPRÜFEN.
5. Klicken Sie in OK.

6.4 Beschränken der Zugriffsrechte

Immer wenn andere Personen Ihren Mac mitbenutzen, sollten Sie unbedingt deren Zugriffsrechte begrenzen, sodass sie nur eingeschränkten Zugriff auf das Mac OS X-Volume und die von Ihnen installierten Programme erhalten.

In Tiger können Sie folgende Aktionen für andere Benutzer sperren:

- Öffnen der Systemeinstellungen
- Entfernen von Objekten aus dem Dock
- Ändern ihrer Kennwörter
- Brennen von CDs oder DVDs
- Verwenden bestimmter installierter Programme

Gehen Sie wie folgt vor, um die Zugriffsrechte für einen Benutzer zu ändern:

1. Öffnen Sie die *Systemeinstellungen* und klicken Sie in BENUTZER.
2. Wenn einige Einstellungen grau dargestellt werden, klicken Sie in das Schloss. Geben Sie im nun erscheinenden Fenster IDENTIFIZIEREN den Namen und Kennwort eines Administrators bzw. eines Benutzers mit administrativen Rechten ein.

3. Wählen Sie den Benutzer-Account aus, für den Sie Einschränkungen festlegen wollen. Klicken Sie anschließend in die Taste KINDERSICHERUNG.
4. Aktivieren Sie das Markierungsfeld FINDER & SYSTEM und klicken Sie anschließend in die Taste KONFIGURIEREN.

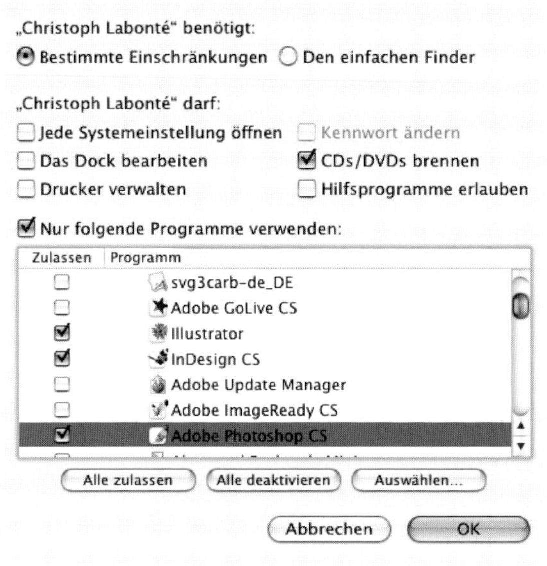

5. Aktivieren Sie die Option BESTIMMTE EINSCHRÄNKUNGEN und anschließend jene Markierungsfelder, deren Funktionen Sie für den jeweiligen Benutzer zulassen möchten. Möchten Sie bestimmte Programme freischalten, aktivieren Sie das Markierungsfeld NUR FOLGENDE PROGRAMME VERWENDEN. Wählen Sie anschließend die entsprechenden Programme aus. Ein Häkchen im Markierungsfeld vor einem Programm heißt, dass der Benutzer dieses Programm benutzen darf. Standardmäßig sind alle Programme der Ordner PROGRAMME und DIENSTPROGRAMME aufgelistet. Andere Programme erreichen Sie über die Taste AUSWÄHLEN. Sie erhalten dann Zugriff auf Ihre Festplatte, wo Sie das jeweilige Programm auswählen können. Dieses finden Sie anschließend in der Rubrik ANDERE aufgeführt.
6. Klicken Sie auf OK. Schließen Sie die Systemeinstellung BENUTZER.

6.5 Bildschirmschoner mit Anmeldung

Bildschirmschoner sind ein Einfallstor für böse Zeitgenossen in einer Firma. Schnell schaltet sich der Schoner an und Sie vergessen einfach sich abzumelden, um vielleicht in die wohlverdiente Mittagspause zu gehen. Ihr Mac ist dann offen wie ein Scheunentor, jeder kann sich nun in aller Ruhe auf Ihrem Mac umsehen.

Wenn Sie bei Ihrem Computer angemeldet bleiben wollen, während Sie Ihren Arbeitsplatz für kurze Zeit verlassen, jedoch verhindern möchten, dass andere Ihren Computer verwenden, können Sie den Bildschirm schützen. Wenn Sie weiterarbeiten möchten, geben Sie Ihren Anmeldenamen und Ihr Kennwort ein und fahren Sie mit Ihrer Arbeit fort. Und so geht's:

1. Öffnen Sie die *Systemeinstellungen*. Klicken Sie unter PERSÖNLICH in SICHERHEIT.

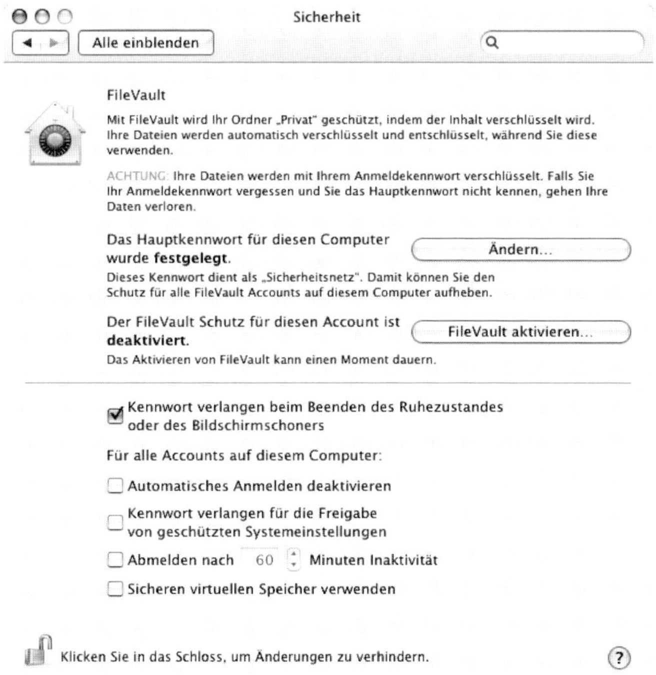

2. Markieren Sie das Feld KENNWORT VERLANGEN BEIM BEENDEN DES RUHEZUSTANDES ODER DES BILDSCHIRMSCHONERS.
3. Schließen Sie die *Systemeinstellungen*.

6.6 Festlegen von Berechtigungen für Volumes, Ordner und Dateien

Sie haben die Möglichkeit, unter Tiger Zugriffsberechtigungen für Volumes, Ordner und Dateien zu vergeben. Tiger stellt verschiedene Zugriffsrechte für drei Typen von Benutzern bereit:

- Der Eigentümer des Objekts (der Name der Person, die das Objekt erstellt hat)
- Jedes Mitglied der Gruppe, die dem Objekt zugewiesen ist
- Jeder andere Benutzer, der Zugriff auf den Computer hat

Für diese drei Typen von Benutzern gibt es vier Berechtigungsstufen:

- LESEN & SCHREIBEN gestattet einem Benutzer das Öffnen eines Objekts, um dessen Inhalt anzuzeigen und zu ändern.
- NUR LESEN erlaubt einem Benutzer lediglich das Öffnen des Objekts. Er kann sich zwar den Inhalt des Objektes ansehen, darf jedoch nicht den Inhalt ändern oder einen Kopiervorgang ausführen.
- NUR SCHREIBEN definiert einen Ordner als Briefkasten. In diesen Briefkasten dürfen Benutzer nur Objekte hineinkopieren. Darin befindliche Objekte können jedoch nicht geöffnet werden, um deren Inhalt einzusehen. Lediglich der Eigentümer des Briefkastens kann diesen öffnen, um Objekte daraus zu kopieren oder zu öffnen.
- KEIN ZUGRIFF blockiert jeden Zugriff auf ein Objekt. Benutzer können ein derartig geschütztes Objekt weder öffnen noch ändern oder kopieren.

Um die Zugriffsrechte für ein Volume, einen Ordner oder eine Datei zu ändern, gehen Sie wie folgt vor:

1. Markieren Sie das Objekt, für das Sie Berechtigungen festlegen möchten. Wählen Sie anschließend ABLAGE/INFORMATIONEN.
2. Wählen Sie unterhalb von EIGENTÜMER & ZUGRIFFSRECHTE eine Berechtigung für sich selbst aus dem Einblendmenü. Üblicherweise wäre das LESEN & SCHREIBEN. Beachten Sie jedoch, dass Sie hierfür administrative Rechte haben müssen.

3. Wenn Sie die Berechtigungen für andere Benutzer ändern möchten, klicken Sie in DETAILS. Falls erforderlich, klicken Sie in das Schloss und geben Sie nach entsprechender Eingabeaufforderung Name und Kennwort eines Administrator-Benutzers Ihres Computers ein.

4. Wählen Sie aus dem Einblendmenü GRUPPE den Benutzer Ihres Macs, dem Sie eine bestimmte Art des Zugriffs auf ein Objekt gewähren möchten. Die Berechtigungen für diesen Benutzer definieren Sie über das Einblendmenü RECHTE.

6.7 FileVault

Bestandteil von Tiger ist das Programm *FileVault*, das Daten in Ihrem Ordner PRIVAT verschlüsselt. Danach sind die darin enthaltenen Daten für andere Benutzer nicht mehr einzusehen und somit zuverlässig geschützt. Enthält Ihr Ordner PRIVAT sensible Daten, sollten Sie diese mit *FileVault* schützen. Selbst wenn Ihr Mac gestohlen werden sollte oder verloren geht, ist es nahezu unmöglich einen derart geschützten Ordner zu knacken. *FileVault* verwendet den neusten, durch die US-Regierung geprüften Verschlüsselungsstandard, den Advanced Encryption Standard mit 128 Bit Schlüsseln (AES-128).

Wenn Sie *FileVault* aktivieren, legen Sie ein Hauptkennwort für den Computer fest (siehe weiter oben in diesem Kapitel), das Sie oder ein Administrator verwenden können, wenn Sie Ihr normales Anmeldekennwort einmal vergessen sollten.

FileVault hat auch einen Nachteil für alle Vergesslichen dieser Welt: Sollten Sie sowohl Ihr Anmeldekennwort als auch das Hauptkennwort vergessen, können Sie sich nicht mehr bei Ihrem Account anmelden und Ihre Daten sind unwiderruflich verloren. Lassen Sie also äußerste Vorsicht walten, notieren Sie sich die entsprechenden Kennwörter und verwahren Sie diese an einem sicheren Ort.

Verschlüsseln des privaten Ordners

Bevor Sie Ihren Ordner Privat verschlüsseln, stellen Sie sicher, dass Sie als Benutzer mit administrativen Rechten am Rechner angemeldet sind.

1. Öffnen Sie die *Systemeinstellungen* und klicken Sie unter Persönlich in Sicherheit.
2. Klicken Sie in das Schloss und geben Sie im Dialogfenster Identifizieren den Namen und das Kennwort eines Administrator-Benutzers ein.
3. Klicken Sie in die Taste Hauptkennwort festlegen.
4. Geben Sie das neue Hauptkennwort ein und bestätigen Sie es.
5. Geben Sie anschließend eine Merkhilfe ein, die Sie an Ihr Kennwort erinnern soll.
6. Bestätigen Sie Ihre Eingaben mit OK.

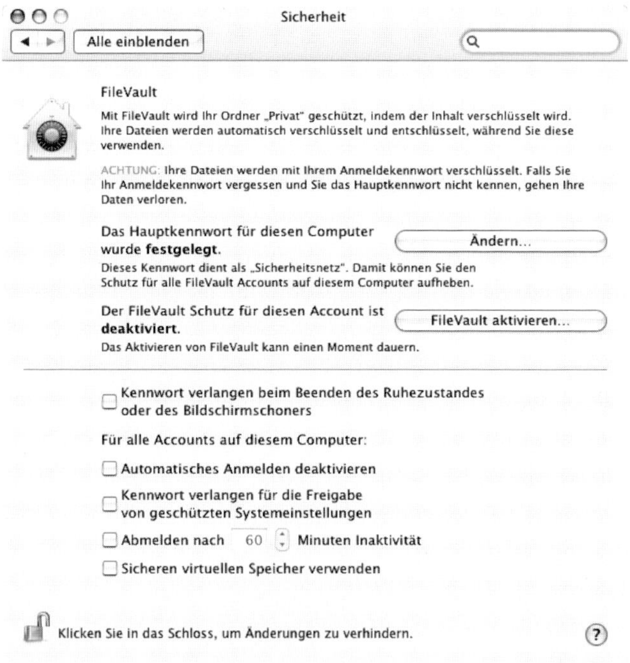

7. Klicken Sie in die Taste FileVault aktivieren.

Während *FileVault* Ihren Ordner Privat verschlüsselt, ist es nicht möglich, sich bei Ihrem Account anmelden oder den Computer für andere Aufgaben zu verwenden. Abhängig davon, wie viele Informationen sich in Ihrem privaten Ordner befinden, kann dieser Vorgang einige Zeit dauern.

Achtung: Stellen Sie sicher, dass genügend freier Speicherplatz auf Ihrer Festplatte vorhanden ist. Sie benötigen zusätzlich mindestens so viel Platz, wie Ihr privater Ordner belegt. Dieser Platz wird während der Verschlüsselung unbedingt gebraucht.

8. Klicken Sie in FileVault aktivieren. Ihr Ordner Privat wird nun verschlüsselt. Dieser Vorgang kann je nach Umfang des Ordners Privat längere Zeit dauern. Sie werden während der Verschlüsselung von Ihrem Rechner abgemeldet.

Melden Sie sich wieder bei Ihrem Account an, wenn der Verschlüsselungsvorgang beendet ist. Das Symbol Ihres privaten Ordners ändert sich, um zu zeigen, dass er durch *FileVault* geschützt ist.

6.8 Schlüsselbund

Das Dienstprogramm *Schlüsselbund* (zu finden unter Programme/Dienstprogramme) ist ein Sammelbehälter für Kennwörter. Mithilfe eines Schlüsselbunds verwalten Sie Kennwörter für Programme, Server, Websites oder auch andere vertrauliche Daten, wie zum Beispiel Kreditkartennummern oder die persönliche Kennnummer (PIN) Ihrer Bankkarte.

Beim Öffnen eines Programms oder dem Herstellen einer Verbindung zu einem Server oder einer Website mit einer Software, die die Schlüsselbundfunktion unterstützt, stellt Ihr Schlüsselbund das jeweilige Kennwort bereit, sodass Sie es nicht erneut eingeben müssen.

Mac OS X 10.4 bietet die Möglichkeit, verschiedene Schlüsselbunde zu erstellen. Diese können die Kennwörter für unterschiedliche Verwendungszwecke (z.B. ein Kennwort für Ihre Arbeit und eins für Online-Shopping) speichern. Des Weiteren besteht die Möglichkeit, einen Schlüsselbund zu kopieren, um ihn auf anderen Computern zu verwenden.

Wenn Sie in Tiger einen Benutzer neu anlegen, wird automatisch ein Schlüsselbund mit demselben Kennwort erstellt, wenn sich der Benutzer das erste Mal am Computer anmeldet. Dieser Schlüsselbund ist der Standardschlüsselbund des Benutzers. Wenn ein Benutzer Kennwörter für Server oder Programme erstellt, werden die Kennwörter diesem Schlüsselbund hinzugefügt.

Schlüsselbundeintrag erstellen

Möchten Sie vertrauliche Informationen schützen, können Sie einen zusätzlichen Schlüsselbund zur persönlichen Verwendung erstellen. Dieser wird nicht automatisch freigegeben, wenn Sie sich mit Ihrem Benutzer-Account anmelden.

So können Sie einen streng geheimen Schlüsselbund erstellen, um Notizen, finanzielle Informationen und beliebige andere Objekte zu speichern, die Sie sicher aufbewahren wollen. Und das geht folgendermaßen:

1. Öffnen Sie das Programm *Schlüsselbund*. Dieses befindet sich im Ordner PROGRAMME/DIENSTPROGRAMME auf Ihrer Festplatte.
2. Wählen Sie anschließend ABLAGE/NEUER SCHLÜSSELBUND.

3. Geben Sie unter SICHERN UNTER einen Namen ein und wählen Sie einen Speicherort für den Schlüsselbund. Klicken Sie anschließend in die Taste ERSTELLEN.
4. Geben Sie im folgenden Dialogfenster ein Kennwort für den Schlüsselbund

ein und wiederholen Sie es zur Sicherheit. Klicken Sie in OK. Den neuen Schlüsselbund finden Sie anschließend links im Fenster unterhalb von SCHLÜSSELBUNDE.

5. Markieren Sie unterhalb von SCHLÜSSELBUNDE den neuen Schlüsselbund und klicken Sie in das Symbol des Vorhängeschlosses. Geben Sie das Kennwort für diesen Schlüsselbund ein.
6. Um eine gesicherte Notiz zu erstellen, rufen Sie aus dem Menü ABLAGE den Befehl NEUE SICHERE NOTIZ auf.

7. Geben Sie unter SCHLÜSSELNAME einen Namen für diese Notiz ein. Unterhalb von NOTIZ schreiben Sie nun den eigentlichen Text. Klicken Sie abschließend in HINZUFÜGEN.

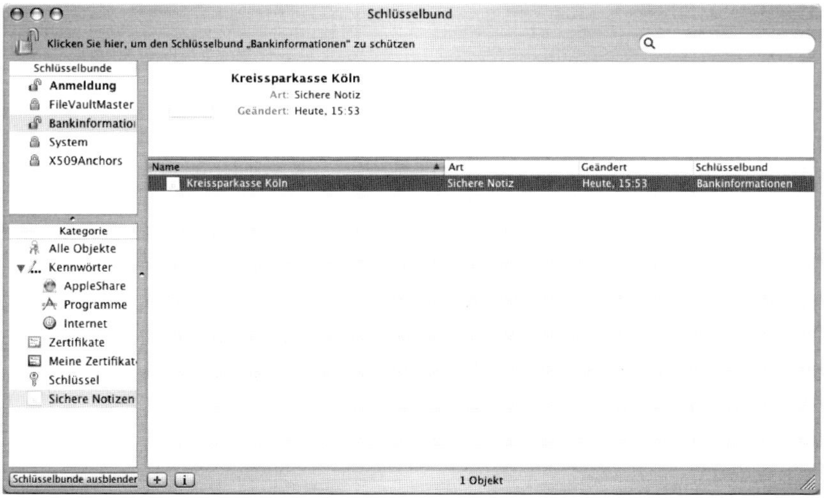

8. Um eine geschützte Notiz zu öffnen, klicken Sie diese unterhalb von NAME doppelt an. Aktivieren Sie in dem erscheinenden Dialogfenster das Markierungsfeld TEXT EINBLENDEN. Sie werden daraufhin nach dem Kennwort des Schlüsselbundes gefragt. Geben Sie das Kennwort ein und klicken Sie in die Taste EINMAL ERLAUBEN. Sie sehen nun den Inhalt der geschützten Notiz.

6.9 Image-Dateien

Image-Dateien sind Dateien, in denen weitere Dateien oder Ordner mit Dateien gespeichert werden. Mithilfe des *Festplatten-Dienstprogramms* legen Sie eine Image-Datei eines einzelnen Geräts, Ordners oder Volumes an. Somit sichern Sie einzelne Bereiche Ihrer Festplatte oder eines anderen Massenspeichermediums in eine einzelne Datei, die Sie anschließend bequem per Mail versenden oder auf einem anderen Medium sichern können.

Wenn Sie eine Image-Datei erstellen, können Sie diese aus einem Ordner oder Volume erstellen. Sie können auch eine leere Image-Datei erzeugen, in die Sie später Dateien einfügen. Weitere Informationen finden Sie im Kapitel *Mac OS X 10.4-Systemprogramme*, im Abschnitt *Festplatten-Dienstprogramm*.

Anlegen von Image-Dateien

Im Folgenden soll es darum gehen, eine Image-Datei anzulegen, die Teile Ihres Ordners DOKUMENTE enthält.

1. Starten Sie das *Festplatten-Dienstprogramm* im Ordner PROGRAMME/DIENSTPROGRAMME.
2. Klicken Sie in der Symbolleiste auf NEUES IMAGE.

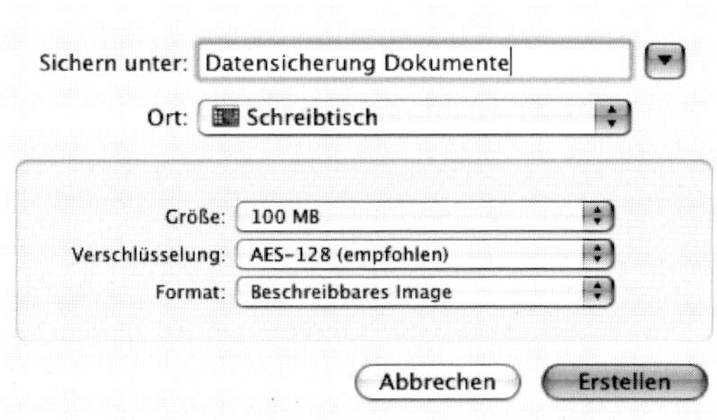

3. Geben Sie unter SICHERN UNTER der neuen Image-Datei einen Namen und weisen Sie ihr einen Speicherort auf der Festplatte zu. Standardmäßig ist

hier SCHREIBTISCH ausgewählt. Wählen Sie anschließend eine Größe, eine Verschlüsselung sowie ein Format aus.

4. Klicken Sie in ERSTELLEN.

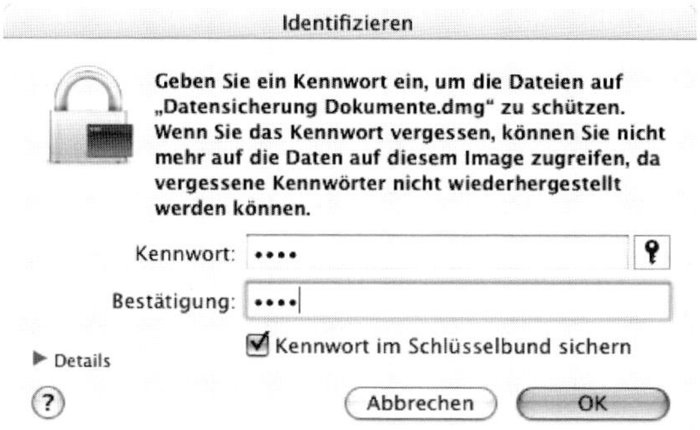

5. Da Sie unter VERSCHLÜSSELUNG eine Verschlüsselung (AES-128) angegeben haben, werden Sie nun gefragt, mit welchem Kennwort Sie das Image versehen möchten. Dieses Kennwort benötigen Sie immer dann, wenn Sie das Image öffnen möchten. Haben Sie ein Kennwort vergeben, klicken Sie auf OK.
6. Die Disk-Image-Datei wird auf Ihrem Schreibtisch erzeugt und anschließend geöffnet. Schließen Sie das *Festplatten-Dienstprogramm*.
7. Ziehen Sie nun die entsprechenden Dateien und Ordner auf das Symbol des Disk-Images. Die Daten werden daraufhin in das Image integriert. Werfen Sie das Disk-Image aus. Die Daten sind nun in der Image-Datei gespeichert. Diese trägt die Endung .DMG.

Diese Datei können Sie nun auf CD oder DVD brennen, auf Band sichern oder per E-Mail versenden. Aber denken Sie bitte daran, Ihrem Gegenüber das Kennwort zum Öffnen der Image-Datei mitzuteilen.

6.10 Kindersicherung

Mac OS X Tiger ist ein Mehrbenutzersystem, das heißt, dass mehrere Personen an einem Mac arbeiten können und nach ihrer Anmeldung von ihrer individuellen Betriebssystemumgebung begrüßt werden. Dank der leistungsstarken Kindersicherung können Sie festlegen, welche Freiheiten jedes Familienmitglied beim Verwenden des neuen Betriebssystems hat. Damit schützen Sie Ihren Nachwuchs vor unappetitlichen Inhalten aus dem Internet.

Mail

Mit der Kindersicherung für Mail schützen Sie Ihre Kinder vor unerwünschten E-Mails. Sie erstellen einfach eine Liste mit sicheren E-Mail-Adressen für die Mail Accounts Ihrer Kinder, um sicherzugehen, dass diese nur mit Ihnen bekannten Personen E-Mails austauschen.

1. Öffnen Sie die *Systemsteuerung* und klicken Sie unter SYSTEM in BENUTZER.
2. Wählen Sie in der Account-Spalte den Benutzer aus, für den Sie die Kindersicherung aktivieren möchten, und klicken Sie in die Taste KINDERSICHERUNG.
3. Klicken Sie in das Feld vor MAIL.

4. Klicken Sie auf das Pluszeichen unterhalb der leeren Mail-Kontaktliste. Sie haben nun die Möglichkeit jene E-Mail-Partner einzugeben, mit denen Ihr Kind E-Mails austauschen darf.
5. Klicken Sie auf OK. Schließen Sie die *Systemeinstellungen*.

iChat

iChat für Tiger bietet die Möglichkeit der Kontrolle, mit wem Ihre Kinder chatten dürfen. Sie bestimmen die vertrauenswürdigen Gesprächspartner, und *iChat* blockt alle anderen Teilnehmer.

1. Öffnen Sie die *Systemsteuerung* und klicken Sie auf BENUTZER.
2. Wählen Sie in der Account-Spalte den Benutzer aus, für den Sie die Kindersicherung aktivieren möchten, und klicken Sie in KINDERSICHERUNG.

3. Klicken Sie in das Feld vor ICHAT und anschließend in die Taste KONFIGURIEREN.

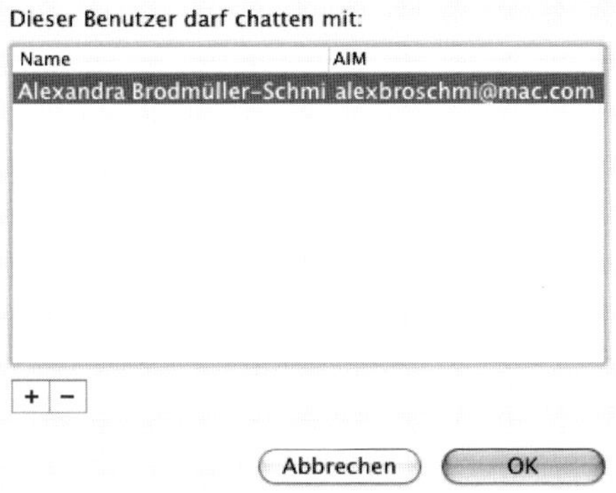

4. Klicken Sie in das Pluszeichen. Die *Kindersicherung* öffnet daraufhin das *Adressbuch*. Wählen Sie hier die entsprechenden Chat-Partner für Ihre Kinder.
5. Klicken Sie in OK und schließen Sie die *Systemeinstellungen*.

Safari

Definieren Sie mithilfe der *Kindersicherung*, auf welche Websites Ihre Kinder Zugriff erhalten sollen. Dazu müssen Sie sich erst einmal als das Kind anmelden, das später einer Safari-Kindersicherung unterliegen soll. Beachten Sie allerdings, dass Sie temporär über administrative Rechte verfügen. Diese müssen Sie dem Kind später allerdings wieder unbedingt entziehen (siehe dazu weiter oben den Abschnitt *Beschränken der Zugriffsrechte*). Schließlich soll Ihr Kind ja nicht als Administrator agieren. Öffnen Sie anschließend *Safari* und legen Sie die kindgerechten Webseiten als Favoriten der Lesezeichenleiste an. Melden Sie sich ab und entziehen Sie dem Kind die administrativen Rechte wieder. Und weiter geht es so:

1. Öffnen Sie die *Systemeinstellungen* und klicken Sie unter SYSTEM in BENUTZER.
2. Wählen Sie in der Account-Spalte den Benutzer, für den Sie die Kindersicherung aktivieren möchten, und klicken Sie in die Taste KINDERSICHERUNG.
3. Aktivieren Sie das Feld vor SAFARI und schließen Sie die *Systemeinstellungen*.

Ist die Safari-Kindersicherung aktiviert, können Ihre Kinder lediglich auf den in der Lesezeichenleiste angegebenen Sites surfen. Sollten Sie eine Webadresse in das Adressfeld eingegeben, die nicht gestattet ist, werden diese Seiten in Safari einfach nicht geladen.

Finder- und Systemzugriffe beschränken

Die Anzahl kindgerechter Programme ist schier unerschöpflich und sehr unübersichtlich. Sie sollten jedoch entscheiden, welche davon Sie Ihren Kindern zugänglich machen wollen. Mit Tiger haben Sie die Möglichkeit, bestimmte Programme zu aktivieren und andere zu deaktivieren. Gehen Sie wie folgt vor, um Programme zu bestimmen, die Ihr Kind öffnen darf:

1. Öffnen Sie die *Systemeinstellungen* und klicken Sie unter SYSTEM in BENUTZER.
2. Wenn einige Einstellungen grau dargestellt werden, klicken Sie in das Schloss. Geben Sie im nun erscheinenden Fenster IDENTIFIZIEREN den Namen und das Kennwort eines Administrators bzw. eines Benutzers mit administrativen Rechten ein.
3. Wählen Sie den Benutzer-Account, für den Sie Einschränkungen festlegen wollen. Klicken Sie anschließend in die Taste KINDERSICHERUNG.
4. Aktivieren Sie das Markierungsfeld FINDER & SYSTEM und klicken Sie anschließend in die Taste KONFIGURIEREN.

5. Aktivieren Sie die Option BESTIMMTE EINSCHRÄNKUNGEN und anschließend jene Markierungsfelder, deren Funktionen Sie für den Benutzer zulassen möchten. Möchten Sie bestimmte Programme freischalten, so aktivieren Sie das Markierungsfeld NUR FOLGENDE PROGRAMME VERWENDEN. Klicken Sie dann erst einmal in die Taste ALLE DEAKTIVIEREN, um alle markierten Programme zu entmarkieren.
6. Wählen Sie jetzt die entsprechenden Programme aus. Ein Häkchen im Markierungsfeld vor einem Programm heißt, dass der Benutzer dieses Programm benutzen darf. Es werden standardmäßig alle Programme des Ordners PROGRAMME und DIENSTPROGRAMME aufgelistet. Andere Programme erreichen Sie über die Taste AUSWÄHLEN. Sie erhalten dann Zugriff auf Ihre Festplatte, wo Sie das jeweilige Programm auswählen können. Dieses finden Sie dann in der Rubrik ANDERE aufgeführt.
7. Klicken Sie auf OK. Schließen Sie die Systemeinstellung BENUTZER.

Dictionary

Indem Sie die *Kindersicherung* für *Dictionary* aktivieren, kann Ihr Kind in diesem Wörterbuch keine ungeeigneten Wörter mehr nachschlagen. Gehen Sie dabei wie bereits mehrfach in diesem Kapitel beschrieben vor, und aktivieren Sie für einen bestimmten Benutzer-Account das Feld DICTIONARY der *Kindersicherung*.

Internet

Das Internet ist mittlerweile so allgegenwärtig wie die tägliche Zeitung, das Fernsehen, Radio oder Video. Keine TV-Show vergeht, in der nicht der Moderator auf eine Internetadresse hinweist, unter der zusätzliche Informationen und Aspekte zur gerade ablaufenden Sendung zu finden sind.

Das Internet ist untrennbar mit den dem Begriff TCP/IP verbunden. Dabei handelt es sich um das Internet-Übertragungsprotokoll, das den Austausch der Daten im Internet von Computer zu Computer regelt.

Als Protokoll bezeichnet man eine festgelegte Art und Weise, nach der Daten über ein Medium, wie beispielsweise das Internet, übertragen werden. Man könnte dies mit der uns bekannten Allgemeinen Straßenverkehrsordnung vergleichen. Ein Protokoll sorgt also dafür, dass alle Daten korrekt abgeschickt und beim Empfänger wieder zusammengefügt werden.

Für ein reibungsloses Funktionieren einer so komplexen Struktur wie dem Internet bedarf es klarer Richtlinien zur Identifizierung und Benennung von Geräten (Computer, Drucker, Internetkameras usw.), die sich im Internet befinden. Daher besitzt jede Ressource im Netz eine eindeutige Nummer, die so genannte IP-Adresse.

Diese Nummer hat die Form aaa.bbb.ccc.ddd und besteht immer aus vier Nummern. Jede einzelne Nummer darf dabei maximal dreistellig sein und Werte zwischen 0 und 255 haben. Diese Gesetzmäßigkeiten wurden von den Urvätern des Internet entwickelt und über die ganzen Jahre hinweg beibehalten. Eine mögliche IP-Adresse wäre beispielsweise 194.167.25.23.

Da sich diese Nummern nur schwer merken lassen, verfügen WWW-Server über einen demgegenüber aussagekräftigen Namen. Apples deutschsprachiger WWW-Server im World Wide Web ist beispielsweise über `http://www.apple.de` erreichbar, was erheblich einfacher zu behalten ist als eine Kombination aus Nummern.

Woher wissen die einzelnen Rechner nun wiederum, welche IP-Adresse welchem Namen entspricht? Verantwortlich für diese Namenszuordnung ist das Domain Name System, besser bekannt unter seiner Abkürzung DNS. DNS-Server im Internet »unterhalten« sich regelmäßig miteinander, sodass eine neue Zuordnung von Namen zu IP-Nummern binnen weniger Stunden überall bekannt gemacht wird.

Ein DNS-Server ist ein Computer im Internet, der die Adressen aller im Internet erreichbaren Rechner enthält. DNS-Server sind quer über den Erdball verstreut und führen in bestimmten Zeiträumen einen gegenseitigen Abgleich durch.

7.1 Online mit Mac OS X 10.4

Nachdem Sie ein wenig in die Internettheorie hineingeschnuppert haben, ist es an der Zeit, Ihren Mac für den Internetzugang zu konfigurieren. Die meisten Macs verfügen standardmäßig über ein eingebautes Modem. Die Geschwindigkeit des eingebauten Apple-Modems von 56 KBit/s reicht für die meisten Zwecke erst einmal aus.

Internetzugang per Modem

Zunächst müssen wir uns dem TCP/IP-Protokoll und den PPP-Einstellungen widmen. PPP ist das Authentifizierungsprotokoll, mit dem Sie sich bei Ihrem Internet-Service-Provider anmelden.

1. Rufen Sie dazu die *Systemeinstellungen* auf und klicken Sie dort unter INTERNET & NETZWERK in NETZWERK. Es erscheint das Fenster NETZWERK-STATUS.
2. Wählen Sie zunächst aus dem Einblendmenü ANZEIGEN den Eintrag INTERNES MODEM. Klicken Sie anschließend in die Taste TCP/IP.

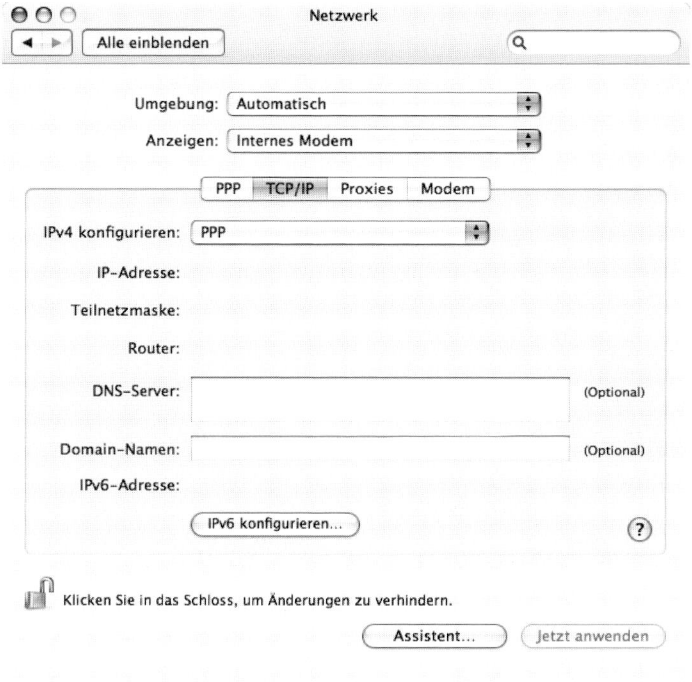

3. Wählen Sie unter IPv4 KONFIGURIEREN den Eintrag PPP aus.

PPP (*Point to Point Protocol*) ist das Authentifizierungsprotokoll, mit dem Sie sich beim Internet-Service-Provider mit Benutzernamen und Kennwort anmelden. Weitere Einstellungen brauchen Sie in diesem Bereich nicht vorzunehmen. Selbst eine IP-Adresse brauchen Sie nicht einzugeben, da Sie diese vom Provider zugewiesen bekommen.

4. Klicken Sie in die Taste PPP. Hier tragen Sie die Daten ein, mit denen Sie sich bei Ihrem Internet-Service-Provider anmelden.

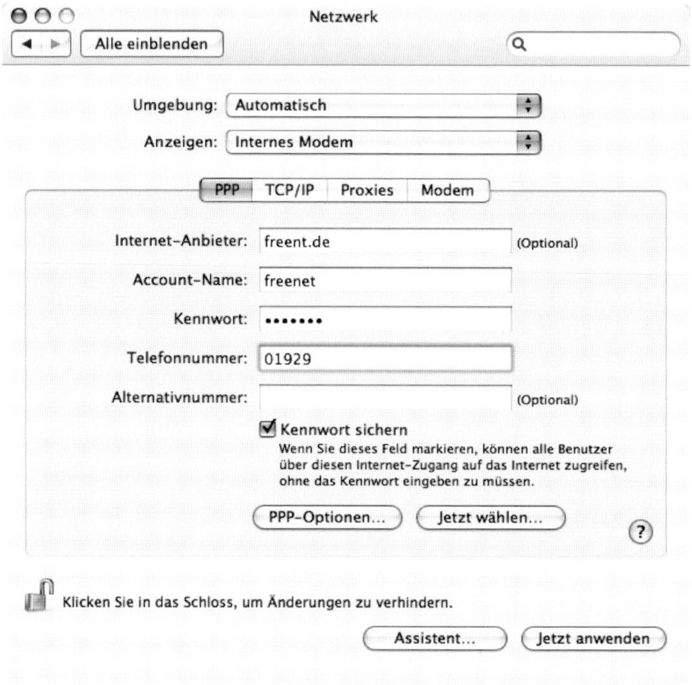

5. Geben Sie im Eingabefeld INTERNET-ANBIETER den Namen Ihres Internet-Service-Providers ein, über den Sie sich ins Internet einwählen. Die an dieser Stelle eingegebene Bezeichnung ist dann hilfreich, wenn Sie über mehrere Internet-Zugänge verfügen. Im nächsten Eingabefeld mit der Bezeichnung ACCOUNT-NAME müssen Sie den Namen eintragen, mit dem Sie sich bei Ihrem Internet-Service-Provider anmelden. Gleiches gilt für das KENNWORT. Erst wenn diese beiden Angaben inklusive der Telefonnummer korrekt eingetragen wurden, ist eine erfolgreiche Kontaktaufnahme mit dem Internet möglich.

Die dazu notwendigen Daten entnehmen Sie bitte den Unterlagen Ihres Internet-Service-Providers zu Ihrem Internetzugang. Sobald Sie das Kennwort eingegeben haben (es wird nicht in Klarschrift wiedergegeben, sondern in Form von Punkten, um eventuellen Missbrauch einzuschränken) aktiviert sich automatisch das Markierungsfeld KENNWORT SICHERN. Vorsicht: Wenn Sie dieses Feld markieren (was unglücklicherweise automatisch geschieht), können alle Benutzer Ihres Rechners auf das Internet über diesen Internetzugang zugreifen, ohne das Kennwort eingeben zu müssen.

6. Im folgenden Eingabefeld TELEFONNUMMER geben Sie die Telefonnummer Ihres Internet-Service-Providers an. Das ist die Rufnummer, die Ihr Modem wählen soll, um sich am Internet anzumelden. Hinter ALTERNATIVNUMMER besteht die Möglichkeit zur Eingabe einer zweiten Einwahlnummer, falls die erste Rufnummer einmal gestört oder permanent besetzt sein sollte.

Ist Ihr Modem an einer Telefonanlage angeschlossen, müssen Sie nötigenfalls vor der Vorwahl die Ziffer zur Amtsholung eintragen, gefolgt von einem Komma.

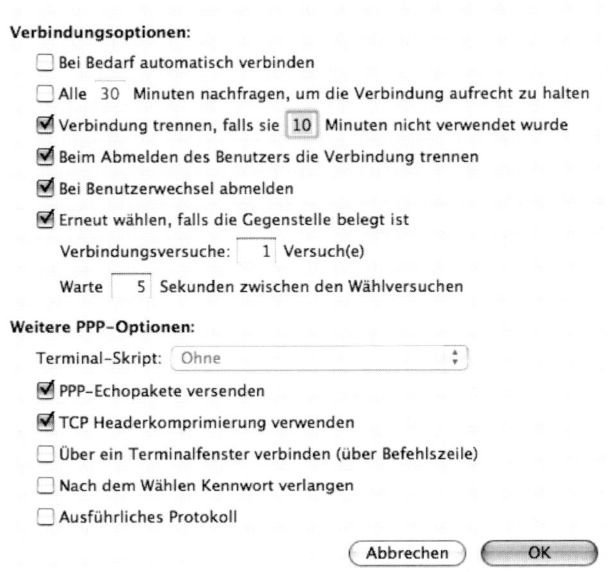

7. Haben Sie alle Eingabefelder ausgefüllt, können Sie über die Taste PPP-OPTIONEN verschiedene Optionen zum Verbindungsaufbau bestimmen. Lassen Sie auf jeden Fall das Markierungsfeld VERBINDUNG TRENNEN, FALLS SIE FÜR 10 MINUTEN NICHT VERWENDET WURDE aktiviert. Den vom System vorgeschlagenen Wert von 10 Minuten können Sie nach Belieben verändern.

Diese Option bietet Ihnen die Sicherheit, dass Sie nicht versehentlich vergessen, die Verbindung zu beenden, falls Sie den Internetzugang nicht mehr benötigen. Das Modem kappt dann automatisch die Verbindung ins Internet nach dem eingestellten Zeitraum.

8. Haben Sie die entsprechenden Einstellungen getroffen, klicken Sie in OK, um die PPP-OPTIONEN zu schließen.

Der Zugriff auf Proxy-Server bringt den Vorteil einer schnellen Datenübertragung, da die Seite nicht mehr aus dem Internet geladen werden muss.

Der dritte Bereich trägt die Bezeichnung PROXIES, den Sie mit einem Klick auf die Taste PROXIES erreichen. Diese speziellen Internet-Server stehen in aller Regel beim Internet-Service-Provider und speichern oft angeforderte Webseiten aus dem Internet für eine gewisse Zeit. Ruft ein Surfer eine Seite ein zweites Mal auf (und ist ein Proxy-Server eingetragen), wird die entsprechende Seite nicht mehr aus dem Internet geladen, sondern von definierten Proxy-Servern, was in aller Regel sehr viel schneller ist. Nachteil der ganzen Angelegenheit: Proxy-Server werden nur zu ganz speziellen Zeiten aktualisiert. So kann es vorkommen, dass Sie eine Internetseite von einem Proxy-Server bekommen, die im Internet beim entsprechenden Betreiber schon lange aktualisiert wurde. Sie arbeiten also mit einer alten Version einer Webseite.

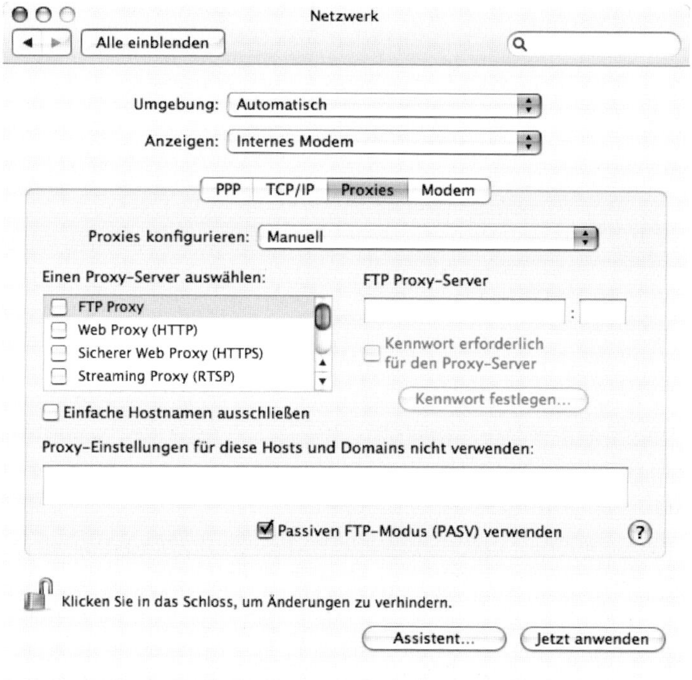

Möchten Sie trotz aller Nachteile (und wegen der Vorteile) mit Proxies arbeiten, müssen Sie in diesem Bereich die entsprechenden Proxy-Server Ihres Internet-Service-Providers eintragen.

9. Klicken Sie in die Taste MODEM. In dem daraufhin erscheinenden Bereich müssen Sie nur noch das intern eingebaute Modem Ihres Macs auswäh-

len. Es sollte standardmäßig bereits eingetragen sein (APPLE INTERNAL 56 K MODEM (V.92))

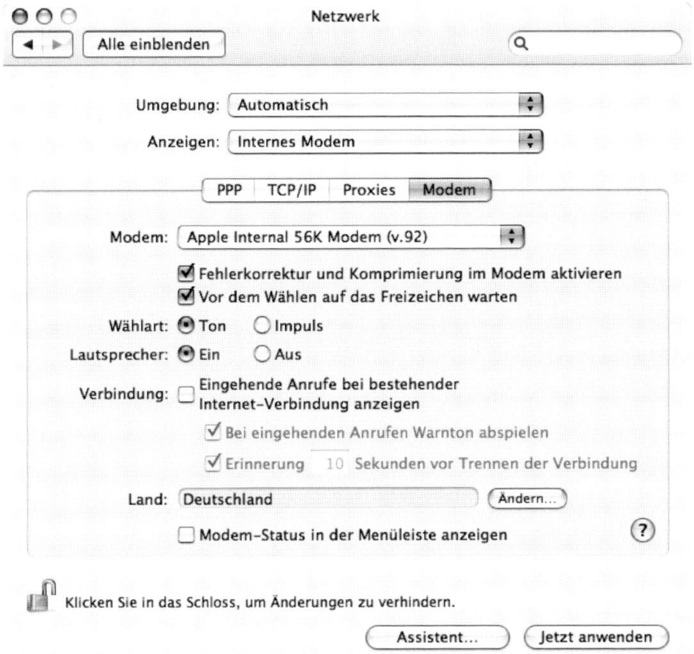

Sollten Ihr Modem an einer Telefonanlage angeschlossen sein, deaktivieren Sie das Markierungsfeld VOR DEM WÄHLEN AUF DAS FREIZEICHEN WARTEN. Grund hierfür ist, dass die meisten Telefonanlagen kein amtliches Freizeichen zur Verfügung stellen.

Die LAUTSPRECHER-OPTIONEN dienen zum Ein- und Ausschalten des Lautsprechers beim Wählvorgang. Lassen Sie den Lautsprecher immer eingeschaltet, damit Sie auch hören, ob Ihr Modem auch wirklich wählt.

Unter WÄHLART stellen Sie die unterstützte Wählart Ihres Modems bzw. Ihrer Telefonanlage ein. Fast alle Modems und Telefonanschlüsse beherrschen heute das Tonwahlverfahren. Sollten Sie einen älteren Telefonanschluss mit Impulswahl haben (Sie hören beim Wählen immer das typische Klackern), aktivieren Sie bitte die Option IMPULS.

Indem Sie das Markierungsfeld MODEM-STATUS IN DER MENÜLEISTE ANZEIGEN aktivieren, zeigt Ihnen Mac OS X v10.4 rechts oben in der Menüleiste das

Symbol eines Telefonhörers an. Dies hat den Vorteil, dass während einer Internetverbindung per Modem Statusinformationen zur aktuellen Internetverbindung eingeblendet werden.

10. Klicken Sie in die Taste JETZT ANWENDEN, um alle Daten zu übernehmen und schließen Sie die *Systemeinstellungen*.

So, jetzt sind alle Einstellungen getroffen, damit Sie sich per Modem ins Internet einwählen können. Es gibt nun zwei Wege, eine Verbindung ins Internet aufzubauen.

Möglichkeit Nummer 1:

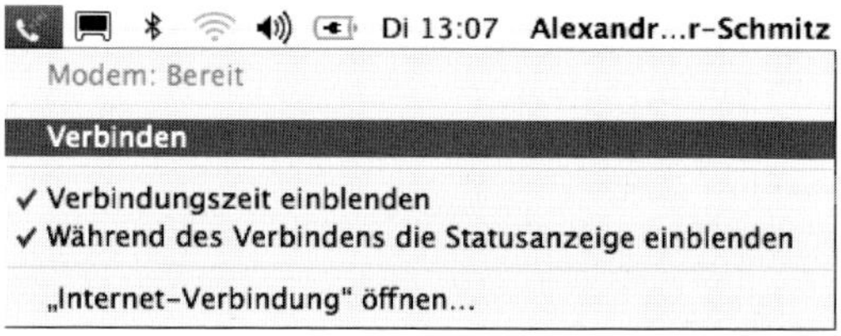

Sollten Sie das Markierungsfeld MODEM-STATUS IN DER MENÜLEISTE ANZEIGEN aktiviert haben, sehen Sie das Symbol eines Telefonhörers im rechten Bereich der Menüleiste. Führen Sie einen einfachen Mausklick auf dieses Symbol aus und wählen Sie den Eintrag VERBINDEN.

Haben Sie diese Methode gewählt, beginnt Ihr Mac sofort zu wählen, ohne Account-Name und Kennwort zu erfragen. Der Rechner besorgt sich diese Informationen aus den Systemeinstellungen, wo Sie bereits die entsprechenden Daten eingegeben haben.

Möglichkeit Nummer 2:

Starten Sie auf Ihrer Festplatte aus dem Ordner PROGRAMME das Programm *Internet-Verbindung*. Klicken Sie in der Symbolleiste in INTERNES MODEM.

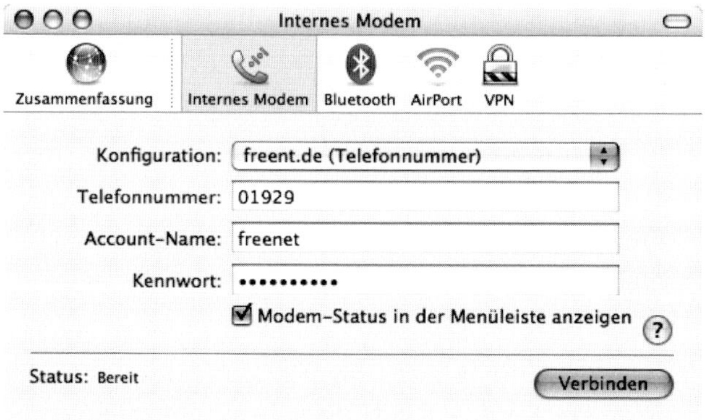

Hier finden Sie alle Einträge, die Sie bereits in der Systemeinstellung NETZWERK eingegeben haben. Klicken Sie einfach in die Taste VERBINDEN, um den Wählvorgang zu starten.

Zugang per DSL (PPPoE)

Mit Mac OS X 10.4 können Sie direkt und ohne zusätzliche Software DSL unterschiedlicher Anbieter nutzen, da Apple das PPPoE-Protokoll praktischerweise gleich mit in das Betriebssystem eingebaut hat.

Das PPPoE-Protokoll ist ein weiteres Datenübertragungsprotokoll, was jedoch speziell für die Hochgeschwindigkeitsdatenübertragung per DSL entwickelt wurde.

Die Konfiguration von DSL unter Mac OS X 10.4 ist im Prinzip nicht weiter kompliziert und aufwändig. Wir wollen dies einmal anhand von T-Online erklären:

1. Rufen Sie die SYSTEMEINSTELLUNGEN auf und klicken Sie unter INTERNET & NETZWERK in NETZWERK. Wählen Sie aus dem Einblendmenü ANZEIGEN den Menüeintrag ETHERNET (INTEGRIERT).
2. Klicken Sie in die Taste PPPOE.
3. Aktivieren Sie das Markierungsfeld PPPOE VERWENDEN, um dem Mac mitzuteilen, dass Sie über einen DSL-Anschluss verfügen.
4. Im ersten Eingabefeld INTERNET-ANBIETER besteht optional die Möglichkeit, den Namen des DSL-Anbieters einzugeben. Wichtig sind die Eintragungen unter ACCOUNT-NAME und KENNWORT. Der Account-Name setzt sich wie folgt zusammen: `T-Online-Anschlusskennung + T-Online-Nummer + #0001@t-online.de`. Die notwendigen Informationen entnehmen Sie bitte den Unterlagen zu Ihrem DSL-Anschluss.

Das Aktivieren des Markierungsfelds PPPOE-STATUS IN DER MENÜLEISTE ANZEIGEN hat zur Folge, dass in der Menüleiste ein neues Symbol dargestellt wird, das für eine konfigurierte DSL-Verbindung steht.

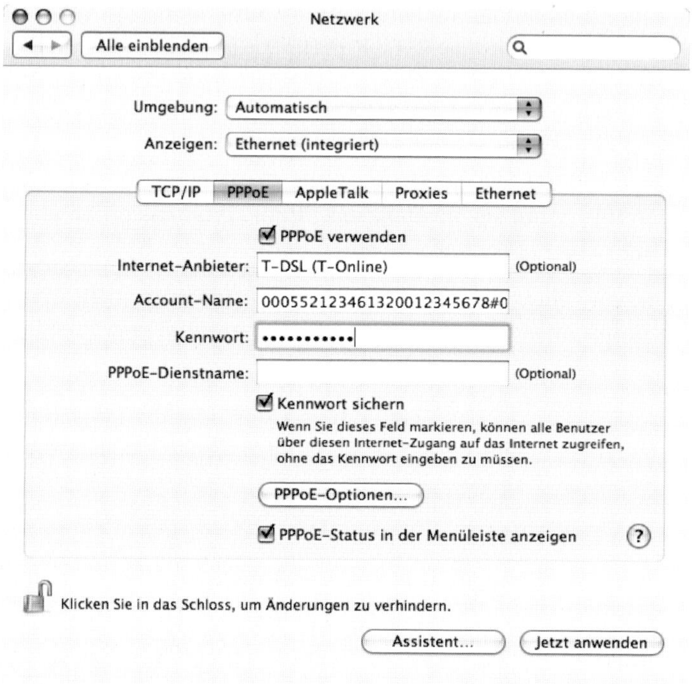

5. Klicken Sie abschließend auf JETZT ANWENDEN und schließen Sie die *Systemeinstellungen*.

Um eine DSL-Verbindung ins Internet zu initiieren, klicken Sie mit der Maus in das PPPoE-Symbol in der Menüleiste. Rufen Sie anschließend den Menübefehl VERBINDEN auf.

DSL-Internetzugang per Netzwerk

Wenn mehrere Netzwerkteilnehmer von Ihrem Mac aus ins Internet gelangen sollen, gibt es prinzipiell zwei Möglichkeiten: einen DSL-Router (darum soll es in diesem Abschnitt gehen) oder das Internet-Sharing (siehe Abschnitt *Internet Sharing*).

Außerdem können Sie auch per AirPort kabellos mit DSL ins Internet gelangen. Näheres dazu finden Sie im Kapitel 9, *Netzwerk*.

Möchten Sie zu mehreren Teilnehmern gemeinschaftlich einen DSL-Anschluss benutzen, müssen zunächst alle Macs per Netzwerk miteinander verbunden werden. Dies geschieht über einen Hub, an dem alle Netzwerkteilnehmer physikalisch angeschlossen sind. An diesen Hub muss nun auch der

DSL-Router angeschlossen werden. Der DSL-Router wiederum wird mit der DSL-Hardware (DSL-Modem und DSL-Splitter) verbunden und schon ist die physikalische Verbindung erledigt. Fast alle DSL-Router verfügen über einen integrierten DHCP-Server, der alle Macs im Netzwerk mit IP-Adressen versorgt, die für einen Internetzugriff per Netzwerk unbedingt notwendig sind. Mittlerweile gibt es sogar Kombigeräte, die DSL-Router, DSL-Modem und Splitter in einem Gehäuse vereinen.

Ist die physikalische Verbindung zwischen Macs, DSL-Router und DSL-Modem und Splitter geschaffen, müssen Sie dem DSL-Router mitteilen, wie er Ihren DSL-Anbieter und vor allem mit welchen Verbindungsdaten er ihn erreichen kann. Dazu müssen Sie ins Handbuch des DSL-Routers schauen und alle entsprechenden Konfigurationsschritte durchführen. Vergessen Sie nicht, den DHCP-Server zu aktivieren.

Zu guter Letzt müssen Sie jeden Mac in Ihrem Netzwerk so konfigurieren, dass er eine Verbindung mit dem Internet über das Netzwerk aufnimmt. Und das geht so:

1. Starten Sie die *Systemeinstellungen* und klicken Sie unter INTERNET & NETZWERK in NETZWERK. Wählen Sie aus dem Einblendmenü ANZEIGEN den Eintrag ETHERNET (INTEGRIERT).
2. Klicken Sie in die Taste TCP/IP und wählen Sie aus dem Einblendmenü IPV4 KONFIGURIEREN den Menüeintrag DHCP.
3. Klicken Sie in die Taste DHCP-LEASE ERNEUERN, um dem DHCP-Server mitzuteilen, dass er dem Mac eine IP-Adresse, eine Teilnetzmaske sowie die Internet-Router-Adresse in die entsprechenden Felder eintragen soll.
4. Klicken Sie abschließend in JETZT ANWENDEN und schließen Sie die *Systemeinstellungen*.

Sollte Ihre Mac nach dem Mausklick auf DHCP-LEASE ERNEUERN keine IP zugewiesen bekommen haben, starten Sie den Rechner neu. Sobald Sie nach dem Neustart beispielsweise *Safari 2.0 RSS* aufrufen, verbindet dieser sich automatisch per Netzwerk mit dem Internet.

Lassen Sie den DSL-Router am besten immer angeschaltet, bzw. schalten Sie ihn immer zuerst ein, ehe Sie die einzelnen Rechner im Netzwerk hochfahren. Nur so ist gewährleistet, dass alle Rechner mit einer IP-Adresse aus dem IP-Adressenpool des DHCP-Servers versorgt werden.

Internet Sharing

Verfügt Ihr Mac über einen Internetzugang, können Sie diesen Zugang für andere Computer in Ihrem lokalen Netzwerk freigeben. Somit haben alle anderen Netzwerkteilnehmer die Möglichkeit, Ihre Internetverbindung mitzunutzen, ohne dass sie über eine eigene Verbindung ins Internet verfügen. Sie sollten aber dabei stets beachten, dass der Rechner, auf dem Internet Sharing aktiviert ist, immer angeschaltet sein muss, zumindest während der Zeit, in der Netzwerkteilnehmer ins Internet möchten: Ihr Mac ist quasi das Tor zum Internet. Und so aktivieren Sie das Internet Sharing:

1. Öffnen Sie die *Systemeinstellungen* und klicken Sie in der Kategorie INTERNET & NETZWERK in SHARING. Wechseln Sie zum Bereich INTERNET.

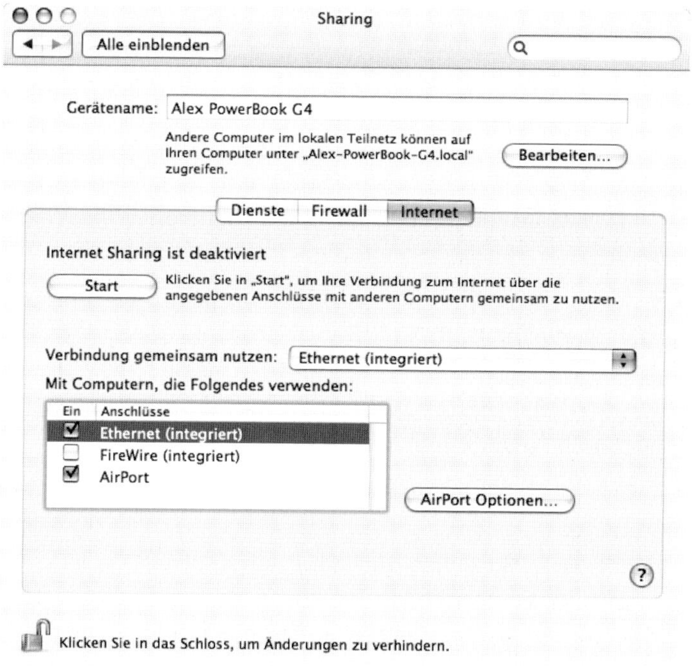

2. Aktivieren Sie im Einblendmenü VERBINDUNG GEMEINSAM NUTZEN den Eintrag ETHERNET (INTEGRIERT) und aktivieren Sie unterhalb von MIT COMPUTERN, DIE FOLGENDES VERWENDEN die Anschlüsse ETHERNET (INTEGRIERT) sowie AIRPORT (falls vorhanden). Somit können drahtgebundene und AirPort-Netzwerkstationen *Internet Sharing* nutzen.

3. Klicken Sie in die Taste START, um *File Sharing* zu starten und schließen Sie dann die *Systemeinstellungen*.

Nun benutzen alle Netzwerk-Macs Ihren Rechner, um ins Internet zu gelangen. Beachten Sie, dass dies zu einer nicht unerheblichen Geschwindigkeitseinbuße führen kann. Aus diesem Grund sollten nie mehr als drei Macs gleichzeitig Ihren Rechner als Internet-Gateway benutzen. Anderenfalls sollten Sie sich für einen DSL-Router entscheiden

7.2 Safari 2.0 RSS

In Mac OS X Tiger ist als Webbrowser standardmäßig *Safari 2.0 RSS* enthalten. Nach der Installation von Tiger finden Sie das Safari-Symbol im Dock. Ein einfacher Klick in dieses Symbol genügt, um *Safari 2.0 RSS* zu starten. Außerdem finden Sie Safari auf Ihrer Festplatte im Ordner PROGRAMME.

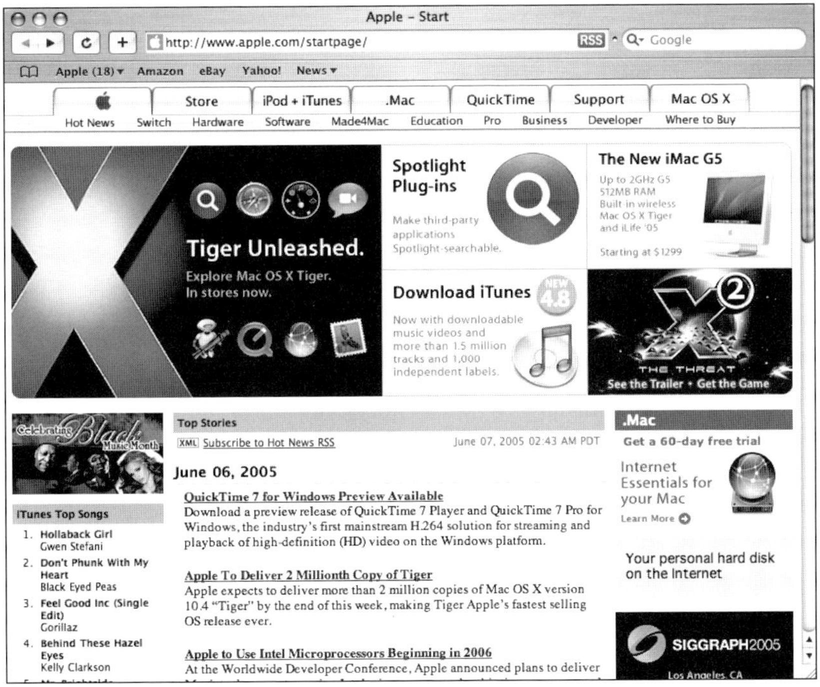

Bevor Sie mit Safari ins Web gelangen, müssen Sie eine Verbindung mit dem Internet herstellen. Wie dies geht, haben Sie im letzten Abschnitt erfahren. Nachdem eine Verbindung ins Internet aufgebaut ist, genügt ein Klick auf das Symbol SAFARI im Dock.

Die Adressleiste

Neben der Menüleiste finden Sie im Programmfenster von Safari die Adressleiste. Die Symbole dieser Symbolleiste repräsentieren die wichtigsten Funktionen des Browsers, die Sie bei Ihren Streifzügen durch das Web benötigen.

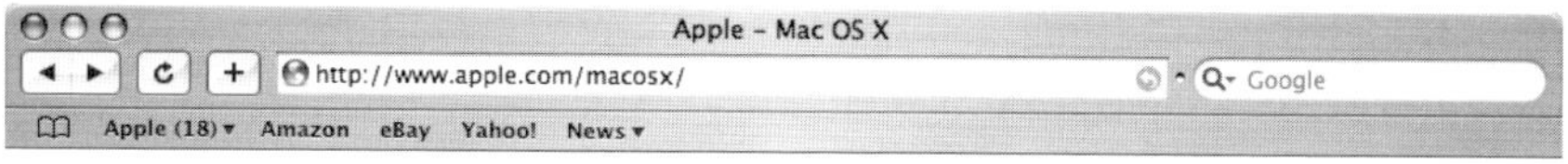

Noch ein kleiner Tipp: Wenn Sie die Tasten Vorwärts *oder* Zurück *gedrückt halten, klappt eine kleine Liste mit den zuletzt besuchten Websites auf, die Sie per Mausklick auswählen können.*

ZURÜCK (Pfeil links) und VORWÄRTS (Pfeil rechts)

Mit diesen Tasten blättern Sie zur vorherigen beziehungsweise nächsten Seite. Die Taste VORWÄRTS ist allerdings erst dann aktiv, wenn Sie eine zweite Webseite besucht haben und anschließend wieder zur davor liegenden Seite zurückgekehrt sind.

SEITE NEU LADEN

Neben den beiden Tasten zur Seitennavigation finden Sie eine Taste mit einem Pfeil in Uhrzeigerrichtung. Ein Klick in SEITE NEU LADEN lädt die aktuelle Seite erneut. Dieses Vorgehen empfiehlt sich, wenn Grafiken oder Texte nicht vollständig geladen wurden. Hier hilft meistens ein Klick in die Taste AKTUALISIEREN.

LADEN DIESER SEITE BEENDEN

Wenn Sie eine neue Webseite laden beziehungsweise eine Seite aktualisieren, wird aus dem Symbol SEITE NEU LADEN ein diagonales Kreuz. Ein Klick in diese Taste beendet den aktuellen Ladevorgang. Hilfreich ist dies, wenn das Laden einer Webseite sehr lange dauert und Sie irgendwann die Geduld verlieren.

LESEZEICHEN FÜR DIE ANGEZEIGTE SEITE HINZUFÜGEN

Ein Klick in die Taste mit dem Kreuz fügt die aktuell angezeigte Webseite Ihren Favoriten hinzu. Was Favoriten sind und wie Sie diese verwalten, erfahren Sie zu einem späteren Zeitpunkt in diesem Kapitel. Nur soviel: Favoriten speichern die URL der aktuell angezeigten Webseite, sodass Sie diese zu einem späteren Zeitpunkt mit nur einem Mausklick aus der Safari Lesezeichensammlung aufrufen können, und nicht die komplette Webadresse erneut eingeben müssen.

ADRESSEINGABEFELD

Im mittleren Bereich der Adressleiste finden Sie das Adresseingabefeld. Hier geben Sie die URL der Webseite ein, die Sie aufrufen möchten. Schließen Sie die Eingabe mit dem Betätigen der [↵]-Taste ab.

SUCHEINGABE

Geben Sie im Eingabefeld rechts neben dem Adresseingabefeld mit dem Symbol der Lupe einen Suchbegriff ein, nach dem Sie im Web suchen möchten. Betätigen Sie dann die [↵]-Taste. Safari setzt sich daraufhin mit der Suchmaschine Google in Verbindung und veranlasst diese nach dem eingegebenen Suchbegriff zu suchen.

Safari bietet die Möglichkeit, die Adressleiste um zusätzliche Symbole zu ergänzen. Gehen Sie dabei wie folgt vor:

1. Wählen Sie DARSTELLUNG/ADRESSLEISTE ANPASSEN.

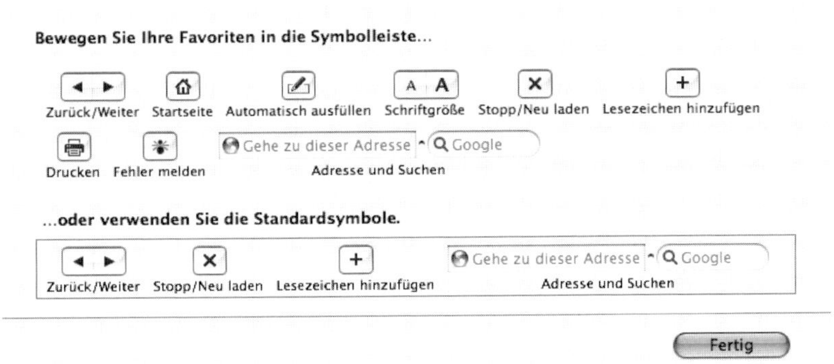

2. Im oberen Bereich des Fensters sehen Sie eine Übersicht mit Symbolen, um die Sie die aktuelle Adressleiste ergänzen können. Klicken Sie das gewünschte Symbol mit der linken Maustaste an, halten Sie die Maustaste gedrückt und ziehen Sie das Symbol an eine Position vor dem Eingabefeld der Adressleiste. Lassen Sie die linke Maustaste los.
3. Das neue Symbol wird in der Adressleiste von Safari abgelegt.
4. Klicken Sie in FERTIG, um das Fenster zu schließen.

Um ein Symbol aus der Adressleiste zu löschen, wählen Sie wiederum DARSTELLUNG/ADRESSLEISTE ANPASSEN. Ziehen Sie das Symbol, welches Sie entfernen möchten, aus der Adresszeile auf Ihren Schreibtisch. Das Symbol wird daraufhin entfernt.

Sie können den ursprünglichen Zustand der Adressleiste wieder herstellen in dem Sie unter ... ODER VERWENDEN SIE DIE STANDARDSYMBOLE in die Leiste klicken, die linke Maustaste gedrückt halten und diese auf die Adressleiste ziehen und loslassen.

Startseite ändern

Sobald Sie Safari starten und eine Internetverbindung besteht, beginnt dieser eine vordefinierte Webseite zu laden, dies ist die so genannte Startseite. Standardmäßig ist die Webadresse `http://www.apple.com/startpage`.

Möchten Sie die vordefinierte Startseite ändern, gehen Sie folgendermaßen vor:

1. Rufen Sie aus dem Menü SAFARI den Eintrag EINSTELLUNGEN auf.

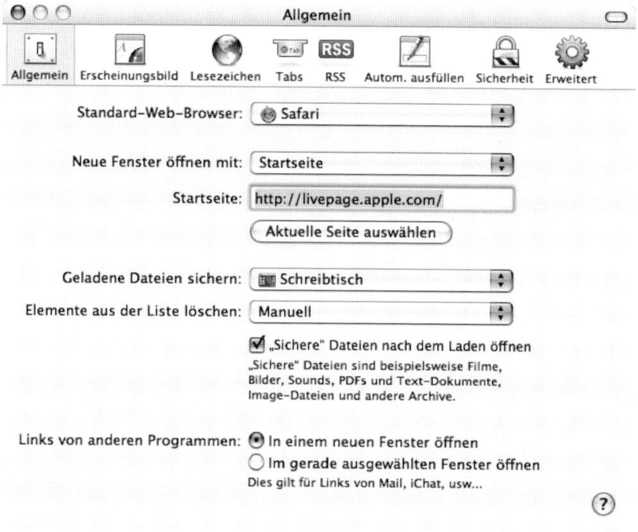

2. Klicken Sie in ALLGEMEIN und geben Sie im Eingabefeld STARTSEITE die Webadresse der neuen Startseite ein. Bestätigen Sie die Eingabe mit einem [↵] auf Ihrer Tastatur.
3. Schließen Sie das Fenster.

Möchten Sie die aktuell im Browser dargestellte Webseite als Startseite festlegen, klicken Sie in die Taste AKTUELLE SEITE AUSWÄHLEN. Normalerweise ist es in Safari so, dass beim Öffnen eines neuen Browserfensters (ABLAGE/NEUES FENSTER) die Seite als Startseite geöffnet wird, die Sie unter STARTSEITE definiert haben. Über das Einblendmenü NEUE FENSTER ÖFFNEN MIT legen Sie fest, was dargestellt werden soll, wenn ein neues Safari-Fenster geöffnet wird (LEERE SEITE, GLEICHE SEITE oder LESEZEICHEN). Haben Sie LESEZEICHEN gewählt und öffnen Sie ein neues Browserfenster, wird automatisch Ihr Lesezeichenadressbuch geöffnet und Sie können daraus eine beliebige Webadresse auswählen, die in dem neuen Fenster geöffnet werden soll.

Lesezeichen hinzufügen und verwalten

Hat man eine gute Site im Internet gefunden, kann man deren Adresse in Form eines Lesezeichens (Favoriten) sichern. Möchten Sie später diese Seite noch einmal besuchen, genügt ein Mausklick auf das entsprechende Lesezeichen, um zu dieser Seite zu gelangen. Sie brauchen nicht mehr nach der entsprechenden Seite zu suchen oder die Adresse der Website einzugeben.

So gehen Sie vor, wenn Sie ein Lesezeichen hinzufügen möchten:

1. Wählen Sie LESEZEICHEN/LESEZEICHEN HINZUFÜGEN.

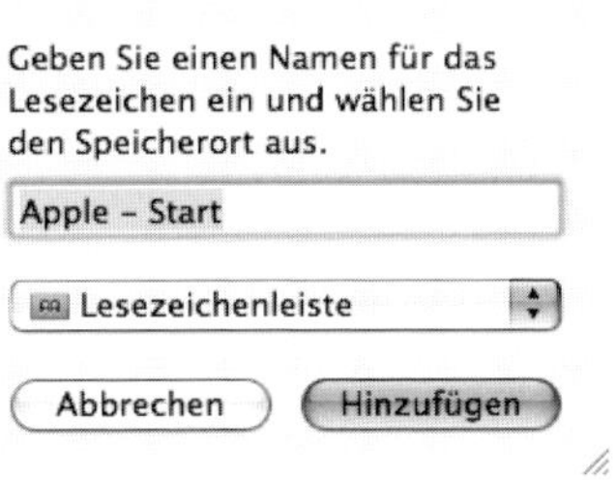

2. Im Eingabefenster sehen Sie nun die Bezeichnung der Webseite, die standardmäßig markiert ist. Sie können eine beliebige Bezeichnung eingeben.
3. Unter dem Eingabefeld sehen Sie ein Einblendmenü mit dem Eintrag LESEZEICHENLEISTE. Wenn Sie diesen Speicherort für Ihr Lesezeichen akzeptieren, wird das Lesezeichen in der Lesezeichenleiste unterhalb der Adressleiste abgelegt. Da hier aber relativ wenig Platz zur Verfügung steht, sollten Sie hier nur jene Lesezeichen ablegen, die Sie sehr oft benötigen. Normalerweise werden alle Lesezeichen im LESEZEICHENMENÜ abgelegt. Diesen Eintrag sollten Sie auch auswählen.
4. Klicken Sie in HINZUFÜGEN.

Sie finden Ihr frisch angelegtes Lesezeichen anschließend im Menü LESEZEICHEN. Um die dahinter liegende Webseite künftig zu öffnen, genügt ein Mausklick in den entsprechenden Eintrag in LESEZEICHEN.

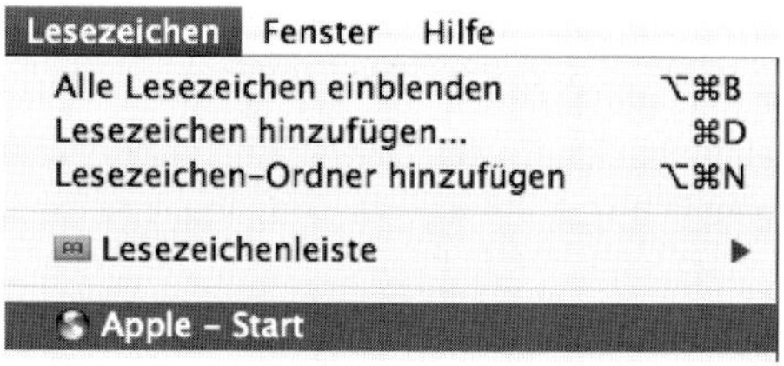

Sie werden schnell merken, dass sich das Menü LESEZEICHEN sehr schnell füllt und damit leider sehr unübersichtlich wird. Aus diesem Grund sollten Sie sich schon frühzeitig Gedanken machen, wie Sie Ihre Lesezeichen organisieren. Sinnvoll ist es, Ordner zu ganz bestimmten Schlagwörtern anzulegen (Online-Shops, Zeitschriften, Hobby, Reisebüros etc.). In diesen Ordnern legen Sie zukünftig die Lesezeichen ab. Diese Lesezeichenordner sind über das Menü LESEZEICHEN verfügbar. Um einen Lesezeichenordner zu erstellen, gehen Sie wie folgt vor:

1. Klicken Sie in der Lesezeichenleiste ganz links in ALLE LESEZEICHEN EINBLENDEN (geöffnetes Buch).
2. Safari öffnet die Lesezeichenübersicht. Klicken Sie unterhalb der Spalte SAMMLUNGEN in LESEZEICHENMENÜ.

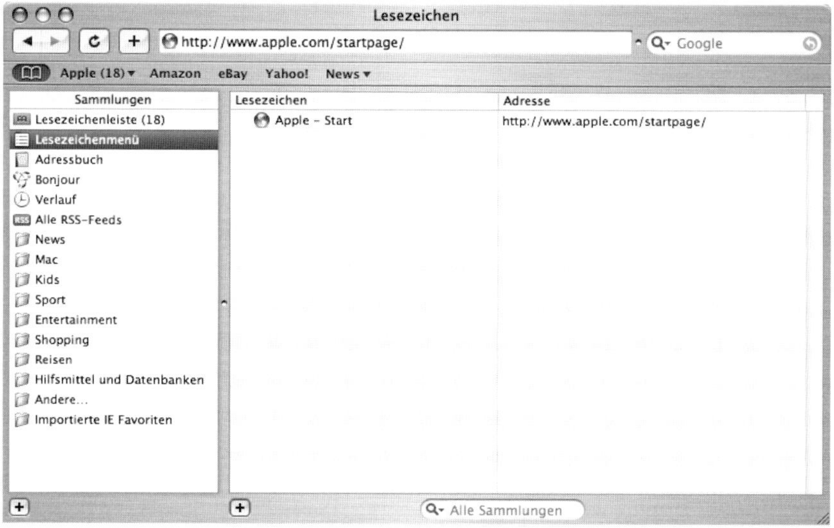

3. Klicken Sie unterhalb des Hauptfensters in die Taste HINZUFÜGEN (Pluszeichen). Safari legt einen neuen Ordner an, dessen Namen Sie ändern können. Geben Sie eine neue Bezeichnung ein (z.B. ONLINE-SHOPS) und bestätigen Sie die Eingabe mit [↵]. Auf diese Art und Weise können Sie so viele Lesezeichenordner anlegen, wie Sie möchten bzw. benötigen.

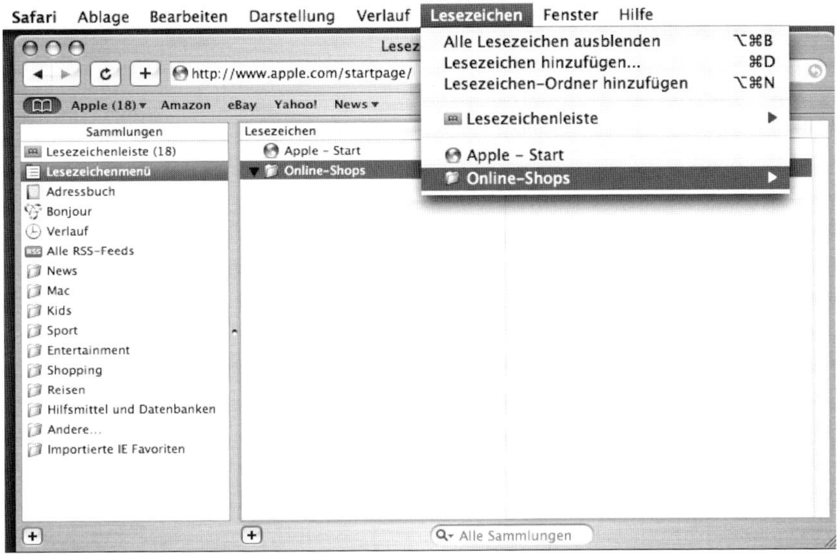

4. Unseren Beispielordner ONLINE-SHOPS finden Sie nun im Menü LESEZEICHEN.

5. Klicken Sie erneut in ALLE LESEZEICHEN EINBLENDEN (aufgeschlagenes Buch), um die Lesezeichen zu schließen.

Möchten Sie ein Lesezeichen in dem neuen Lesezeichenordner anlegen, wählen Sie LESEZEICHEN/LESEZEICHEN HINZUFÜGEN. Wählen Sie im daraufhin erscheinenden Fenster aus dem Einblendmenü unterhalb von LESEZEICHENMENÜ den soeben erstellten Ordner aus.

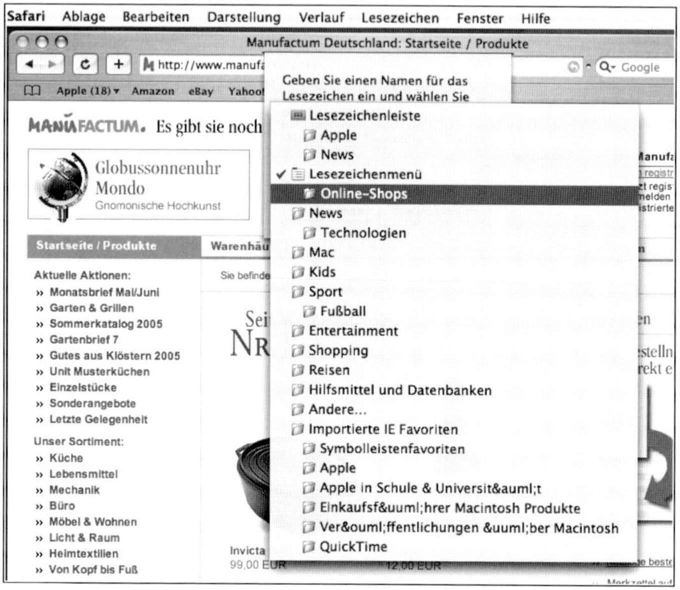

Haben Sie den neuen Lesezeichenordner ausgewählt, klicken Sie in HINZUFÜGEN. Sie finden künftig das entsprechende Lesezeichen in dem ausgewählten Ordner im Menü LESEZEICHEN.

Safari wird mit einer Reihe ausgewählter Lesezeichen ausgeliefert, die allerdings nicht automatisch im Menü LESEZEICHEN zu finden sind. Sie müssen diese erst in das Lesezeichenmenü kopieren. Und das geht wie folgt:

1. Klicken Sie auf das Symbol des aufgeschlagenen Buches ganz links in der Lesezeichenleiste.
2. Unterhalb der Spalte SAMMLUNGEN finden Sie die vordefinierten Lesezeichenordner (NEWS, MAC, KIDS, SPORT, ENTERTAINMENT, SHOPPING, REISEN, HILFSMITTEL UND DATENBANKEN, ANDERE UND IMPORTIERTE IE FAVORITEN).
3. Klicken Sie unterhalb von SAMMLUNGEN auf LESEZEICHENMENÜ und schieben Sie anschließend einen oder mehrere Lesezeichenordner per Drag & Drop in das Hauptfenster nach rechts.
4. Sie sollten den entsprechenden Ordner nun auch unterhalb des Menüs LESEZEICHEN finden.
5. Um einen Lesezeichenordner zu löschen, klicken Sie diesen bei gedrückter `ctrl`-Taste an und wählen Sie aus dem Kontextmenü den Eintrag LÖSCHEN. Sie können das Lesezeichen oder den Lesezeichenordner auch markieren und anschließend die `Entf`- oder `←`-Taste betätigen.

Lesezeichen importieren und exportieren

Möchten Sie Ihre Lesezeichen einem Freund zur Verfügung stellen oder auf einem externen Medium sichern, wählen Sie ABLAGE/LESEZEICHEN EXPORTIEREN.

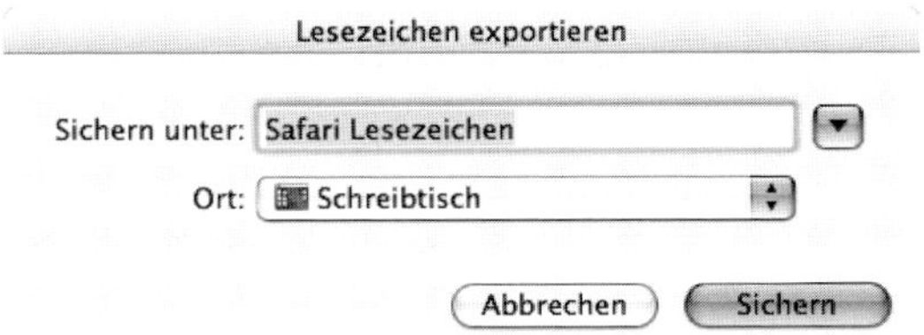

Geben Sie Ihrer Lesezeichenliste einen Namen (Eingabefeld SICHERN UNTER) und weisen Sie der Datei einen Speicherort auf Ihrer Festplatte zu. Klicken Sie abschließend in SICHERN.

Möchten Sie eine Lesezeichenliste Ihren Lesezeichen hinzufügen, wählen Sie ABLAGE/LESEZEICHEN IMPORTIEREN. Bestimmen Sie anschließend im Dialogfenster LESEZEICHEN IMPORTIEREN die entsprechende Lesezeichenliste auf Ihrer Festplatte und klicken Sie in IMPORTIEREN. Daraufhin öffnet sich das Fenster LESEZEICHEN.

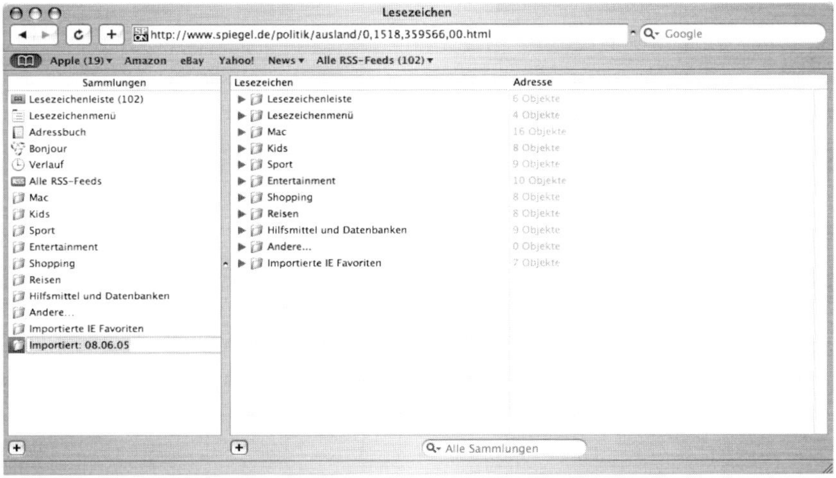

Ihren Import finden Sie unterhalb von SAMMLUNGEN als letzten Eintrag, der direkt markiert ist, damit Sie ihn umbenennen können.

Um diese Liste über das Menü LESEZEICHEN zu nutzen, markieren Sie LESEZEICHENMENÜ unterhalb von SAMMLUNGEN und ziehen Sie darauf die frisch importierte Lesezeichenliste in das Hauptfenster des Fensters LESEZEICHEN.

Der Verlauf

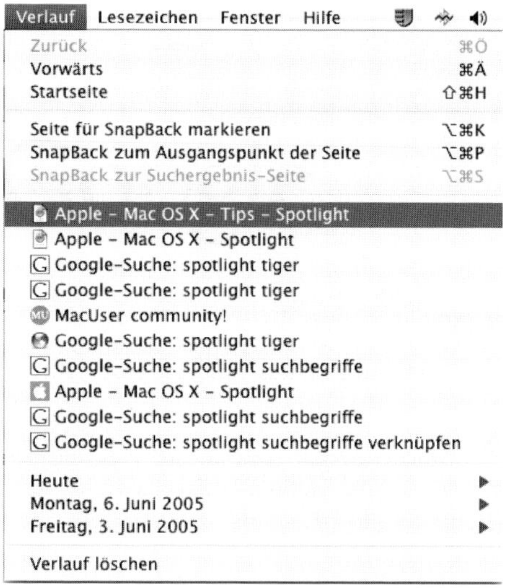

Der Verlauf eines Webbrowsers ist nichts anderes als eine Auflistung der besuchten Webseiten der letzten Tage. Öffnen Sie das Menü VERLAUF und Sie bekommen eine Übersicht der zuletzt besuchten zehn Webseiten angezeigt.

Sie haben stets die Möglichkeit den Verlauf des aktuellen Tages sowie der beiden davor liegenden Tage einzusehen, an denen Sie im Web mit Safari unterwegs waren. Möchten Sie den Verlauf löschen, wählen Sie im Menü VERLAUF einfach VERLAUF LÖSCHEN.

Um Webseiten zu besuchen, die im Verlauf gespeichert sind, müssen Sie diese einfach anklicken. Wozu das Ganze? Ganz einfach: Sollten Sie einmal vergessen haben, eine für Sie wichtige Webseite als Lesezeichen abzulegen, besteht immerhin noch die Möglichkeit den Verlauf durchzusehen, um diese Seite zu finden und das Versäumte nachzuholen.

Webseiten speichern & drucken

Auf Ihren Streifzügen durch das Web wird Ihnen viel Interessantes begegnen. Leider ist das Web ein unstetes, aber dafür natürlich sehr schnelles Informationsmedium. Doch die Schnelllebigkeit des Informationsmediums Web hat Ihren Preis: Inhalte im Web sind im Durchschnitt maximal für sieben bis zehn Tage verfügbar. Danach gibt es meist schon wieder neues Material oder die entsprechende Website verschwindet völlig von der Internetbildfläche. Aus diesem Grund sollten Sie Inhalte aus dem Web, die für Sie interessant sind, sofort archivieren, also lokal auf Ihrem Rechner speichern.

Safari 2.0 RSS bietet die Möglichkeit, einzelne Webseiten als Webarchiv zu speichern. Er packt sämtliche Inhalte einer Webseite (Texte und Bilder) in eine Datei mit der Endung .ARCHIV. Ein Webarchiv öffnen Sie einfach durch Doppelklick, die Datei wird anschließend in Safari geöffnet und genauso dargestellt, als wären Sie online.

Und so speichern Sie Webseiten:

1. Bringen Sie die entsprechende Webseite im Browser zur Ansicht.
2. Wählen Sie ABLAGE/SICHERN UNTER.

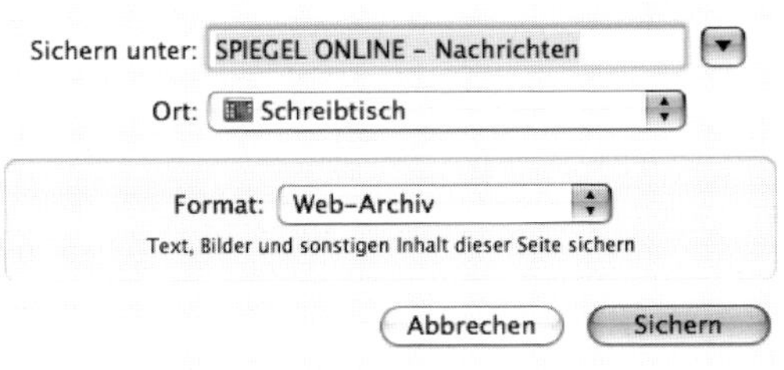

3. Im Eingabefeld SICHERN UNTER: ist der Name der Webseite eingetragen, den Sie natürlich nach Belieben ändern können.
4. Klicken Sie hinter dem Eingabefeld SICHERN UNTER in die Taste mit dem schwarzen Pfeil, um Zugriff auf die Ordnerstruktur Ihrer Festplatte zu bekommen. Hier wählen Sie nun einen Speicherort für die Webarchiv-Datei aus. Über das Einblendmenü ORT erhalten Sie Zugriff auf die Standardspeicherplätze Ihres Benutzer-Accounts.
5. Wählen Sie unter FORMAT den Eintrag WEB-ARCHIV. Klicken Sie in SICHERN.

Das Webarchiv trägt das Safari-Symbol, zusätzlich finden Sie im Symbol den Schriftzug ARCHIVE.

Möchten Sie nicht das proprietäre Webarchiv-Format verwenden, weil Sie vielleicht die Webseite mit einem Windows-Benutzer austauschen möchten, bleibt Ihnen die Alternative, eine Webseite als PDF-Datei zu speichern. Rufen Sie dazu die entsprechende Webseite im Browser auf und wählen Sie ABLAGE/DRUCKEN.

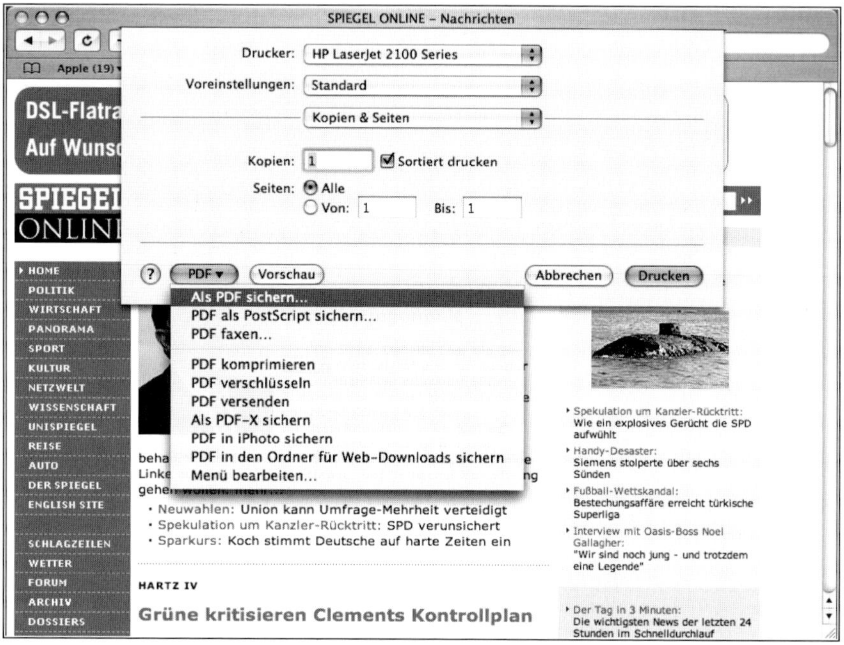

Öffnen Sie anschließend das Einblendmenü PDF und wählen Sie ALS PDF SICHERN aus. Es öffnet sich ein kleines Dialogfenster, in dem Sie einen Namen vergeben sowie einen Speicherort für die PDF-Datei zuweisen können. Haben Sie dies getan, klicken Sie in SICHERN. Aus der Webseite wird nun ein PDF-Dokument inklusive aller Texte und Bilder generiert.

Webseiten versenden

Safari 2.0 RSS ermöglicht es, eine Webseite per E-Mail zu versenden. Der Empfänger kann dann die Webseite in seinem E-Mail-Programm bewundern, vorausgesetzt, dass sein E-Mail-Programm HTML-E-Mails anzeigen kann. Um eine Webseite als E-Mail zu versenden, gehen Sie wie folgt vor:

1. Bringen Sie die Webseite, welche Sie per E-Mail versenden möchten, in Safari zur Ansicht.
2. Wählen Sie ABLAGE/INHALT DIESER SEITE ALS E-MAIL SENDEN (Tastenkürzel [⌘] + [I]).
3. Safari öffnet das Programm *Mail* mit einem neuen E-Mail-Fenster mit dem Inhalt der Safariseite, welche Sie versenden möchten. Dies funktioniert allerdings nur, wenn Ihr E-Mail-Programm bereits konfiguriert ist. Wie dies geht, erfahren Sie im Abschnitt *Mail*.

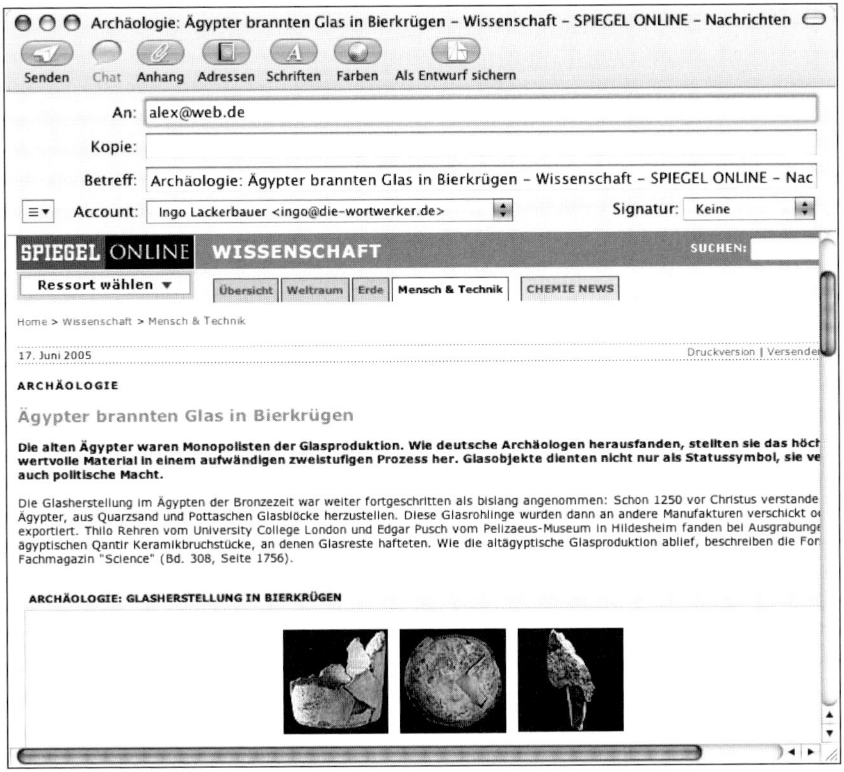

4. Geben Sie im Eingabefeld AN die E-Mail-Adresse des Empfängers ein. Im BETREFF-Feld steht der Titel der Webseite. Hier können Sie einen beliebigen Text eingeben, oder alles beim Alten lassen. Zu guter Letzt haben Sie die Möglichkeit, vor der gespeicherten Webseite ein paar Worte an den Empfänger zu richten.

5. Klicken Sie abschließend in der Symbolleiste des Mail-Fensters in das Symbol SENDEN, um die E-Mail mit der gespeicherten Webseite zu versenden.

Alternativ zur soeben durchgeführten Methode, eine komplette Webseite zu versenden, lässt sich auch nur die Internetadresse der Seite verschicken. Ebenfalls praktisch ist die Import- und Exportfunktion für die Lesezeichen. Wählen Sie dazu ABLAGE/LINK ZU DIESER SEITE ALS E-MAIL SENDEN (Tastenkürzel [⇧] + [⌘] + [I]). Es öffnet sich das E-Mail-Programm *Mail* mit einem Mail-Fenster, das lediglich die Webadresse der entsprechenden Webseite enthält. Ansonsten ist die Vorgehensweise dieselbe wie beschrieben.

RSS-Feeds

Eine der interessantesten Neuerungen von Safari in Tiger ist der integrierte RSS-Reader, weshalb Apple auch von Safari RSS spricht. Was steckt hinter dem Begriff RSS?

Ursprünglich wurde RSS geschaffen, um Nachrichten von Internetportalen zu verbreiten. Inzwischen hat sich RSS jedoch zu einem viel benutzten Standard für den automatisierten Austausch von Informationen und Nachrichten unterschiedlichster Art (Weblogs, Diskussionsforen) entwickelt. Anbieter von RSS-Strömen (RSS-Feeds) können Interessenten einfach und schnell auf neue Inhalte ihrer Website hinweisen. Für Leser bedeutet RSS vor allem Zeitersparnis, da man parallel beliebig viele RSS-Feeds unterschiedlicher Webseiten abonnieren kann und die zugehörige Website nur noch auf Wunsch aufruft. Damit durchsuchen Sie Websites schneller nach Aktualisierungen als mit dem Abklappern aller Lesezeichen.

Prinzipiell ist RSS ein Nachrichtendienst einer Website, der auf News hinweist. Dazu muss der RSS-Feed jedoch auf der Website des Anbieters abonniert werden, was kostenlos ist. Zudem benötigt man einen RSS-Reader, der in gewissen Zeitabständen alle RSS-Abos auf neue Feeds hin untersucht und diese dann automatisch anzeigt. In *Safari 2.0 RSS* ist ein solcher RSS-Reader integriert.

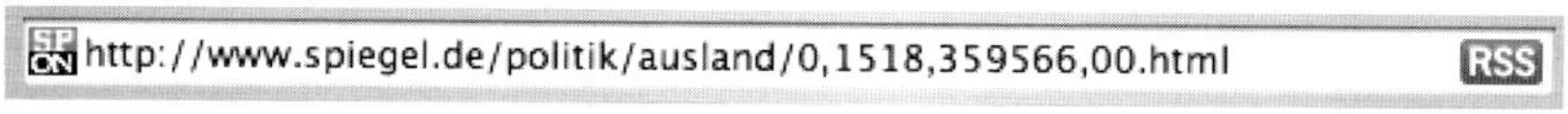

Sobald Safari auf eine Internetseite stößt, die Nachrichten im RSS-Format anbietet, erscheint in der Adresseingabezeile rechts ein blaues RSS-Symbol. Und so abonnieren Sie einen RSS-Feed:

1. Klicken Sie in der Adresszeile in das blaue RSS-Symbol.

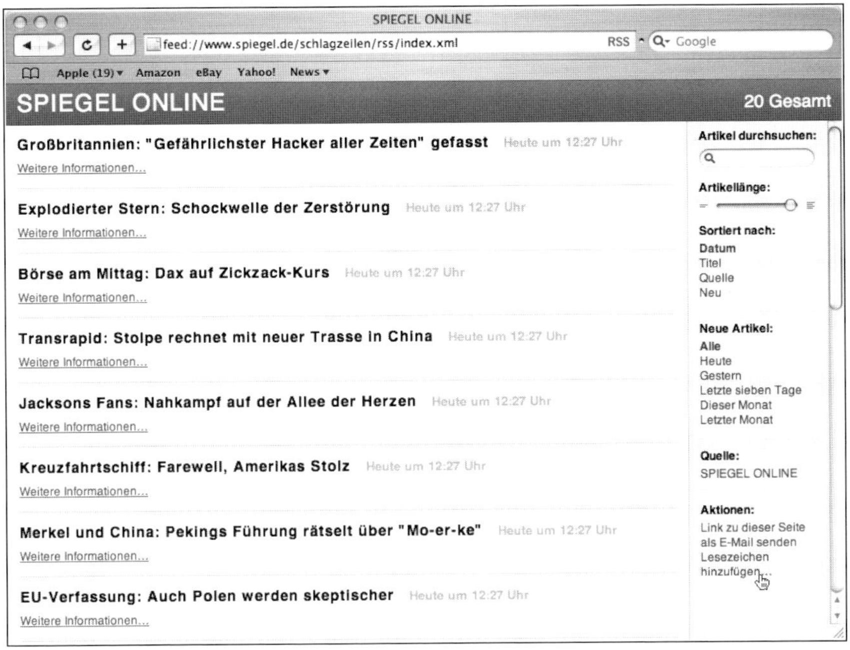

2. Safari wechselt in den RSS-Modus und zeigt die RSS-Feeds der aktuellen Website an. Klicken Sie rechts unten im Fenster in Lesezeichen hinzufügen.
3. Geben Sie dem RSS-Feed einen Namen und weisen Sie ihm einen Speicherort innerhalb Ihrer Lesezeichen zu. Klicken Sie abschließend in Hinzufügen.
4. Verfahren Sie so mit sämtlichen RSS-Feeds, die Sie abonnieren möchten. Wollen Sie die abonnierten RSS-Feeds einsehen, klicken Sie im Menü Lesezeichen auf Alle RSS-Artikel einblenden. Sie bekommen nun im Browserfenster eine Übersicht aller RSS-Artikel eingeblendet, geordnet nach Quelle. Indem Sie in Weitere Informationen klicken, gelangen Sie zum Anbieter der RSS-Artikel und können dort ausführlichere Informationen erhalten.

Ihre abonnierten RSS-Feeds werden automatisch im Ordner Alle RSS-Feeds abgelegt. Diesen finden Sie, wenn Sie einen Mausklick auf das Symbol des aufgeschlagenen Buches links in der Lesezeichenleiste durchführen.

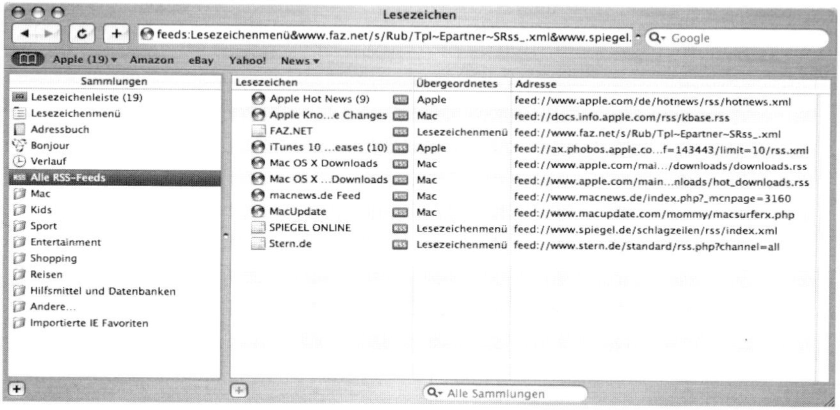

Es hat sich als praktisch erwiesen, den RSS-Feed-Ordner auf die Lesezeichenleiste zu legen. Sie haben dann einen unmittelbaren Zugriff auf alle abonnierten RSS-Feeds. Klicken Sie dazu einfach einmal in LESEZEICHENLEISTE unterhalb von SAMMLUNGEN und ziehen Sie anschließend ALLE RSS-FEEDS in den rechten Bereich des Browserfensters. Sie sehen anschließend in der Lesezeichenleiste einen neuen Eintrag mit Namen ALLE RSS-FEEDS und dahinter in Klammern eine Zahl. Diese zeigt Ihnen die Anzahl aller RSS-Artikel Ihrer RSS-Abos an. Um einen RSS-Feed zu löschen, markieren Sie diesen und betätigen anschließen die [Entf]- oder [←]-Taste. Klicken Sie erneut in ALLE LESEZEICHEN EINBLENDEN (aufgeschlagenes Buch) in der Lesezeichenleiste.

Um einen ganz speziellen RSS-Feed anzuschauen, klicken Sie in der Lesezeichenleiste in ALLE RSS-FEEDS. Wählen Sie anschließend den RSS-Feed aus der Liste, dessen Artikel Sie sehen möchten. Über den Menüeintrag ALLE RSS-ARTIKEL EINBLENDEN werden alle RSS-Artikel auf einen Schlag eingeblendet.

Standardmäßig überprüft Safari alle 30 Minuten, ob neue RSS-Artikel vorliegen und importiert diese. Sie sehen dies an der stetig steigenden Anzahl von Artikeln, die in Klammern hinter den RSS-Feeds angezeigt werden. Soll Safari nicht alle 30 Minuten, sondern vielleicht nur einmal täglich nachschauen, können Sie dies wie folgt einstellen:

1. Wählen Sie SAFARI/EINSTELLUNGEN.
2. Klicken Sie in der Symbolleiste des Einstellungsfensters in RSS.
3. Wählen Sie aus dem Einblendmenü NACH UPDATES SUCHEN den Eintrag TÄGLICH.

4. Über das Einblendmenü ARTIKEL ENTFERNEN definieren Sie den Zeitraum, nach dem die RSS-Artikel von Ihrem Mac gelöscht werden. Standardmäßig ist hier NACH ZWEI WOCHEN eingetragen. Möchten Sie die RSS-Artikel sofort löschen, genügt ein Mausklick in JETZT ENTFERNEN.

Die in Safari gespeicherten RSS-Feeds stehen darüber hinaus für den Bildschirmschoner zur Verfügung. In Systemeinstellung SCHREIBTISCH & BILDSCHIRMSCHONER wählt man RSS VISUALIZER aus und legt nach einem Klick in OPTIONEN fest, welchen RSS-Nachrichtendienst man sehen möchte. Jede im Bildschirmschoner angezeigte Meldung lässt sich direkt aufrufen und in Safari lesen.

Privates Surfen

Privatsphäre ist eine schöne Sache. Und dies trifft auch für das Surfverhalten zu. Besonders wenn mehrere Benutzer einen Mac gemeinsam nutzen, geht es die anderen Nutzer nichts an, welche Internetseiten man besucht hat. PRIVATES SURFEN schützt Sie vor unliebsamen Blicken, wenn sich mehrere Personen einen Mac teilen.

Aktiviert man in Safari den Menüeintrag PRIVATES SURFEN im Menü SAFARI, speichert das Programm weder die Adressen der zuletzt besuchten Seiten noch die Daten, die man in Formulare eintippt, noch die Liste geladener Dateien.

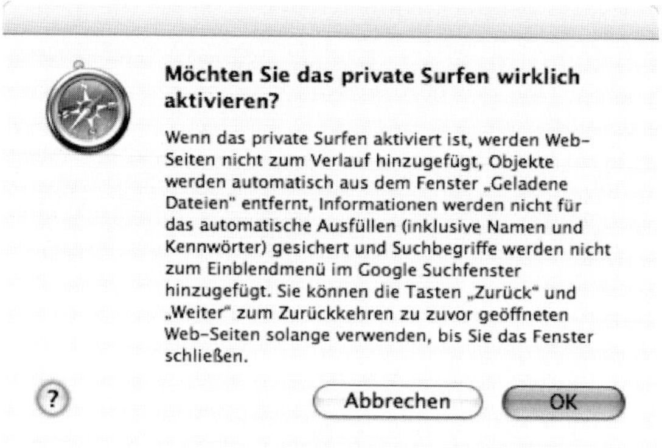

Die während der Online-Sitzung gespeicherten Cookies löscht Safari, sobald man das private Surfen wieder ausschaltet.

Sie beenden PRIVATES SURFEN, indem Sie im Menü SAFARI erneut diesen Eintrag wählen. Das Häkchen vor diesem Eintrag sollte daraufhin verschwinden.

Kindersicherung

Neu in Tiger ist eine Kindersicherung, die ein Administrator für andere Benutzer in den Systemeinstellungen aktivieren kann, die nicht zur Gruppe der Administratoren gehören.

Ist die Kindersicherung dort für Safari aktiviert (Näheres dazu erfahren Sie in Kapitel 6, *Datensicherheit*), kann dieser Benutzer nur noch die von einem Administrator in der Lesezeichenleiste abgelegten Webseiten aufrufen. Allerdings sind alle Links innerhalb der jeweiligen Domain erlaubt. Ist beispielsweise der Zugang zu `http://www.spiegel.de` frei, lassen sich von dort alle Nachrichten lesen, der Zugang zu `http://forum.spiegel.de` dagegen ist blockiert.

7.3 Mail

Mail ist das Standard-E-Mail-Programm unter Mac OS X 10.4. Sie starten das Programm über einen Klick in das *Mail*-Symbol im Dock. Alternativ doppelklicken Sie auf MAIL im Ordner PROGRAMME auf Ihrer Festplatte.

Einrichten eines E-Mail-Kontos

Nach der Mac OS X-Installation ist es notwendig *Mail* zu konfigurieren. Das Programm weiß noch nicht, wo es die E-Mails abrufen bzw. worüber verfasste E-Mails verschickt werden sollen. Außerdem sollten Sie über eine funktionierende Internetverbindung verfügen. Alle Informationen, die *Mail* während der Konfiguration benötigt, sollten Sie in den Unterlagen zu Ihrem Mail-Account bzw. auf der Internetseite Ihres Internet-Service-Providers finden.

1. Klicken Sie im Dock auf das Symbol des Programms *Mail*.
2. Es empfängt Sie ein Assistent mit einem Willkommens-Fenster. Dieser Assistent wird Sie durch die Konfiguration des Programms geleiten. Klicken Sie im ersten Fenster in FORTFAHREN.

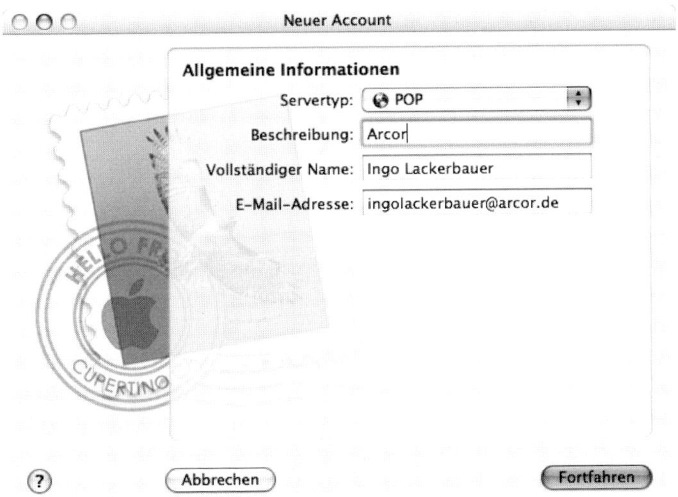

3. Wählen Sie im Fenster ALLGEMEINE INFORMATIONEN zunächst aus dem Einblendmenü SERVERTYP Ihren Mailservertyp. Im Normalfall ist dies POP. POP (Post Office Protocol) bedeutet nichts anderes, als dass Ihr Mail-Programm selbsttätig nachschaut, ob neue E-Mails für Sie angekommen sind. Alle Internet-Service-Provider unterstützen derzeit POP. Im Eingabefeld BESCHREIBUNG geben Sie bitte eine aussagekräftige Ihres Mail-Anbieters ein, also das Unternehmen, über welches Sie Ihre E-Mails abrufen und versenden. Schreiben Sie unter VOLLSTÄNDIGER NAME Ihren Namen und unter E-MAIL-ADRESSE Ihre E-Mail-Adresse. Klicken Sie in FORTFAHREN.

4. Im folgenden Fenster tragen Sie den Mailserver ein, über den Sie Ihre E-Mails abrufen. Geben Sie im FELD SERVER FÜR EINTREFFENDE E-MAILS den Namen des POP-Mailservers ein. Im folgenden Feld BENUTZERNAME schreiben Sie den Namen, mit dem Sie sich am Mailserver anmelden. Geben Sie abschließend unter KENNWORT das Kennwort ein, mit dem Sie sich am POP-Mailserver identifizieren. Klicken Sie in FORTFAHREN.

Mail stellt nun eine Testverbindung zum eingetragenen POP-Mailserver her und überprüft zum einen, ob der Mailserver existiert und zum anderen, ob es sich mit den eingetragenen Benutzernamen und Kennwort anmelden kann. War die Anmeldung erfolgreich, öffnet Mail ein weiteres Fenster.

5. Geben Sie im folgenden Fenster im Eingabefeld SERVER FÜR AUSGEHENDE E-MAILS den SMTP-Server Ihres Mail-Anbieters ein. Dieser Mailserver ist dafür verantwortlich, von Ihnen abgeschickte E-Mails zu empfangen und an den entsprechenden Empfänger weiterzuleiten. Erfordert der SMTP-Server eine Anmeldung (was meistens nicht der Fall ist), aktivieren Sie das Feld IDENTIFIZIERUNG VERWENDEN und geben Sie einen BENUTZERNAMEN sowie ein KENNWORT ein. Klicken Sie in FORTFAHREN.

Auch jetzt baut der Konfigurations-Assistent eine Testverbindung zum SMTP-Server Ihres Mail-Anbieters auf. War diese erfolgreich, erscheint eine so genannte ACCOUNT-ZUSAMMENFASSUNG.

6. Klicken Sie in der ACCOUNT-ZUSAMMENFASSUNG in FORTFAHREN.
7. Im folgenden Dialogfenster werden Sie gefragt, ob Sie Postfächer aus anderen E-Mail-Programmen importieren oder weitere Mail-Konten anlegen möchten. Klicken Sie dazu in die entsprechenden Tasten. Ansonsten klicken Sie in FERTIG STELLEN zum Beenden des Assistenten.
8. Der Assistent öffnet *Mail* und ruft die ersten E-Mails Ihres Accounts ab. Dazu baut *Mail* eine Internetverbindung auf.

Der Papierkorb *erscheint erst, wenn Sie eine markierte E-Mail über die Schaltfläche* Löschen *gelöscht haben.*

Der Bereich links neben dem MAIL-Hauptfenster zeigt den Inhalt Ihres Postfachs. Dieses besteht aus EINGANG (für eingehende Mails), GESENDET (für bereits verschickte E-Mails) und PAPIERKORB. Später, wenn Sie E-Mails verschickt haben, kommen noch die Ordner AUSGANG (für ausgehende Mails), ENTWÜRFE (für E-Mails, die Sie gerne noch einmal überarbeiten möchten) und WERBUNG (für unerwünschte Werbung) hinzu.

Die Oberfläche von Mail

Die Oberfläche von *Mail* gliedert sich in drei Bereiche: Ganz links finden Sie die Postfachspalte mit den Standardpostfächern. Hierin erstellen Sie auch Ihre eigenen Postfächer, in die Sie wiederum E-Mails ablegen können (nach Themen, Firma, E-Mail-Kontakten etc.). Eigene Postfächer sollten Sie schon frühzeitig anlegen. Sie dienen der besseren Übersicht. Rechterhand der Postfachspalte sehen Sie den Bereich für neue Nachrichten. Dieser enthält eine Liste aller empfangenen E-Mails. Wenn Sie in der Postfachspalte ein Postfach auswählen, wird dessen Inhalt immer im Bereich neue Nachrichten angezeigt. Unterhalb des Bereichs der neuen Nachrichten befindet sich die Vorschau. Wenn Sie auf eine Nachricht im Bereich der neuen Nachrichten klicken, wird der Inhalt dieser E-Mail im Vorschaubereich angezeigt.

Neben der bereits aus anderen Programmen bekannten Menüleiste finden Sie eine Symbolleiste, welche die wichtigsten Funktionen für die tägliche Arbeit bereitstellt.

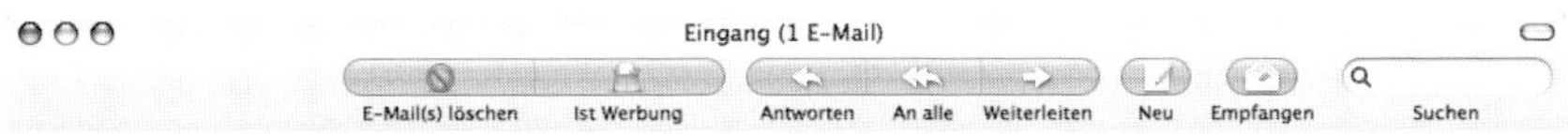

Die Standardsymbole haben folgende Bedeutungen:

E-MAIL(S) LÖSCHEN

Ein Klick in dieses Symbol löscht eine markierte Nachricht.

IST WERBUNG

Ein Mausklick in IST WERBUNG markiert eine ausgewählte E-Mail als Werbung bzw. befördert diese (je nach Konfiguration von Mail) in einen Ordner mit der Bezeichnung WERBUNG (dazu später mehr).

ANTWORTEN

Sie können auf einfache Art und Weise auf empfangene E-Mails antworten. Öffnen Sie dazu die Nachricht, die Sie beantworten möchten, und klicken Sie in ANTWORTEN. Sie werden sehen, dass der Inhalt der ursprünglichen Mail in die neue Mail kopiert wird. Dies hat den Vorteil, dass der Empfänger sofort weiß, auf welches Schreiben Sie sich beziehen.

AN ALLE

Ein Klick in dieses Symbol legt fest, dass Sie allen Absendern antworten möchten. Dies kommt durchaus vor, wenn die E-Mail an mehrere Adressaten gleichzeitig versandt wurde. Ihre Antwort geht dann ebenfalls an alle definierten Teilnehmer.

WEITERLEITEN

Mittels dieses Symbols leiten Sie eine empfangene E-Mail an eine dritte Person oder mehrere Personen weiter. In der empfangenen Mail enthaltene Anhänge werden dabei (im Gegensatz zu ANTWORTEN) ebenfalls mitgeschickt.

NEU

Klicken Sie in dieses Symbol, wenn Sie eine neue Nachricht erstellen möchten.

EMPFANGEN

Haben Sie eine E-Mail fertig gestellt, genügt ein Klick in dieses Symbol, damit *Mail* Kontakt mit dem Internet aufnimmt. Anschließend findet eine Datenübertragung statt, in deren Rahmen Ihre E-Mail versandt und neue E-Mails für Sie abgerufen werden.

SUCHFELD

Wenn Sie hier einen Suchbegriff eingeben, durchsucht *Mail* die E-Mails aller Postfächer nach diesem Begriff. Die Ergebnisse werden anschließend im Bereich der neuen Nachrichten dargestellt.

Einstellungen zu Mail

Um Ihr Mail-Programm zu konfigurieren und weiterführende Einstellungen zu tätigen, wählen Sie MAIL/EINSTELLUNGEN.

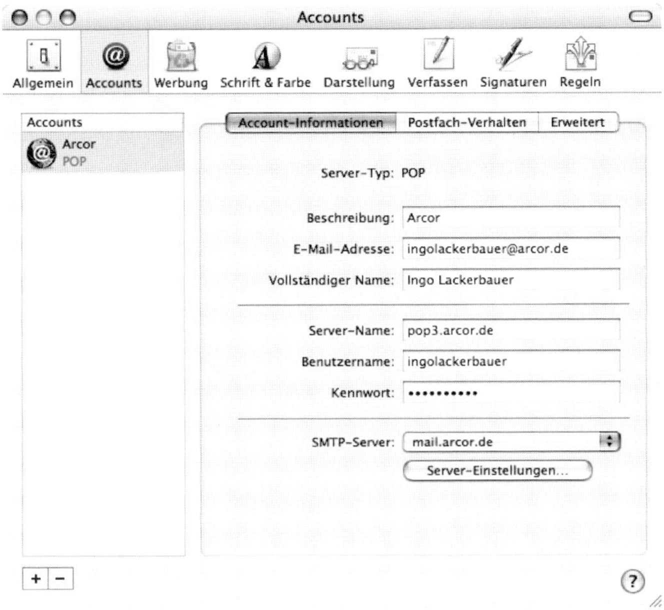

Sobald sich das Dialogfenster Accounts öffnet, klicken Sie in Accounts. Hier sehen Sie anschließend den E-Mail-Account, den Sie beim ersten Start des Programms definiert haben. Haben Sie mehrere Accounts angelegt, finden Sie diese hier aufgelistet. Sobald Sie ein E-Mail-Account hier markieren, werden die dazugehörigen Informationen im rechten Bereich des Fensters angezeigt. Am unteren Ende der Spalte Accounts befindet sich je eine Schaltfläche mit einem Plus- und Minuszeichen. Ein Klick auf das Pluszeichen (Einen Account erstellen) erstellt einen neuen E-Mail-Account. Mit einem Mausklick auf das Minussymbol löschen Sie einen markierten Account unterhalb von Accounts.

Wenn Sie auf die Taste Account-Informationen klicken, bekommen Sie die Zugangsdaten für einen unterhalb von Accounts markierten E-Mail-Account angezeigt. Diese Zugangsdaten können Sie jederzeit ändern, indem Sie einfach in die entsprechenden Eingabefelder klicken.

Klicken Sie in das Symbol Allgemein, sehen Sie die allgemeinen Einstellungen zum Mail-Programm.

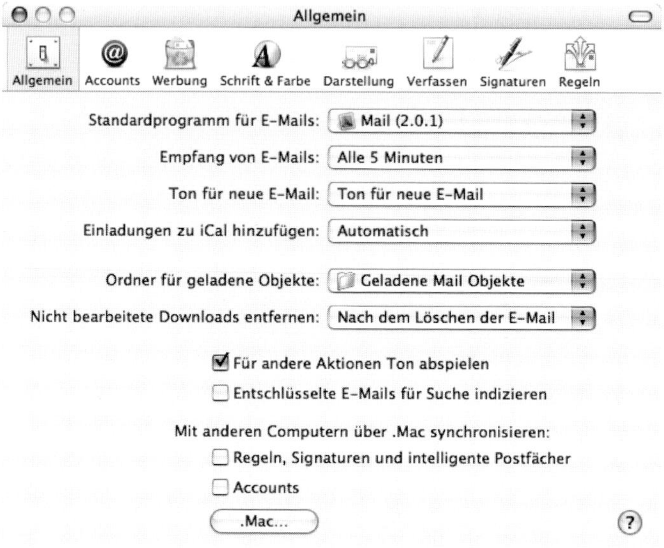

Im oberen Bereich des Fensters ALLGEMEIN finden Sie unter anderen zwei Einblendmenüs. Unter EMPFANG VON E-MAILS stellen Sie die Zeitdauer ein, nach der *Mail* automatisch versucht, neue E-Mails abzurufen. Sinn macht diese Option nur, wenn Sie Ihr Mail-Programm permanent geöffnet haben. Nach dem definierten Zeitraum baut *Mail* eine Internetverbindung auf und ruft neu eingetroffene E-Mails ab. Da dies für den Normal-Anwender zu teuer ist (es sei denn, Sie haben eine Flatrate), können Sie hier den Eintrag MANUELL auswählen. Ihr Mail-Programm baut dann nur eine Internetverbindung auf, wenn Sie auf der Symbolleiste auf EMPFANGEN klicken. Ist neue Post für Sie angekommen, kann MAIL einen Signalton abspielen, der Sie darüber informiert, dass neue Nachrichten auf Sie warten. Diesen definieren Sie unter TON FÜR NEUE E-MAIL.

Klicken Sie bitte auf das Symbol SCHRIFT & FARBE. Im Dialogfenster SCHRIFT & FARBE legen Sie die Schriften fest, die Sie im Umgang mit Ihren E-Mails benutzen.

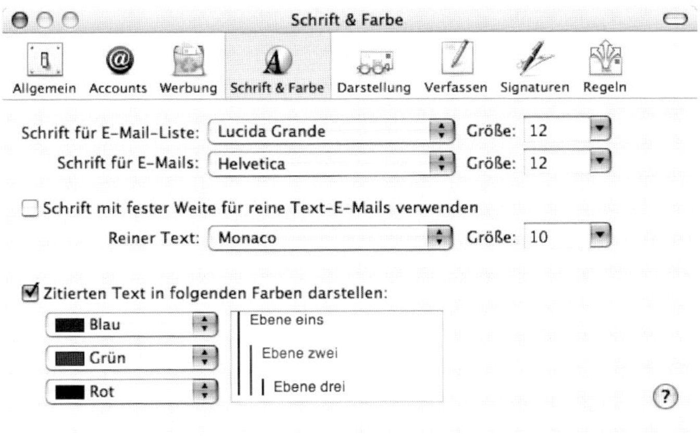

Über das Einblendmenü SCHRIFT FÜR E-MAIL-LISTE legen Sie die Schriftart und Schriftgröße für E-Mail-Listen fest. Analog dazu verfahren Sie mit dem darunter liegenden Einblendmenü SCHRIFT FÜR E-MAILS. An dieser Stelle definieren Sie die Schriftart und Schriftgröße, in der Sie E-Mails erstellen oder ansehen möchten.

Nachdem Sie eine E-Mail gelesen haben, können Sie dem oder den Absendern antworten oder die Nachricht an einen anderen Empfänger weiterleiten. Dabei wird der Originaltext zitiert, damit man immer weiß, auf was für einen Text sich die Antwort-E-Mail bezieht. Der Ursprungstext wird dabei farbig dargestellt, damit er sich vom Antworttext unterscheidet. Diese Option der farblichen Hervorhebung aktivieren Sie, wenn Sie das Markierungsfeld ZITIERTEN TEXT IN FOLGENDEN FARBEN DARSTELLEN aktivieren. Aus den unter dem Markierungsfeld platzierten Einblendmenüs können Sie andere Farben für den zitierten Text auswählen. Dabei stehen Ihnen insgesamt drei Ebenen zur Verfügung, sodass drei Originaltexte farblich unterschiedlich markiert werden.

Die nächste Einstellmöglichkeit des Mail-Programms trägt die Bezeichnung DARSTELLUNG. Eine E-Mail verfügt über einen so genannten Header. Darin sind Angaben definiert, die der E-Mail den Weg zum Ziel zeigen, sowie eine Reihe weiterer statistischer Angaben. Dieser Header wird immer am Anfang der eingegangenen E-Mail angezeigt, kann jedoch auch sehr lang sein. Im Einblendmenü HEADER-DETAILS EINBLENDEN ist STANDARD ausgewählt, was bedeutet, dass nur ein Teil der Header-Daten angezeigt wird. Darüber hinaus stehen die Einträge KEINE, ALLE und EIGENE zur Verfügung.

Das Markierungsfeld ONLINE-STATUS VON KONTAKTEN EINBLENDEN ist standardmäßig aktiviert. Dann erscheint vor jeder neu empfangenen E-Mail in der Liste ein blaues kreisförmiges Symbol, was Ihnen anzeigt, dass diese E-Mails noch nicht gelesen wurden.

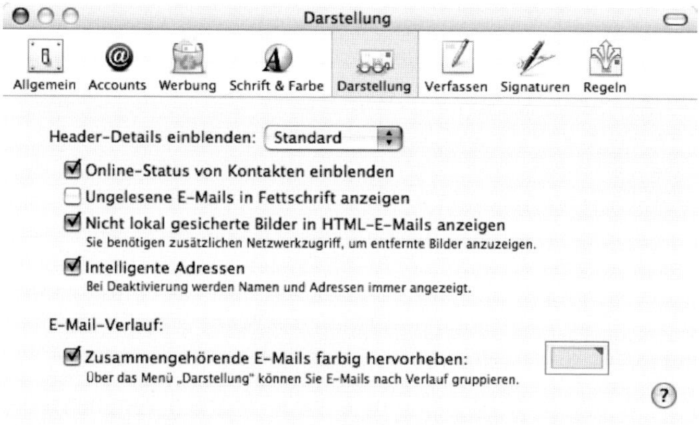

ZUSAMMENGEHÖRENDE E-MAILS FARBIG HERVORHEBEN ist standardmäßig aktiviert. Zusammengehörige Nachrichten beinhalten eine Originalnachricht samt den Antworten darauf. Mithilfe von Mail können Sie bei aktiviertem Markierungsfeld alle zusammengehörigen Nachrichten ermitteln, ohne dass Sie eine Sortierung vornehmen oder die aktuelle Darstellung Ihrer Postfächer ändern müssen. *Mail* verwendet den Betreff einer E-Mail, um festzulegen, ob eine Nachricht zu den zusammengehörenden E-Mails gehört. E-Mails, die zusammengehören, jedoch unterschiedliche Betreffangaben oder Präfixe verwenden, werden nicht hervorgehoben.

Es folgt die Mail-Einstellung VERFASSEN. Das Format einer E-Mail, die Sie verfassen, ist standardmäßig FORMATIERTER TEXT. Dieser Eintrag sollte auch bestehen bleiben. Wählen Sie REINER TEXT aus, fallen eine Vielzahl der Formatierungsmöglichkeiten in Sachen Schrift und Farbe weg.

Bei aktivem Eintrag WÄHREND DER TEXTEINGABE des Einblendmenüs RECHTSCHREIBPRÜFUNG überprüft *Mail* schon während der Texteingabe Ihre E-Mail auf Rechtschreibfehler. Wenn Sie IMMER IN KOPIE AN MICH aktivieren, versenden Sie die Antwort auf eine E-Mail als Kopie immer auch an sich selbst. Aus Sicherheits- und Beweisgründen kann dies sehr nützlich sein.

Wenn Sie das Markierungsfeld DASSELBE FORMAT VERWENDEN WIE IN DER ORIGINAL-E-MAIL aktivieren, übernehmen Sie das Format (Schrift, Farbe usw.) einer eingegangenen E-Mail, wenn Sie auf diese antworten.

Das nächste Fenster innerhalb der *Mail*-Einstellungen widmet sich den SIGNATUREN.

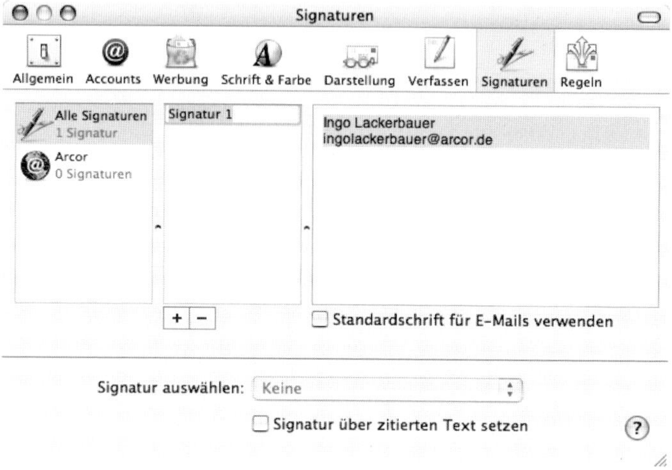

Sie können Signaturen erstellen, die am Ende Ihrer E-Mail erscheinen. Diese können Text und Bilder enthalten. Beliebt sind Signaturen für Absenderangaben.

Wenn Sie MAIL das erste Mal gestartet haben, existieren noch keinerlei Signaturen. Wählen Sie in der ersten Spalte einen E-Mail-Account aus. Klicken Sie in die Taste EINE SIGNATUR ERSTELLEN (Pluszeichen) unterhalb der zweiten Spalte, um eine neue Signatur zu erstellen. Daraufhin erscheint in der zweiten Spalte ein neuer Eintrag mit dem Titel SIGNATUR 1. Verändern Sie den Namen der Signatur entsprechend Ihren Vorstellungen. In der dritten Spalte trägt *Mail* automatisch Ihren Namen sowie die E-Mail-Adresse ein. Ergänzen Sie diese Angaben, wenn Sie möchten, um Ihre komplette postalische Anschrift.

Weiter zur nächsten und letzten Einstellungsmöglichkeit REGELN. Sie können Regeln erstellen, um E-Mails beim Empfang zu bearbeiten. So ist es beispielsweise möglich, E-Mails von bestimmten Personen oder Unternehmen automatisch in bestimmte Postfächer zu verschieben, ohne dass Sie diesen Vorgang selbst übernehmen müssen, einzige Voraussetzung ist, dass das Postfach angelegt ist.

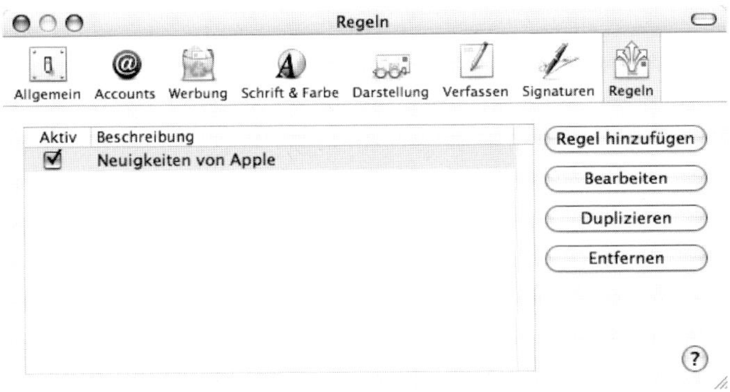

Um eine neue Regel zu erstellen, klicken Sie bitte in die Taste REGEL HINZUFÜGEN.

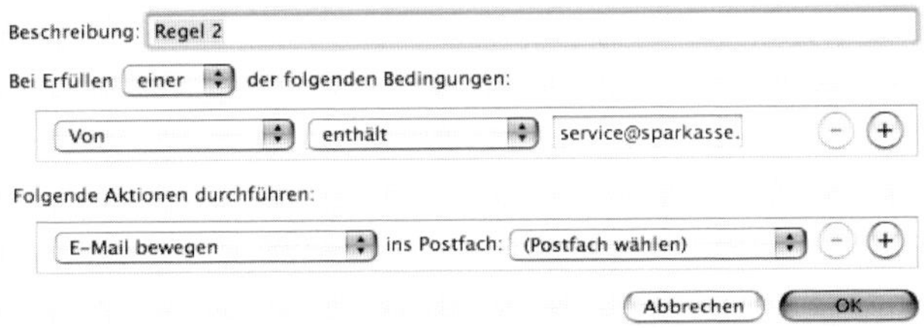

Geben Sie der Regel unter BESCHREIBUNG einen Namen. Ist dies geschehen, geht es um die Definition der Kriterien, nach denen die eingehenden E-Mails verteilt werden sollen. Es stehen an dieser Stelle mehrere Kriterien zur Verfügung, die Sie jeweils per Einblendmenü definieren. In das anschließende Eingabefeld können Sie ein Schlagwort oder eine E-Mail-Adresse eines Absenders eintragen. Mit einem Mausklick in das Pluszeichen hinter dem Eingabefeld wird eine weitere Zeile erstellt, in die Sie weitere Bedingungen für die Regel eingeben können.

Ist dies geschehen, steht im Bereich FOLGENDE AKTIONEN DURCHFÜHREN ein Einblendmenü zur Verfügung, in dem der Eintrag E-MAIL ABLEGEN ausgewählt ist. In diesem Einblendmenü finden Sie weitere Aktionen. Dies sind unter anderem:

FARBE FÜR E-MAIL FESTLEGEN

Die E-Mail, auf welche die Regel zutrifft, wird dann mit einer farbigen Kennzeichnung markiert.

TON ABSPIELEN

Ein Ton wird abgespielt, wenn eine E-Mail Sie erreicht, auf die eine definierte Regel zutrifft.

E-MAIL WEITERLEITEN

Geben Sie eine E-Mail-Adresse ein, an die eine E-Mail versandt werden soll, wenn eine definierte Regel greift.

E-MAIL LÖSCHEN

Trifft eine Regel zu, wird die entsprechende E-Mail gelöscht.

Wählen Sie anschließend ein Postfach aus (das muss natürlich schon existieren), in das eine E-Mail abgelegt werden soll, wenn eine Regel zutrifft. Markieren Sie einen Eintrag des Einblendmenüs IN POSTFACH und schließen Sie Ihre Eingaben mit einem Klick auf OK ab.

Verfassen einer E-Mail

Das Verfassen einer E-Mail ist sehr einfach: Starten Sie *Mail* und klicken Sie in der Symbolleiste von *Mail* auf das Symbol NEU.

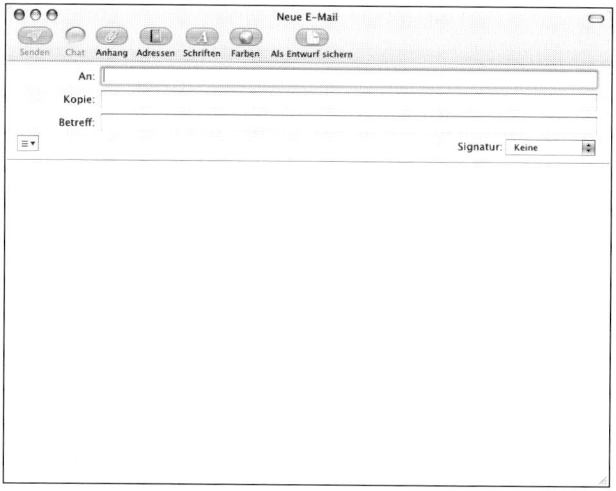

Einen Augenblick später öffnet sich ein Dialogfenster mit der Bezeichnung NEUE E-MAIL.

Geben Sie im Eingabefeld mit der Bezeichnung AN die E-Mail-Adresse des Empfängers Ihrer Nachricht ein. In das Eingabefeld KOPIE tragen Sie weitere Empfänger ein, die eine Kopie der entsprechenden E-Mail erhalten sollen.

Abschließend schreiben Sie in der BETREFF-Zeile eine kurze Einführung zu Ihrer E-Mail, damit der Empfänger auf einen Blick sieht, um was es in der Mail eigentlich geht.

Als Nächstes müssen Sie den eigentlichen Text eingeben und schon kann es an den Versand der E-Mail gehen.

Möchten Sie an Ihre E-Mail Dateien anhängen, klicken Sie in der Symbolleiste in das Symbol ANHANG. Sie haben dann die Möglichkeit, Dokumente auf Ihrer Festplatte auszuwählen, die ebenfalls mit auf die Reise zum Empfänger gehen sollen.

Ist alles erledigt, genügt ein Klick in das Symbol SENDEN. Daraufhin baut Ihr Mac eine Verbindung ins Internet auf und versendet die E-Mail.

Die Symbolleiste im Einzelnen:

SENDEN

Haben Sie Ihre E-Mail fertig gestellt, klicken Sie einfach in dieses Symbol, um die Mail abzuschicken.

ANHANG

Ein Klick in dieses Symbol öffnet ein Fenster, das Ihnen Zugriff auf die Festplatte oder andere Laufwerke gewährt, um eine Datei auszuwählen, die Sie als Anhang zur E-Mail versenden möchten.

ADRESSEN

Dieses Symbol öffnet das Programm ADRESSBUCH, das sich im Ordner PROGRAMME befindet.

SCHRIFTEN

Ein Mausklick in SCHRIFTEN öffnet ein Dialogfenster mit der Bezeichnung SCHRIFTEN, über das Sie SAMMLUNG, FAMILIE, STIL und GRÖßEN der gewünschten Schrift auswählen können. Es ist Ihnen so möglich, Ihre E-Mail, Teile oder nur Wörter zu formatieren.

FARBEN

Sie haben die Möglichkeit, einen markierten Text in Ihrer Mail farbig zu gestalten. Markieren Sie dazu das Wort, den Buchstaben oder den gesamten

Text, und klicken Sie dann in das Symbol FARBEN. Wählen Sie eine Farbe aus und bestätigen Sie die Auswahl der Farbe mit einem Doppelklick.

ALS ENTWURF SICHERN

Klicken Sie auf dieses Symbol, wenn Sie Ihre E-Mail zwischenspeichern möchten, damit Sie später mit der Arbeit fortfahren können. Ihre E-Mail wird dann in Ihrem Postfach unter ENTWÜRFE abgelegt.

E-Mails als Werbung markieren

Sie werden sehr schnell feststellen, dass Ihr Posteingangskorb sich sehr schnell mit Werbung füllt. Dazu ein Tipp: Sollten Sie an Gewinnspielen teilnehmen oder aus Registrierungsgründen eine E-Mail-Adresse hinterlassen müssen, besorgen Sie sich am besten ein E-Mail-Adresse bei einem kostenlosen Anbieter (Freenet, Arcor etc.), die Sie ausschließlich für solche Zwecke verwenden. Ihre eigentliche E-Mail-Adresse sollte dann weitgehend von E-Mail-Werbemüll verschont bleiben. Sollte dann doch einmal Werbung Ihr Postfach erreichen, markieren Sie diese als Werbung. Daraufhin werden die entsprechende E-Mail und alle weiteren E-Mails des Versenders für alle Zeiten als Werbung markiert und auf Wunsch in einem separaten Ordner abgelegt. Um dies zu erreichen, gehen Sie wie folgt vor:

1. Öffnen Sie *Mail* und rufen Sie aus dem Menü MAIL den Menüeintrag EINSTELLUNGEN auf.

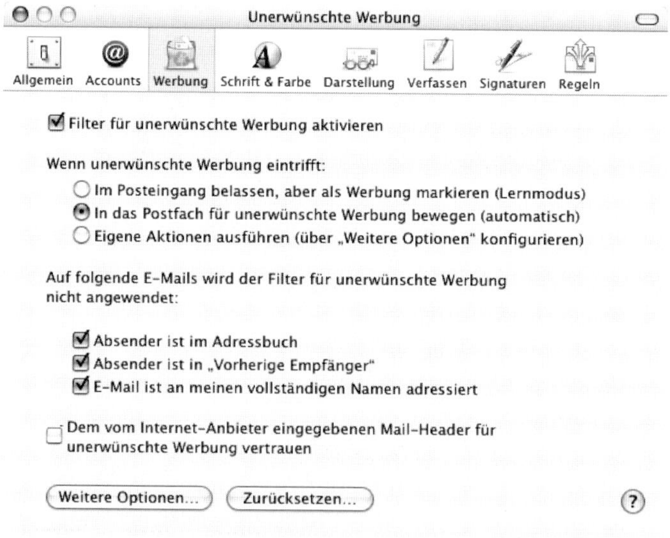

2. Stelle Sie sicher, dass das Feld FILTER FÜR UNERWÜNSCHTE WERBUNG AKTIVIEREN aktiviert ist. Nur dann ist es möglich, eingetroffene E-Mails als Werbung zu markieren. Wenn Sie die Option IN DAS POSTFACH FÜR UNERWÜNSCHTE WERBUNG BEWEGEN (AUTOMATISCH) aktivieren, legt Mail einen Ordner mit der Bezeichnung WERBUNG in der Postfachspalte an. Aktivieren Sie die Option IM POSTEINGANG BELASSEN, ABER ALS WERBUNG MARKIEREN (LERNMODUS), bleiben die eingetroffenen Werbe-E-Mails im Bereich der neuen Nachrichten, werden allerdings als Werbung markiert. Schließen Sie die EINSTELLUNGEN.
3. Markieren Sie nun im Bereich der neuen Nachrichten die E-Mail, die Sie als Werbung kennzeichnen möchten, und öffnen Sie aus dem Kontextmenü dieser E-Mail das Untermenü MARKIEREN und wählen Sie ALS UNERWÜNSCHTE WERBUNG. Alternativ dazu wählen Sie E-MAIL/MARKIEREN/ALS UNERWÜNSCHTE WERBUNG.

Zukünftig wandern alle E-Mails dieses Absenders direkt in den Ordner WERBUNG der Postfachspalte. Möchten Sie einen Absender von der Liste der Werbeversendenden entfernen und wieder einen normalen Status zuweisen, klicken Sie eine E-Mail des Absenders im Postfach WERBUNG an. Rufen Sie aus dem Kontextmenü das Untermenü MARKIEREN auf und klicken Sie dort auf ALS KEINE UNERWÜNSCHTE WERBUNG.

Neues Postfach anlegen

In der Postfachspalte können Sie beliebig viele Postfächer anlegen, um darin E-Mails aus dem Posteingang abzulegen. Ziehen Sie dazu einfach die jeweilige E-Mail aus dem Bereich der neuen Nachrichten auf das Symbol des neuen Postfaches in der Postfachspalte. Um einen neuen Postfachordner anzulegen, gehen Sie wie folgt vor:

1. Klicken Sie am unteren Rand der Postfachspalte in EIN POSTFACH ERSTELLEN (Pluszeichen). Alternativ wählen Sie POSTFACH/NEUES POSTFACH.

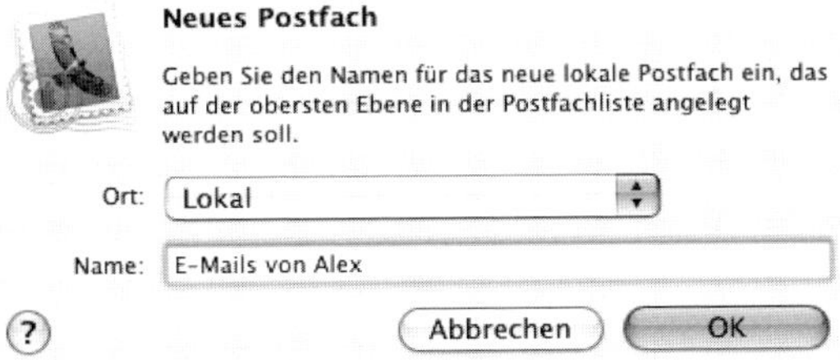

2. *Mail* öffnet das Fenster NEUES POSTFACH. Geben Sie unter NAME eine Bezeichnung für das neue Postfach ein.
3. Klicken Sie in OK, um das Fenster schließen. Sie finden nun in der Postfachspalte Ihren neuen Postfachordner.

Anwenden von Regeln

Mail bietet die Möglichkeit, Regeln auf E-Mails anzuwenden. Besonders wenn Sie sehr viele E-Mails bekommen, kann es von Vorteil sein, wenn *Mail* eingehende E-Mails anhand des Absenders erkennt und direkt in die entsprechenden Postfächer verteilt. Somit quillt Ihr Posteingang nicht über und Sie behalten stets den Überblick. Sie können weiterhin definieren, dass E-Mails weitergeleitet oder hervorgehoben werden. Und Sie können bestimmen, welche weiterführenden Aktionen mit E-Mails durchgeführt werden sollen. Dies geschieht in Abhängigkeit vom Absender, dem Betreff, dem Inhalt und weiteren Kriterien.

1. Wählen Sie aus dem Menü MAIL den Eintrag EINSTELLUNGEN. Klicken Sie in das Symbol REGELN.

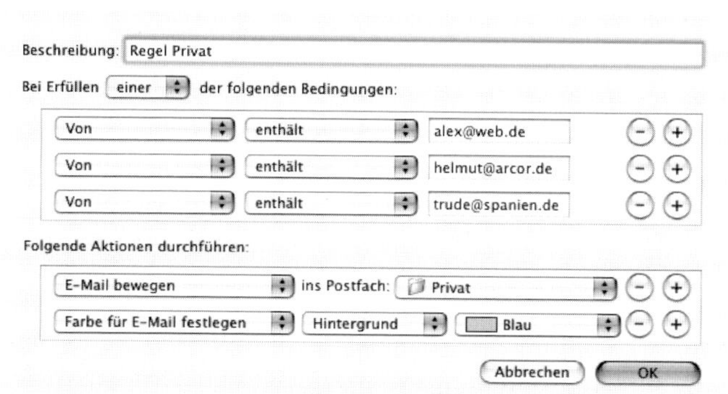

2. Geben Sie der Regel im Eingabefeld BESCHREIBUNG einen aussagekräftigen Namen.
3. Legen Sie anschließend Bedingungen fest, die erfüllt sein müssen, damit die entsprechende Regel gilt. In unserem Beispiel hieße dies, wenn die Absenderadresse (VON) z.B. alex@web.de enthält, dass die E-Mail direkt in den Postfachordner PRIVAT verschoben wird. In dem Einblendmenü der Regeln steht eine Vielzahl vordefinierter Regeln zur Verfügung. Klicken Sie in das Pluszeichen, um zusätzliche Bedingungen (also beispielsweise zusätzliche Absender, die nach Privat verschoben werden sollen) zu defi-

nieren. Wählen Sie anschließend unterhalb von FOLGENDE AKTIONEN DURCHFÜHREN eine Aktion, wie mit der jeweiligen E-Mail verfahren werden soll. Auch hier können Sie mit einem Mausklick in das Pluszeichen zusätzliche Aktionen definieren.

4. Klicken Sie in OK.

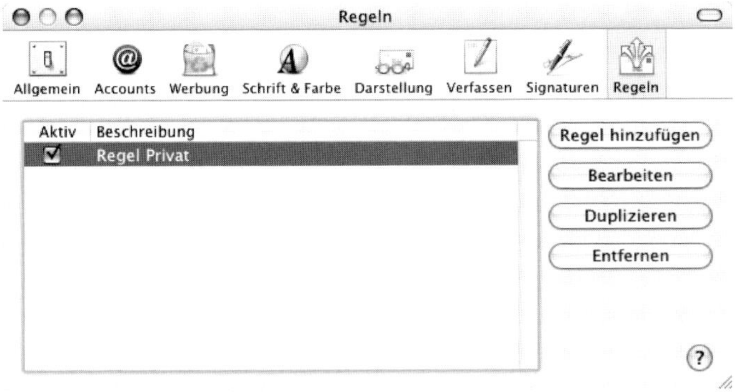

5. Ihre Regel wurde gespeichert und automatisch aktiviert. Möchten Sie die Regel modifizieren, markieren Sie diese und klicken Sie anschließend in BEARBEITEN. Ein Mausklick in ENTFERNEN löscht die Regel.
6. Schließen Sie das Fenster EINSTELLUNGEN.

Erreichen Sie nun E-Mails von in den Regeln definierten Absendern, werden diese E-Mails automatisch aus dem POSTEINGANG in den Ordner PRIVAT verschoben und blau hinterlegt. Den Ordner PRIVAT müssen Sie allerdings im Vorfeld erstellt haben.

Neues intelligentes Postfach anlegen

Intelligente Postfächer werden automatisch mit genau den E-Mails gefüllt, die sich aus einfachen, von Ihnen vorgegebenen Suchkriterien ergeben. Sie brauchen beispielsweise alle E-Mails, die sich mit dem Thema Spanien beschäftigen? Kein Problem. Intelligente Postfächer durchforsten Ihren E-Mail-Bestand nach definierten Suchkriterien und legen die entsprechenden E-Mails als Verweise in das intelligente Postfach. Erreichen nun neue E-Mails zu genau dieser Thematik Ihren Posteingang, werden Verweise dieser E-Mails zukünftig ebenfalls in das intelligente Postfach abgelegt. Ihre spezifizierte Korrespondenz bleibt also immer auf dem neuesten Stand.

1. Wählen Sie POSTFACH/NEUES INTELLIGENTES POSTFACH.

2. Mail öffnet ein Fenster, über das Sie ein intelligentes Postfach anlegen können. Nehmen wir einmal den Fall an, dass Sie Ihren nächsten Urlaub in Spanien verbringen möchten, und mehrere Personen unter einen Hut bringen müssen. Die E-Mail-Korrespondenz soll in einem intelligenten Postfach abgelegt werden. Geben Sie dem intelligenten Postfach erst einmal einen Namen.

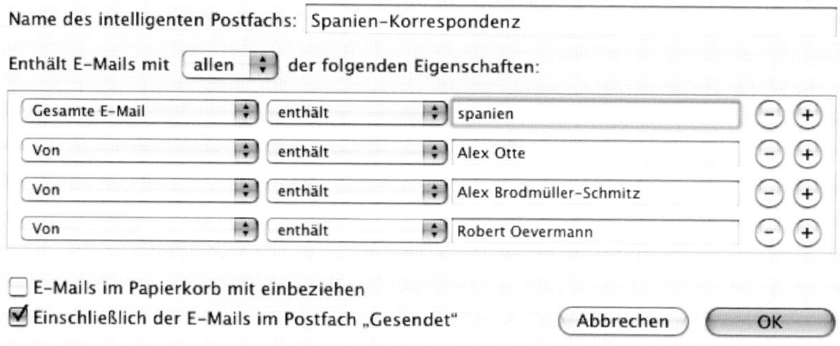

3. Wählen Sie als erstes Auswahlkriterium GESAMTE E-MAIL und definieren Sie im Eingabefeld der entsprechenden Zeile den Suchbegriff (in unserem Beispiel einmal SPANIEN). Klicken Sie anschließend in das Pluszeichen, um ein neues Kriterium hinzuzufügen, wie beispielsweise die am E-Mail-Verkehr beteiligten Partner. Klicken Sie abschließend in OK.
4. Mail legt nun in der Postfachspalte ein intelligentes Postfach an und durchsucht Ihre gesamten E-Mails nach dem Kriterium SPANIEN sowie den definierten E-Mail-Partnern.

Schickt einer der E-Mail-Partner zukünftig eine E-Mail, wo irgendwo der Begriff SPANIEN vorkommt, wird ein Verweis direkt in dem entsprechenden intelligenten Postfach abgelegt.

Durchsuchen von E-Mails

Wie an so vielen Stellen in Tiger, ist auch in *Mail* die Suchtechnologie *Spotlight* integriert worden. Spotlight ist sehr leistungsfähig, was Sie daran erkennen, dass Suchergebnisse schon während Ihrer Eingabe angezeigt werden. Spotlight wurde ebenfalls in die neuen intelligenten Postfächer von *Mail* integriert.

Möchten Sie Ihren gesamten E-Mail-Bestand nach einem oder mehreren Begriffen durchsuchen, geben Sie die Wörter einfach in das Suchfenster der Symbolleiste von *Mail* ein. Kurze Zeit später sollten die ersten Suchergebnisse im Bereich der neuen Nachrichten angezeigt werden. Dadurch dass Sie in die Taste Sichern klicken, machen Sie aus den Suchergebnissen mit den eingegebenen Suchkriterien ein intelligentes Postfach.

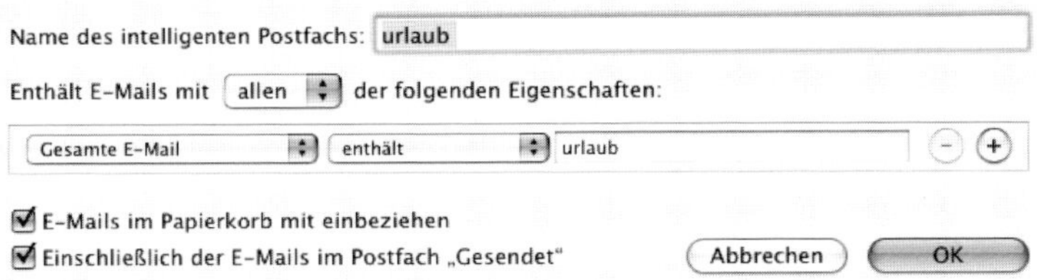

Möchten Sie in ausgewählten Postfächern suchen, wählen Sie ein oder mehrere Postfächer in der Postfachspalte aus. Klicken Sie anschließend in das Suchfeld der Symbolleiste. Geben Sie den gewünschten Suchbegriff ein. Klicken Sie im Kopfbereich über den Ergebnissen in die Taste, die mit Ausgewählte Postfächer beschriftet ist. Wählen Sie Gesamte E-Mail, Von, An oder Betreff aus dem Einblendmenü im Suchfeld aus, um anzugeben, welcher Teil der Nachrichten durchsucht werden soll.

Verwenden Sie die Angaben AND, OR und NOT und Klammern, um Ihre Suche einzugrenzen:

- Wenn Sie Urlaub AND Spanien eingeben, werden E-Mails gefunden, die sowohl Urlaub als auch Spanien enthalten.
- Wenn Sie Urlaub OR Spanien eingeben, werden E-Mails gefunden, die entweder Urlaub oder Spanien enthalten.
- Schreiben Sie Urlaub NOT Spanien, werden E-Mails gefunden, die Urlaub, aber nicht Spanien enthalten.

- Wenn Sie URLAUB AND (SPANIEN OR COSTA BRAVA) eingeben, werden E-Mails gefunden, die sowohl URLAUB und SPANIEN enthalten, sowie E-Mails, die sowohl SPANIEN und COSTA BRAVA beinhalten.

Fotos versenden mit Mail

Mail bietet die Möglichkeit, digitale Fotos innerhalb einer E-Mail als Anhang zu versenden. Sie sollten dabei jedoch darauf achten, dass Bilder den Umfang Ihrer E-Mail drastisch vergrößern können. Insbesondere, wenn Ihr E-Mail-Provider eine Obergrenze für die Größe ausgehender E-Mails festgelegt hat, kann dies zu Problemen führen. Aus diesem Grund sollten Sie pro E-Mail nicht zuviel Bilder bzw. Anhänge versenden. Des Weiteren gibt es die Möglichkeit, das Bildformat zu verkleinern, und damit die Dateigröße des Bildes zu reduzieren. Und das geht wie folgt:

1. Öffnen Sie *Mail* und klicken Sie in der Symbolleiste in NEU.
2. Geben Sie unter AN: den Empfänger und unter BETREFF: einen entsprechenden Betreff ein.
3. Anschließend schreiben Sie Ihren E-Mail-Text. Haben Sie den textlichen Aspekt Ihrer E-Mail erledigt, können Sie sich um die Anhänge kümmern, die mit der Mail verschickt werden sollen. Klicken Sie dazu in die Taste ANHANG des geöffneten E-Mail-Fensters.

4. *Mail* öffnet ein Dialogfenster, über das Sie das oder die Fotos auswählen können, die Sie der E-Mail hinzufügen möchten. Markieren Sie das jeweilige Foto und aktivieren Sie das Feld ANHÄNGE WINDOWS-KOMPATIBEL SEN-

DEN, wenn Sie die Mail an einen Windows-Benutzer senden möchten. Klicken Sie in DATEI WÄHLEN.

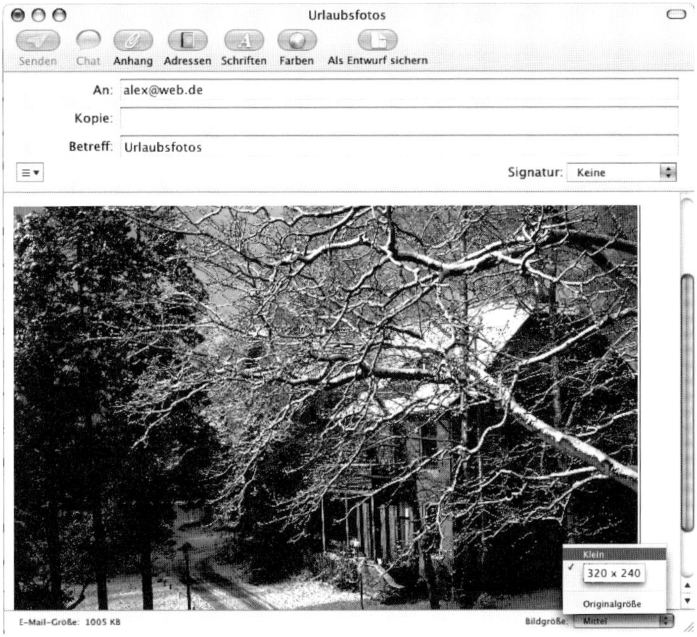

5. Im Hauptfenster Ihrer Mail wird nun das importierte Bild dargestellt. Sollte es zu groß sein, wählen Sie aus dem Einblendmenü BILDGRÖßE unten rechts im Fenster eine kleinere Bildgröße aus. Führen Sie diesen Schritt für jedes Foto in Ihrer E-Mail durch.
6. Klicken Sie in SENDEN, um die E-Mail inklusive aller angehängten Fotos zu versenden.

Möchten Sie eine Vielzahl von Fotos versenden, sollten Sie diese in einen separaten Ordner kopieren. Ist der Kopiervorgang beendet, können Sie diesen Ordner dann komprimieren. Zum Komprimieren von Dateien vor dem Senden verwenden Sie den Befehl ARCHIV ERSTELLEN im Menü ABLAGE des Finders. Und so geht's:

1. Markieren Sie die Dateien oder den Ordner, die Sie komprimieren möchten.
2. Rufen Sie anschließend aus dem Menü ABLAGE den Menüeintrag ARCHIV ERSTELLEN auf. Es wird ein komprimiertes Archiv mit den betreffenden Dateien erstellt.

Wenn Sie ein einzelnes Objekt archivieren, behält die archivierte Datei den Namen des Originalobjekts mit der Dateierweiterung *.zip* bei. Archivieren Sie hingegen mehrere Dateien gleichzeitig, heißt die archivierte Datei *Archiv.zip*. Die Empfänger können die Archivdatei öffnen, indem Sie sie durch Doppelklicken auswählen. Wenn Sie eine archivierte Datei öffnen, wird das Archiv durch einen Ordner ersetzt, der unkomprimierte Kopien der Originalobjekte enthält.

Angehängte Fotos als Diashow

Bekommen Sie eine E-Mail mit angehängten Fotos, so können Sie sich diese als Diashow präsentieren lassen. Die Bilder werden dann nacheinander auf dem Bildschirm angezeigt.

1. Öffnen Sie Mail und rufen Sie Ihre E-Mails ab bzw. öffnen Sie die Mail, welche die angehängten Fotos enthält.

2. Klicken Sie im Kopf der E-Mail in die Taste DIASHOW, um die Bilder einer Nachricht als Diashow anzeigen zu lassen.

Bewegen Sie während der Diashow den Mauszeiger, so erscheinen die Steuerelemente am unteren Bildschirmrand. Diese ermöglichen Ihnen, die Diashow zu unterbrechen und neu zu starten, ein Bild vor- und zurückzublättern, einen Index aller Bilder einzublenden oder die Diashow zu schließen.

Verbindung prüfen

Haben Sie einmal Schwierigkeiten beim Empfang oder Versenden von E-Mails, kann dies verschiedene Ursachen haben. Mit VERBINDUNG PRÜFEN kontrollieren Sie, ob die Internetverbindung zu Ihrem Mailserver bzw. Mail-Provider in Ordnung ist.

1. Öffnen Sie *Mail* und wählen Sie FENSTER/VERBINDUNG PRÜFEN.

2. Das Programm stellt per Internet eine Verbindung mit Ihrem E-Mail-Provider und dessen Mailservern her. Dieser Vorgang dauerte einige Augenblicke. Ist der Prüfvorgang beendet, sollten grüne Optionsfelder indizieren, dass mit der Verbindung alles in Ordnung ist.
3. Schließen Sie das Fenster.

7.4 .Mac

.Mac ist eine Palette von Software- und Internetdiensten, die Mac-Anwender mit leistungsfähigen Tools für das Leben im Internet versorgen. .Mac besteht aus einem E-Mail-Service mit IMAP, POP oder Web-basiertem Zugang, 250 MByte Server-Speicherplatz (*iDisk*), der nahtlos in den Mac OS X 10.4 Finder integriert ist, und diversen weiteren Diensten, etwa um Homepages und Fotoalben zu erstellen. .Mac führt die Möglichkeit ein, Kalender, die mit der Kalendersoftware *iCal* von Apple erstellt wurden, mit Freunden, Kollegen und Bekannten auszutauschen.

.Mac einrichten und anmelden

Damit Sie .Mac in aller Ruhe kennen lernen können, bietet Apple einen kostenlosen 60-Tage-Zugang an. Diesen Testzugang können Sie nach 60 Tagen in einen regulären Zugang umwandeln. Dabei werden sämtliche Daten (E-Mail-Adressen, Festplattenplatz im Internet usw.) übernommen.

Im Folgenden richten wir einen Testzugang ein. Rufen Sie dazu die *Systemeinstellungen* auf und klicken Sie in der Kategorie INTERNET & NETZWERKE in

.MAC. Klicken Sie im Bereich JETZT ANMELDEN in die Taste WEITERE INFORMATIONEN. Tiger öffnet Safari und bringt die amerikanische Website von Apple zur Ansicht. Klicken Sie hier im rechten oberen Bereich auf TEST DRIVE .MAC.

Haben Sie alle notwendigen Daten eingegeben, schicken Sie diese mit einem Klick in die Taste CONTINUE ab. Daraufhin bekommen Sie wenige Augenblicke später eine Webseite angezeigt, die einen Überblick über die eingegebenen Daten gibt. Drucken Sie diese Seite aus, damit Sie Daten wie etwa Benutzername, Kennwort, E-Mail-Adresse und E-Mail-Server griffbereit haben.

Um sich bei *.mac* anzumelden, gehen Sie wie folgt vor:

1. Starten Sie *Safari* und verbinden Sie sich mit Apples Website (`http://www.apple.de`).
2. Klicken Sie in .MAC, um sich mit dem .Mac-Bereich der amerikanischen Apple-Website zu verbinden. Klicken Sie hier oben rechts in LOG IN.

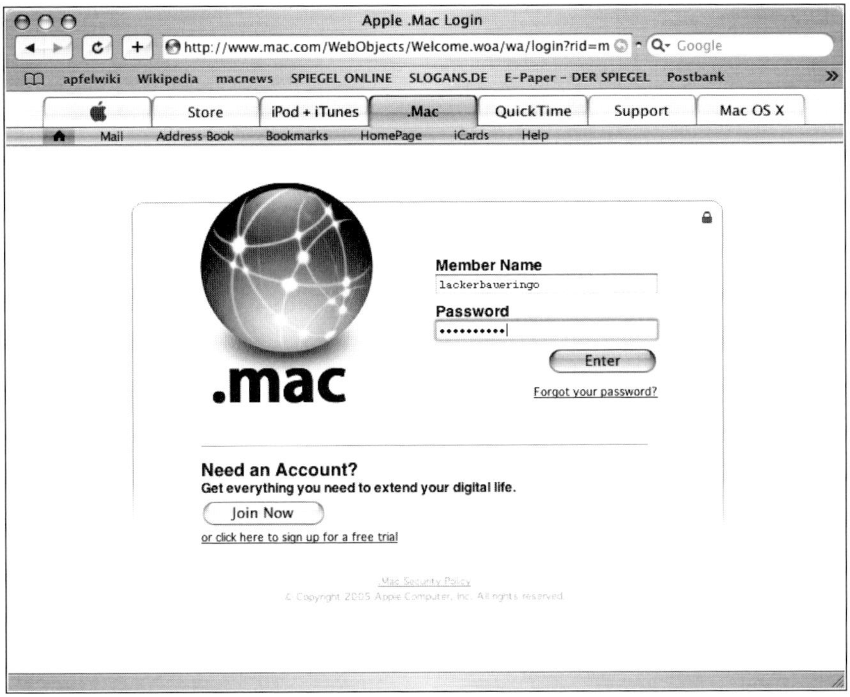

3. Geben Sie unter MEMBER NAME Ihren Benutzernamen sowie unter PASSWORD Ihr Kennwort ein, das Sie im Rahmen der Anmeldung definiert haben. Klicken Sie abschließend in ENTER.
4. Sie befinden sich nun in Ihrem privaten Bereich auf den Servern von Apple. Auf diesen Bereich können Sie von jedem Winkel dieser Erde aus zugreifen, vorausgesetzt, Sie verfügen vor Ort über einen Internetzugang.

.Mac im Überblick

Sobald Sie sich angemeldet haben gelangen Sie zu Ihrem privaten .Mac-Bereich im Internet.

Im linken Bereich der Webseite sehen Sie eine Vielzahl von Funktionen und Diensten, die Sie im Rahmen Ihres .Mac-Accounts nutzen können.

Zu diesen Diensten zählen beispielsweise Mail, Adressbuch, Kalender, iDisk, Homepage, iCards und vieles mehr. Mit einem Klick auf die entsprechenden Symbole gelangen Sie zu unterschiedlichen Bereichen bzw. Funktionen Ihres .Mac-Accounts:

MAIL

Wie bereits erwähnt, stellt Ihnen Apple eine E-Mail-Adresse mit der Endung @MAC.COM zur Verfügung. Wenn Sie auf MAIL klicken, empfängt Sie Ihre Posteingangsbox Ihres .Mac-Accounts.

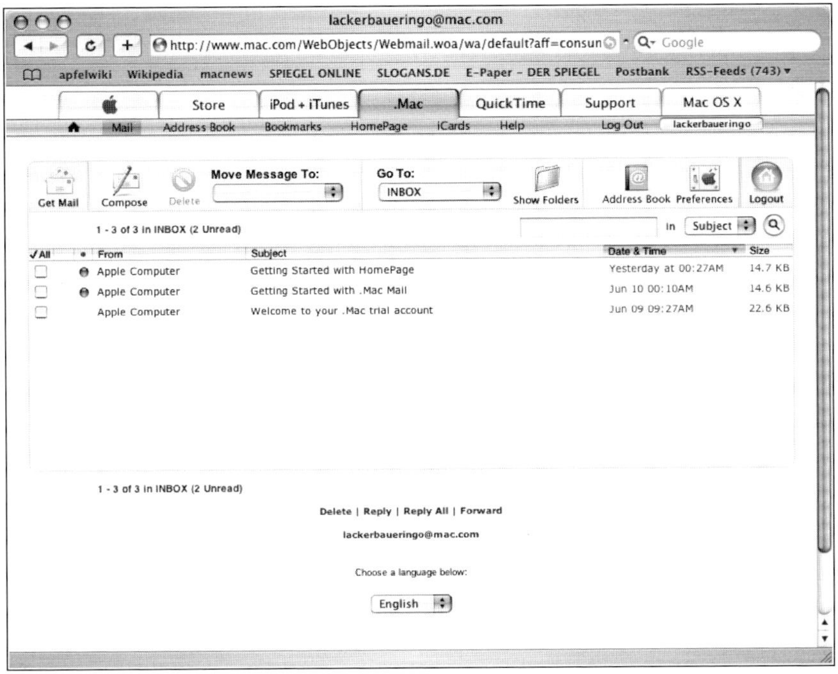

Die daraufhin folgende Webseite bietet Ihnen alles, was Sie von *Mail* kennen. Mit einem Klick in Get Mail rufen Sie Ihre E-Mails ab, Nachrichten erstellen Sie mit Compose, markierte Nachrichten löschen Sie mit Delete usw.

Übrigens: Möchten Sie die E-Mail Ihres .Mac-Accounts über das Programm Mail abrufen, müssen Sie dort einen neuen Account anlegen. Geben Sie hier Ihren Namen, E-Mail-Adresse sowie die Mailserver ein. Der Mailserver für ausgehende Post lautet smtp.mac.com und für eingehende Mails mail.mac.com.

iDisk

iDisk ist Ihre Festplatte auf Apples Webserver im Internet. Hier können Sie Daten auslagern, die Sie Freunden zur Verfügung stellen möchten oder auf die Sie von unterwegs aus zugreifen möchten.

HomePage

Mit HomePage haben Sie die Möglichkeit, innerhalb kürzester Zeit eine eigene Website im Internet zu veröffentlichen. Sie haben die Wahl zwischen vordefinierten Kategorien und den dazugehörigen Themen (wie etwa Photo Album, iMovies, Resume, Newsletter, Baby, Education Invite, File Sharing etc.). All diese Kategorien widmen sich einem bestimmten Thema.

Die Gestaltung einer Webseite nach eigenen Vorstellungen ist an dieser Stelle sehr stark eingegrenzt. Sie haben lediglich die Möglichkeit, eine Webseite zu einem ganz speziellen Thema mit festem Layout zu veröffentlichen.

ICARDS

Mit iCards können Sie elektronische Postkarten per E-Mail versenden. Gehen Sie dabei wie folgt vor:

Öffnen Sie Apples Website im Internet mit der URL `http://www.apple.de`. Wählen Sie auf der ersten Seite des Apple-Internetangebots den Bereich .MAC. Sie werden daraufhin auf eine Seite geleitet, welche Ihnen .Mac vorstellt. Begeben Sie sich ans Ende der Seite und klicken Sie in WEITER.

Nun befinden Sie sich auf der Webseite, die Ihnen einen Einstieg in die verschiedenen .Mac-Tools bietet.

Klicken Sie in das Symbol ICARDS. Kurze Zeit später gelangen Sie auf eine Webseite, die Ihnen verschiedene Kategorien und die dazugehörigen Postkarten anbietet. Wählen Sie eine Postkarte aus.

Nun können Sie eine kurze Textnachricht eingeben, die später auf der Postkarte erscheinen soll. Wählen Sie anschließend im rechten Bereich des Fensters eine Schriftart aus, in der Ihr Text auf der Karte dargestellt werden soll. Ist das alles erledigt, klicken Sie in die Taste CONTINUE im oberen rechten Bereich des Fensters.

Im nächsten Fenster geben Sie noch die E-Mail-Adresse der Empfänger in das Eingabefeld unter RECIPIENT INFORMATION ein. Mehrere E-Mail-Adressen schreiben Sie durch Komma getrennt.

Abschließend bedarf es nur noch eines Mausklicks auf SEND CARD, und die Postkarte macht sich auf die Reise zum Empfänger.

Zugriff auf Ihre iDisk

Um von Mac OS X 10.4 auf die iDisk im Internet zuzugreifen, wählen Sie GEHE ZU/IDISK. Klicken Sie hier in MEINE IDISK.

Es erscheint ein kleines Dialogfenster, in das Sie Ihren BENUTZERNAMEN sowie ein KENNWORT eingeben müssen. Dabei handelt es sich um Ihren .Mac-Benutzernamen und das dazu passende Kennwort.

Klicken Sie nach Eingabe von BENUTZERNAME und KENNWORT in die Taste VERBINDEN. Nach einigen Augenblicken erscheint auf Ihrem Schreibtisch der Inhalt Ihrer Festplatte im Internet. Sie finden hier die gleiche Struktur vor, wie unter Ihrem privaten Ordner auf Ihrer Festplatte.

Sie können nun Ihre Daten im Internet auf der Festplatte von Apples Webserver ablegen. Dafür stehen Ihnen in der Testversion insgesamt 60 MByte zur Verfügung (regulär sind es 250 MByte). Egal wo Sie sich nun befinden, es genügt ein Internetzugang, und schon erreichen Sie Ihre Daten auf Ihrer virtuellen Festplatte im Internet.

Auf Ihrem Schreibtisch finden Sie ebenfalls noch ein Symbol für Ihre iDisk, das parallel zum Aufrufen der iDisk erstellt wurde.

Sobald Sie Ihren Rechner neu starten, verschwindet dieses Symbol, und erscheint erst wieder, wenn Sie Kontakt mit Ihrer Festplatte im Internet aufnehmen. Möchten Sie die iDisk von Ihrem Schreibtisch entfernen, verschieben Sie das Symbol einfach in den Papierkorb.

.Mac Sync

Mithilfe von *.Mac Sync* synchronisieren Sie Ihren .Mac-Account mit Ihrem Mac. Ihre .Mac-Umgebung beinhaltet daraufhin immer den aktuellen Stamm an Daten, den Sie auch auf Ihrem Mac vorhalten (Kalender, Adressbuch etc.)

1. Starten Sie die *Systemeinstellungen* und klicken Sie unter INTERNET & NETZWERK in .MAC.
2. Geben Sie Ihren .MAC MITGLIEDSNAMEN sowie das dazugehörige KENNWORT ein.
3. Klicken Sie in die Taste SYNC.

4. Aktivieren Sie das Markierungsfeld SYNCHRONISIEREN MIT .MAC und markieren Sie jene Dinge, die Sie mit Ihrem .Mac-Account synchronisieren möchten. Klicken Sie in JETZT SYNCHRONISIEREN.
5. Ihr Mac synchronisiert sich nun mit dem .Mac-Account.

7.5 Personal Web Sharing

Im Übrigen funktioniert der Zugriff auch Plattform-übergreifend. So ist es möglich, von einem Webbrowser auf einem Windows PC aus auf Ihre Webseiten zuzugreifen.

In Mac OS X Tiger ist die Apache-Webserver-Software enthalten, die Sie verwenden können, um auf Ihrem Mac eine (oder mehrere) Webseiten bereitzustellen. Befindet sich Ihr Macintosh in einem lokalen Netzwerk (das auch nur aus zwei über ein Netzwerkkabel verbundenen Maschinen bestehen kann), sind andere Rechner über Ihren Webbrowser in der Lage, auf diese Webseite zuzugreifen.

Um überhaupt Webseiten für die Allgemeinheit im Netzwerk frei zu schalten, müssen Sie die SYSTEMEINSTELLUNGEN öffnen und dort im Bereich INTERNET & NETZWERK SHARING aufrufen.

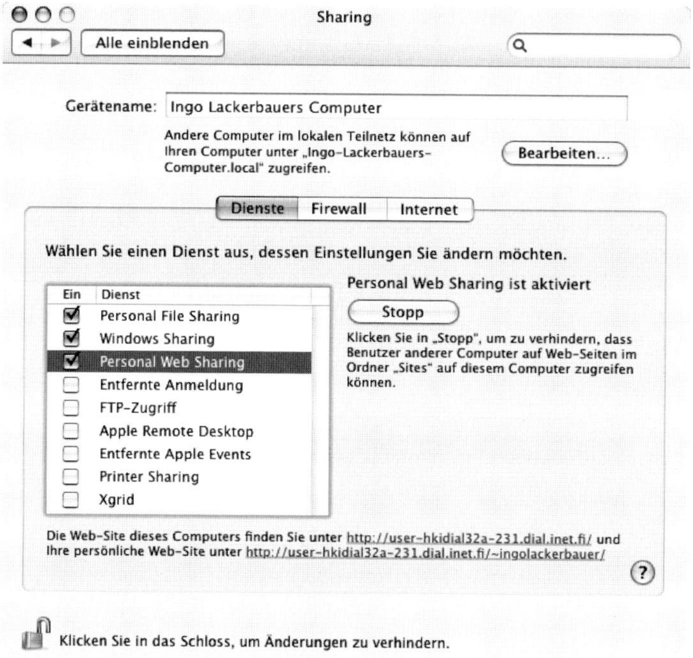

Aktivieren Sie im Bereich DIENSTE das Markierungsfeld PERSONAL WEB SHARING. Daraufhin startet Ihr Mac den angeforderten Dienst, und die rechts neben der Diensteliste befindliche Taste ändert sich in STOPP. Möchten Sie den gestarteten Dienst beenden, klicken Sie in die Taste STOPP oder nochmals in das Markierungsfeld.

Erst jetzt können andere Benutzer Ihres lokalen Netzwerkes auf Webseiten im Ordner WEB-SITES, der sich unter Ihrem Kurznamen (BENUTZER/IHR KURZNAME/WEB-SITES) auf der Festplatte befindet, zugreifen.

Im unteren Bereich des Dialogfensters sehen Sie die Syntax, die Sie in Safari (oder jedem anderen Webbrowser) eingeben müssen:

`http://Ihre IP-Adresse/Ihr Kurzname/`
(z.B. `http://143.176.14.212/ingolack/`)

Ihre lokale IP-Adresse finden Sie im Dialogfenster SHARING unter NETZWERK-ADRESSE. Wie Sie eine IP-Adresse für Ihren Rechner erstellen, falls Sie noch über keine verfügen oder keinen DHCP-Server benutzen, erfahren Sie im Kapitel 9, *Netzwerk*.

Ob Ihr Webserver funktioniert, können Sie relativ leicht feststellen. Starten Sie dazu einfach Safari aus dem Dock und geben Sie im Browser als Adresse `http://dieIP-AdressedesRechners/IhrBenutzername/` ein. Ein Beispiel wäre `http://192.198.14.114/ingolackerbauer/`. Nach der IP-Adresse müssen Sie Ihren Kurznamen schreiben, unter dem Sie bei Mac OS X 10.4 bekannt sind. Haben Sie diesen vergessen, klicken Sie in den SYSTEMEINSTELLUNGEN in der Kategorie SYSTEM in BENUTZER, markieren Sie dort Ihren Namen und klicken Sie dann in die Taste BENUTZER BEARBEITEN. Das zweite Eingabefeld des erscheinenden Fensters zeigt Ihnen Ihren KURZNAMEN.

Wichtig: Vergessen Sie nicht den abschließenden Schrägstrich (/) hinter Ihrem Kurznamen, da der Webserver ansonsten Ihren privaten Ordner WEB-SITES nicht finden kann. Haben Sie dieses beachtet, erscheint im Browser eine Standard-Index-Seite, die sich in Ihrem WEB-SITE-Ordner befindet.

Möchten Sie diese Seite durch eine eigene Seite ersetzen, müssen Sie sich erst einmal zum Ordner WEB-SITES unter BENUTZER/IHR KURZNAME/WEB-SITES bewegen (in unserem Beispiel wäre das BENUTZER/INGOLACKERBAUER/WEB-SITES).

Hier finden Sie eine HTML-Seite mit der Bezeichnung *index.html*. Diese so genannte Index-Seite ist die erste Seite, nach der ein Webserver immer sucht. Diese Seite nennt man auch Homepage. Kopieren Sie einfach Ihre Homepage in diesen Ordner und benennen Sie diese als *index.html*, und schon wird diese nach Eingabe der oben erwähnten URL angezeigt.

8 Mac OS X 10.4-Systemprogramme

Im Ordner PROGRAMME auf Ihrer Festplatte finden Sie leistungsfähige Programme, die Sie bei der täglichen Arbeit unterstützen. Abgesehen von verbesserten Funktionen ist vor allem die Integration der Tiger-Programme untereinander gut gelungen.

8.1 Adressbuch

Adressbuch

Im *Adressbuch*, das Sie auch im Dock finden, speichern Sie Namen, Telefonnummern, Adressen, E-Mail-Adressen und viele weitere Informationen Ihrer privaten und geschäftlichen Ansprechpartner.

Zugriff auf den Inhalt Ihres Adressbuchs haben Sie von unterschiedlichen Stellen aus. Beispielsweise können Sie aus dem Programm *Mail* und der Systemeinstellung BENUTZER auf Inhalte des Adressbuchs zugreifen.

Kontakt hinzufügen

Um das *Adressbuch* zu starten, klicken Sie doppelt auf das entsprechende Symbol im Ordner PROGRAMME auf der Festplatte oder Sie rufen es mit einem Mausklick aus dem Dock auf. Einen neuen Kontakt legen Sie wie folgt an:

1. Wählen Sie aus dem Menü ABLAGE den Eintrag NEUE VISITENKARTE. Alternativ klicken Sie in HINZUFÜGEN (Pluszeichen) am unteren Ende der Spalte NAME.

2. In der Spalte NAME sehen Sie einen neuen Eintrag mit der Bezeichnung OHNE NAMEN. Diese neue Visitenkarte wird im rechten Bereich zur Bearbeitung angezeigt. Geben Sie die Daten ein und verwenden Sie die [⇆]-Taste, um dabei von einem Feld zum nächsten zu wechseln.

   Möchten Sie eines der Felder nicht ausfüllen, können sie es einfach überspringen. Ein solches Feld ist auf der fertigen Visitenkarte nicht zu sehen. Möchten Sie weitere Felder, wie etwa zusätzliche Telefonnummern, hinzufügen, klicken Sie auf das Pluszeichen vor der Bezeichnung eines Felds. Das Pluszeichen ist nur dann verfügbar, wenn die angezeigten Felder bereits ausgefüllt sind.

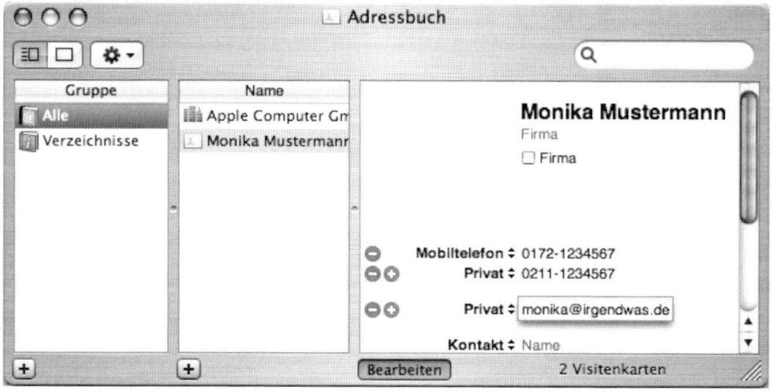

3. Klicken Sie abschließend in BEARBEITEN, nachdem Sie alle Informationen eingegeben haben. Die fertige Visitenkarte wird angezeigt.

Da das Adressbuch virtuelle Visitenkarten (vCards) verarbeiten kann, gibt es einen sehr bequemen Weg neue Kontakte zu erstellen. Haben Sie z.B. per E-Mail eine solche vCard erhalten, bewegen Sie diese einfach in das Fenster Ihres Adressbuchs. Alternativ können Sie die gewünschte vCard doppelklicken, wodurch das *Adressbuch* startet und die Karte öffnet. Bestätigen Sie die Meldung mit OK, um die Daten in das Adressbuch zu übernehmen.

Klicken Sie bei gedrückter [ctrl]-Taste in die Adresse einer Visitenkarte und wählen Sie UMGEBUNGSKARTE ANZEIGEN, um die Adresse in einem Stadtplan in *Safari* anzuzeigen.

Kontakt bearbeiten

Haben sich die Kontaktdaten einer Person geändert, markieren Sie in der Spalte NAME des Adressbuchs den entsprechenden Eintrag und klicken Sie anschließend in die Taste BEARBEITEN. Daraufhin wird der Kontakt im Bearbeitungsmodus geöffnet und steht im rechten Bereich zur Bearbeitung bereit.

Speichern Sie die Änderungen durch einen erneuten Klick in BEARBEITEN. Alternativ wechseln Sie in den Bearbeitungsmodus, indem Sie den Kurzbefehl [⌘] + [L] verwenden.

Möchten Sie einen Adressbucheintrag löschen, markieren Sie diesen in der Spalte NAME und rufen Sie aus dem Menü BEARBEITEN den Eintrag VISITENKARTE LÖSCHEN auf.

Bilder hinzufügen

Wenn Sie ein Bild einer Person auf deren Visitenkarte im Adressbuch hinzufügen, wird das Bild auch in anderen Programmen angezeigt, die Informationen des Programms *Adressbuch* nutzen. Beispielsweise sehen Sie das Bild im Fenster der Nachricht, wenn Sie in *Mail* eine E-Mail der betreffenden Person lesen oder wenn Sie die Person in *iChat* in die Kontaktliste aufnehmen.

Wählen Sie die Visitenkarte im Adressbuch aus, klicken Sie in BEARBEITEN und doppelklicken Sie in den Bildbereich. Verwenden Sie die Taste WÄHLEN, um eine Bilddatei anzusteuern und mit ÖFFNEN zu übernehmen. Benutzen Sie den Schieberegler zum Skalieren bzw. verschieben Sie den Bildausschnitt per Maus.

Sie bewegen alternativ ein Bild in das umrandete Feld.

Das Bild kann als JPEG, GIF, TIFF, PNG, PDF oder andere Grafikdatei vorliegen. Sofern Sie es in der *Vorschau* öffnen können, ist es auch für Visitenkarten geeignet.

Kontakte importieren

Haben Sie Ihr Betriebssystem von einer älteren Mac OS X-Version aktualisiert, ohne eine Formatierung (Initialisierung) der Festplatte vorzunehmen, werden Ihre Adressen beim Öffnen des Adressbuchs automatisch importiert.

Wenn Sie Adressen aus anderen Programmen importieren möchten, müssen Sie diese zunächst als vCards, im LDIF-Format, im CSV-Format oder als Textdatei mit durch Tabs getrennten Werten exportieren. Öffnen Sie danach das ADRESSBUCH und wählen Sie ABLAGE/IMPORTIEREN sowie das verwendete Format aus dem Untermenü. Wählen Sie die Datei mit den Kontaktdaten und klicken Sie in ÖFFNEN. Die zuletzt importierten Daten sind in der Spalte GRUPPE mit LETZTER IMPORT bezeichnet, können jedoch mit DARSTELLUNG/LETZTEN IMPORT AUSBLENDEN ausgeblendet werden.

Adressbuch sichern

Bevor Sie umfangreiche Änderungen an Ihrem Adressbuch vornehmen, wählen Sie SICHERUNGSKOPIE DES ADRESSBUCHS aus dem Menü ABLAGE. Verändern Sie wahlweise die vorgeschlagene Bezeichnung und den Speicherort und klicken Sie in SICHERN.

Alle zukünftigen Änderungen lassen sich nun bis zum Stand der letzten Sicherungskopie rückgängig machen, indem Sie ABLAGE/ZURÜCK ZU SICHERUNGSKOPIE DES ADRESSBUCHS anklicken, die entsprechende Datei auswählen und mit ÖFFNEN übernehmen. Neue Visitenkarten oder Kontaktinformationen, die Sie seit der letzten Sicherheitskopie in das Adressbuch aufgenommen haben, gehen hierbei jedoch verloren. Andererseits werden alle gelöschten Objekte wiederhergestellt.

Möchten Sie eine Sicherheitskopie des Adressbuchs anlegen, kopieren Sie die Adressbuch-Datei an einen anderen Speicherort (z.B: auf eine externe Festplatte oder CD). Die Adressbuch-Dateien befinden sich im Ordner BENUTZER/PRIVAT/LIBRARY/APPLICATION SUPPORT/ADRESSBOOK.

Neue Gruppen im Adressbuch

Gruppenadressen erleichtern die Verwaltung von Adressen und das gleichzeitige Versenden von E-Mails an mehrere Personen. Aktivieren Sie die Spaltendarstellung im Adressbuch, falls dies nicht schon geschehen ist. Wählen Sie dazu DARSTELLUNG/VISITENKARTEN UND SPALTEN oder verwenden Sie den Kurzbefehl [⌘] + [1].

Wählen Sie anschließend ABLAGE/NEUE GRUPPE oder klicken Sie auf das Pluszeichen am unteren Ende der Spalte GRUPPE. Bearbeiten Sie den Namen der neuen Gruppe, der in der Spalte GRUPPE angezeigt wird.

Haben Sie der Gruppe einen aussagekräftigen Namen gegeben, können Sie ihr anschließend die entsprechenden Kontakte hinzufügen. Dazu sollten Sie jedoch in die Gruppe ALLE wechseln, da keine Namen angezeigt werden können, solange Sie sich in der neuen (leeren) Gruppe befinden. Wenn Sie nun eine Person zu einer Gruppe hinzufügen wollen, bewegen Sie einfach deren Visitenkarte aus der Spalte NAME auf den Namen der Gruppe.

Möchten Sie eine Person aus einer Gruppe entfernen, bestimmen Sie zunächst die Gruppe und dann den Namen dieser Person. Wählen Sie anschließend BEARBEITEN/AUS DER GRUPPE ENTFERNEN. Nun gehört die betreffende Person nicht mehr zur Gruppe. Die Visitenkarte der Person wird jedoch nicht gelöscht, sondern gehört nach wie vor der Gruppe ALLE an.

Sie können auch mehrere Visitenkarten auswählen, um eine Gruppe anzulegen. Markieren Sie die entsprechenden Visitenkarten und wählen Sie dann NEUE GRUPPE AUS AUSWAHL aus dem Menü ABLAGE. Daraufhin wird eine neue Gruppe mit den ausgewählten Visitenkarten erstellt. Geben Sie der Gruppe abschließend noch einen Namen. Zudem können Sie eine Gruppe in eine andere Gruppe einbinden, indem Sie die betreffende Gruppe auf den Namen der anderen Gruppe bewegen.

Intelligente Gruppe

Ähnlich wie bei intelligenten Ordnern unterstützt Spotlight das Adressbuch bei dem Erstellen intelligenter Gruppen. Wählen Sie ABLAGE/NEUE INTELLIGENTE GRUPPE ([⌥] + [⌘] + [N]) oder wählen Sie den entsprechenden Eintrag aus dem Aktionsmenü. Geben Sie der intelligenten Gruppe einen Namen, legen Sie ein oder mehrere Kriterien für die Zugehörigkeit fest und klicken Sie in OK.

Das Adressbuch erstellt automatisch einen Ordner in der Liste GRUPPE, in dem alle Kontakte enthalten sind, die das oder die Kriterien erfüllen. Wie bei intelligenten Ordnern bleiben intelligente Gruppen stets aktuell. Neu hinzugefügte Kontaktdaten werden automatisch dahingehend untersucht, ob sie den Kriterien einer intelligenten Gruppe entsprechen und gegebenenfalls dorthin übernommen.

Adressbuch und Bluetooth

Verfügt Ihr Mac über eine Bluetooth-Schnittstelle, können Sie Kopien von Visitenkarten drahtlos an Mobiltelefone, PDAs und andere Geräte senden, die mit der Bluetooth-Technologie ausgestattet sind und von Tiger unterstützt werden.

Suchen Sie die gewünschte Visitenkarte in Ihrem Adressbuch. Wählen Sie dann DIESE KARTE SENDEN aus dem Menü VISITENKARTE. Wählen Sie ein Gerät, das mit Ihrem Computer verbunden ist, aus dem Bluetooth-Fenster, das nun angezeigt wird. Kurze Zeit später empfängt das ausgewählte Gerät die Visitenkarte. Sie müssen die Übertragung bestätigen, um die Karte zu sichern.

Adressen drucken

Drucken Sie Ihr Adressbuch ganz oder teilweise, um es auch dann verwenden zu können, wenn Sie nicht am Computer arbeiten.

1. Wählen Sie eine Gruppe, deren Informationen Sie drucken möchten, oder markieren Sie einzelne Kontakte in der Spalte NAME.
2. Wählen Sie ABLAGE/DRUCKEN.
3. Stellen Sie im Einblendmenü STIL das Format TASCHEN-ADRESSBUCH ein. Geben Sie das Papierformat an und aktivieren Sie im Feld ATTRIBUTE die Informationen, die Sie in das Adressbuch übernehmen möchten. Legen Sie unter SCHRIFT mithilfe der Taste WÄHLEN eine andere Schriftart, die sich auch in Stil und Größe verändern lässt.
4. Starten Sie mit DRUCKEN den Druckvorgang.
5. Schneiden Sie die gedruckten Seiten entlang der Schnittmarken mit Lineal und Cutter in Einzelseiten.

Zugegeben, ein linksseitig platziertes Register ist etwas gewöhnungsbedürftig. Mit einer Klebebindung (oder notfalls zwei Tackernadeln) auf der rechten Seite erhalten Sie jedoch schnell ein kompaktes Adressbüchlein für unterwegs.

Weitere Druckoptionen des Einblendmenüs STIL ermöglichen Ihnen, Adressen auf Etiketten oder Umschläge zu drucken. Beim Etikettendruck wählen Sie per Einblendmenüs einen Hersteller und eines der vorgegebenen Produkte. Sollten Ihre Etikettenbögen diesen Angaben nicht entsprechen, können Sie im Bereich LAYOUT im Einblendmenü SEITE mit EIGENE DEFINIEREN die Maße Ihrer Etiketten eingeben und verwenden. Im Bereich Etikett legen Sie im Einblendmenü ADRESSEN eine Gruppe fest und geben an, ob die Adressen alphabetisch oder nach Postleitzahlen sortiert werden sollen. Machen Sie weitere Angaben zur Schriftfarbe, Schrift usw. und starten Sie den Druck mit DRUCKEN.

Beim Drucken von Umschlägen wählen Sie zunächst UMSCHLÄGE aus dem Einblendemenü STIL. Nehmen Sie weitere Einstellungen in den Bereichen LAYOUT, ETIKETT und AUSRICHTUNG vor und klicken Sie in DRUCKEN. Vergessen Sie nicht, zuvor die entsprechenden Umschläge in den gewählten Drucker einzulegen.

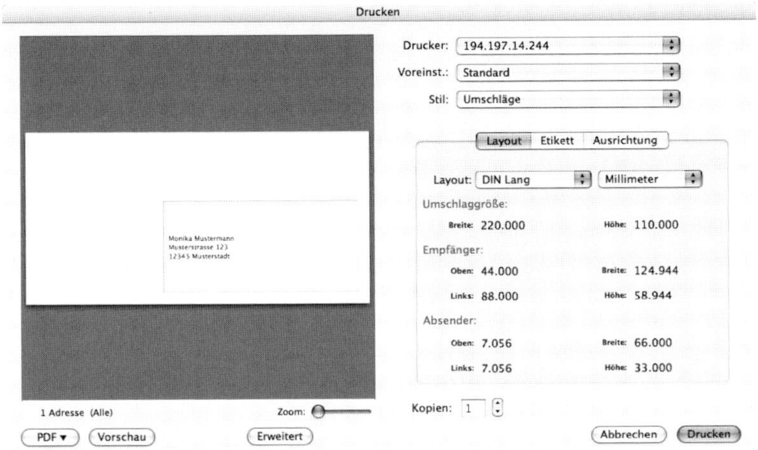

Eine weitere Alternative für das Drucken von Adressen stellen Listen dar. Stellen Sie im Einblendmenü STIL den Eintrag LISTEN ein, um die gewünschten Informationen der Kontakte in einer einfachen Liste zu drucken.

8.2 AppleScript

AppleScript ist eine von Apple entwickelte Skriptsprache, die die Steuerung von Programmen und Betriebssystem ermöglicht. Durch die enge Verwandtschaft zur englischen Sprache ist *AppleScript* leicht zu erlernen. Der *Skripteditor* dient zum Erstellen und Bearbeiten von AppleScript Skripts. Er unterstützt das Erstellen von Skripts, indem er die Befehle anzeigt, die ein skriptfähiges Programm versteht (Funktionsverzeichnis), sowie Aktionen aufzeichnet und Sie bei der Fehlersuche unterstützt.

Unter `http://www.apple.com/de/macosx/features/applescript/` finden Sie allgemeine Informationen zu AppleScripts. Bestandteil von Tiger sind Beispielskripts, die Sie unter /PROGRAMME/APPLESCRIPT/EXAMPLE SCRIPTS finden.

Weiterführende Informationen erhalten Sie in der *Skripteditor Hilfe* sowie der *AppleScript Hilfe* und dem *AppleScript Language Guide* auf Apples Developer-Seiten im Internet (`http://developer.apple.com/de/`).

Verwenden Sie *Automator* für das intuitive Erstellen von Arbeitsabläufen ohne Vorkenntnisse.

8.3 Automator

Automator

Der *Automator* hilft Ihnen dabei, wiederkehrende Aufgaben und Arbeitsabläufe zu automatisieren. Anders als bei AppleScript sind für die Bedienung des Automators keine Vorkenntnisse erforderlich, da Arbeitsabläufe einfach durch das Aneinanderreihen von Aktionen per Drag & Drop entstehen. Die Aktionen für einzelne Programme bringt Automator ebenfalls mit, wobei jede Aktion alle Optionen und Einstellungen zur Verfügung stellt, die Sie benötigen. Einmal erstellte Arbeitsabläufe können zur erneuten Verwendung als automatisch ablaufendes Programm oder Automator Arbeitsablauf gespeichert und an andere Nutzer weitergegeben werden.

Je mehr Sie sich mit dem *Automator* beschäftigen, desto mehr Anwendungsmöglichkeiten werden sich Ihnen auftun. Ebenso wie Sie im Internet zahlreiche weitere Dashboard Widgets finden, gibt es auch eine Reihe bereits fertig gestellter Automator-Arbeitsabläufe, z.B. von Apples Download-Seite aus `http://www.apple.com/de/downloads.macosx/`.

Arbeitsablauf erstellen

Starten Sie *Automator*, indem Sie im Ordner PROGRAMME in AUTOMATOR doppelklicken.

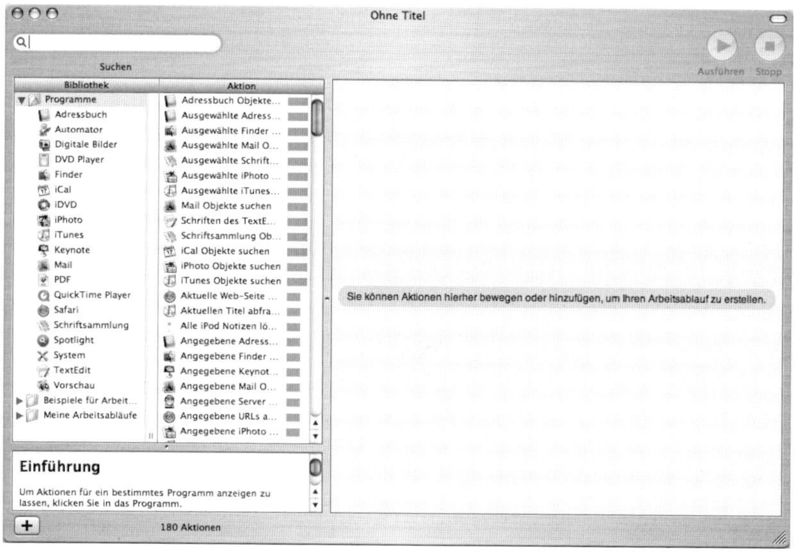

Links ist in der Liste BIBLIOTHEK der Ordner PROGRAMME markiert, sodass in der rechten Liste AKTION die Aktionen aller Programme aufgelistet sind. Unterhalb der Listen sehen Sie die Beschreibung der ausgewählten Aktion bzw. zu Beginn eine kleine Einführung. Ziehen Sie die Begrenzung dieses Bereichs nach oben, um ihn zu vergrößern. Der rechte Bereich nimmt den Arbeitsablauf auf und ist zu Beginn leer.

Klicken Sie links in ein Programm, um in der Liste AKTION alle Aktionen zu sehen, die für dieses Programm verfügbar sind. Markieren Sie eine Aktion, um unten eine Beschreibungen anzuzeigen. So erfahren Sie, was die Aktion bewirkt, welche Eingabe nötig ist und welche Ausgabe sich ergibt.

Jede Aktion repräsentiert einen einzelnen Schritt, etwa das Kopieren einer Gruppe von Dateien. Aktionen aus der Automator Bibliothek werden aneinander gereiht zu einem Arbeitsablauf. Die Ergebnisse einer Aktion werden an die nächste Aktion übergeben, bis der Arbeitsablauf beendet ist.

Als Beispiel erstellen wir einen kleinen Arbeitsablauf, der im Finder markierte Fotos umbenennt und in *iPhoto* importiert. Dies ist für die weitere Verwaltung nützlich, da von einer Digitalkamera stammende Bilder Namen wie z.B. IMG_1432.JPG oder DSCF0046.JPG haben, anhand derer sich nicht erahnen lässt, um welche Aufnahmen es sich handelt.

1. Markieren Sie im Finder die Fotos, mit denen Sie die folgenden Schritte durchführen möchten.
2. Wechseln Sie zum Automator, klicken Sie in der Liste BIBLIOTHEK in FINDER und markieren Sie die Aktion AUSGEWÄHLTE FINDER OBJEKTE ABFRAGEN, sodass diese unten beschrieben wird. Ziehen Sie die Aktion aus der Liste AKTION nach rechts in das Arbeitsablaufsfenster.

Fahren Sie langsam mit dem Mauszeiger über die Einträge, um diese in ganzer Länge sehen zu können.

3. Markieren Sie die Aktion FINDER OBJEKTE UMBENENNEN und ziehen Sie diese ebenfalls in den Arbeitsablauf und zwar unterhalb der bereits bestehenden Aktion. Automator denkt mit und informiert Sie darüber, dass Sie mit dieser Aktion Originalobjekte umbenennen. Sie erhalten den Vorschlag, die Aktion FINDER OBJEKTE KOPIEREN zu übernehmen, damit lediglich Kopien umbenannt werden. Da Sie umfangreiche Bilddaten nicht unnötig doppelt speichern müssen, können Sie diesen gut gemeinten Ratschlag mit NICHT HINZUFÜGEN ablehnen.
4. Wählen Sie nun aus dem ersten Einblendmenü der Aktion LAUFENDE NUMMERN HINZUFÜGEN, markieren Sie die Option ZAHL HINZUFÜGEN ZU NEUEM NAMEN und geben Sie den gemeinsamen Namen der Fotos ein. Dies kann z.B. der Anlass sein, zu dem die Fotos entstanden sind, oder der Urlaubsort.

Geben Sie an, wo Sie die Zahlen platzieren möchten, mit welchem Trennzeichen Zahlen und Namen getrennt werden sollen und wie viele Stellen die Nummerierung haben soll.

5. Klicken Sie in der Liste BIBLIOTHEK in IPHOTO, wählen Sie die Aktion FOTOS IN IPHOTO IMPORTIEREN und ziehen Sie diese unterhalb der bereits bestehenden Aktionen in den Arbeitsablauf.
6. Geben Sie an, ob die Fotos zu einem bestehenden oder neuen Album hinzugefügt werden sollen und wählen Sie ein bestehendes aus bzw. geben Sie den Namen eines neuen Albums an. Aktivieren Sie das Feld QUELLBILDER NACH DEM IMPORTIEREN LÖSCHEN, um die Fotos im Originalordner zu löschen. Beim Importieren legt *iPhoto* eine Kopie der Fotos in den Ordner IPHOTO LIBRARY, sodass die Fotos dort erhalten bleiben.
7. Wählen Sie ABLAGE/SICHERN UNTER, geben Sie dem Arbeitsablauf einen Namen und legen Sie einen Speicherort fest.

Im Arbeitsablauf sehen Sie drei Aktionen, die rechts miteinander verbunden sind. Sie sehen, dass die erste Aktion mit der Ausgabe DATEIEN/ORDNER endet und die zweite Aktion als Eingabe DATEIEN/ORDNER verlangt. Beim Hinzufügen einer Aktion wird die Liste AKTION neu sortiert, sodass solche oben stehen, die mit der Ausgabe der vorangegangenen Aktion etwas anfangen können. Die Rangfolge der möglichen folgenden Aktionen ist per Balkendiagramm dargestellt.

Haben Sie im Finder Dateien markiert, können Sie mit diesen schnell einen Arbeitsablauf erstellen, indem Sie den Eintrag AUTOMATOR/ARBEITSABLAUF ERSTELLEN aus dem Kontextmenü (`ctrl`-Klick) wählen. Die zuvor markierten Dateien werden in der ersten Aktion eines neuen Arbeitsablaufs definiert.

Arbeitsablauf ausführen

Haben Sie die Schrittfolge im letzten Abschnitt nachvollzogen, können Sie den Arbeitsablauf mit der Taste AUSFÜHREN starten, vorausgesetzt, Sie haben zuvor Fotos im Finder markiert. Der Arbeitsablauf wird Schritt für Schritt durchgeführt, das Ende wird durch einen Ton signalisiert.

Im unteren Teil des Fensters verfolgen Sie den Status des Vorgangs. Nach Durchführung einer Aktion wird diese mit einem grünen Häkchen versehen. Möchten Sie den Arbeitsablauf genauer beobachten, wählen Sie DARSTELLUNG/PROTOKOLL EINBLENDEN, wodurch das Automator-Fenster nach unten hin erweitert wird. Skalieren Sie das Fenster gegebenenfalls etwas kleiner, um das Protokoll sehen zu können.

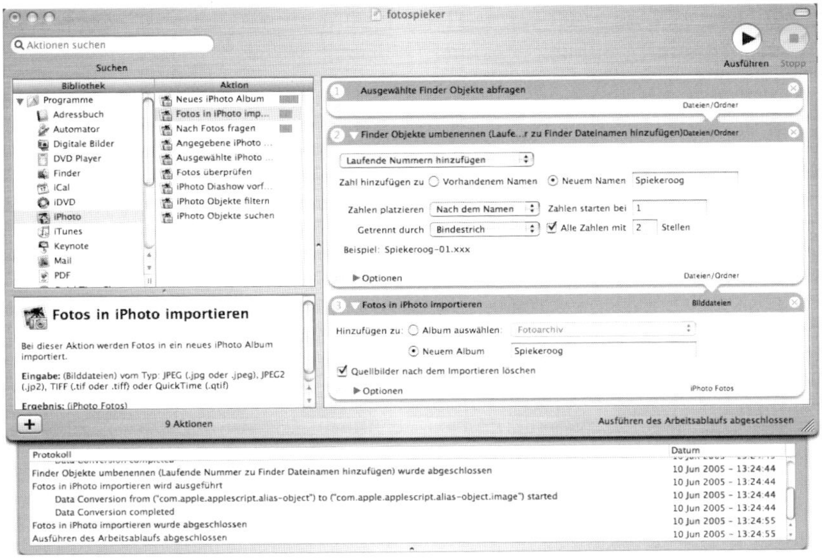

Innerhalb mancher Arbeitsabläufe sind Eingaben erforderlich. Immer dann, wenn bei einer Aktion am unteren Rand OPTIONEN steht, können Sie nach einem Klick in das Dreieck weitere Angaben machen oder mithilfe des Felds AKTION BEIM AUSFÜHREN ANZEIGEN dem Benutzer bei der Ausführung des Arbeitsablaufs überlassen, Einstellungen vorzunehmen.

Arbeitsablauf speichern

test

Per Voreinstellung werden Arbeitsabläufe als Automator Arbeitsablauf gespeichert. Unabhängig vom Speicherort sind eigene Arbeitsabläufe in der Bibliothek im Ordner MEINE ARBEITSABLÄUFE zu finden und können auch von dort per Doppelklick geöffnet werden. Klicken Sie unterhalb der Liste Bibliothek auf HINZUFÜGEN (Pluszeichen), um einen neuen Ordner in der Bibliothek anzulegen. Benennen Sie den Ordner und ziehen Sie gesicherte Arbeitsabläufe aus dem Finder oder dem Arbeitsablauffenster dorthin.

Arbeitsabläufe können an einem beliebigen Speicherort untergebracht werden und lassen sich von dort per Doppelklick im Automator öffnen und ausführen.

test

Wahlweise können Sie einen Arbeitsablauf auch als Programm sichern. Beim Öffnen eines Automator-Arbeitsablaufs wird dieser im Automator ausgeführt, wo er auch bearbeitet werden kann. Als Programm gesicherte Arbeitsabläufe werden durch das Öffnen ausgeführt. Als Programm gesicherte Arbeitsabläufe können nicht zur Bibliothek hinzugefügt werden.

Ein gesicherter Arbeitsablauf kann auch als Plug-In verwendet werden, sodass er vom Kontextmenü aus gestartet werden kann. Wählen Sie dazu ABLAGE/ALS PLUG-IN SICHERN, nachdem Sie einen Arbeitsablauf im Automator markiert haben. Geben Sie dem Plug-In einen Namen, legen Sie fest, wo Sie das Plug-In verwenden möchten, und klicken Sie in SICHERN. Dieses Plug-In wird in Ihrem Ordner PRIVAT unter LIBRARY/WORKFLOWS/APPLICATIONS/ gesichert. Innerhalb dieses Ordners werden weitere Ordner angelegt, je nachdem, wo Plug-Ins verwendet werden sollen. Haben Sie z.B. ein Plug-In für den Finder erstellt, steht der Arbeitsablauf nun auf Finder-Ebene im Kontextmenü von Dateien und Ordnern als Untermenü von Automator zur Verfügung. Auf der Festplatte finden Sie das Plug-In unter PRIVAT/LIBRARY/WORKFLOWS/APPLICATIONS/FINDER.

Arbeitsablauf bearbeiten

Achten Sie beim Erstellen eines Arbeitsablaufs darauf, dass aufeinander folgende Aktionen von der Ausgabe und akzeptierten Eingabe her zueinander passen. Anderenfalls kann keine Verbindung zwischen zwei Aktionen aufgebaut werden und Eingabe- oder Ausgabetyp werden rot dargestellt. Sollte ein Arbeitsablauf fehlerhaft sein, können Sie ihn nachbearbeiten. Öffnen Sie dazu den Automator, wählen Sie in der Bibliothek den Ordner MEINE ARBEITSABLÄUFE oder einen selbst angelegten Ordner und doppelklicken Sie in den zu bearbeitenden Arbeitsablauf.

- Die Reihenfolge der Aktionen kann einfach durch Ziehen verändert werden. Alternativ verwenden Sie das Kontextmenü (`ctrl`-Klick in die Nummer der Aktion), um die Aktion einen Schritt nach oben oder unten zu bewegen. Achten Sie auch hierbei darauf, dass Eingabe- und Ausgabeinformationen den Anforderungen der vorhergehenden bzw. nachfolgenden Aktionen entsprechen.
- Aktionen lassen sich löschen, indem man in LÖSCHEN (X) in der Titelleiste klickt oder in die Titelleiste klickt und BEARBEITEN/LÖSCHEN wählt bzw. die `←`-Taste drückt. Ach das Kontextmenü (`ctrl`-Klick in die Nummer der Aktion) hält den Befehl LÖSCHEN bereit.
- Reduzieren Sie einen oder mehrere Aktionen, um eine bessere Übersicht zu bekommen. Klicken Sie dazu in der Titelleiste einer Aktion in

das Dreieck. Bei gedrückter [⌥]-Taste werden gleichzeitig alle Aktionen reduziert bzw. vollständig angezeigt.

- Deaktivieren Sie einzelne Aktionen eines Arbeitsablaufs, um die Information der vorherigen Aktion zu übernehmen und an die nächste weiterzureichen. Klicken Sie dazu in die Nummer der Aktion und wählen Sie DEAKTIVIEREN aus dem Einblendmenü. Deaktivierte Aktionen werden reduziert und abgedunkelt dargestellt, klicken Sie in das anstelle der Nummer getretene Minuszeichen, um die Aktion mit AKTIVIEREN wieder in den Arbeitsablauf aufzunehmen.
- Durchsuchen Sie die Bibliothek nach bestimmten Aktionen, indem Sie einen Suchbegriff in das Suchfeld eingeben und die [↵]-Taste drücken.

Die Suchfunktion von Spotlight kann auch in Arbeitsabläufe integriert werden, um Objekte automatisch zu finden. Fügen Sie einfach die Finder Aktion FINDER OBJEKTE SUCHEN zu einem Arbeitsablauf hinzu und geben Sie die Suchkriterien an.

8.4 Schach

Chess

Sobald Sie einen Doppelklick in CHESS im Ordner PROGRAMME ausgeführt haben, öffnet sich ein Schachspiel. Sie starten mit den weißen Figuren, der Computer führt die schwarzen Figuren. Um einen Zug zu machen, bewegen Sie Ihre Figuren mit der Maus über das Schachbrett. Alternativ können Sie Ihre Züge per Spracheingabe steuern, allerdings auf Englisch. Hinweise zu den Kommandos finden Sie in der Schach-Hilfe. Drücken Sie zu Beginn einer Spracheingabe die in der Steuerung für die Spracherkennung angegebene Taste.

8.5 Digitale Bilder

Digitale Bilder

Mit dem Programm *Digitale Bilder* können Sie Bilder von einer Digitalkamera oder einem Scanner schnell und bequem auf Ihren Computer übertragen. Anders als mit *iPhoto* lassen sich auch einzelne Bilder herunterladen. Möchten Sie ein anderes Programm als *iPhoto* zur Weiterbearbeitung oder Bildverwaltung nutzen, können Sie *Digitale Bilder* einsetzen, um die Fotos von der Kamera auf den Mac zu transferieren. Wenn Sie Bilder von Ihrer Kamera laden, können Sie Aufgaben wie das Öffnen von Bildern in einem Programm oder das Erstellen einer Website mit diesen Bildern automatisieren. Schließen Sie eine digitale Kamera an und starten Sie das Programm *Digitale Bilder*. Minimieren oder beenden Sie *iPhoto*, wenn es Ihnen in die Quere kommt.

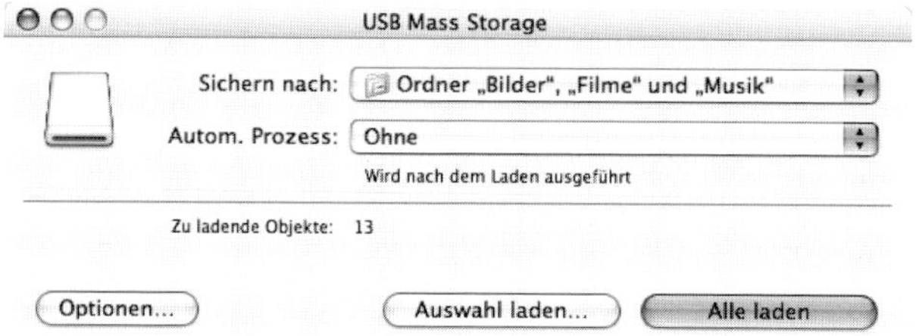

Videoclips werden standardmäßig in den Ordner Filme, *MP3-Aufzeichnungen in* Musik *gespeichert.*

Digitale Bilder sucht nach einer angeschlossenen digitalen Kamera und zeigt den Kameratyp in der Titelzeile an. Stellen Sie nun im Einblendmenü SICHERN NACH ein, ob Sie die Bilder in Ihren Ordner BILDER oder in einen anderen Ordner ablegen möchten.

Mithilfe des Einblendmenüs AUTOM. PROZESS legen Sie optional fest, dass nach dem Download automatisch eine Diashow der Bilder gestartet oder eine Webseite erstellt wird bzw. dass die Bilder an ein bestimmtes Format angepasst werden. Beim Beschneiden wird das zentrierte Bild so beschnitten, dass das gewünschte Format erreicht wird. Anpassen bringt dagegen das gesamte Bild in das gewünschte Format, sodass an den Bildrändern Leerraum sichtbar werden kann. Die so bearbeiteten Bilder werden als PDF-Datei im angegebenen Ordner gesichert, die Bilddateien selbst bleiben dabei unverändert.

Ein Klick in die Taste OPTIONEN blendet die Ladeoptionen ein. Legen Sie hier z.B. fest, ob die Objekte nach dem Laden von der Kamera gelöscht oder ob beim Verbinden automatisch alle Objekte geladen werden sollen. Das Feld OBJEKTINFORMATIONEN ZU FINDER DATEIKOMMENTAREN HINZUFÜGEN sorgt dafür, dass Informationen wie die Bildgröße in die Spotlight-Kommentare übernommen werden. Im Bereich INFORMATIONEN finden Sie Einzelheiten zum angeschlossenen Gerät.

Die Taste AUSWAHL LADEN ermöglicht die Übertragung ausgewählter Bilder. Mit ALLE LADEN beginnen Sie die Übertragung aller Bilder.

Unter Digitale Bilder/Einstellungen können Sie festlegen, welches Programm beim Anschließen einer Kamera automatisch startet. Wechseln Sie hier zu Digitale Bilder, falls Sie dieses Programm anstelle von *iPhoto* verwenden möchten oder geben Sie ein anderes Programm an.

Beenden Sie das Programm *Digitale Bilder*, nachdem alle gewünschten Bilder übertragen sind. Werfen Sie die Kamera aus, indem Sie sie in den Papierkorb ziehen, XY auswerfen im Kontextmenü oder Ablage/XY auswerfen wählen bzw. den Kurzbefehl [⌘] + [E] verwenden.

8.6 DVD-Player

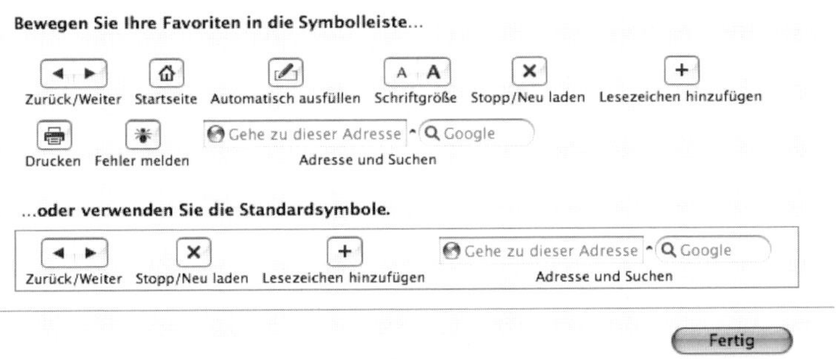

Ist ein DVD-Laufwerk in Ihrem Computer installiert, können Sie DVDs mit der DVD-Player-Software abspielen. Per Voreinstellung wird beim Einlegen einer beschriebenen DVD der DVD Player geöffnet, was Sie jedoch ändern können. Wählen Sie Apple/Systemeinstellungen und klicken Sie auf CDs & DVDs. Stellen Sie dort die gewünschte Option im Einblendmenü Beim Einlegen einer Video-DVD ein und schließen Sie das Fenster.

Benutzen Sie den DVD-Player zum ersten Mal, werden Sie aufgefordert, den Ländercode einzustellen. Dabei handelt es sich um einen Kopierschutz, der unter anderem gewährleisten soll, dass in den USA bereits veröffentlichte Filme erst zum geplanten Filmstart in Europa verfügbar sind. Sowohl DVDs als auch DVD-Player sind mit einem Ländercode versehen, wobei die Ländercodes von DVD und Player übereinstimmen müssen.

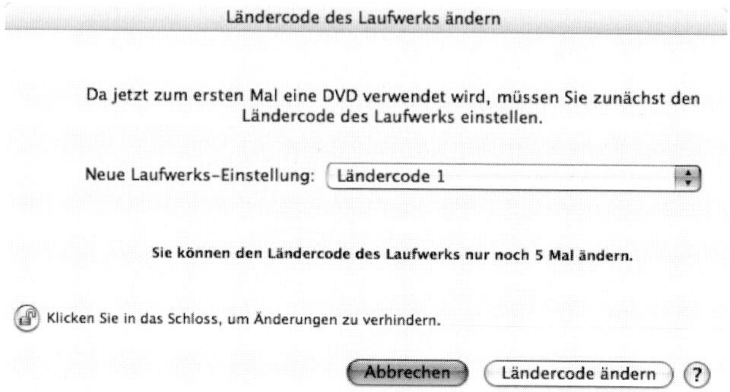

Stellen Sie für Europa LÄNDERCODE 2 ein, klicken Sie in LÄNDERCODE ÄNDERN und legitimieren Sie die Änderung mit Eingabe eines Administratorkennworts. Eine Meldung bestätigt die Änderung des Ländercodes. Klicken Sie in OK. Die Wiedergabe der DVD beginnt und kann mit der Steuerung kontrolliert werden.

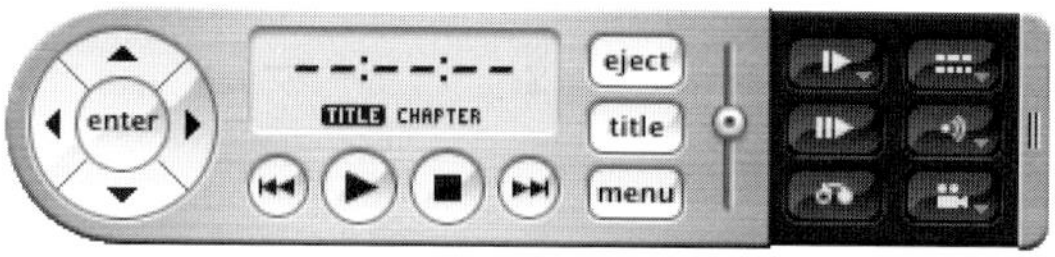

DVDs mit Ländercode 0 können mit DVD-Playern aller Ländercodes wiedergegeben werden.

Insgesamt kann der Ländercode nur fünf Mal eingestellt werden, bevor er in der letzten Einstellung verbleibt. Sie sollten eine Änderung also nur dann vornehmen, wenn Sie zukünftig ausschließlich DVDs dieser Region wiedergeben möchten. Möchten Sie DVDs aus zwei Regionen verwenden, sollten Sie die Anschaffung eines zweiten, externen DVD-Laufwerks in Erwägung ziehen, um dieses mit einem anderen Ländercode zu betreiben.

Ländercode	**Region**
Ländercode 1	Kanada, USA, US-Territorien
Ländercode 2	Europa, Westasien, Nordafrika, Südafrika, Japan
Ländercode 3	Südostasien mit Hongkong, Südkorea, Taiwan
Ländercode 4	Mexiko, Mittel- und Südamerika, Südpazifik
Ländercode 5	restliches Afrika, Nord- und Südasien
Ländercode 6	China

Ländercode	Region
Ländercode 7	für zukünftige Verwendung
Ländercode 8	interne Wiedergabe in Flugzeugen, auf Schiffen

In der *DVD-Player Hilfe* finden Sie unter DVD-LÄNDERCODES eine Weltkarte und detaillierte Aufstellung der Ländercode-Regionen.

- Mithilfe von Favoriten legen Sie Lesezeichen für einzelne Szenen an. Wählen Sie einfach STEUERUNG/NEUER FAVORIT oder drücken Sie [⌘] + [=], um eine bestimmte Position zu markieren. Derart angelegte Favoriten steuern Sie mit GEHE ZU/FAVORITEN und dem entsprechenden Eintrag im Untermenü an.
- Das Audiomaterial einer DVD kann über eine Stereoanlage ausgegeben werden. Wählen Sie dazu DVD PLAYER/EINSTELLUNGEN, klicken Sie in DVDS und stellen Sie im Bereich TON im Einblendmenü TONAUSGABE das gewünschte Gerät ein. Die Einstellung DIGITALER AUSGANG ermöglicht die Wiedergabe im Format 5.1 Audio über eine Stereoanlage.
- Aktivieren Sie unter FENSTER/VIDEOFARBE das Feld EIN und nehmen Sie mithilfe der Regler HELLIGKEIT, KONTRAST, FARBE und FÄRBUNG Farbkorrekturen in Echtzeit vor. Verwenden Sie das Einblendmenü, um eigene Einstellungen mit VOREINSTELLUNG SICHERN zu sichern oder eine vordefinierte Einstellung zu aktivieren.
- Vergrößern Sie das Bild stufenlos während der Wiedergabe, um die schwarzen Balken des Letterbox-Formats einiger DVDs zu reduzieren bzw. auszublenden. Wählen Sie FENSTER/VIDEO ZOOM, aktivieren Sie das Feld EIN und passen Sie die Größe mithilfe der Schieberegler an bzw. wählen Sie einen Eintrag aus dem Einblendmenü.
- Der Ton kann mit einem Equalizer kontrolliert werden, wählen Sie dazu FENSTER/AUDIO-EQUALIZER und aktivieren Sie das Feld EIN. Nehmen Sie die gewünschten Einstellungen per Schieberegler vor bzw. verwenden Sie eine der vordefinierten Einstellungen aus dem Einblendmenü.
- Bei Unterstützung von Quartz Extreme lassen sich DVDs im Dock wiedergeben, nachdem ein DVD-Fenster minimiert wurde. Wählen Sie HILFE/UNTERSTÜTZTE FUNKTIONEN EINBLENDEN, um herauszufinden, ob

Ihr Mac Quartz Extreme-fähig ist. Nach dem Minimieren hält die Wiedergabe automatisch an, kann jedoch mit der WIEDERGABE-Taste wieder gestartet werden. Wählen Sie DVD PLAYER/EINSTELLUNGEN, klicken Sie in DVD PLAYER und deaktivieren Sie das Feld WENN DAS WIEDERGABEFENSTER IM DOCK ABGELEGT IST WIEDERGABE ANHALTEN und klicken Sie in OK. Die Wiedergabe muss so nach dem Minimieren nicht erneut angestoßen werden.

- Der DVD-Player ist UDF 2.01-konform und unterstützt damit Packet-Writing, was von DVD-Rekordern zum Aufzeichnen von TV-Sendungen genutzt wird. Double Layer-Brenner und Medien werden ebenfalls unterstützt.

8.7 iCal

iCal

Mit *iCal 2* haben Sie Ihre Termine gleich welcher Art im Griff. Erstellen Sie mehrere Kalender für verschiedene Zwecke, z.B. einen für private und einen für berufliche Termine und legen Sie beliebig viele weitere Kalender an.

Kalender anlegen

Per Voreinstellung sind die Kalender PRIVAT und BÜRO angelegt, die Sie mit Terminen füllen können. Klicken Sie in die Taste HINZUFÜGEN (Pluszeichen) unten im iCal-Fenster, um einen weiteren Kalender anzulegen oder doppelklicken Sie in die weiße Fläche unterhalb bereits bestehender Kalender. Geben Sie einen Namen für den neuen Kalender ein und drücken Sie die [↵]-Taste.

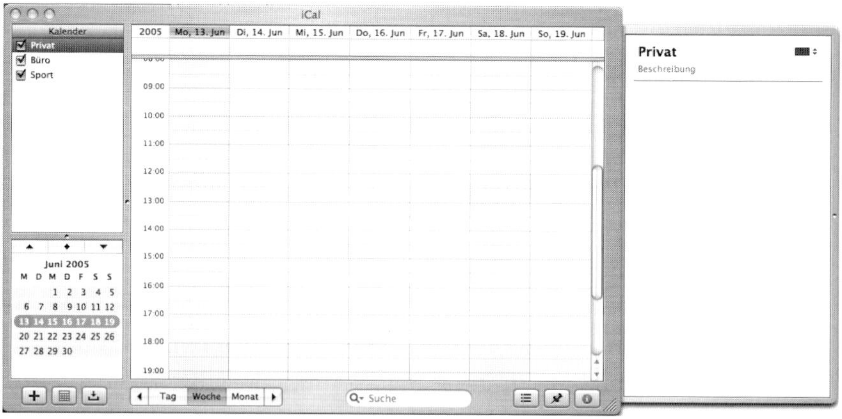

Die Standardkalender Privat und Büro sind durch unterschiedliche Farben gekennzeichnet. Weitere Kalender erhalten automatisch eine eigene Farbe. Sie können die Farbe der Kalender ändern, indem Sie links einen Kalender durch Anklicken auswählen und im rechts angeordneten Fach Informationen per Einblendmenü eine Farbe einstellen. Klicken Sie hier in Eigene, um im Fenster Farben eine beliebige Farbe auszuwählen. Klicken Sie in die Taste Informationen im iCal Fenster rechts unten, um das gleichnamige Fach ein- bzw. auszublenden.

iCal zeigt in einem Gesamtfenster alle Kalender gleichzeitig an, wodurch sich Überschneidungen leicht erkennen lassen. Wahlweise blenden Sie einzelne Kalender aus, indem Sie links unter Kalender das Markierungsfeld des jeweiligen Kalenders deaktivieren. Solange keine Termine in einem Kalender eingetragen sind, hat das Ausblenden keinen Einfluss auf die Darstellung.

Klicken Sie bei gedrückter ⇧-Taste in die Taste Hinzufügen (Pluszeichen) unten links, um eine neue Kalendergruppe zu erstellen.

Zur besseren Übersicht lassen sich Kalender in Gruppen organisieren. Wählen Sie dazu Ablage/Neue Kalendergruppe (⇧ + ⌘ + N), geben Sie der Gruppe einen Namen und ziehen Sie alle geeigneten Kalender in die Gruppe. Kalender einer Gruppe lassen sich nach Belieben gemeinsam anzeigen und zusätzlich mit anderen Kalendern kombinieren.

Die Kalender werden standardmäßig in der Wochenansicht dargestellt, sodass Sie alle Termine der laufenden Woche im Auge haben. Für mehr Einzelheiten bzw. größere Zeiträume sind darüber hinaus eine Tages- und Monatsansicht verfügbar. Klicken Sie einfach unterhalb des Kalenders in eine der Tasten Tag, Woche oder Monat, um die entsprechende Darstellung einzublenden. Verwenden Sie die Pfeiltasten, um innerhalb des Kalenders je nach Darstellung um einen Tag, eine Woche oder einen Monat zurück oder vor zu blättern.

Ereignis hinzufügen

Das Hinzufügen von Ereignissen zu einem Kalender funktioniert denkbar einfach.

1. Klicken Sie links in den Kalender, in den Sie ein Ereignis eintragen möchten.
2. Klicken Sie in der Tages- oder Wochenansicht des Kalenders in die Anfangszeit und halten Sie die Maustaste gedrückt, bis die Endzeit erreicht ist. Geben Sie dem Ereignis eine Bezeichnung und drücken Sie die ↵-Taste.

   In der Monatsansicht erstellen Sie ein Ereignis mit einem Doppelklick in den gewünschten Tag.

3. Klicken Sie rechts unten in die Taste INFORMATIONEN oder doppelklicken Sie in den oberen Teil eines Ereignisfelds, um das Fach INFORMATIONEN rechts vom Kalender einzublenden. Geben Sie hier optional den Ort des Ereignisses an. Legen Sie fest, ob das Ereignis ganztägig ist oder korrigieren Sie die exakte Uhrzeit. Stellen Sie im Einblendmenü WIEDERHOLEN ein, ob und in welchem Rhythmus sich das Ereignis wiederholt und ob und wann diese Wiederholungen enden. Stellen Sie unter ERINNERUNG ein, ob und in welcher Form Sie an das Ereignis erinnert werden möchten und fügen Sie dem Ereignis Notizen hinzu.

Kalenderereignisse werden automatisch in der Farbe ihres Kalenders dargestellt. So erkennen Sie bei der Gesamtansicht leicht, aus welchem Kalender einzelne Ereignisse stammen.

- Falscher Kalender? Haben Sie ein Ereignis versehentlich in einem falschen Kalender eingetragen, stellen Sie einfach im Einblendmenü KALENDER im Fach INFORMATIONEN den gewünschten Kalender ein.
- Legen Sie ganztätige Ereignisse an, indem Sie in der Tages- oder Wochenansicht in die weiße Fläche unterhalb des Datums doppelklicken. Alternativ aktivieren Sie das Feld GANZTÄGIG im Fach INFORMATIONEN.
- Mehrtägige Ereignisse erreichen Sie durch Ziehen eines ganztägigen Ereignisses über mehrere Tage. Erstreckt sich das Ereignis bis in die nächste Woche, geben Sie die Dauer des Ereignisses einfach unter VON bzw. BIS im Fach INFORMATIONEN ein.
- Auch Termine in einer anderen Zeitzone lassen sich komfortabel in einen iCal Kalender integrieren. Wählen Sie ICAL/EINSTELLUNGEN und klicken Sie in ERWEITERT. Aktivieren Sie das Markierungsfeld UNTERSTÜTZUNG DER ZEITZONEN AKTIVIEREN und schließen Sie das Fenster. Im Fach INFORMATIONEN finden Sie nun die Kategorie ZEITZONE, deren Einstellung Sie per Einblendmenü verändern können.

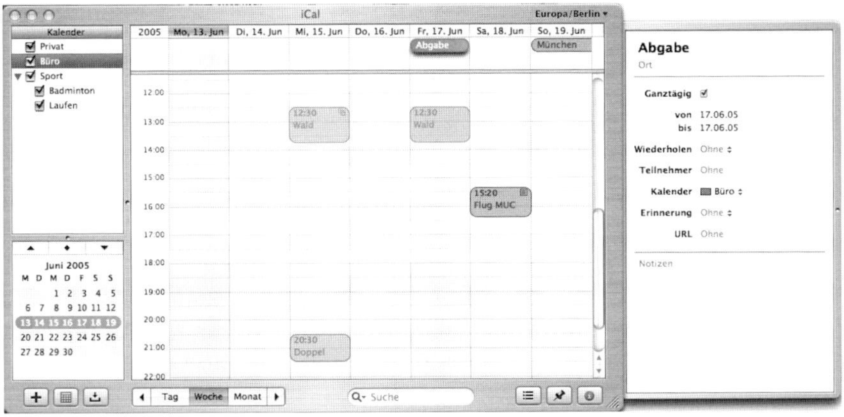

- Erstellen Sie eine Aufgabenliste, um zu erledigende Aufgaben im Blick zu behalten. Klicken Sie rechts unten in die Taste Aufgabe und doppelklicken Sie in die weiße Fläche des eingeblendeten Aufgabenbereichs. Geben Sie der Aufgabe eine Bezeichnung und drücken Sie die [↵]-Taste. Blenden Sie das Fach Informationen mit einem Klick in die gleichnamige Taste ein. Dort markieren Sie eine Aufgabe als beendet, weisen ihr eine Priorität zu und geben durch Markieren des Felds Termin ein Fälligkeitsdatum für die Aufgabe an.

- Ziehen Sie eine iCal Aufgabe in die Kalenderansicht, um ein neues Ereignis zu erstellen, umgekehrt lassen sich auch Ereignisse in die Aufgabenliste ziehen.
- Ziehen Sie Visitenkarten aus dem Adressbuch in den Kalender, um automatisch ein Ereignis mit einer Person oder einer Gruppe anzulegen.
- Die Suchfunktion hilft Ihnen beim Aufspüren bestimmter Termine. Geben Sie einfach einen Suchbegriff in das Suchfeld am unteren Rand des iCal-Fensters ein, um die Ergebnisse unterhalb der Kalenderansicht aufzulisten. Klicken Sie in der Ergebnisliste in den Namen des Ereignisses, um im Kalender dorthin zu wechseln.

Mit Spotlight *können Sie vom Schreibtisch aus nach Ereignissen und Aufgaben suchen.*

Geburtstagskalender

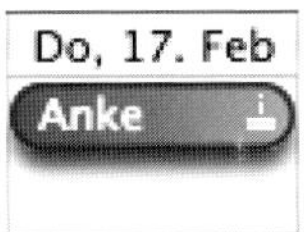

Sofern Sie in Ihrem Adressbuch Geburtstage notiert haben, können diese in iCal angezeigt werden. Wählen Sie iCal/Einstellungen, klicken Sie in Allgemein, markieren Sie das Feld Geburtstagskalender einblenden und schließen Sie das Fenster. Die Geburtstage werden als ganztägiges Ereignis angezeigt, das sich jährlich wiederholt.

Das Hinzufügen von Geburtstagen wird im Adressbuch vorgenommen. Öffnen Sie das Adressbuch und markieren Sie die Visitenkarte einer Person. Wählen Sie VISITENKARTE/FELD HINZUFÜGEN/GEBURTSTAG, um ein Feld für den Geburtstag einzurichten. Geben Sie nun das Geburtsdatum an und klicken Sie in die Taste BEARBEITEN. Sofern Sie kein Geburtsjahr angeben, wird das aktuelle Jahr eingeblendet.

Kalender drucken

Natürlich lassen sich einzelne oder mehrere Kalender drucken und in traditioneller Papierform nutzen. Sie können dabei zwischen der Tages-, Wochen- und Monatsansicht wählen oder Ihre Termine alternativ als Liste drucken.

1. Wählen Sie ABLAGE/DRUCKEN.
2. Legen Sie im Einblendmenü ZEIGEN fest, welche Ansicht Sie verwenden möchten und welches Papierformat Sie benutzen.
3. Geben Sie unter ZEITRAUM an, welchen Zeitraum der gedruckte Kalender abdecken soll.
4. Definieren Sie mithilfe der Markierungsfelder der einzelnen Kalender, welche Kalender in den Druck einbezogen werden sollen.
5. Treffen Sie unter OPTIONEN weitere Einstellungen und stellen Sie die Textgröße ein.
6. Klicken Sie in FORTFAHREN, wählen Sie den Drucker und die Anzahl der Kopien und klicken Sie in DRUCKEN.

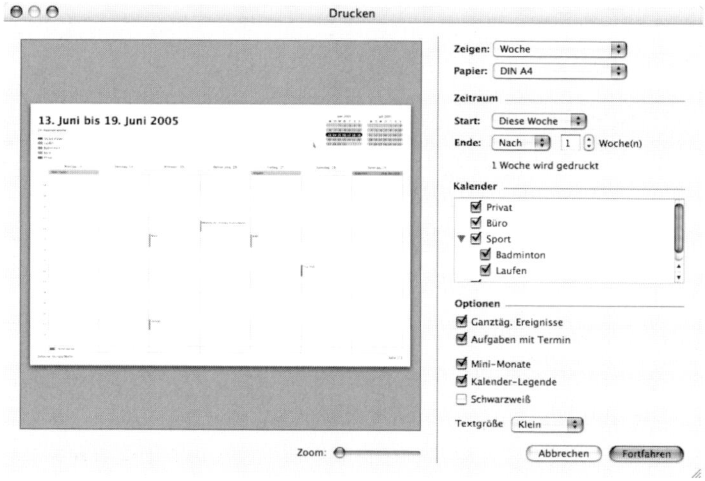

Einladungen

ICal unterstützt Sie dabei, Gäste zu Kalenderereignissen einzuladen. Voraussetzung ist allerdings, dass Sie im Adressbuch eine Visitenkarte mit Ihren eigenen Daten angelegt haben. Klicken Sie in das Ereignis, zu dem Sie einladen möchten, und blenden Sie das Fach Informationen ein. Klicken Sie unter Teilnehmer in Ohne und geben Sie die E-Mail-Adressen aller Gäste ein. Trennen Sie die einzelnen Adressen durch Kommata und klicken Sie in die Taste Senden, die im unteren Teil des Fachs eingeblendet ist. Im Adressbuch gespeicherte Kontakte können einfach durch Angabe des Namens übernommen werden.

Voraussetzung für das Versenden von Einladungen ist, dass Mail konfiguriert ist (siehe Kapitel 7, Mail).

Die Einladungen werden direkt im *iCal* Feld Benachrichtigungen und als E-Mail angezeigt, nachdem die Gäste ihre E-Mails abgerufen haben. Klicken Sie zum Einblenden dieses Felds in die Taste Benachrichtigung ein- /ausblenden unterhalb des Mini-Monats. Beim Abrufen von E-Mails informiert Sie das *iCal* Symbol im Dock, wenn neue Antworten von Teilnehmern eingehen, auch wenn *iCal* minimiert ist. Die Namen der Gäste, die noch nicht geantwortet haben, werden mit einem Pfeil versehen, Zusagen als Häkchen dargestellt. Absagen erscheinen als X und Fragezeichen stehen für eine vorläufige Zusage.

Kalender synchronisieren

Wenn Sie *iSync* verwenden, können Sie *iCal*-Daten mit denen auf Ihrem Handy, PDA oder sogar Ihrem iPod abgleichen, sodass Sie Ihren Kalender immer und überall nutzen können. Ein .Mac Account ermöglicht die Synchronisation aller Änderungen an *iCal* Kalendern auf mehreren Macs (mit Mac OS X 10.4 oder neuer). Weitere Informationen zum Abgleichen von Daten finden Sie in den *Kapiteln Netzwerk* und *Internet*.

Kalender abonnieren

Im Internet sind öffentliche Kalender verfügbar, die Termine zu einem Thema sammeln. Leider sind sowohl die in der Kalenderbibliothek (`http://www.apple.com/macosc/features/ical/library/`) als auch die auf der Website `http://icalshare.com` verfügbaren Kalender ausschließlich auf Englisch und auf die USA zugeschnitten.

Klicken Sie in einen Kalender aus Apples Kalenderbibliothek, um diesen herunterzuladen und bestätigen Sie die Meldung mit Abonnieren. Geben Sie dem Kalender falls gewünscht einen anderen Namen, legen Sie fest, ob und wie oft der Kalender aktualisiert werden soll, und klicken Sie in OK. Die Ereignisse abonnierter Kalender werden in *iCal* angezeigt, die Kalender lassen sich wie jeder andere ausblenden.

Wenn Sie einen .Mac Account haben, können Sie Ihren Terminkalender im Internet veröffentlichen, sodass andere Personen, die ebenfalls mit *iCal* arbeiten, Ihren Kalender abonnieren können. Weitere Informationen zu .Mac finden Sie in Kapitel 7, *Internet*.

8.8 iChat AV

iChat

Mit dem Programm *iChat* können Sie Nachrichten an andere Benutzer senden, die im lokalen Netzwerk oder im Internet online sind. Eine solche Nachricht erscheint nur kurze Zeit später als Sprechblase auf dem Bildschirm des Adressaten, da anders als bei E-Mails keine Wartezeiten entstehen. Der Empfänger kann direkt antworten. *iChat* unterstützt dabei auch AOL Instant Messenger- und Jabber Instant Messenger-Programme. Damit Sie *iChat* nicht nur im lokalen Netzwerk nutzen können, müssen Sie über einen .Mac- oder AOL-Account verfügen.

Mit *iChat* können Sie außerdem Audio- und Videokonferenzen im lokalen Netzwerk oder Internet veranstalten, vorausgesetzt, alle Teilnehmer verfügen über eine geeignete Bandbreite und haben ein Mikrofon bzw. eine Kamera wie z.B. iSight angeschlossen. Derzeit sind Audiokonferenzen mit bis zu zehn und Videokonferenzen mit bis zu vier Teilnehmern möglich.

Starten Sie *iChat* aus dem Ordner PROGRAMME oder klicken Sie in das ICHAT-Symbol im Dock. Beim ersten Öffnen führt Sie ein Assistent durch die Konfiguration, folgen Sie den Anweisungen auf dem Bildschirm. Klicken Sie in die Taste ICHAT ACCOUNT ANFORDERN, um einen .Mac-Account als 60 Tage Testversion einzurichten. Aktivieren Sie *Bonjour Chat*, um mit Benutzern innerhalb eines lokalen Netzwerks zu kommunizieren.

Bonjour Chat

Haben Sie *Bonjour Chat* während der Konfiguration aktiviert, öffnen sich die Fenster BONJOUR und KONTAKTLISTE. Andere Teilnehmer Ihres Netzwerks, die *iChat* benutzen, werden im Fenster BONJOUR angezeigt. Doppelklicken Sie in einen Kontakt, um einen Chat zu beginnen. Der Adressat wählt FENSTER/CHAT MIT ..., gibt seine Antwort ein und drückt die [↵]-Taste, um die Einladung zum Chat zu akzeptieren und die Antwort zu senden. Die Eingabezeile ist nun aktiviert und nimmt die Antwort auf. Der Text wird unmittelbar noch während der Eingabe beim Chat-Partner sichtbar. Beenden Sie die Eingabe mit der [↵]-Taste.

Wenn Sie die Nachrichten erst nach Abschluss der Eingabe senden möchten, wählen Sie ICHAT/EINSTELLUNGEN, klicken in ACCOUNTS und markieren in der ACCOUNTS-Liste BONJOUR. Deaktivieren Sie das Feld TEXT WÄHREND DER EINGABE SENDEN und schließen Sie das Fenster.

Die Firewall verhindert den Empfang von Bonjour-Nachrichten, sie muss so eingestellt werden, dass die Netzwerk-Kommunikation über Port 5298 zugelassen ist.

Instant Messaging

In der Kontaktliste sehen Sie alle Kontakte und wer von diesen für einen Chat bereitsteht. Sollte die Kontaktliste nicht sichtbar sein, blenden Sie diese mit FENSTER/KONTAKTLISTE ein. Verwenden Sie die Taste HINZUFÜGEN (Pluszeichen), um Kontakte aus dem Adressbuch in die Liste zu übernehmen, die über einen .Mac- oder AIM-Account verfügen, oder eine neue Person anzulegen.

Doppelklicken Sie in einen Kontakt, um einen neuen Chat zu beginnen oder wählen Sie ABLAGE/NEUER CHAT MIT BENUTZER und geben Sie das Pseudonym der Kontaktperson ein. Der Adressat gibt eine Antwort ein und drückt die [↵]-Taste, womit er gleichzeitig die Einladung zum Chat akzeptiert. Jede Eingabe muss mit der [↵]-Taste beendet werden und wird anders als beim Bonjour Chat erst dann übertragen.

Audiokonferenz

Sofern die Beteiligten ein Mikrofon angeschlossen haben, wird neben dem Kontaktbild ein Telefonsymbol angezeigt. Wählen Sie zum Starten einer Audiokonferenz die Kontakte aus der KONTAKTLISTE bzw. der BONJOUR-Liste und klicken Sie in das Telefonsymbol im unteren Bereich des Fensters KONTAKTLISTE bzw. BONJOUR. Die ausgewählten Kontakte erhalten daraufhin eine Einladung, die angeklickt werden muss, damit ein Fenster für das Akzeptieren der Einladung erscheint.

Mit einem Klick in AKZEPTIEREN startet der eingeladene Teilnehmer die Audiokonferenz. Eine Pegelanzeige lässt erkennen, wer gerade spricht.

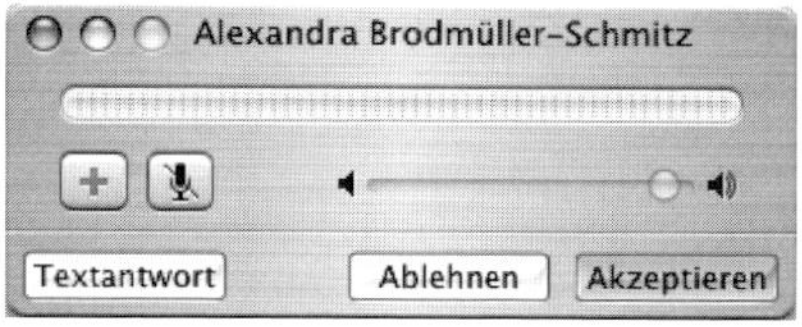

Für Audiokonferenzen benötigen Sie einen Power Mac G4 1 GHz bzw. G4 mit zwei 800 MHz Prozessoren oder einen G5 Computer und eine Internetverbindung mit mindestens 100 KBit/Sek.

Videokonferenz

Die neue Benutzeroberfläche für Videokonferenzen mit dreidimensionaler Darstellung der Teilnehmer macht es für alle einfacher, dem Gespräch zu folgen. Der neue Video-Codec H.264 (MPEG-4 Part 10) sorgt für eine höhere Auflösung und eine bessere Farbwiedergabe.

Der Gastgeber sollte über einen Power Mac G4 mit zwei 1 GHz Prozessoren bzw. einen G5 mit zwei 3 GHz Prozessoren verfügen, um eine Videokonferenz mit mehreren Teilnehmern zu starten. Teilnehmer benötigen einen G5 Computer oder einen G4 mit 1 GHz bzw. zwei 800 MHz Prozessoren. Der Gastgeber braucht eine Internetverbindung mit einer minimalen Download-Rate von 384 KBit/Sek bzw. 128 KBit/Sek pro Teilnehmer sowie eine minimale Upload-Rate von mindestens 1000 KBit/Sek bzw. 300 KBit/Sek pro Teilnehmer.

Der Gastgeber kann maximal drei weitere Personen zu einer Videokonferenz einladen. Kontakte, die mit Kamerasymbolen ausgestattet sind, unterstützen Videokonferenzen. Kontakte mit Audiosymbolen können ebenfalls an einer Videokonferenz teilnehmen, nutzen dabei jedoch nur die Audiofunktion.

Als Gastgeber wählen Sie die beteiligten Kontakte und klicken in die Taste VIDEO-CHAT BEGINNEN (Videokamerasymbol). Als Teilnehmer klicken Sie in das Symbol zum Einladen und in AKZEPTIEREN. Die Teilnehmer werden daraufhin dreidimensional dargestellt.

8.9 Internet-Verbindung

Internet-Verbindung

Verwenden Sie das Programm *Internet-Verbindung* für die Einwahl bei Ihrem Internet-Service-Provider, zum Herstellen einer DSL-Verbindung über Ethernet (PPPoE), zur Verbindung zu einem AirPort Netzwerk oder zum Aufbau einer Verbindung zum Internet über eine AirPort Basisstation. Das Programm *Internet-Verbindung* wird in den Kapiteln 7, *Internet,* und 9, *Netzwerk,* behandelt.

8.10 iPhoto

iPhoto

iPhoto ist Ihre Zentrale zur Verwaltung von Fotos, die auch die Übertragung von Fotos einer Digitalkamera auf Ihren Computer übernimmt. Sind die Bilder einmal in *iPhoto* importiert, lassen diese sich anzeigen, bearbeiten, ordnen und für andere bereitstellen.

In der neuen Version ist *iPhoto* in der Lage, Bilder im RAW-Format und Videoclips zu importieren und stellt bessere Bearbeitungswerkzeuge zur Verfügung. Doppelklicken Sie in einen Videoclip in *iPhoto*, wird dieser im *QuickTime Player* geöffnet und kann dort wiedergegeben werden. Während des Importierens können Sie Fotos mit Informationen versehen, die später bei der integrierten Suche helfen.

Doppelklicken Sie iPhoto im Ordner Programme oder klicken Sie in das Symbol im Dock, um das Programm zu öffnen. *iPhoto* begrüßt Sie mit einem Dialogfenster. Hier müssen Sie entscheiden, ob *iPhoto* automatisch gestartet werden soll, wenn eine Digitalkamera mit Ihrem Mac verbunden ist. Klicken Sie in Anderes Programm, wird beim Anschließen einer digitalen Kamera kein Programm automatisch gestartet und Sie können von Fall zu Fall entscheiden, mit welchem Programm Sie arbeiten möchten. Da *iPhoto* zahlreiche Funktionen zur Bildverarbeitung und -verwaltung bietet, sollten Sie *iPhoto* zum Import verwenden (Taste iPhoto verwenden). Alternativ verschieben Sie die Entscheidung, indem Sie später entscheiden wählen.

Import von Fotos

Zum Übertragen von Fotos einer digitalen Kamera in iPhoto muss die Kamera über eine USB- oder FireWire-Schnittstelle verfügen und mit *iPhoto* kompatibel sein. Eine Liste kompatibler Kameras finden Sie auf der *iPhoto* Webseite (`http://www.apple.com/de/ilife/iphoto/import.html`).

Alternativ lässt sich auch ein Kartenlesegerät für Speicherkarten an den Mac anschließen.

Wenn Ihre Kamera über einen Modus Ruhezustand *verfügt, sollten Sie diesen deaktivieren, da sich die Kamera ansonsten während des Ladevorgangs abschalten könnte.*

1. Schließen Sie eine Kamera mit einem USB- oder Firewire-Kabel an den Computer an und schalten Sie die Kamera ein. Sofern *iPhoto* nicht bereits geöffnet ist, wird es automatisch gestartet.
2. Links erscheint kurz darauf die Bezeichnung der angeschlossenen Kamera in der Liste QUELLE.
3. Geben Sie im Feld NAME DES FILMS eine Bezeichnung für die zu importierenden Fotos ein und notieren Sie eine Beschreibung in das gleichnamige Feld.
4. Aktivieren Sie das Feld OBJEKTE AUF DER KAMERA NACH DEM IMPORTIEREN LÖSCHEN, um die Bilder nach dem Import von der Kamera zu entfernen. Alternativ lasen sich die Bilder auch direkt von der Kamera aus löschen.
5. Klicken Sie rechts unten in die Taste IMPORTIEREN.
6. Klicken Sie in der Liste QUELLE in die Auswurftaste, trennen Sie die Kamera vom Computer und schalten Sie diese aus.

Während des Imports werden die einzelnen Bilder angezeigt. Klicken Sie in IMPORTIEREN STOPPEN, falls Sie den Ladevorgang abbrechen möchten.

Nach Abschluss des Ladevorgangs sind die Fotos in der Liste QUELLE im Ordner FOTOARCHIV. Auf der Festplatte befinden sich die Fotos im Ordner IPHOTO LIBRARY, den Sie unter BENUTZER/PRIVAT/BILDER finden.

Fotos aus anderen Quellen importieren Sie ins Fotoarchiv, indem Sie ABLAGE/ZUM FOTOARCHIV HINZUFÜGEN wählen, den gewünschten Speicherort ansteuern und in IMPORTIEREN klicken. Alternativ ziehen Sie einzelne Bilder oder ganze Ordner aus dem Finder in den Anzeigebereich von *iPhoto*.

Fotos anzeigen

In *iPhoto* importierte Fotos sind im Fotoarchiv untergebracht. Klicken Sie links in der Liste QUELLE auf FOTOARCHIV, um die enthaltenen Fotos anzuzeigen. Doppelklicken Sie ein Foto, um dieses im Bearbeitungsmodus vergrößert darzustellen. Die restlichen Fotos wandern in dieser Darstellung an den oberen Rand des Anzeigebereichs.

Klicken Sie in eine der Miniaturen, um das Foto größer anzuzeigen bzw. verwenden Sie die Pfeiltasten Zurück und Vor rechts unten in der Symbolleiste, um innerhalb des Archivs zu blättern. Klicken Sie in Fertig, wenn Sie zur Miniaturübersicht aller Fotos zurückkehren möchten.

Möchten Sie einzelne Fotos zum Fotoarchiv hinzufügen, ziehen Sie diese einfach in den Anzeigebereich des Fotoarchivs. Voraussetzung dafür ist, dass kein Foto zur Bearbeitung vergrößert ist.

Im Menü Darstellung finden Sie weitere Optionen zur Anzeige von Fotos. So lassen diese sich z.B. mit ihren Titeln und Schlüsselwörtern versehen oder als Filme mit Datum und Name präsentieren.

Album anlegen

Alle Fotos, die Sie von einer Kamera importieren, werden im Ordner Fotoarchiv abgelegt. Mit der Zeit wird dieser Ordner sehr unübersichtlich, da sich immer mehr Fotos darin befinden. Legen Sie daher für jeden Fotoimport ein Album mit einem aussagekräftigen Namen an.

Klicken Sie unterhalb der Liste Quelle auf die Taste Hinzufügen (Pluszeichen), wählen Sie Album aus dem Einblendmenü Neu, geben Sie dem Album eine Bezeichnung und klicken Sie in Erstellen. Der Name des neuen Fotoalbums erscheint nun links in der Liste Quelle.

Markieren Sie anschließend die Bilder im Fotoarchiv, die Sie zu dem neuen Album hinzufügen möchten, und ziehen Sie diese mit der Maus in das neue

Album. Die Originale bleiben dabei im Fotoarchiv erhalten, in dem Fotoalbum befinden sich lediglich Aliasdateien als Verweise auf die Originale.

Alternativ legen Sie ein Album an, indem Sie einen Ordner mit Fotos aus dem Finder in den leeren Bereich der Liste Quelle ziehen. *iPhoto* erstellt ein Album mit dem Namen des Ordners und importiert alle Fotos, die in dem Ordner enthalten sind.

Intelligentes Album anlegen

Ähnlich wie intelligente Ordner im Finder oder intelligente Wiedergabelisten in *iTunes* arbeitet *iPhoto* mit intelligenten Alben. Intelligente Alben werden automatisch anhand festgelegter Kriterien angelegt und stets aktualisiert, wenn neu zum Fotoarchiv hinzugefügte Fotos den vorgegebenen Kriterien entsprechen.

1. Klicken Sie unterhalb der Liste Quelle in Hinzufügen (Pluszeichen).
2. Wählen Sie Intelligentes Album im Einblendmenü Neu, geben Sie dem Album einen Namen und klicken Sie in Erstellen.
3. Geben Sie nun die Kriterien für das intelligente Album an, indem Sie die entsprechenden Einträge aus den Einblendmenüs wählen. Verwenden Sie die Taste Hinzufügen (Pluszeichen), um weitere Bedingungen einzublenden.
4. Klicken Sie in OK, um das intelligente Album anzulegen.

In der Liste Quelle werden intelligente Alben mit einem Zahnrad-Symbol dargestellt. Klicken Sie bei gedrückter `ctrl`-Taste in ein intelligentes Album und wählen Sie Intelligentes Album bearbeiten, um den Namen oder die Bedingungen nachträglich zu ändern.

Diashow anzeigen

Wählen Sie in der Liste Quelle ein Album, dessen Inhalt Sie als Diashow anzeigen möchten. Wahlweise können Sie nur einen Teil eines Albums oder des Fotoarchivs anzeigen, indem Sie die Fotos vorher markieren. Unmittelbar aufeinander folgende Bilder können bei gedrückter ⇧-Taste markiert werden, für verstreute Bilder drücken Sie die ⌘-Taste und markieren die einzelnen Fotos per Mausklick.

Starten Sie die Diashow eines markierten Albums oder markierter Fotos, indem Sie in die Taste Start klicken, die Sie unterhalb der Liste Quelle finden.

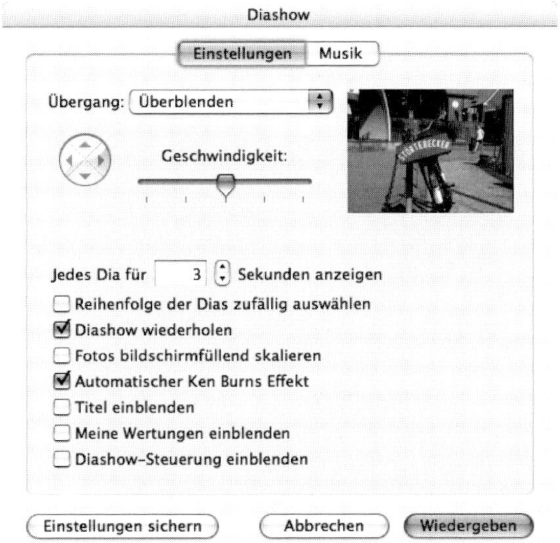

Im Einblendmenü Übergang stehen diverse Effekte zur Verfügung, die den Übergang von einem Foto zum nächsten gestalten. Legen Sie fest, wie lange die einzelnen Fotos angezeigt werden sollen und aktivieren Sie weitere Optionen. Möchten Sie Ihre individuellen Einstellungen standardmäßig verwenden, klicken Sie in Einstellungen sichern. Klicken Sie oben in Musik, wenn Sie die Diashow mit einer anderen als der Standardmusik untermalen oder ohne Musik wiedergeben möchten. Markieren Sie eine Wiedergabeliste Ihrer iTunes-Bibliothek und klicken Sie in Wiedergeben oder markieren Sie einen einzelnen Titel.

Während der Präsentation können Sie diese mit der Leertaste anhalten, ein erneuter Tastendruck setzt die Diashow fort. Drücken Sie die Maustaste, wenn Sie die Diashow stoppen möchten.

Anders als die Anzeige eines Albums oder markierter Fotos als Diashow können Sie auch Diashows erstellen und sichern, die Bilder aus verschiedenen Alben enthalten. Wählen Sie zunächst in der Liste Quelle ein Album, das die

Basis für die Diashow bilden soll. Klicken Sie im Menü ABLAGE oder in der Symbolleiste in DIASHOW. Die neue Diashow erhält den Namen des zuvor markierten Albums mit dem Zusatz DIASHOW und enthält alle Fotos des Albums. Der Name ist automatisch zur Bearbeitung aktiviert, sodass Sie die Diashow umbenennen können. Fügen Sie der neuen Diashow weitere Bilder hinzu, indem Sie diese aus dem FOTOARCHIV oder aus einem Album in die neue Diashow in der Liste QUELLE ziehen. Ziehen Sie die Fotos oben in der Fotoübersicht in die gewünschte Reihenfolge.

Die Symbolleiste unterhalb des Anzeigebereichs ermöglicht die Festlegung von Effekten und Übergängen für einzelne oder mehrere markierte Fotos. Klicken Sie in ANPASSEN, um die Einstellungen für ein oder mehrere zuvor markierte Bilder festzulegen. Der Doppelpfeil im rechten Teil der Symbolleiste führt zu den EINSTELLUNGEN und zur MUSIK für die Diashow.

Kalender

Eine interessante neue Funktion ist die Kalenderansicht, mit der Sie schnell die Fotos eines bestimmten Zeitraums anzeigen können. Wählen Sie in der Liste QUELLE das Fotoarchiv oder ein Album und blenden Sie mit einem Klick in die KALENDER-Taste unterhalb der Liste QUELLE den Kalender ein.

Diashows können nicht im Kalender dargestellt werden.

Verwenden Sie die Pfeiltaste links von der Jahreszahl, um von der Jahres- in die Monatsübersicht zu wechseln. Mithilfe der Pfeiltasten in der Titelleiste des Kalenders blättern Sie jeweils um ein Jahr bzw. einen Monat vor oder zurück. Klicken Sie im Jahreskalender in einen Monat, um alle Bilder dieses Monats anzuzeigen soweit vorhanden. Klicken Sie in der Monatsübersicht in den einer Woche vorangestellten Punkt, werden im Anzeigebereich die Miniaturen aller Fotos dieser Woche dargestellt. Klicken Sie in ein Datum, um die Fotos dieses Tages anzuzeigen.

Für die Anzeige von Fotos aus mehreren Monaten klicken Sie in der Jahresübersicht in den ersten Monat und bei gedrückter [⌘]-Taste in die weiteren Monate. Aufeinander folgende Monate können durch Anklicken des ersten Monats und einen Klick in den letzten Monat bei gedrückter [⇧]-Taste ausgewählt werden.

Entsprechend funktioniert die Anzeige von Fotos mehrerer Tage. Aufeinander folgende Tage werden durch Anklicken des ersten und des letzten Tages bei gedrückter [⇧]-Taste ausgewählt. Nicht aufeinander folgende Tage können bei gedrückter [⌘]-Taste durch Anklicken ausgewählt werden.

Mithilfe der Taste X im Kalender oben rechts kehren Sie zur Darstellung des gesamten Albums bzw. des gesamten Fotoarchivs zurück. Klicken Sie erneut in die KALENDER-Taste, um den Kalender wieder auszublenden.

Haben Sie das gesuchte Bild nicht gefunden, hilft Ihnen die integrierte Suchfunktion weiter. Beginnen Sie mit der Eingabe eines Suchbegriffs im Suchfeld (rechts unten im *iPhoto* Fenster), werden wie von Spotlight inzwischen gewöhnt noch während der Eingabe die ersten Ergebnisse in Form von Miniaturen angezeigt.

Fotos bearbeiten

Die wohl häufigste Bearbeitung von Fotos ist das Drehen. Markieren Sie ein Bild in einem Album oder dem Fotoarchiv und klicken Sie in der Symbolleiste unterhalb des Anzeigefensters in DREHEN, um das Bild um 90 Grad nach links zu drehen. Halten Sie dabei die ⌥-Taste gedrückt, erfolgt die Drehung in die andere Richtung.

Die weitere Bearbeitung von Fotos kann von verschiedenen Orten aus erfolgen. Befinden Sie sich im Fotoarchiv oder in einem Album, markieren Sie das zu bearbeitende Bild und klicken Sie in der Symbolleiste in Bearbeiten. Befinden Sie sich in einer Diashow oder in einem Buch, öffnen Sie das betreffende Bild per Doppelklick.

Möchten Sie das Originalbild erhalten, führen Sie die Bearbeitung einfach an einem Duplikat durch. Markieren Sie dazu ein Bild im Fotoarchiv oder einem Album und wählen Sie FOTOS/DUPLIZIEREN oder drücken Sie den Kurzbefehl ⌘ + D.

- Fahren Sie mit gedrückter Maustaste über das Foto, sodass der gewünschte Bereich klar sichtbar ist. Die einzelnen Kanten lassen sich danach per Maus verschieben. Klicken Sie in FREISTELLEN, um das Bild auf den markierten Bereich zu verkleinern. Halten Sie während der Auswahl die ⌥-Taste gedrückt, damit sich die Auswahl automatisch über die ganze Höhe des Bildes erstreckt und nur seitliche Bildteile abgeschnitten werden.
- Klicken Sie in VERBESSERN (Taste mit Zauberstab), um Farbe und Kontrast des Bilds automatisch zu verbessern.
- Klicken Sie zur detaillierten Bearbeitung in ANPASSEN. Sollte die Taste nicht sichtbar sein, klicken Sie rechts in der Symbolleiste in den Doppelpfeil und in ANPASSEN.

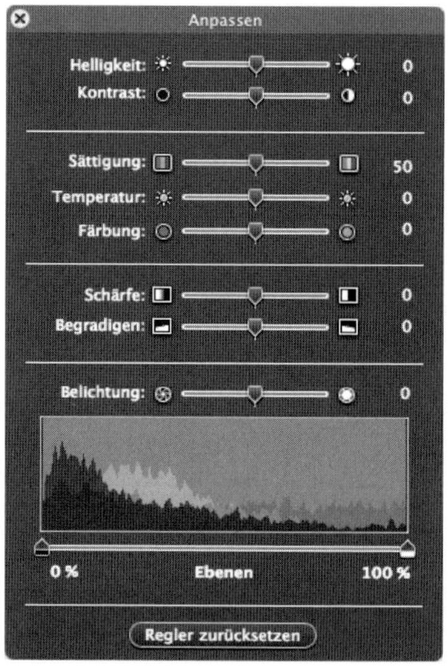

Hier können Sie die meisten Bearbeitungsschritte mithilfe von Schiebereglern erledigen. Ein interessanter Punkt ist BEGRADIGEN, hiermit blenden Sie ein Raster ein, mit dessen

Hilfe Sie den Horizont eines Bildes zurechtrücken können. Die Regler unterhalb des Histogramms dienen zur Einstellung des Schwarzpegels (links) und Weißpegels (rechts). Verwenden Sie die Taste `ctrl`, um die bearbeitete mit der unbearbeiteten Version des Bilds zu vergleichen. Die Taste REGLER ZURÜCKSETZEN nimmt alle hier vorgenommenen Änderungen zurück. Beenden Sie die Bearbeitung mit einem Klick in die Taste FERTIG, die Änderungen werden nun gesichert.

- Zum Bearbeiten von roten Augen vergrößern Sie das Bild zunächst mit dem Schieberegler unten rechts im iPhoto Fenster. Klicken Sie in der Symbolleiste in ROTE AUGEN und im Bild jeweils in die Mitte der roten Augen.

Verwenden Sie den Befehl BEARBEITEN/WIDERRUFEN, wenn Sie den zuletzt durchgeführten Bearbeitungsschritt rückgängig machen möchten.

Wenn Sie hingegen die vorgenommenen Änderungen nach dem Sichern zurücknehmen möchten, wählen Sie den Befehl ZURÜCK ZUM ORIGINAL aus dem Menü FOTOS.

8.11 iSync

iSync ist ein Synchronisierungsprogramm, das Ihren Mac mit Ihrem Handy, iPod oder PDA über Bluetooth oder USB synchronisiert. Eine Auflistung der von *iSync* unterstützten Geräte finden Sie auf folgender Apple-Webseite: `http://www.apple.com/de/isync/devices.html`. Weitere Informationen zum Einsatz von *iSync* lesen Sie in den Kapiteln 7, *Internet*, und 9, *Netzwerk*.

8.12 iTunes

iTunes ist eine leistungsfähige Musikzentrale, mit dem Sie Ihren gesamten Musik- und Audiobestand auf Ihrem Mac verwalten, wiedergeben, konvertieren und auf CD brennen können. Sie starten *iTunes* entweder aus dem Ordner PROGRAMME oder mit einem Mausklick auf das ITUNES-Symbol im Dock. Beim ersten Starten müssen Sie den Softwarelizenzvertrag akzeptieren und *iTunes* mithilfe des ITUNES ASSISTENTEN konfigurieren. Im Verlauf der Konfiguration legen Sie fest, ob *iTunes* für die Wiedergabe von Audiomaterial aus dem Internet genutzt werden soll und bei Bedarf automatisch eine Verbindung zum Internet aufbauen darf. Bestimmen Sie außerdem, ob im Ordner PRIVAT bestehende MP3- und AAC-Dateien automatisch in *iTunes* übernommen und Verbindung zum iTunes Music Store (iTMS) aufgenommen werden soll.

Audio-CD wiedergeben

Wenn Sie eine Audio-CD in das CD-Laufwerk Ihres Macs einlegen, startet *iTunes* automatisch und verbindet sich mit dem Internet, um in einer Internetdatenbank nach dem Titel der CD und der einzelnen Songs zu suchen und diese bereitzustellen. Möchten Sie dies unterbinden, wählen Sie ITUNES/EINSTELLUNGEN, klicken in ALLGEMEIN, deaktivieren im unteren Teil das Feld INTERNET-VERBINDUNG BEI BEDARF AUFBAUEN und bestätigen abschließend mit OK.

Hat iTunes die Informationen zur CD gefunden, erscheint die CD in der Liste QUELLE, im iTunes Fenster werden die Titel der CD aufgelistet.

Bewegen Sie den Mauszeiger auf eine Taste, erscheint eine kurze Erklärung.

Verwenden Sie die Steuerelemente für die Wiedergabe oben links, um einen Titel abzuspielen, anzuhalten oder um zum nächsten Titel vor- oder zurückzuspulen. Möchten Sie die Titel in zufälliger Reihenfolge oder mehrmals abspielen, verwenden Sie die Tasten unten links.

Titel von CD hinzufügen

Die Bibliothek stellt die Zentrale von *iTunes* dar. Sie listet alle Titel auf, die Sie von Audio-CDs importiert, aus dem Internet geladen oder aus einer anderen Quelle in *iTunes* bewegt haben. Die Titel in Ihrer Bibliothek können auf einer internen oder einer externen Festplatte, auf austauschbaren Speichermedien oder sogar in einem Netzwerk gespeichert werden. Standardmäßig werden die Titel im AAC-Format gespeichert.

Importierte Musiktitel werden normalerweise im Ordner BENUTZER/PRIVAT/MUSIK/ITUNES/ITUNES MUSIC/ abgelegt. Der Ordner ITUNES MUSIC kann jedoch auch an einen anderen Speicherort verlegt werden, den Sie *iTunes* mitteilen müssen. Wählen Sie dazu ITUNES/EINSTELLUNGEN, klicken Sie in ERWEITERT und unter SPEICHERORT DES ITUNES MUSIK-ORDNERS in die Taste ÄNDERN. Steuern Sie den Ordner an, übernehmen Sie ihn mit AUSWÄHLEN und klicken Sie in OK.

Legen Sie eine Audio-CD in Ihren Rechner ein. Kurze Zeit später startet *iTunes* und listet alle Titel der CD im iTunes Fenster auf. Entfernen Sie die Häkchen vor den Musiktiteln, die Sie vom Import ausschließen möchten.

Importierte Musiktitel werden standardmäßig im AAC-Format codiert und auf Ihrer Festplatte gespeichert, sodass sie zukünftig ohne Original-CD wiedergegeben werden können. Wählen Sie ITUNES/EINSTELLUNGEN und klicken Sie in IMPORTIEREN, um die beim Importieren verwendeten Einstellungen einzusehen und gegebenenfalls zu ändern.

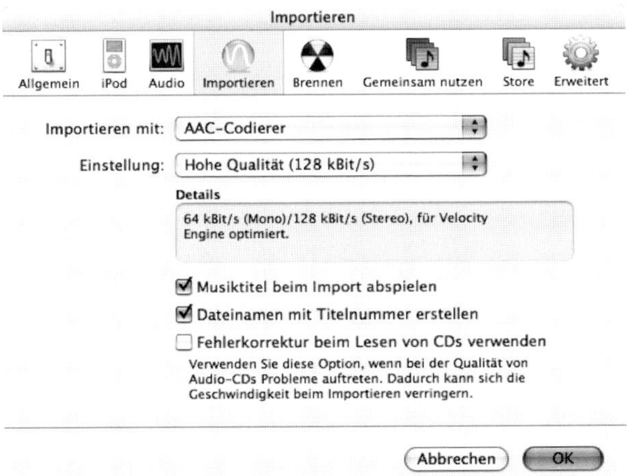

Klicken Sie in IMPORTIEREN im oberen rechten Bereich des ITUNES-Fensters, um die ausgewählten Musiktitel Ihrer Bibliothek hinzuzufügen. Im Display des ITUNES-Fensters sehen Sie die Importdauer des aktuellen Musiktitels. Klicken Sie zum Abbrechen des Vorgangs in das kleine X neben dem Statusbalken. *iTunes* spielt die Titel während des Importvorgangs der Reihe nach ab. Klicken Sie links oben in die Taste STOPP bzw. PAUSE, um die Wiedergabe zu beenden.

Importierte Titel werden in der Liste mit einem grünen Häkchen versehen. Klicken Sie nach Abschluss des Importvorgangs in der Liste QUELLE in AUSWERFEN neben der Audio-CD.

Sobald ein Titel zu Ihrer Musikbibliothek hinzugefügt wurde, können Sie ihn abspielen, auf Ihren iPod übertragen oder in eine Wiedergabeliste bewegen, um ihn mit anderen Titeln zu gruppieren oder auf eine CD zu brennen.

Wenn Sie einen Apple iPod anschließen und *iTunes* für die automatische Aktualisierung konfiguriert ist, werden alle in Ihrer Bibliothek und in Ihren Wiedergabelisten ausgewählten Musiktitel automatisch auf den iPod übertragen.

Wiedergabeliste anlegen

Wiedergabelisten sind Musiklisten, die Sie ganz nach Ihrem Wunsch erstellen und arrangieren können. So können Sie z.B. Titel für eine Party aus der Bibliothek in einer Wiedergabeliste zusammenstellen. Standardmäßig finden Sie in der Spalte QUELLE die Wiedergabelisten MEINE LIEBLINGSTITEL, MEINE TOP 25, MUSIK DER 90ER, ZULETZT GESPIELT und ZULETZT HINZUGEFÜGT.

Sie können beliebig viele Wiedergabelisten anlegen und hierfür jeden Titel aus Ihrer Bibliothek verwenden. Eine Wiedergabeliste kann abgespielt, aber auch gebrannt oder auf einen iPod kopiert werden.

1. Wählen Sie ABLAGE/NEUE WIEDERGABELISTE oder klicken Sie unterhalb der Liste QUELLE in HINZUFÜGEN (Pluszeichen). Drücken Sie alternativ [⌘] + [N].
2. Die neue Wiedergabeliste erscheint in der Liste QUELLE und ist zur Eingabe eines Namens bereit. Beenden Sie die Eingabe mit der [↵]-Taste.
3. Klicken Sie in der Liste QUELLE in BIBLIOTHEK, sehen Sie im rechten Bereich alle enthaltenen Titel.
4. Halten Sie für unmittelbar aufeinander folgende Titel die [⇧]-Taste oder für nicht unmittelbar aufeinander folgende Titel die [⌘]-Taste gedrückt und klicken Sie in die Titel, die Sie in die Wiedergabeliste aufnehmen möchten.
5. Ziehen Sie die markierten Titel auf die neue Wiedergabeliste in der Liste QUELLE. Die Titel bleiben nach wie vor in der Bibliothek. In der neuen Wiedergabeliste werden lediglich Verweise auf die Originale abgelegt.

CD brennen

Stellen Sie vor dem Brennen eine Wiedergabeliste mit den gewünschten Titeln zusammen. Wählen Sie iTunes/Einstellungen und klicken Sie in Brennen, um die Einstellungen zum Brennen einzusehen und gegebenenfalls zu ändern. Wählen Sie hier den Brenner aus, wenn Sie mehrere Geräte angeschlossen haben und geben Sie die Brenngeschwindigkeit an. Bestimmen Sie unter Format, ob Sie eine Audio-CD zur Wiedergabe in herkömmlichen CD-Playern, eine MP3-CD oder eine Daten-CD brennen möchten und beenden Sie die Einstellungen mit OK.

Stellen Sie sicher, dass die gewünschten Titel in der Wiedergabeliste mit einem Häkchen versehen sind und legen Sie einen Rohling in den Brenner ein. Klicken Sie im Aktionsfenster in Ignorieren und im iTunes Fenster rechts oben in Brennen. Klicken Sie erneut in Brennen, sobald im Display die Aufforderung dazu erscheint. Während des Brennvorgangs rotiert das Brennsymbol, den Fortschritt erkennen Sie am Verlaufsbalken im Display.

Das Ende des Vorgangs wird durch ein Tonsignal angezeigt. Klicken Sie in der Liste Quelle neben der CD in Auswerfen, um die gebrannte CD auszuwerfen.

Internet-Radiosender empfangen

iTunes ist in der Lage über Internet gesendete Radiosender zu empfangen. Klicken Sie dazu in der Liste Quelle in Radio. Klicken Sie in das Dreieck neben einer Musikrichtung, werden alle Internet-Radiosender aufgelistet, die diese Musikrichtung bedienen. Doppelklicken Sie einen Radiosender, wenn Sie eine Sendung hören möchten. Klicken Sie oben rechts im iTunes-Fenster auf Aktualisieren, um die neueste Liste der Musikkategorien abzurufen.

8.13 Notizzettel

Notizzettel

Zusätzlich zu dem im Dashboard integrierten Widget Notizzettel können Sie nach wie vor das Programm Notizzettel aus dem Ordner Programme nutzen. Die so erstellten Notizen sind nur verfügbar, wenn das Programm Notizzettel gestartet ist.

Starten Sie Notizzettel aus dem Ordner Programme, erscheinen auf dem Schreibtisch drei farbige Haftnotizen mit Informationen über das Programm. Sie erstellen eine neue Notiz, indem Sie Ablage/Neue Notiz wählen und Ihre Notizen eingeben. Wechseln Sie die Farbe eines Notizzettels, indem Sie hineinklicken und die gewünschte Farbe aus dem Menü Farbe wählen.

Wählen Sie Notiz/ Transparentes Fenster, *um die aktuelle Notiz transparent darzustellen.*

Natürlich können Sie auch das Aussehen des Textes beeinflussen. Markieren Sie dazu den geschriebenen Text und wählen Sie einen der oberen Einträge aus dem Menü SCHRIFT. Hier können Sie außerdem die Schriftart (SCHRIFTEN EINBLENDEN) und Textfarbe (FARBEN EINBLENDEN) ändern. Blenden Sie eine Notiz aus, indem Sie in die Schließtaste klicken. Wahlweise sichern Sie den dortigen Text zuvor mit ABLAGE/TEXT EXPORTIEREN. Geben Sie der Datei einen Namen, geben Sie den Speicherort und das Format an und klicken Sie in SICHERN. Wählen Sie das Format RTF, um Absatz- und Zeichenformatierungen zu erhalten, RTFD-Dateien können darüber hinaus Grafiken enthalten.

Zum Druck stehen im Menü ABLAGE zwei Einträge zur Verfügung: AUSGEWÄHLTE NOTIZ DRUCKEN druckt lediglich die derzeit aktive Notiz, ALLE NOTIZEN DRUCKEN gibt hingegen alle Notizen auf einen Schlag aus.

8.14 QuickTime Player

QuickTime Player

Der *QuickTime Player* gibt unter anderem Filme wieder, die auf der Festplatte Ihres Computers, auf CD/DVD oder im Internet verfügbar sind. Starten Sie den QuickTime Player mit einem Klick auf das entsprechende Symbol im Dock oder im Ordner PROGRAMME.

Wenn Sie einen Film von Ihrer Festplatte wiedergeben möchten, brauchen Sie den *QuickTime Player* nicht explizit zu starten, doppelklicken Sie einfach die Filmdatei. Wenn Sie einen Film im Internet öffnen möchten, starten Sie den *QuickTime Player*. Wählen Sie ABLAGE/URL ÖFFNEN, geben Sie die URL des Films ein und klicken Sie in OK.

Der QuickTime Player unterstützt neben verschiedenen Filmdateiformaten zahlreiche weitere Formate wie Audio-, Grafik- und VR-Film-Dateien.

8.15 Rechner

Rechner

Der Rechner ist ein einfach zu bedienender Taschenrechner, der im Standardmodus die Grundrechenarten Addition, Subtraktion, Multiplikation und Division bereithält. Doppelklicken Sie das Programm RECHNER im Ordner PROGRAMME, erscheint der Taschenrechner auf dem Schreibtisch.

Benutzen Sie den Taschenrechner wie einen ganz normalen Taschenrechner. Tippen Sie die Tasten des Taschenrechners mit dem Mauszeiger an oder verwenden Sie die entsprechenden Tasten der Tastatur.

Mithilfe des Menüs UMRECHNEN rechnen Sie bei einer Operation benötigte Werte schnell in die gewünschten Einheiten um. Wählen Sie DARSTELLUNG/

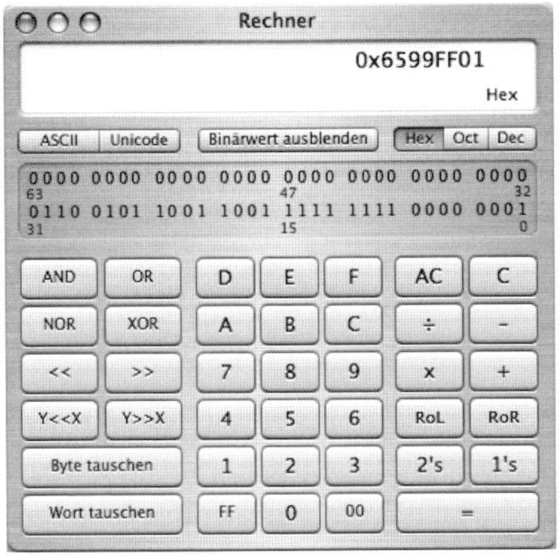

RPN, um die Umgekehrte Polnische Notation zur Eingabe komplexer Gleichungen zu verwenden, bei der zunächst die Operanden und anschließend die Operation eingegeben werden.

Wählen Sie DARSTELLUNG/WISSENSCHAFTLICH oder [⌘] + [2] für zahlreiche weitere Funktionen für wissenschaftliche Berechnungen. Mit DARSTELLUNG/PROGRAMMIERER oder [⌘] + [3] erledigt der Rechner für Programmierer typische Aufgaben. Er wechselt zwischen Hexadezimalwerten, Oktal- und Dezimalzahlen und zeigt optional 64 Binärwerte unterhalb des Displays an.

8.16 Schriftsammlung

Die *Schriftsammlung* hilft Ihnen unter Mac OS X 10.4 bei der Verwaltung und Installation von Schriften. Auf der Festplatte befinden sich die Zeichensätze im Ordner LIBRARY/FONTS und stehen allen Benutzern zur Verfügung. Doppelklicken Sie das Programm *Schriftsammlung* im Ordner PROGRAMME, um es zu öffnen.

Schriftsammlung

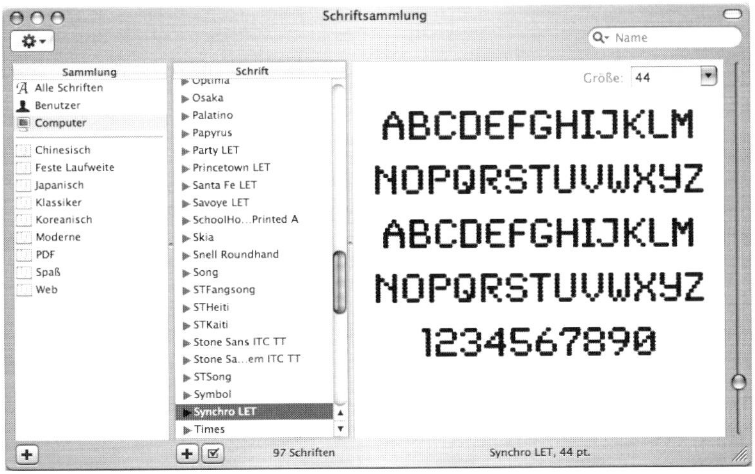

Möchten Sie alleinigen Zugriff auf eine Schrift haben, wählen Sie COMPUTER in der Spalte SAMMLUNG und bestimmen Sie in der Spalte SCHRIFT die betreffende Schrift oder Schriftsammlung. Ziehen Sie die Schrift oder Schriftsammlung nun in die Sammlung BENUTZER, damit sie für Sie verfügbar ist. Markieren Sie die Schrift oder Schriftsammlung erneut in der Sammlung COMPUTER, klicken Sie in die Taste DEAKTIVIEREN unterhalb der Liste SCHRIFT und in der Meldung in DEAKTIVIEREN, um die Schrift bzw. Schriftsammlung für alle anderen Benutzer zu sperren.

Die Installation neuer Schriften ist denkbar einfach. Legen Sie eine CD mit der neuen Schrift ein oder kopieren Sie die Schrift von einem anderen Ort auf Ihre Festplatte. Mit einem Doppelklick in die Schrift im Finder öffnet sich die Schriftsammlung und zeigt die Schrift an. Klicken Sie in INSTALLIEREN, wenn Sie die Schrift zu Ihrer Schriftsammlung hinzufügen möchten.

Neu installierte Schriften werden standardmäßig im Ordner FONTS des jeweiligen Benutzers gespeichert (BENUTZER/PRIVAT/LIBRARY/FONTS). Wählen Sie SCHRIFTART/EINSTELLUNGEN, wenn Sie neu installierte Schriften allen Benutzern zur Verfügung stellen möchten. Wählen Sie im Einblendmenü STANDARDORT ZUR INSTALLATION den Eintrag COMPUTER und schließen Sie das Fenster.

Die Schriften eigener Bibliotheken müssen nicht im Ordner Fonts *gespeichert sein.*

Mit ABLAGE/NEUE BIBLIOTHEK erstellen Sie eine weitere Schriftbibliothek. Steuern Sie mithilfe der Taste HINZUFÜGEN (Pluszeichen) unterhalb der Liste SCHRIFTEN den Ordner an, der die gewünschten Schriften enthält, und klicken Sie in ÖFFNEN. Die enthaltenen Schriften werden in die Bibliothek übernommen.

8.17 Sherlock

Sherlock

Sherlock hilft Ihnen dabei, Informationen aus dem Internet zu erhalten. Doppelklicken Sie SHERLOCK im Ordner PROGRAMME, werden Sie mit einer Übersicht der für Deutschland vorgesehenen Rubriken empfangen.

Die einzelnen Rubriken sind über die Symbolleiste zu erreichen bzw. durch einen Doppelklick auf die Symbole im Fenster. Möchten Sie zu dieser Ansicht zurückkehren, klicken Sie in der Symbolleiste ganz links in RUBRIKEN. Die einzelnen Rubriken lassen sich alternativ über das Menü RUBRIK ansteuern. Wählen Sie im Menü DARSTELLUNG/SYMBOLLEISTE ANPASSEN um einzelne Rubriken aus der Symbolleiste zu entfernen bzw. hinzuzufügen.

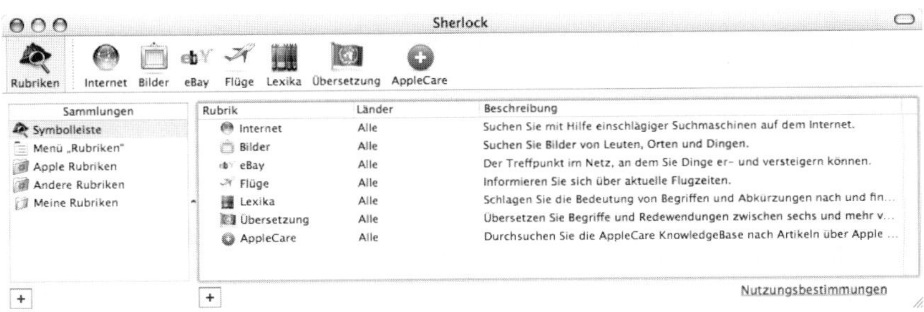

Hinter der Schaltfläche Nutzungsbestimmungen *finden Sie das Kleingedruckte zur Nutzung von Sherlock.*

Die Suche im Internet und die eBay-Suche sind nach wie vor auf die USA ausgerichtet, das Lexikon ist ebenfalls auf Englisch.

- Die Rubrik Internet stellt eine Meta-Suchmaschine dar, es werden gleichzeitig mehrere Suchmaschinen und Internet-Kataloge mit Ihren Suchbegriffen beschäftigt. Geben Sie einen englischen Suchbegriff ein und klicken Sie in die Lupe. Markieren Sie einen Treffer, wird eine kurze Beschreibung im unteren Teil eingeblendet. Führen Sie einen Doppelklick aus, wenn Sie einen Treffer in Safari öffnen möchten.
- Mithilfe der Rubrik Bilder können Sie im Internet nach Bildmotiven suchen, die Suchbegriffe müssen allerdings in Englisch eingegeben werden.
- Die Rubrik eBay verbindet Sie mit der amerikanischen Version des Internet-Auktionshauses. Geben Sie einen Suchbegriff ein und wählen Sie per Einblendmenü eine Kategorie oder eine Region aus.

- Die Rubrik Flüge ist vor allem für Personenkreise interessant, die sich für inneramerikanische Flugverbindungen interessieren bzw. für Routen, die von den aufgelisteten Fluglinien bedient werden. Klicken Sie im Sherlock Fenster unten rechts in die Taste Rubrik-Einstellungen einblenden, um die Standardeinstellungen zu verändern.
- In der Rubrik Lexika finden Sie ein Wörterbuch und einen Thesaurus (Synonymwörterbuch) für englische Begriffe. Soweit vorhanden werden ein oder mehrere Suchergebnisse beider Wörterbücher links aufgelistet. Rechts sehen Sie den gesamten Eintrag des links markierten Suchergebnisses.

- In der Rubrik ÜBERSETZUNG lassen sich verschiedensprachige Textpassagen übersetzen. Leider sind für Deutsch nur die Kombinationen Englisch und Französisch verfügbar. Generell empfiehlt es sich nicht, automatische Übersetzungen ungeprüft zu übernehmen.
- Die Rubrik APPLECARE ermöglicht Ihnen den direkten Zugriff auf die AppleCare Knowledge Base, in der technische Dokumente und Tipps zur Fehlerbeseitigung enthalten sind. Im unteren Teil sehen Sie den Inhalt des ausgewählten Dokuments.

8.18 TextEdit

TextEdit

TextEdit ist ein einfacher Text-Editor, mit dem Sie Texte erstellen, formatieren, drucken und speichern können. Mittlerweile ist TEXTEDIT erwachsener geworden und bietet Funktionen einer ausgewachsenen Textverarbeitung. Starten Sie *TextEdit*, indem Sie es im Ordner PROGRAMME doppelklicken.

Wählen Sie ABLAGE/ÖFFNEN um einen bestehenden Text zu öffnen. Neben TXT- und RTF-Dokumenten können Sie Webarchive, HTML-Dateien und Word-Dokumente öffnen. Bei Word- oder RTF-Dateien können jedoch einzelne Bestandteile der Formatierung verloren gehen.

Möchten Sie einen neuen Text schreiben, verwenden Sie einfach das automatisch geöffnete leere Dokument oder wählen Sie ABLAGE/NEU. Ganze Wörter markieren Sie mithilfe eines Doppelklicks an beliebiger Stelle im Wort. Den gesamten Text markieren Sie mit [⌘] + [A]. Wörter, Sätze und ganze Abschnitte können Sie kopieren oder aus dem Dokument ausschneiden und an anderer Stelle wieder einsetzen.

Wählen Sie FORMAT/SCHRIFT und SCHRIFTEN EINBLENDEN, um Zugriff auf die gesamte Schriftsammlung zu erhalten. Weitere Einträge im Untermenü SCHRIFT ermöglichen verschiedene Schriftstile sowie typografische Feinheiten. Die Ausrichtung ganzer Absätze oder Dokumente nehmen Sie unter FORMAT/TEXT vor. In der aktuellen Version unterstützt *TextEdit* auch Tabellen und Aufzählungen, die entsprechenden Optionen blenden Sie mit FORMAT/TEXT/TABELLE bzw. FORMAT/TEXT/LISTE ein.

Beim Speichern haben Sie die Wahl zwischen den Formaten RTF, HTML und Word. So können Sie auch ohne Microsoft Word Word-Dokumente öffnen und erzeugen.

8.19 Vorschau

Vorschau

VORSCHAU ist auf Ihrer Festplatte im Ordner PROGRAMME abgelegt. Sie starten das Programm mit einem Doppelklick. Mit *Vorschau* können Sie zwei Arten von Dateitypen anzeigen, Bilddateien (JPEG, TIF, PICT, GIF, PNG, HDR, PSD, BMP und SGI) und PDF-Dateien. Neu ist die Unterstützung von Adobes DNG (Digital Negative), einiger RAW-Formate, JPEG2000 und OpenEXR. Möchten Sie eine Datei zur Ansicht öffnen, wählen Sie ABLAGE/ÖFFNEN und steuern Sie die Datei anschließend auf Ihrer Festplatte an. Alternativ doppelklicken Sie die gewünschte Datei im Finder, *Vorschau* wird geöffnet und stellt direkt die entsprechende Datei dar. Möchten Sie mehrere Bilder in der Vorschau öffnen, markieren Sie diese im Finder und wählen Sie ABLAGE/ÖFFNEN MIT/VORSCHAU.

- Wählen Sie WERKZEUGE/BILDKORREKTUR um ein Fenster einzublenden, das eine Reihe von Bearbeitungswerkzeugen für Bilder enthält.

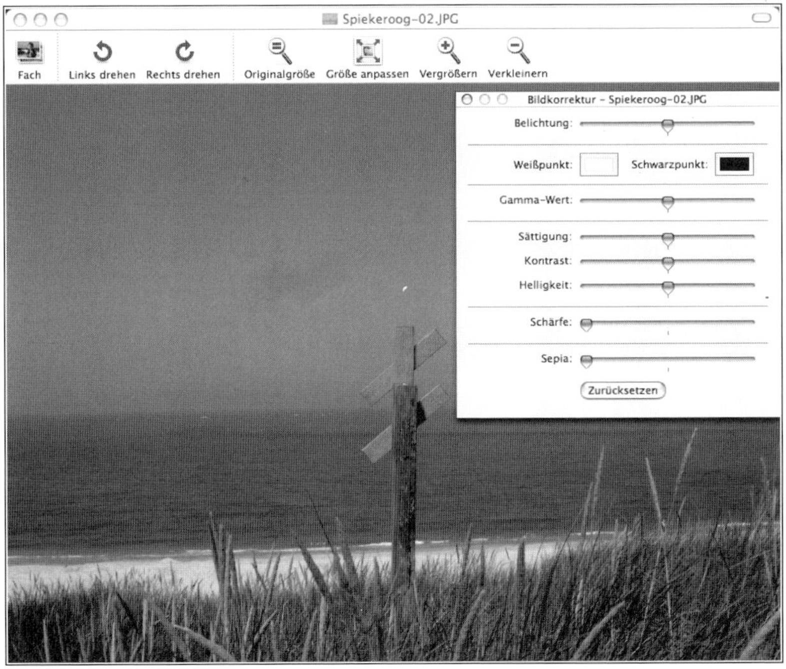

- Klicken Sie in der Symbolleiste in FACH, wird eine Übersicht aller geöffneten Bilder bzw. Seiten in einer seitlichen Schublade angezeigt.
- Wählen Sie DARSTELLUNG/DIASHOW, wenn mehrere Bilder geöffnet sind und Sie diese als bildschirmfüllende Diashow betrachten möchten.

- Passen Sie Bilder mit Größe anpassen an die Fenstergröße an und verwenden Sie die Symbole Vergrößern und Verkleinern der Symbolleiste zum Zoomen für Bilder und PDFs.
- Wählen Sie Werkzeuge/Informationen oder ⌘ + I und klicken Sie in Schlüsselwörter, um PDFs und Fotos für die Spotlight-Suche mit Schlüsselwörtern zu versehen.
- Unter Ablage/Bildschirmfoto finden Sie eine Screenshot-Funktion, mit der Sie ausgewählte Bereiche, Fenster oder den ganzen Bildschirm aufnehmen können.

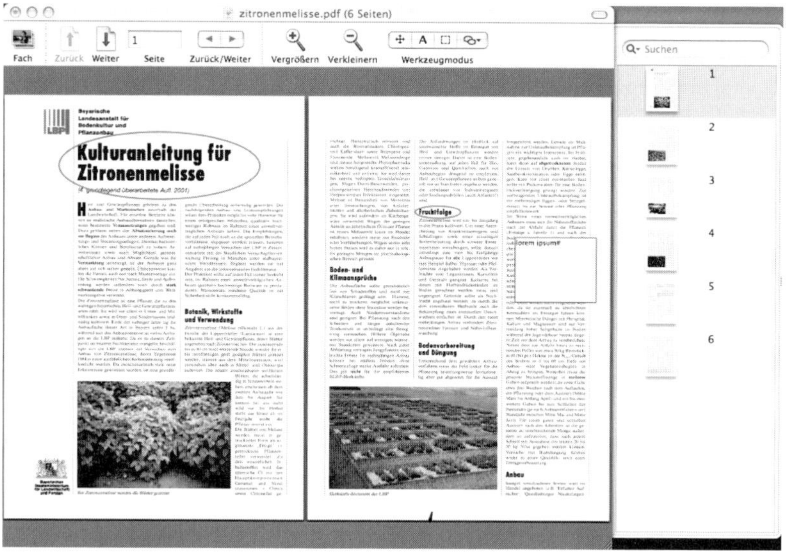

- PDF-Dokumente können doppelseitig angezeigt werden (Darstellung/PDF-Darstellung) und PDF 1.5-Dokumente werden unterstützt.
- Anmerkungen in PDF-Dokumenten werden angezeigt und können auch vorgenommen werden. Kopieren Sie das Dokument zunächst, um die ursprüngliche Version zu erhalten. Klicken Sie in der Symbolleiste in den Werkzeugmodus Werkzeug zum Anmerken (ganz rechts), um mit der Maus ein Textfeld in einem PDF-Dokument aufzuziehen. Führen Sie einen Doppelklick innerhalb des Textfelds aus und beginnen Sie mit der Eingabe, die mit ↵ beendet wird. Klicken Sie für Markierungen in den Pfeil der Taste Werkzeug zum Anmerken und

wählen Sie Ovale Anmerkung. Ziehen Sie die Maus über die gewünschte Stelle im Dokument, um einen roten Kringel zu erzeugen.

- PostScript- und EPS-Dateien werden beim Öffnen in *Vorschau* in PDFs konvertiert und lassen sich ausdrucken.
- Geben Sie für die Suche innerhalb von PDFs den Suchbegriff in das seitlich eingeblendete Suchfeld ein. Noch während der Eingabe sehen Sie die ersten Treffer, die Sie auswählen und damit im Dokument anzeigen können. Ist das seitliche Fach nicht einblendet, wählen Sie Bearbeiten/Suchen/Suchen (oder drücken Sie [⌘] + [F]). Klicken Sie in das X rechts im Suchfeld, um wieder zur Dokumentübersicht zurückzukehren.
- Fügen Sie ein Lesezeichen zu einer Seite hinzu, damit Sie diese Stelle später leicht auffinden. Wählen Sie Lesezeichen/Lesezeichen hinzufügen oder drücken Sie den Kurzbefehl [⌘] + [D]. Geben Sie dem Lesezeichen einen Namen und klicken Sie in Hinzufügen. Das Lesezeichen ist nun im Menü Lesezeichen verfügbar und kann so direkt angesteuert werden.
- PDF-Dokumente lassen sich mit Verschlüsselung und Quartz Filtern speichern. Wählen Sie Ablage/Sichern unter, geben Sie einen Namen und Speicherort an, stellen Sie das Format PDF ein und klicken Sie in Sichern. Wählen Sie optional einen der Quartz-Filter aus dem gleichnamigen Einblendmenü, um diesen auf das Dokument anzuwenden. Wenn Sie möchten, aktivieren Sie das Feld Verschlüsseln und geben Sie nach dem Klick in Sichern ein Kennwort ein, das mit OK bestätigt wird. Zum Öffnen des Dokuments müssen Sie oder ein anderer Benutzer nun zunächst das Kennwort eingeben und die [↵]-Taste drücken.

8.20 Dienstprogramme

Dienstprogramme dienen zur weitergehenden Konfiguration und Administration Ihres Mac OS X 10.4. Sie finden die Dienstprogramme im Ordner Programme/Dienstprogramme, einige Programme lassen sich jedoch auch auf anderem Wege starten.

AirPort Assistent

AirPort Assistent

AirPort ist ein kabelloser Zugang zu lokalen Netzwerken und dem Internet. Zum Betreiben einer drahtlosen Verbindung über AirPort benötigen Sie eine

AirPort oder AirPort Extreme Karte und eine AirPort Basisstation. Der Assistent unterstützt Sie bei der Konfiguration einer AirPort-Basisstation, ergänzend steht für weitergehende Funktionen das *AirPort Admin. Dienstprogramm* zur Verfügung. Weitere Informationen zu AirPort finden Sie in den Kapiteln 7, *Internet,* und 9, *Netzwerk*.

Aktivitätsanzeige

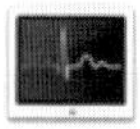

Aktivitäts-Anzeige

Mit der AKTIVITÄTSANZEIGE zeigen Sie die Auslastung des Prozessors (CPU, *Central Processing Unit*), der Festplatte(n), des Arbeitsspeichers und des Netzwerks Ihres Macs an. Die Beobachtung dieser Prozesse kann insbesondere dann sinnvoll sein, wenn Sie sehr rechenintensive Programme verwenden oder Ihr Mac langsamer wird, ohne dass ein offensichtlicher Grund vorliegt. Anders als der Finder-Befehl SOFORT BEENDEN aus dem Menü APPLE beenden Sie hier nicht nur laufende Programme eines Benutzers, sondern können auch einzelne Prozesse beenden. Wählen Sie den betreffenden Prozess aus und klicken Sie in PROZESS BEENDEN in der Symbolleiste. Aber Vorsicht, laufende Prozesse können für offene Programme erforderlich sein. Sichern Sie stets alle geöffneten Dokumente, bevor Sie einen Prozess beenden.

Die Auslastung des Prozessors kann auch beobachtet werden, wenn Sie in anderen Programmen arbeiten. Wählen Sie z.B. FENSTER/BALKEN FÜR CPU-AUSLASTUNG/VERTIKAL, wird am linken unteren Bildschirmrand ein Balkendiagramm eingeblendet, das die Auslastung des Prozessors wiedergibt.

Audio-MIDI-Konfiguration

Audio-MIDI-Konfiguration

Mit AUDIO-MIDI-KONFIGURATION konfigurieren Sie die Audio- und MIDI-Komponenten Ihres Macs. Andere Programme, die diese Informationen benötigen (wie z.B. Musikprogramme), können darauf zurückgreifen.

Verbinden Sie Ihr Audio- oder MIDI-Gerät (Mikrofon, Lautsprecher, Keyboard, Synthesizer, Sequencer etc.) mit Ihrem Computer. Öffnen Sie AUDIO-MIDI-KONFIGURATION und klicken Sie in AUDIO-GERÄTE zur Einrichtung der angeschlossenen Audio-Geräte. Klicken Sie in MIDI-GERÄTE, um die angeschlossenen MIDI-Geräte zu konfigurieren.

Bildschirmfoto

Bildschirmfoto

Bildschirmfoto erstellt Screenshots vom Bildschirm Ihres Computers. Dabei können Sie wahlweise einen ausgewählten Bereich, ein Fenster oder den ganzen Bildschirm ablichten. Ein Selbstauslöser nimmt ebenfalls den gesamten Bildschirminhalt auf. Öffnen Sie das Programm, wählen Sie einen Befehl aus dem Menü Foto und folgen Sie den Anweisungen. Wählen Sie Bildschirmfoto/Einstellungen, wenn das Foto einen Mauszeiger enthalten soll, und bestimmen Sie das Erscheinungsbild.

Das Bild wird unmittelbar nach der Aufnahme geöffnet. Wählen Sie Ablage/Sichern unter und geben Sie einen Namen sowie Speicherort für das Foto an. *Bildschirmfoto* sichert die Bilder im verlustfreien TIFF-Format, das in der *Vorschau* und zahlreichen weiteren Programmen dargestellt werden kann.

Eine andere Methode zur Aufnahme von Bildschirmfotos ist in Mac OS X Tiger direkt integriert, es muss kein Programm geöffnet werden. Drücken Sie den Kurzbefehl [⌘] + [⇧] + [3] zum Aufnehmen des gesamten Bildschirms. Mit [⌘] + [⇧] + [4] fotografieren Sie einen mit dem Mauszeiger ausgewählten Bereich. Für Fenster, die Menüleiste oder das Dock drücken Sie zunächst [⌘] + [⇧] + [4] und dann die Leertaste, fahren über das gewünschte Objekt und klicken es an, wenn es hervorgehoben wird.

Derart erstellte Bilder werden als PNG-Datei auf dem Schreibtisch abgelegt und mit Bild 1, Bild 2 usw. fortlaufend nummeriert. Sie können diese Dateien in der Vorschau öffnen, in Grafikprogrammen bearbeiten und in Dokumente einbinden.

Bluetooth Datenaustausch

Bluetooth Datenaustausch

Hierbei handelt es sich um einen Assistenten, der den Abgleich von Daten zwischen Ihrem Mac und anderen Bluetooth-fähigen Geräten wie Handys, PDAs und anderen Macs ermöglicht. Voraussetzung hierfür ist natürlich, dass Ihr Mac ebenfalls mit einer Bluetooth-Schnittstelle ausgestattet bzw. ein Bluetooth-Adapter angeschlossen ist. Weitere Informationen finden Sie im Kapitel 9, *Netzwerk*.

ColorSync Dienstprogramm

ColorSync Dienstprogramm

ColorSync dient der Farbverwaltung für Monitore, Eingabegeräte und Ausgabegeräte. Bei der Installation von Eingabe- und Ausgabegeräten werden deren Farbprofile automatisch registriert. Die Farbprofile werden mit einem Standardfarbsystem verglichen, sodass auf jedem Gerät die Farbe mit der größten Übereinstimmung verwendet wird.

Klicken Sie in Profile reparieren, wenn Sie bestehende ICC-Farbprofile überprüfen möchten. Im Bereich Profile sehen Sie installierte Farbprofile ein, unter Geräte registrierte ColorSync Geräte. Öffnen Sie ein Bild im *ColorSync Dienstprogramm*, können Sie es durch die Anwendung von Filtern verändern. Im Bereich RECHNER lassen sich die Farbwerte eines Farbraums und Profils in einen anderen Farbraum und ein anderes Profil umrechnen.

Dictionary

Dictionary

Wie der Name bereits vermuten lässt, handelt es sich hierbei um ein englisches Lexikon mit Thesaurus. Wählen Sie im Kontextmenü eines Begriffs den Eintrag IM LEXIKON NACHSCHLAGEN, wird *Dictionary* automatisch bemüht, ebenso wenn Sie den Dienst LOOK UP IN DICTIONARY verwenden. Auch das Dashboard Widget DICTIONARY greift auf die Inhalte dieses Dictionary zu.

DigitalColor Farbmesser

DigitalColor Farbmesser

Mithilfe des DigitalColor Farbmessers ermitteln Sie schnell den exakten Farbwert eines ausgewählten Bereichs. Öffnen Sie den *DigitalColor Farbmesser* aus dem Ordner PROGRAMME/DIENSTPROGRAMME und wählen Sie per Einblendmenü einen Farbstandard. Variieren Sie die Größe des Messbereichs per Schieberegler, um den Wert eines einzelnen Pixels oder einen gemittelten Wert eines Bereichs anzuzeigen.

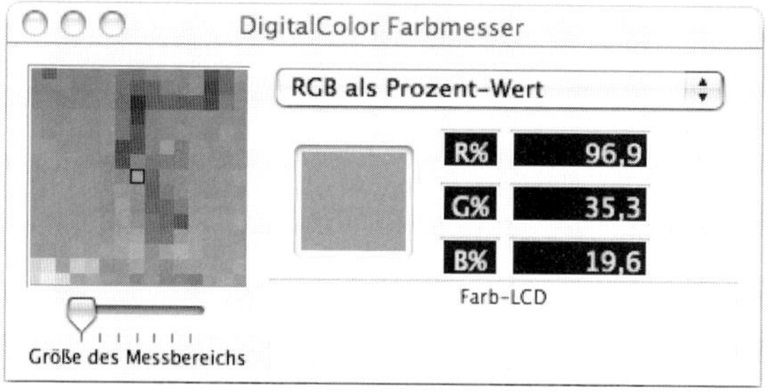

Drücken Sie den Kurzbefehl ⇧ + ⌘ + C, um den Farbwert in Textform in die Zwischenablage zu übernehmen und an anderer Stelle auszugeben. Mit ⌥ + ⌘ + C kopieren Sie den Farbwert zur weiteren Verwendung als Bild in die Zwischenablage.

Drucker-Dienstprogramm

Drucker-Dienstprogramm

Das *Drucker-Dienstprogramm* verwaltet alle installierten Drucker und ermöglicht das Hinzufügen weiterer Drucker. Doppelklicken Sie in DRUCKER-DIENSTPROGRAMM im Ordner PROGRAMME/DIENSTPROGRAMME. Klicken Sie in HINZUFÜGEN, um einen neuen lokalen bzw. Netzwerkdrucker zu installieren.

Alternativ lassen sich Drucker auch im Drucken-Dialog sowie der Systemeinstellung DRUCKEN & FAXEN einrichten. Die hierbei getroffenen Einstellungen und Angaben werden automatisch an das Drucker-Dienstprogramm übergeben. Weitere Informationen zum Drucken finden Sie in Kapitel 3, *Drucken*.

Festplatten-Dienstprogramm

Festplatten-Dienstprogramm

Das *Festplatten-Dienstprogramm* hilft Ihnen bei allen Belangen von Partitionen und Festplatten. Spätestens beim Verkauf Ihres Macs werden Sie Bekanntschaft mit diesem Programm machen, da es Sie dabei unterstützt, Ihre Daten gründlich von der Festplatte zu entfernen.

Im Bereich ERSTE HILFE lassen sich die Volume-Zugriffsrechte überprüfen und reparieren, wobei das Startvolume hiervon ausgeschlossen ist. Sofern Sie nicht über eine zweite Partition auf der Festplatte oder eine externe Festplatte mit einem alternativen Startvolume verfügen, verwenden Sie einfach die System-DVD um Ihr Startvolume überprüfen und gegebenenfalls reparieren zu lassen.

Legen Sie die INSTALL DVD ein und halten Sie beim Neustart die Taste [C] gedrückt. Markieren Sie DEUTSCH ALS STANDARDSPRACHE VERWENDEN und fahren Sie fort. Wählen Sie FESTPLATTEN-DIENSTPROGRAMM aus dem Menü DIENSTPROGRAMME.

- Wählen Sie auf der linken Seite das Startvolume aus, klicken Sie im rechten Bereich in ERSTE HILFE und unten in die Taste VOLUME – ZUGRIFFSRECHTE ÜBERPRÜFEN bzw. in VOLUME ÜBERPRÜFEN. Das Ergebnis der Überprüfung wird angezeigt, klicken Sie nötigenfalls in VOLUME-ZUGRIFFSRECHTE REPARIEREN bzw. VOLUME REPARIEREN.
- Klicken Sie in LÖSCHEN, wenn Sie ein Volume oder eine Festplatte löschen möchten. Legen Sie mithilfe der Taste SICHERHEITSOPTIONEN fest, dass das Volume bis zu 35 Mal überschrieben wird, damit ein Wiederherstellen der Daten nahezu unmöglich wird. Starten Sie den Vorgang mit LÖSCHEN. Klicken Sie in FREIEN SPEICHER LÖSCHEN, um die Wiederherstellung gelöschter Daten auszuschließen.

Sichern Sie vor dem Löschen alle wichtigen Daten auf einem anderen Volume oder einem Wechselmedium.

- Im Bereich PARTITIONIEREN legen Sie fest, in wie viele Partitionen Sie ein Volume unterteilen möchten und geben Bezeichnungen und Größen für die einzelnen Partitionen an. Jede Partition verhält sich wie ein eigenes Volume, sodass Sie z.B. verschiedene Mac OS-Versionen verwenden können. Da beim Partitionieren alle Daten gelöscht werden, müssen Sie diese zuvor auf einem anderen Volume oder Medium speichern.

- Klicken Sie in RAID, um mehrere Festplatten zu einem Array zusammenzuschließen. Dieser Vorgang stellt sicher, dass große Datenmengen erreichbar bleiben bzw. dass beim Ausfall einer Festplatte kein Datenverlust entsteht.

Wählen Sie abschließend im Programmmenü FESTPLATTEN-DIENSTPROGRAMM BEENDEN und anschließend INSTALLATIONSPROGRAMM BEENDEN. Bestätigen Sie die Meldung mit NEUSTART und entfernen Sie die DVD aus dem Laufwerk.

Einige Funktionen lassen sich mit dem Festplatten-Dienstprogramm auf der Festplatte ausführen, ohne dass Sie von DVD starten müssen.

- Erstellen Sie eine Image-Datei eines Ordners oder Volumes und sichern Sie diese auf einem anderen Volume oder einer CD/DVD, um die Daten zu einem späteren Zeitpunkt wiederherstellen zu können. Wählen Sie dazu ABLAGE/NEU/IMAGE VON ORDNER bzw. markieren Sie ein Volume und wählen Sie ABLAGE/NEU/IMAGE VON DISK0. Steuern Sie den Ordner an und klicken Sie in IMAGE, geben Sie einen Namen und Speicherort an und legen Sie fest, ob das Image komprimiert bzw. verschlüsselt sein soll.
- Brennen Sie eine Image-Datei auf CD oder DVD, um eine Sicherungskopie Ihrer Daten zu erhalten. Wählen Sie links die Image-Datei, klicken Sie in der Symbolleiste in BRENNEN, legen Sie einen Rohling in das Laufwerk ein und folgen Sie den Anweisungen.
- Klicken Sie in WIEDERHERSTELLEN, wenn Sie ein Image oder Volume zur Wiederherstellung Ihrer Daten verwenden möchten. Geben Sie an, aus welcher Quelle die Daten bezogen und an welchem Zielort die Daten wiederhergestellt werden sollen. Aktivieren Sie das Feld Zielmedium löschen, wenn ausschließlich die wiederhergestellten Daten erhalten bleiben sollen. Starten Sie den Vorgang mit der Taste WIEDERHERSTELLEN.
- Möchten Sie CD-Rs in mehreren Durchgängen beschreiben (Multisession-CD), müssen Sie das Medium darauf vorbereiten. Legen Sie im Finder einen Ordner mit den zu brennenden Daten an und erstellen Sie im Festplatten-Dienstprogramm eine Image-Datei dieses Ordners. Wählen Sie das Image aus und klicken Sie in der Symbolleiste in BRENNEN. Legen Sie eine leere CD ein, markieren Sie das Feld SPÄTER KÖNNEN WEITERE DATEN HINZUGEFÜGT WERDEN und klicken Sie in BRENNEN.

- CD- und DVD-RWs zeichnen sich dadurch aus, dass sie mehrmals neu beschrieben werden können, wobei der vorherige Inhalt zunächst gelöscht werden muss. Legen Sie die CD- oder DVD-RW ein, öffnen Sie das *Festplatten-Dienstprogramm*, wählen Sie die CD/DVD links aus und klicken Sie in LÖSCHEN. Mit SCHNELL LÖSCHEN werden die vorhandenen Daten nicht überschrieben.

Grapher

Grapher

Dieses Programm präsentiert Gleichungen zwei- oder dreidimensional grafisch, wobei auch animierte Darstellungen möglich sind. Verwenden Sie die zwei- und dreidimensionalen Beispiele aus dem gleichnamigen Menü, um einen Eindruck von den grafischen Qualitäten zu bekommen.

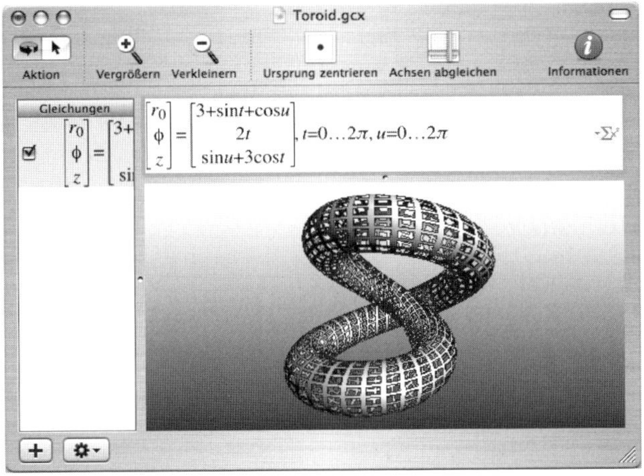

Installationsprogramm

Installationsprogramm

Das Installationsprogramm ist dafür zuständig, Paketdateien wie z.B. die auf der Mac OS X Tiger-Install DVD zu öffnen und zu installieren. Meistens wird das Installationsprogramm automatisch gestartet, wenn Sie eine Paket- oder Image-Datei doppelklicken.

Konsole

Konsole

Mit der *Konsole* haben Sie Zugriff auf Protokolldateien, die im System und in den verwendeten Programmen entstehen. Beim Anzeigen von Fehlermeldungen kann dieses Programm Ihnen möglicherweise helfen, Einzelheiten zum aufgetretenen Problem zu erfahren. Wählen Sie links in der Spalte PROTO-

KOLLDATEIEN das Protokoll, welches Sie einsehen möchten. CONSOLE.LOG beinhaltet Meldungen aktiver Programme, SYSTEM.LOG solche des Betriebssystems. Protokolldateien können für Techniker wichtige Informationen enthalten, die bei der Lösung eines Problems helfen.

Migrations-Assistent

Migrations-Assistent

Der *Migrations-Assistent* hilft Ihnen dabei, Benutzer, Programme, Netzwerkeinstellungen, Dateien und Volumes von einem Mac oder einem anderen Volume auf einen anderen Mac zu übertragen. Dies ist von praktischem Nutzen, wenn ein neuer Computer Einzug in ein Netzwerk hält und nahtlos integriert werden soll oder ein Mac durch einen anderen ersetzt wird. Weitere Informationen finden Sie im Kapitel 9, *Netzwerk*.

Netinfo-Manager

NetInfo Manager

Netinfo-Manager stellt die Datenbank von Mac OS X Tiger dar und ermöglicht die zentrale Verwaltung von Benutzer-Accounts, Gruppen, Kennwörtern, Computern und Druckern. Durch seine weit reichenden Möglichkeiten können bei der Verwendung des Netinfo-Managers ernsthafte Schäden am System entstehen, es sollte daher mit äußerster Vorsicht benutzt werden. Die meisten Benutzer werden den Netinfo-Manager zur Aktivierung des Super-Administrators ROOT verwenden. Weitere Informationen hierzu finden Sie im Kapitel 9, *Netzwerk*.

Netzwerk-Dienstprogramm

Netzwerk-Dienstprogramm

Das Netzwerk-Dienstprogramm kombiniert verschiedene Informationen und Funktionen für die Fehlerbeseitigung im lokalen Netzwerk. Sie sollten hierfür jedoch Grundkenntnisse im Bereich Netzwerk mitbringen.

Sie haben z.B. die Möglichkeit, die Netzwerkschnittstellen Ihres Computers zu prüfen (INFORMATIONEN), Statistiken über die Leistung Ihres Netzwerks einzusehen (NETSTAT), oder den Zugriff auf bestimmte Hosts oder IP-Adressen zu testen (PING).

ODBC Administrator

ODBC Administrator

Dieses Programm hilft Ihnen bei der Verbindung von Datenbanken mit Programmen, die den Standard ODBC (Open Database Connectivity) unterstützen.

Schlüsselbund

Mithilfe des Schlüsselbunds können Sie Kennwörter für Programme, Server, Websites oder auch andere vertrauliche Daten, wie zum Beispiel Kreditkartennummern oder die persönliche Kennnummer (PIN) Ihrer Bankkarte verwalten. Näheres dazu lesen Sie im Kapitel 6, *Datensicherheit*.

Schlüsselbund

StuffIt Expander

Der StuffIt Expander entpackt automatisch komprimierte Dateien, sobald Sie diese doppelt anklicken. Wählen Sie StuffIt Expander/Preferences und klicken Sie in Internet, um die unterstützten Dateitypen anzuzeigen bzw. zu aktivieren.

StuffIt Expander

System Profiler

Öffnen Sie den System Profiler, um Informationen über Ihren Computer, das Betriebssystem, die Volumes und die Programme anzuzeigen. Sie können einen Bericht als Textdokument sichern und an eine E-Mail anhängen.

System Profiler

Alternativ öffnen Sie den System Profiler, indem Sie Über diesen Mac aus dem Menü Apple wählen und dort in die Taste Weitere Informationen klicken.

Wenn Sie sich bei Problemen mit Ihrem System an den Apple Support wenden, werden Sie häufig aufgefordert, Informationen vom System Profiler weiterzugeben.

Terminal

Mit Terminal können Sie mit Befehlszeilenfenstern arbeiten und den UNIX-Kernel von Mac OS X Tiger im Command-Line-Modus bedienen. Mit Terminal haben Sie Zugriff auf eine sehr große Funktionsvielfalt des Betriebssystems, da nicht alle Befehle des UNIX-Kernels in die Aqua-Oberfläche integriert sind. Sie sollten jedoch über fundierte UNIX-Kenntnisse verfügen, um mit Terminal zu arbeiten.

Terminal

Für Freunde der Blockgrafik und Star Wars-Fans gibt es eine liebevoll gemachte telnet-Anwendung. Geben Sie folgende Zeile ein, beenden Sie die Eingabe mit der [↵]-Taste und lehnen Sie sich zurück, der Film beginnt:

```
telnet towel.blinkenlights.nl
```

Verzeichnisdienste

Dieses Programm hilft bei der Konfiguration der Verbindung zu Verzeichnis-Diensten wie z.B. LDAP oder Active Directory. Auch der Zugriff auf Netzwerkdienste mit verschiedenen Protokollen lässt sich konfigurieren.

VoiceOver Utility

Die Stimme und Sprechgeschwindigkeit für die Sprachausgabe kontrollieren Sie mit der Systemeinstellung SPRACHE. Mithilfe des VoiceOver Utility legen Sie Einstellungen für die Sprachsteuerung fest und können diese auf die Standardeinstellungen zurücksetzen.

Netzwerk

9

Damit Ihr Mac am Netzwerkgeschehen teilnehmen kann, muss dieser physikalisch mit dem lokalen Netzwerk verbunden werden. Das geschieht prinzipiell auf zwei unterschiedliche Arten: per Netzwerkkabel oder kabellos per drahtlosem Netzwerk. Alle Macs verfügen standardmäßig über eine 10/100 MBit-Ethernet-Schnittstelle im RJ-45-Format, über die Sie Ihren Mac per Netzwerkkabel mit einem lokalen Netzwerk verbinden. Apples iMacs und PowerMacs besitzen sogar eine 1 GBit-Ethernet-Schnittstelle. Zudem verfügen iBooks, PowerBooks und iMacs über eine integrierte AirPort Extreme-Karte. Diese gestattet den drahtlosen Zugriff auf ein lokales Netzwerk. Als Gegenstelle benötigen Sie dann eine AirPort Express- oder eine AirPort-Extrem-Basisstation. Möchten Sie, was die Basisstation betrifft, nicht der Apple-Welt treu bleiben, so können Sie auch eine Basisstation aus der PC-Welt als Gegenstelle verwenden. Dies hat den Vorteil, dass jene Basisstationen oft sehr viel preiswerter sind, als die aus dem Hause Apple. Sie sollten nur darauf achten, dass die Gegenstelle kompatibel nach IEEE 802.11b ist. Leider ist es dann nicht mehr möglich, die Basisstation aus Tiger heraus zu konfigurieren.

Verbindungen zu Macs bzw. PCs in einem lokalen Netzwerk werden stets auf Basis eines Peer-to-Peer-Netzwerks aufgebaut. Peer-to-Peer-Netzwerke sind in aller Regel sehr einfach zu realisieren. In einem Peer-to-Peer-Netzwerk ist jeder Rechner in der Lage Daten für alle Netzwerkteilnehmer bereitzustellen. Verfügen die Netzwerkteilnehmer über die entsprechenden Zugangsberechtigungen, können sie Dateien des entfernten Rechners lokal auf ihrem Rechner speichern oder diese direkt »entfernt« öffnen.

Peer-to-Peer-Netzwerke haben aber auch einen Nachteil: Da sämtliche Rechner die Netzwerkfunktionen nebenher erledigen müssen, und kein zentraler Server da ist, um Daten an die verschiedenen Arbeitsstationen zu liefern, werden alle Maschinen im Netzwerk schon nach kurzer Zeit sehr stark belastet. Sorgen Sie also dafür, dass Sie über ein schnelles Netzwerk (mindestens

100 MBit/s) verfügen, und dass die Rechner schnelle Festplatten (ATA mit 7200 Umdrehungen pro Minute) beherbergen. Nur dann belastet ein großer Datentransfer nicht Ihren Rechner und das lokale Netzwerk.

Ein Peer-to-Peer-Netzwerk ist schon bei maximal zehn angeschlossenen Rechnern praktisch voll ausgelastet. Spätestens dann ist es an der Zeit, einen zentralen Netzwerkserver (Mac mit OS X Serversoftware) zu installieren. Dieser Netzwerkserver (auch File Server genannt) beherbergt an zentraler Stelle alle Daten und ist lediglich für die Datenbereitstellung im Netzwerk zuständig. Somit entlasten Sie Ihr lokales Peer-to-Peer-Netzwerk und damit automatisch die daran angeschlossenen Macs. Diese können sich wiederum ihren Kernaufgaben widmen und müssen nicht »nebenbei« auch noch Netzwerkfunktionen im großen Umfang bewerkstelligen.

9.1 Das kleinste Netzwerk – die Firewire-Direktverbindung

Das kleinste Netzwerk, das Sie installieren können, ist die Mac-Direktverbindung per Firewire. Dies ist besonders dann interessant, wenn Sie mal eben Daten von einem zum anderen Mac bewegen müssen. Und das Beste daran: Eine derartige Firewire-Direktverbindung ist sehr viel schneller als der Datentransfer über ein lokales 10 MBit/s-Netzwerk. Und so geht's:

1. Verbinden Sie zwei Macs per Firewire miteinander. Der Rechner, auf den Sie etwas kopieren möchten, sollte anschließend zuerst eingeschaltet werden (Hostrechner).

2. Schalten Sie anschließend den Rechner ein, der die Daten enthält (Gastrechner), die Sie kopieren möchten. Halten Sie dabei die Taste [T] gedrückt. Kurze Zeit später erscheint auf diesem Rechner das Firewire-Symbol, das sich über den Bildschirm bewegt in Art eines Bildschirmschoners.
3. Auf dem zuerst eingeschalteten Mac (Hostrechner) sollten Sie auf dem Desktop ein neues Volumesymbol mit einer Firewire-Kennzeichnung sehen. Dies ist die Festplatte des angeschlossenen Gastrechners. Auf diese greifen Sie zu wie auf ein ganz normales lokal angeschlossenes Laufwerk.

Sind alle Daten kopiert, werfen Sie das Volumesymbol des Gastrechners aus (Kontextmenüeintrag „VOLUMENAME" AUSWERFEN). Wurde das Firewire-Volume ordnungsgemäß vom Schreibtisch des Hostrechners entfernt, schalten Sie den Gastrechner aus bzw. starten ihn neu.

Der Migrations-Assistent

Eine besondere Form der Firewire-Rechnerverbindung stellt der *Migrations-Assistent* dar. Dank des kleinen Helfers ist es möglich, Dateien von einem Mac zum anderen zu übertragen. Dies ist besonders dann hilfreich, wenn Sie Daten eines bestehenden Systems auf ein neues System übertragen möchten. Damit eine solche Aktion erfolgreich durchgeführt werden kann, ist es zwingend notwendig, dass sich die entsprechenden Dateien des »alten« Rechners in den dafür vorgesehen Ordner befinden (Musikdateien im Ordner MUSIK, Bilder im Ordner BILDER usw.).

1. Starten Sie auf dem neuen Rechner den Migrations-Assistenten. Dieser befindet sich im Ordner PROGRAMME/DIENSTPROGRAMME.
2. Es folgt ein Begrüßungsfenster. Klicken Sie in FORTFAHREN. Im folgenden Dialogfenster müssen Sie sich als Administrator bzw. als Benutzer mit administrativen Rechten zu erkennen geben. Geben Sie das Administratorkennwort ein und klicken Sie in OK.
3. Sie sehen das Dialogfenster ÜBERTRAGUNGSMETHODE. Stellen Sie sicher, dass die Option VON EINEM ANDEREN MAC aktiviert ist und klicken Sie in FORTFAHREN.

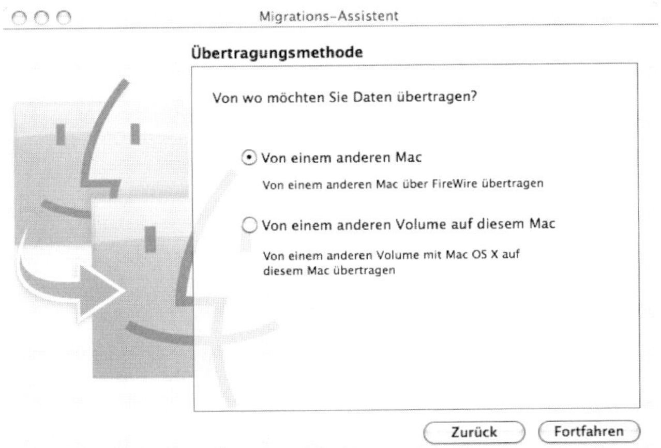

4. Verbinden Sie nun beide Macs per Firewire miteinander und klicken Sie anschließend in FORTFAHREN.
5. Nun wartet der neue Mac auf den Neustart Ihres alten Macs. Schalten Sie dazu den alten Mac aus und starten Sie ihn anschließend bei gedrückter Taste [T] erneut.

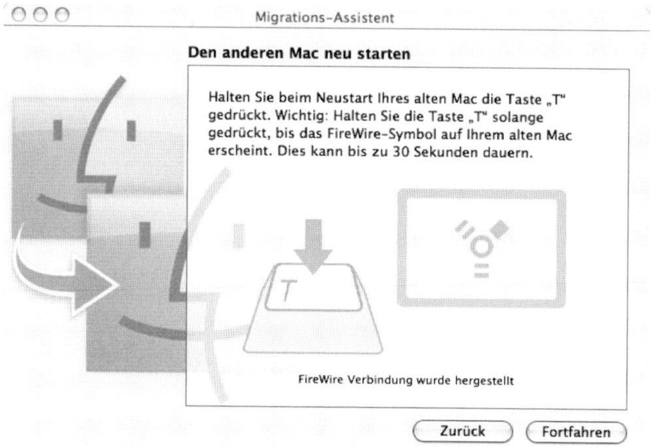

6. Sobald eine Firewire-Verbindung erkannt wurde, gibt der Migrations-Assistent des neuen Macs die Schaltfläche FORTFAHREN im Dialogfenster DEN ANDEREN MAC NEU STARTEN frei.
7. Im darauf folgenden Fenster müssen Sie das Volume des per Firewire angeschlossenen Rechners markieren, welches die zu übertragenden Daten enthält. Klicken Sie anschließend in FORTFAHREN.

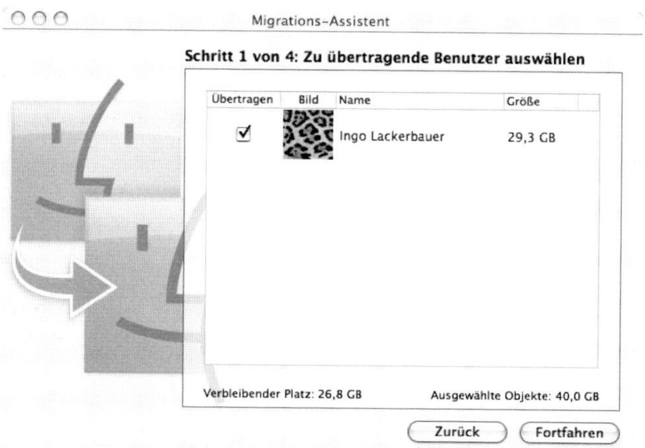

8. Wählen Sie nun den Anwender des alten Macs aus, dessen Daten Sie auf den neuen Mac übertragen möchten. Markieren Sie dazu in der Spalte ÜBERTRAGEN das Markierungsfeld vor dem jeweiligen Anwender. Natürlich haben Sie die Möglichkeit, auch Daten mehrerer Benutzer des alten Macs auf das neue System zu importieren. Klicken Sie in FORTFAHREN.

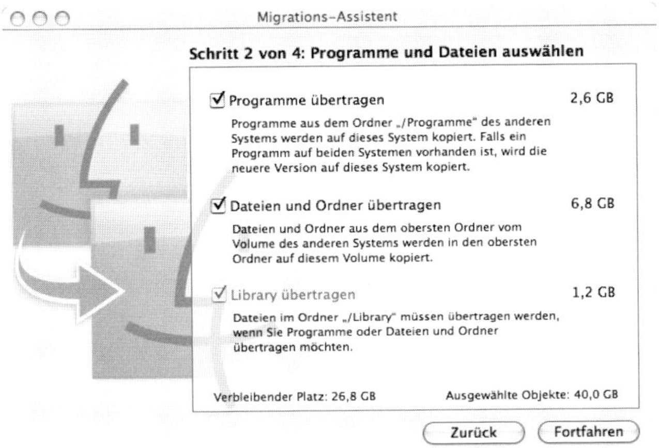

9. Markieren Sie bei Schritt 2 von 4 des Migration-Assistenten jene Daten, die Sie übertragen möchten (PROGRAMME ÜBERTRAGEN und/oder DATEIEN UND ORDNER ÜBERTRAGEN). Klicken Sie in FORTFAHREN.

10. Wenn Sie das Markierungsfeld DATEIEN UND ORDNER ÜBERTRAGEN im letzten Dialogfenster aktiviert haben, können Sie nun im Schritt 3 von 4 auswählen, welche Ordner und Dateien auf den neuen Mac in einen separaten Ordner übertragen werden sollen. Aktivieren Sie dazu die entsprechenden Markierungsfelder vor den Dateien und Ordnern, die angezeigt werden. Alle so markierten Ordner und Dateien des alten Macs werden in einem Ordner der obersten Volumeebene des neuen Macs abgelegt. Für die korrekte Verteilung der Daten auf dem neuen Mac müssen Sie anschließend selbst sorgen. Klicken Sie anschließend in FORTFAHREN.

11. Im Schritt 4 von 4 haben Sie die Möglichkeit anzugeben, ob auch die Netzwerkeinstellungen, Zeitzone und Sharing-Einstellungen übernommen werden sollen. Empfehlenswert ist dies nicht, da die Netzwerk- und Sharing-Einstellungen stets separat vorgenommen werden sollten, um Sicherheitslöcher zu vermeiden (Fehleinstellungen des alten Systems etc.). Klicken Sie in ÜBERTRAGEN.

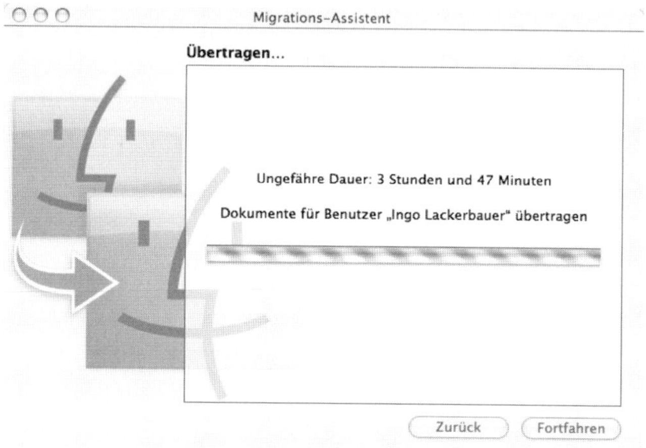

12. Der Migrations-Assistent beginnt nun damit die Daten auf das neue System zu übertragen. Dieser Vorgang kann schon mal mehrere Stunden betragen. Ist der Vorgang abgeschlossen, beendet ein Mausklick auf Fortfahren den Migrations-Assistenten.
13. Fahren Sie den neuen Mac herunter und starten Sie ihn anschließend erneut.

9.2 Direkte Verbindung zweier Macs via Ethernet

Was im letzten Abschnitt mit einem Firewire-Kabel beschrieben wurde, ist ebenfalls mit einem Ethernet-Kabel möglich. Mit einem derartigen Ethernet-Kabel (Standardnetzwerkkabel) stellen Sie eine Direktverbindung zwischen zwei Macs her, um Dateien zwischen diesen Rechnern auszutauschen.

1. Verbinden Sie beide Macs mit einem Ethernet-Kabel über die entsprechende Netzwerkschnittstelle Ihres Macs.
2. Öffnen Sie die Systemeinstellung SHARING auf beiden Rechnern. Aktivieren Sie unterhalb von Dienste das Markierungsfeld PERSONAL FILE SHARING. Hinter GERÄTENAME finden Sie die Bezeichnung Ihres Macs, unter der er sich im Netzwerk zu erkennen gibt. Ist der standardmäßig eingetragene Name zu lang oder nicht eindeutig genug, können Sie ihn an dieser Stelle ändern.

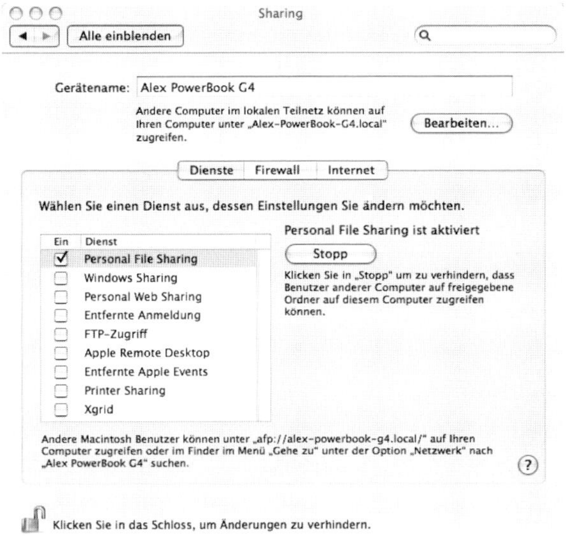

3. Schließen Sie die Systemeinstellungen.
4. Wählen Sie aus dem Finder-Menü GEHE ZU den Menüeintrag MIT SERVER VERBINDEN aus.
5. Klicken Sie im Fenster MIT SERVER VERBINDEN in die Taste DURCHSUCHEN. Daraufhin öffnet sich ein Fenster mit der Bezeichnung NETWORK. Klicken Sie in diesem Fenster in der Seitenleiste in das Symbol NETWORK. Jetzt sollte der andere Mac, welcher per Ethernet-Kabel verbunden ist, im Fenster NETWORK erscheinen.

6. Markieren Sie den Zielrechner mit einem Mausklick. In der folgenden Spalte sollten Sie nun das Netzwerkvolumesymbol sehen. Klicken Sie auf die darunter befindliche Schaltfläche VERBINDEN.

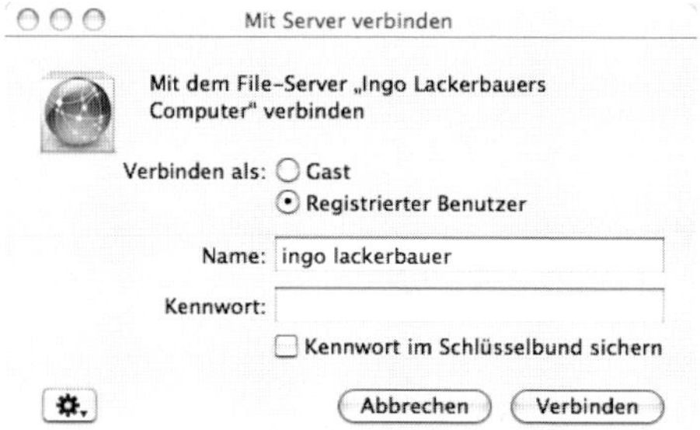

7. Jetzt öffnet Tiger ein Fenster mit der Bezeichnung MIT SERVER VERBINDEN. Nun haben Sie zwei Möglichkeiten der Anmeldung am anderen Rechner: Wenn Sie unter VERBINDEN ALS: GAST aktivieren, werden Sie direkt zum Ordner ÖFFENTLICH des Benutzers geleitet, der am anderen Rechner angemeldet ist. Für diesen Ordner haben Netzwerkteilnehmer standardmäßig Leserechte. Das heißt, dass Sie Daten aus diesem Ordner auf Ihren Mac über das Netzwerk kopieren können. Eine andere Möglichkeit der Anmeldung ist REGISTRIERTER BENUTZER. Wählen Sie diese Art der Anmeldung, müssen Sie einen Benutzernamen sowie ein Kennwort eingeben. Dies sind dieselben Anmeldedaten, mit denen sich der oder die Anwender des anderen Macs am Rechner anmelden. Sie haben dann volle Zugriffsrechte auf den gesamten Mac bzw. die Home-Verzeichnisse der entsprechenden Benutzer des entfernten Macs. Wir wollen uns einmal als registrierter Benutzer anmelden. Klicken Sie nach Eingabe des Namens sowie Kennworts in die Taste VERBINDEN.

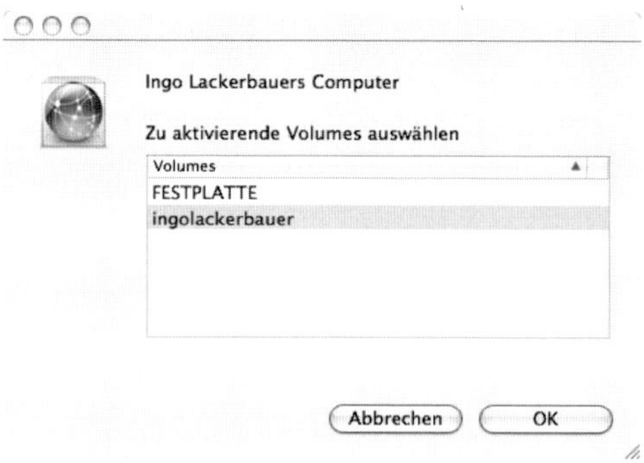

8. Wählen Sie nun die Volumes des entfernten Rechners aus, auf die Sie zugreifen möchten. Als ersten Eintrag finden Sie stets den Namen der Festplatte des anderen Macs. Der zweite Eintrag stellt den Ordner Privat dar, symbolisiert durch den Benutzernamen, mit dem Sie sich am entfernten Mac angemeldet haben. Klicken Sie in VERBINDEN.
9. Auf Ihrem Schreibtisch finden Sie nun ein Netzwerksymbol mit der Bezeichnung des Benutzers, unter dem Sie sich am entfernten Mac angemeldet haben.

10. Führen Sie einen Doppelklick auf das Netzwerksymbol aus. Es öffnet sich der Ordner PRIVAT des entfernten Rechners und zwar des Benutzers, mit dessen Daten Sie sich per Netzwerk angemeldet haben.

Möchten Sie das Netzwerkvolume auswerfen, klicken Sie es mit der rechten Maustaste an und wählen Sie aus dem Kontextmenü den Menüeintrag „BENUTZERNAME" AUSWERFEN aus. Alternativ dazu können Sie auch das Tastenkürzel [⌘] + [E] benutzen oder Sie wählen aus dem Finder-Menü den Menüeintrag „BENUTZERNAME" AUSWERFEN aus.

9.3 Der Ordner Öffentlich

Bevor wir uns ins Netzwerkgeschehen stürzen, müssen wir erst einmal die Bedeutung des Ordners ÖFFENTLICH ein wenig genauer unter die Lupe nehmen.

Jeder auf einem Mac OS X-System eingerichtete Benutzer verfügt innerhalb seines Ordners PRIVAT ebenfalls über einen Ordner mit der Bezeichnung ÖFFENTLICH. Dies hat folgende Bewandtnis: Ein unter Tiger angemeldeter Benutzer ist nicht in der Lage, den Ordner PRIVAT eines anderen Benutzer desselben Systems einzusehen. Nur der Ordner ÖFFENTLICH macht hier eine Ausnahme. Dieser Ordner dient zum Datenaustausch zwischen den Benutzern eines OS X-Systems als auch zum Datenaustausch über das lokale Netzwerk. Sobald Sie sich nämlich hier als Gast an einem entfernten Rechner im Netzwerk anmelden, gelangen Sie automatisch zum Ordner ÖFFENTLICH des Benutzers.

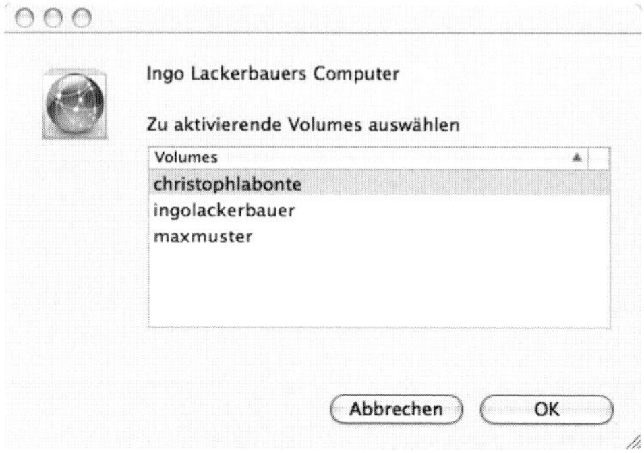

Für den Ordner Öffentlich *eines Benutzers haben Sie lediglich Leserechte, das heißt, dass Sie nur Daten aus diesem Ordner auf Ihren Rechnern per Netzwerk kopieren dürfen.*

Verbinden Sie sich per Netzwerk zu einem Rechner mit mehreren Benutzerkonten und authentifizieren Sie sich als GAST, so bekommen Sie anschließend ein kleines Fenster aufgezeigt, das alle Benutzerkonten enthält, die auf dem entfernten Rechner zu finden sind. Je nachdem, welchen Benutzer Sie auswählen, bekommen Sie nach einem Mausklick in OK Zugriff auf dessen Ordner ÖFFENTLICH.

9.4 Netzwerkzugriff auf einen Mac

Damit ein Mac in einem Netzwerk, das aus mehr als zwei Rechnern besteht, Daten austauschen kann, muss er erst einmal mit allen anderen Rechner per Netzwerkkabel verbunden sein. Zu diesem Zweck benötigen Sie einen so genannten Hub, an den Sie alle Macs gleichermaßen anschließen. Je mehr Ports Ihr Hub hat, desto mehr Geräte können Sie anschließen.

IP-Adresse zuweisen

Die Kommunikation im Netzwerk läuft auf Basis des TCP/IP-Protokolls. Damit also ein lebhafter Datenaustausch stattfinden kann, müssen Sie Ihrem Mac erst einmal eine IP-Adresse zuweisen. Hierbei gibt es zwei Wege – eine feste IP-Adresse (statisch) oder eine automatisch vergebene IP-Adresse über einen so genannten DHCP-Server. DHCP-Server weisen in einem lokalen Netzwerk den Arbeitsstationen aus einem festgelegten Bereich von IP-Adressen automatisch eine IP-Adresse zu. Das spart besonders bei größeren Netzwerken viel Konfigurationsarbeit. Außerdem kann es nicht vorkommen, dass eine IP-Adresse zweimal vergeben wird und es somit zu Konflikten im LAN kommt. Neben einer IP-Adresse erhält ein Client auch zusätzliche Informationen, etwa die Adresse eines im Netzwerk befindlichen Internet-Gateways sowie die Adresse eines DNS.

DHCP-Server finden Sie sehr häufig als integralen Bestandteil von DSL-Routern, also jenen Geräten, die Sie benötigen, um mit mehreren Macs über einen Internetanschluss ins Internet zu gelangen. Damit eine IP-Adressvergabe per DHCP erfolgreich ist, sollten Sie immer zuerst den DHCP-Server einschalten und anschließend alle Netzwerkrechner. Nur dann ist gewährleistet, dass beim Rechnerstart dem Mac direkt eine IP-Adresse zugewiesen wird. Sollten Sie lediglich einen Rechner Ihr Eigen nennen, so können Sie die Thematik DHCP getrost vergessen.

Und so weisen Sie eine IP-Adresse zu:

1. Öffnen Sie die SYSTEMEINSTELLUNGEN und klicken Sie in das Symbol NETZWERK. Sie bekommen ein Dialogfenster zu sehen, das den Netzwerkstatus anzeigt. Grüne Indikatoren vor den verschiedenen Netzwerk- und Kommunikationsschnittstellen bedeuten aktive Komponenten, rote Indikatoren hingegen inaktive Schnittstellen. Auf jeden Fall sollte vor ETHERNET (INTEGRIERT) ein grünes Lämpchen leuchten. Führen Sie einen Doppelklick in ETHERNET (INTEGRIERT) aus.

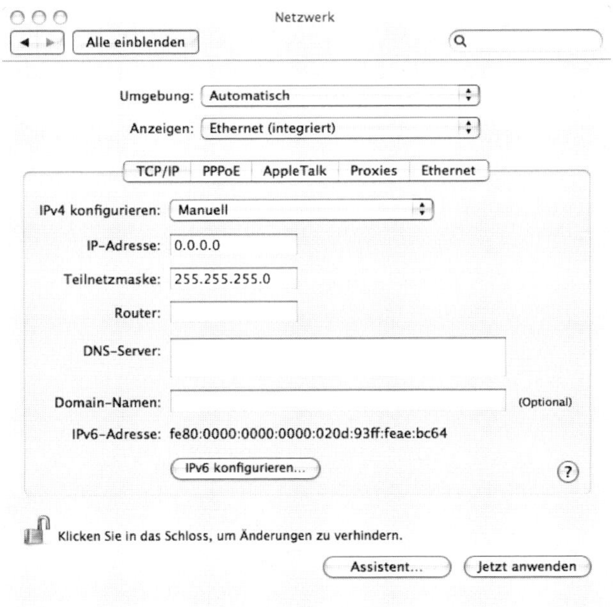

2. Das Dialogfenster NETZWERK empfängt Sie mit umfangreichen Einstellmöglichkeiten. Damit Sie die Einstellungen Ihres Netzwerks bzw. der eingebauten Netzwerkkarte einsehen können, muss im Einblendmenü ANZEIGEN

der Eintrag ETHERNET (INTEGRIERT) ausgewählt sein. Ist dies geschehen, stehen fünf Bereiche, nämlich TCP/IP, PPPOE, APPLETALK, PROXIES und ETHERNET zur Verfügung. Die Bereiche PPOE (verantwortlich für die DSL-Einstellungen) und PROXIES sind im Kapitel 7, *Internet*, erklärt.

3. Öffnen Sie das Einblendmenü IPV4 KONFIGURIEREN: und wählen Sie den Eintrag MANUELL aus. Haben Sie einen DHCP-Server in Ihrem Netzwerk, wählen Sie hier den Eintrag DHCP aus. Für Sie als DHCP-Benutzer ist die Arbeit an dieser Stelle beendet. Schließen Sie das Fenster und starten Sie Ihren Rechner neu. Für alle anderen, die die IP-Adresse manuell zuweisen, geht es nun weiter.
4. Geben Sie im Eingabefeld IP-ADRESSE Ihre IP-Adresse ein. Bei der Wahl dieser Adresse können Sie frei walten. Beachten Sie nur die im Kapitel 7, *Internet* beschriebene Syntax einer IP-Adresse. Zudem sollten die ersten drei Zahlengruppen bei jedem Mac in Ihrem Netzwerk übereinstimmen (z.B. 194.128.12.20, 194.128.12.21, 194.128.12.22, 194.128.12.23). Dies indiziert, dass alle Stationen zum gleichen lokalen Netzwerk gehören.

Geben Sie im Bereich TEILNETZMASKE den Wert von 255.255.255.0 ein. Die Teilnetzmaske (oder *Subnetmask*) gibt an, welcher Teil der IP-Adresse für das Netzwerk (255) und welcher für die Hosts bzw. angeschlossene Rechner (0) steht. Die Null am Ende der Teilnetzmaske heißt also, dass in diesem Netz 256 Geräte definierbar sind. Sie haben somit die Möglichkeit, insgesamt 256 Macs (einschließlich Server) in Ihrem Netzwerk zu adressieren. Die 255 der ersten drei Zahlengruppen bedeutet, dass diese Werte bei der IP-Vergabe für alle Netzwerkstationen gleich sein müssen.

In dem Eingabefeld ROUTER tragen Sie die IP-Adresse Ihres Routers ein (falls vorhanden). Ein Router ist ein Gerät, das beispielsweise direkt mit einer Internetverbindung ausgestattet und an das lokale Netzwerk angeschlossen ist. Somit haben alle Macs im Netzwerk die Möglichkeit, über diesen Router ins Internet oder ein anderes lokales Netzwerk zu gelangen, ohne dass jeder einzelne Mac über eine Verbindung ins Internet verfügen muss. Sobald Sie die IP-Adresse des Routers eingetragen haben, weiß beispielsweise Ihr Safari (oder auch jeder andere Webbrowser), dass der Router für die Internet-Verbindungsaufnahme verantwortlich ist.

5. Haben Sie alle Einstellungen getroffen, müssen Sie in die Taste JETZT ANWENDEN klicken, damit die Einstellungen vom System übernommen und aktiviert werden.
6. Schließen Sie die Systemeinstellungen und starten Sie Ihren Mac neu.

Die soeben durchgeführten Schritte müssen Sie auf jedem Mac durchführen, der sich in Ihrem lokalen Netzwerk befindet. Haben alle Rechner im LAN eine IP-Adresse, steht dem Datenaustausch per Netzwerk eigentlich nichts mehr im Wege. Wie Sie nun eine Netzwerkverbindung zwischen zwei Macs herstellen, erfahren Sie im folgenden Kapitel.

Netzwerkverbindung herstellen

Damit Sie auf den Ordner Öffentlich oder den Ordner Privat bzw. das gesamte Volume eines Netzwerkrechners zugreifen können, muss auf allen Netzwerkrechnern, die Ressourcen im LAN zur Verfügung stellen, zunächst Personal File Sharing gestartet werden:

1. Öffnen Sie die Systemeinstellungen und klicken Sie in der Kategorie Internet & Netzwerk in Sharing.
2. Klicken Sie in die Taste Dienste, und markieren Sie das Kästchen vor Personal File Sharing, so dass ein Häkchen darin erscheint. Nach einem kurzen Augenblick ist der Dienst Personal File Sharing gestartet und aus der Schaltfläche Start wird die Schaltfläche Stopp. Möchten Sie den Dienst beenden, müssen Sie in die Taste Stopp klicken.

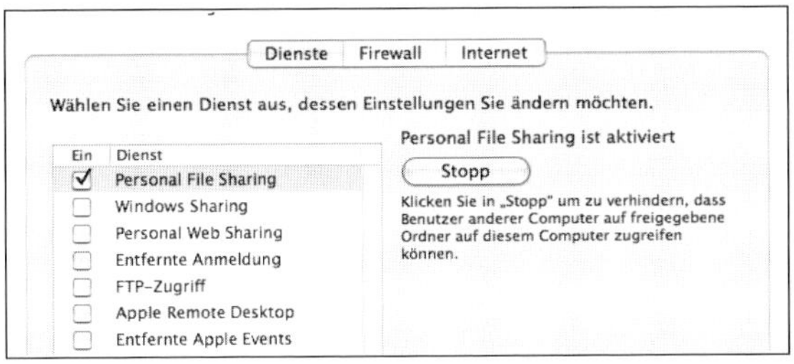

3. Schließen Sie die Systemeinstellungen.

Erst nach Aktivierung des Personal File Sharing ist es möglich, sich an anderen Netzwerkrechnern als Gast (Zugriff auf den Ordner Öffentlich) oder registrierter Benutzer (Zugriff auf komplette Festplatte oder den Ordner Privat des entfernten Rechners) anzumelden. Und das geht folgendermaßen:

1. Führen Sie einen Doppelklick auf das Symbol Ihrer Festplatte auf dem Schreibtisch aus.
2. Klicken Sie in der Seitenleiste auf das Symbol Netzwerk. Ein weiterer Mausklick in My Network bringt alle gefundenen Rechner im Netzwerk zur Ansicht, die über Netzwerkfreigaben verfügen bzw. die das Personal File Sharing aktiviert haben.

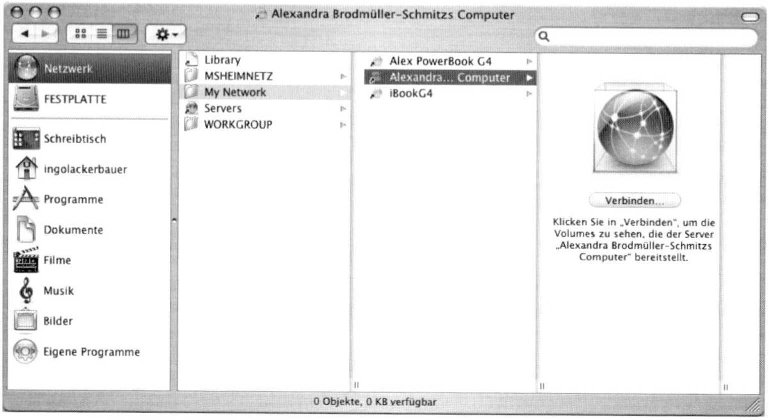

3. Markieren Sie den Mac, auf den Sie zugreifen möchten, und klicken Sie anschließend in die Taste VERBINDEN.
4. Markieren Sie im folgenden Dialogfenster die Option GAST und klicken Sie in VERBINDEN, melden Sie sich als Gast an. Sie haben dann lediglich Zugriff auf den Ordner ÖFFENTLICH der Benutzer, die auf dem entfernten Mac angelegt sind. Auf wessen Ordner ÖFFENTLICH Sie dabei zugreifen, entscheiden Sie im Dialogfenster, wo Sie die zu aktivierenden Volumes auswählen.

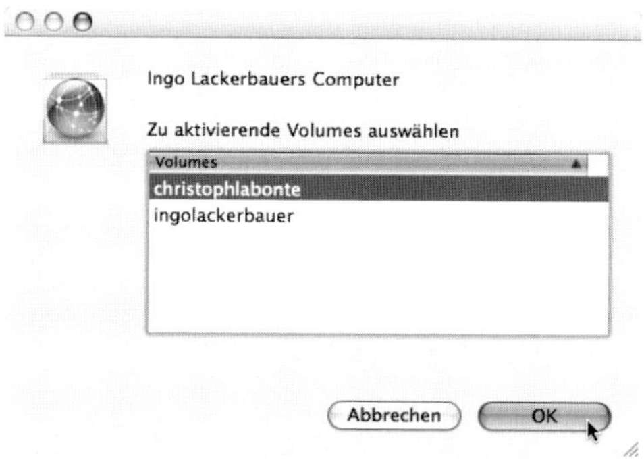

5. Als REGISTRIERTER BENUTZER können Sie sich mit Benutzernamen und Kennwort an einem entfernten Netzwerkrechner anmelden. Sie müssen also die Anmeldedaten der entsprechenden entfernten Benutzer kennen. Sobald Sie sich mit diesen am Netzwerkrechner zu erkennen geben, haben Sie Zugriff auf den Ordner PRIVAT des Benutzers, unter dessen Namen Sie sich angemeldet haben, bzw. auf die gesamte Festplatte des entfernten Rechners.

6. Haben Sie sich für eine Anmeldeart entschieden, klicken Sie in OK. Auf Ihrem Desktop sollte nun ein Netzwerkvolumesymbol erscheinen. Ein Doppelklick darauf öffnet den entsprechenden Ordner des entfernten Netzwerkrechners.

Zugriffsrechte des Ordners Öffentlich ändern

Da Sie lediglich über einen Nur-Lese-Zugriff auf den Ordner ÖFFENTLICH des ausgewählten Benutzers auf einem entfernten Netzwerkrechner verfügen, können Sie als angemeldeter Gast keine Dateien darin ablegen. Oft ist es jedoch hilfreich, wenn Sie die Möglichkeit haben, Daten in den Ordner ÖFFENTLICH eines Netzwerkteilnehmers zu sichern.

Leider ist es in Tiger nicht vorgesehen andere Ordner als ÖFFENTLICH im Netzwerk für andere Nutzer freizugeben (bei der Netzwerkanmeldung als GAST). Hierzu empfiehlt Apple den Einsatz eines Mac OS X Tiger-Netzwerkservers. Zudem gibt es einige Freeware- bzw. Shareware-Programme, die Tiger um diese Funktionalität ergänzen. Ein bekannter Vertreter dieser Gattung ist SharePoint, eine Freeware, die Sie unter `http://www.hornware.com` downloaden können.

Doch zurück zu unserem Ordner ÖFFENTLICH. Gehen Sie wie folgt vor, um die Zugriffsrechte von NUR LESEN auf LESEN & SCHREIBEN zu setzen:

1. Melden Sie sich als derjenige Benutzer am Netzwerkrechner an, dessen Ordner ÖFFENTLICH um einen Schreibzugriff erweitert werden soll.
2. Öffnen Sie ein Finder-Fenster und klicken Sie in der Seitenleiste auf den Benutzernamen, um den Inhalt des Ordners PRIVAT anzuzeigen.
3. Klicken Sie mit der rechten Maustaste auf den Ordner ÖFFENTLICH und wählen Sie aus dem Kontextmenü den Menüeintrag INFORMATIONEN aus. Alternativ dazu markieren Sie den Ordner ÖFFENTLICH und rufen anschließend aus dem Finder-Menü ABLAGE den Menüeintrag INFORMATION auf oder verwenden das Tastenkürzel [⌘] + [I].
4. Maximieren Sie im Dialogfenster INFOS ZU: ÖFFENTLICH den Bereich DETAILS am Ende des Fensters.
5. Öffnen Sie das Einblendmenü ANDERE, ändern Sie das Zugriffsrecht für den Ordner ÖFFENTLICH von NUR LESEN auf LESEN & SCHREIBEN und schließen Sie das Dialogfenster.

Nun kann ein anderer Netzwerkteilnehmer, der sich als Gast über das Netzwerk an Ihrem Rechner anmeldet, Daten in Ihren Ordner ÖFFENTLICH ablegen (schreiben) und Daten aus diesem Ordner kopieren (lesen).

9.5 Bluetooth

Bluetooth (engl. für Blauzahn) haben die Kommunikationsunternehmen Ericsson, IBM, Intel, Nokia und Toshiba ins Leben gerufen, um eine Kurzstrecken-Kommunikation per Funk zu schaffen. Hierbei können bis zu acht Geräte wechselseitig miteinander kommunizieren. So ist es beispielsweise möglich Daten zwischen zwei Rechnern per Funk (solange Sie über eine Bluetooth-Schnittstelle verfügen) auszutauschen. Des Weiteren können Sie beispielsweise auch Ihr Bluetooth-Handy mit dem Tiger-Adressbuch (ADRESSBUCH) sowie dem Kalender (ICAL) drahtlos synchronisieren. Die Anwendungsszenarien für Bluetooth sind sehr vielfältig, weswegen wir im Folgenden lediglich zwei herausgepickt haben, die Sie vielleicht öfter einmal gebrauchen können.

Bluetooth-Gegenstelle finden

Sobald Sie zwei Macs Ihr Eigen nennen, die über eine Bluetooth-Schnittstelle verfügen, ist es möglich, zwischen diesen beiden Maschinen drahtlos Daten auszutauschen. Doch bevor es mit dem Datenaustausch losgehen kann, muss zuerst einmal die Bluetooth-Gegenstelle gesucht und konfiguriert werden. Und so geht's:

1. Stellen Sie sicher, dass auf beiden Macs die Bluetooth-Schnittstelle aktiviert ist und einwandfrei funktioniert.

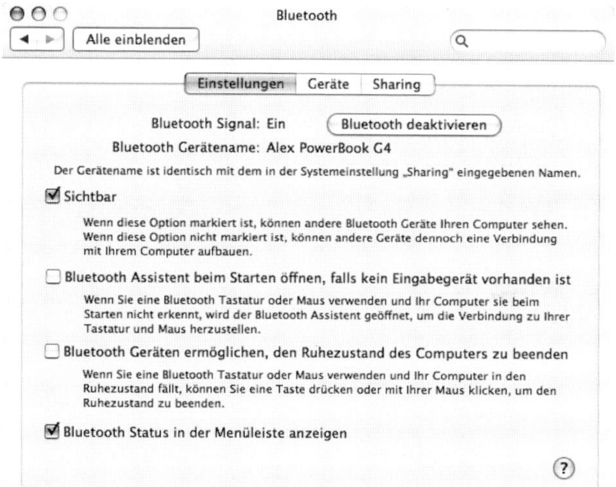

2. Klicken Sie in den SYSTEMEINSTELLUNGEN unterhalb von HARDWARE auf BLUETOOTH. Dieses Symbol ist nur dann zu sehen, wenn die Bluetooth-Schnittstelle auch funktioniert. Tiger öffnet daraufhin die Systemeinstellung BLUETOOTH.
3. Stellen Sie sicher, dass im Bereich EINSTELLUNGEN das Markierungsfeld SICHTBAR aktiviert ist. Zusätzlich können Sie noch das Markierungsfeld BLUETOOTH STATUS IN DER MENÜLEISTE ANZEIGEN aktivieren. Sie sehen dann in der Menüleiste das Symbol für Bluetooth und können zukünftig alle Bluetooth-Aktivitäten darüber steuern.

4. Klicken Sie auf die Taste GERÄTE. Sie müssen nun den Rechner dazu auffordern, nach anderen Bluetooth-Geräten zu suchen. Die Bluetooth-Gegenstelle muss dazu natürlich eingeschaltet und Bluetooth dort aktiviert sein. Klicken Sie in die Taste NEUES GERÄT KONFIGURIEREN.
5. Tiger öffnet den BLUETOOTH ASSISTENTEN. Klicken Sie im ersten Fenster des Assistenten in FORTFAHREN.

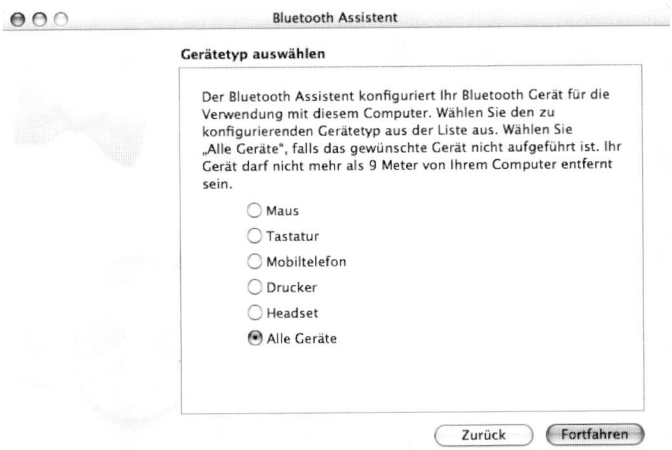

6. Markieren Sie die Option ALLE GERÄTE und klicken Sie auf FORTFAHREN, um den Suchvorgang nach allen erreichbaren Bluetooth-fähigen Geräten zu starten.
7. Nach kurzer Zeit der Suche sollte der Bluetooth-Assistent mit Suchergebnissen aufwarten. Markieren Sie unterhalb von GERÄTE den Rechner mit der Bluetooth-Schnittstelle, mit dem Sie später Verbindung aufnehmen möchten. Klicken Sie in FORTFAHREN.
8. Sie werden nun aufgefordert auf dem Rechner (Bluetooth-Gegenstelle) ein Kennwort einzugeben. Dies ist ein sechsstelliger Zahlencode, den Sie in ein Fenster eingeben müssen, das sich auf der Gegenstelle öffnet. Ist dies erledigt, klicken Sie im Fenster der Gegenstelle in VERBINDEN.
9. Klicken Sie in BEENDEN, um den Bluetooth Assistenten zu schließen.

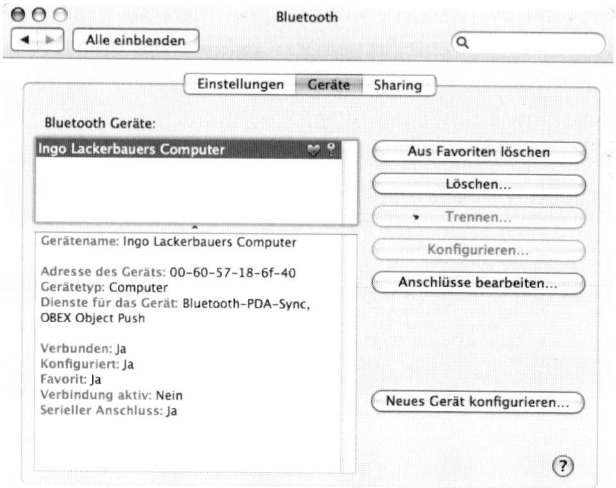

Damit haben Sie beide Rechner »bekannt gemacht« Schließen Sie die Systemeinstellung BLUETOOTH. Führen Sie die Schritte von eben für jedes Bluetooth-Gerät durch, zu dem Sie später eine Verbindung erstellen bzw. mit dem Sie Daten austauschen möchten.

Datenaustausch per Bluetooth

Nachdem wir im letzten Kapitel die Bluetooth-Geräte miteinander bekannt gemacht haben, geht es nun daran, einen Datenaustausch per Bluetooth zu initiieren. Der Datenaustausch per Bluetooth zwischen zwei Macs funktioniert nach dem Push-Prinzip. Das heißt, dass Sie eine Datei immer von einer Quelle auf einen Zielrechner schieben. Es ist nicht möglich, eine Datei per Bluetooth zu holen.

1. Rufen Sie auf dem Rechner, von dem aus Sie eine Datei auf einen anderen per Bluetooth verschieben möchten, unter PROGRAMME/DIENSTPROGRAMME das Programm BLUETOOTH DATENAUSTAUSCH auf und wählen Sie aus dem Menü ABLAGE den Menüeintrag GERÄT DURCHSUCHEN. Alternativ dazu können Sie in der Menüleiste auf das Bluetooth-Symbol klicken und aus dem sich daraufhin öffnenden Menü den Menüeintrag DATEI SENDEN auswählen.

2. Tiger öffnet das Dienstprogramm BLUETOOTH DATENAUSTAUSCH. Wählen Sie eine Datei oder einen Ordner aus, die oder den Sie per Bluetooth versenden möchten, und klicken Sie in SENDEN.

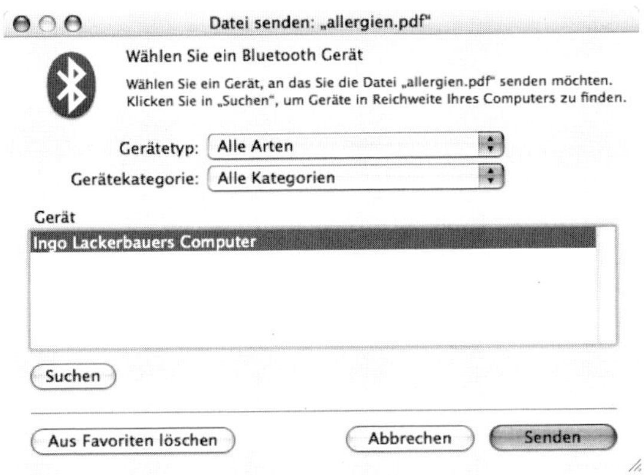

3. Bestimmen Sie im folgenden Dialogfenster ein Bluetooth-Gerät, an das die Datei gesendet werden soll. Klicken Sie in SENDEN. Auf dem Zielrechner öffnet sich daraufhin ein kleines Dialogfenster, in dem Sie den Empfang der Datei quittieren müssen, also den Empfang bestätigen oder ablehnen.

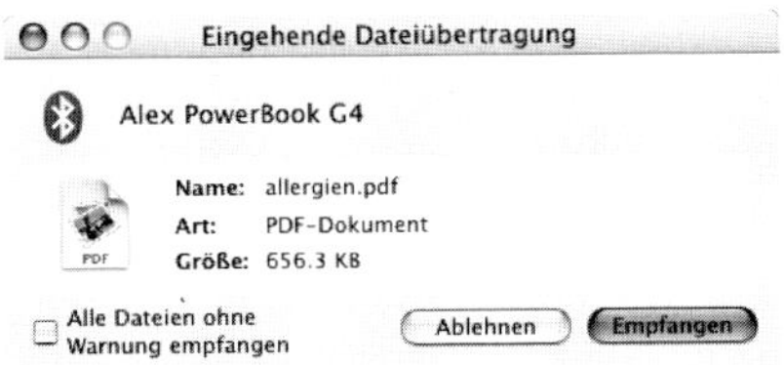

4. Klicken Sie auf dem Zielrechner, zu dem die Datei per Bluetooth geschoben werden soll, in die Taste EMPFANGEN. Sobald dies erledigt ist, beginnt der Datentransfer.

Die empfangene Datei legt Tiger unterhalb des Ordners DOKUMENTE des angemeldeten Benutzers ab.

Sharing per Bluetooth

Tiger bietet die Möglichkeit auf den Ordner ÖFFENTLICH oder andere Ordner eines Macs per Bluetooth zuzugreifen und von dort Daten zu holen bzw. darin abzulegen. Damit dies funktioniert, müssen Sie das Bluetooth-Sharing auf dem Rechner der Gegenstelle, also auf jenem, der seine Ordner bereitstellt, aktivieren. Und so geht's:

1. Rufen Sie die Systemeinstellung BLUETOOTH auf dem Rechner auf, der Ordner per Bluetooth bereitstellen soll, und klicken Sie auf die Taste SHARING.

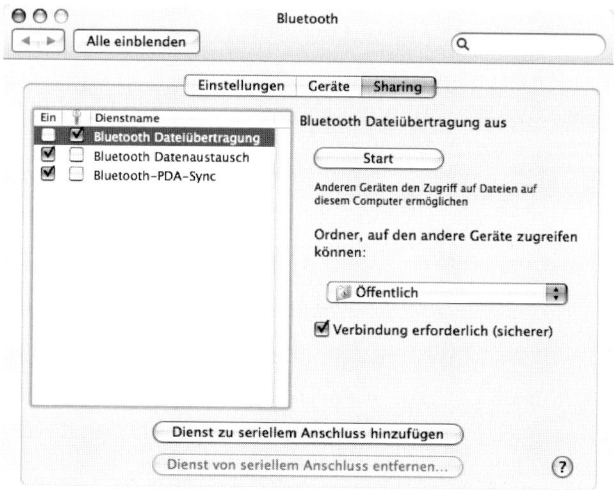

2. Klicken Sie in die Taste START und wählen Sie im darunter liegenden Einblendmenü einen Ordner Ihres Macs aus, den Sie per Bluetooth im Netzwerk freigeben möchten. Standardmäßig ist hier der Ordner ÖFFENTLICH eingetragen.
3. Rufen Sie nun auf dem entfernten Rechner das Dienstprogramm *Bluetooth Datenaustausch* auf und wählen Sie aus dem Menü ABLAGE den Menüeintrag GERÄT DURCHSUCHEN aus. Alternativ dazu können Sie in der

Menüleiste auf das Bluetooth-Symbol klicken und aus dem sich daraufhin öffnenden Menü den Menüeintrag GERÄT DURCHSUCHEN auswählen.

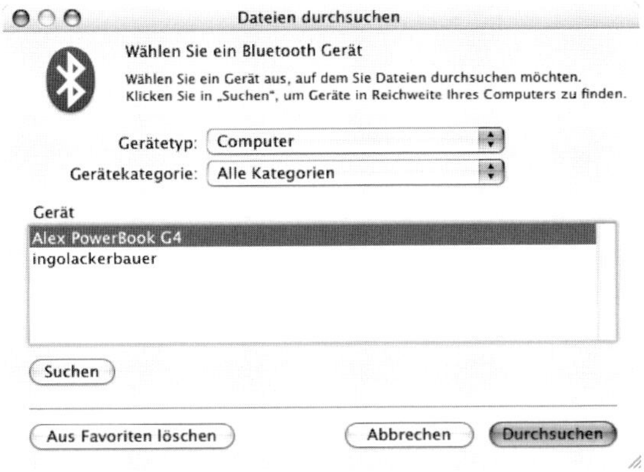

4. Wählen Sie den Rechner aus, auf dessen Ordner Sie per Bluetooth zugreifen möchten, und klicken Sie anschließend in DURCHSUCHEN.

5. Sie sehen nun den Ordner des entfernten Rechners, der für eine Bluetooth-Verbindung freigegeben wurde. Indem Sie in dem Fenster eine Datei markieren und anschließend in HOLEN klicken, legen Sie diese Datei lokal unter DOKUMENTE ab. Möchten Sie eine Datei in dem freigegebenen Ordner ablegen, klicken Sie in SENDEN. Daraufhin öffnet sich ein Fenster mit der Dateistruktur Ihres Macs – wählen Sie eine Datei aus und klicken Sie auf SENDEN. Die Datei wird daraufhin in den freigegebenen Ordner des entfernten Rechners übertragen

Handy-Synchronisation mit iSync und Bluetooth

Viele Handys verfügen heutzutage über eine Bluetooth-Schnittstelle und sind damit bestens geeignet, mit einem Rechner Daten per Bluetooth auszutauschen. Somit ist es kein Problem, beispielsweise per iSync und Bluetooth Adressen mit einem Handy zu synchronisieren. Eine Liste von zu Tiger kompatiblen Handys finden Sie auf Apples Website unter `http://www.apple.com/macosx/features/isync/devices.html`.

Wir wollen Ihnen einmal am Beispiel eines Sony Ericsson K700i zeigen, wie Sie das Tiger-Adressbuch und den Kalender (iCal) per Bluetooth auf Ihr Handy übertragen können.

1. Stellen Sie sicher, dass auf dem Mac die Bluetooth-Schnittstelle aktiviert ist und einwandfrei funktioniert.
2. Rufen Sie die SYSTEMEINSTELLUNGEN auf und klicken Sie unterhalb von HARDWARE auf BLUETOOTH. Tiger öffnet die Systemeinstellung BLUETOOTH.
3. Klicken Sie in die Taste GERÄTE. Sie müssen nun den Rechner dazu auffordern, nach anderen Bluetooth-Geräten zu suchen. Aktivieren Sie nun die Bluetooth-Schnittstelle in Ihrem Handy. Klicken Sie in die Taste NEUES GERÄT KONFIGURIEREN.
4. Tiger öffnet den *Bluetooth Assistenten*. Klicken Sie im ersten Fenster des Assistenten in FORTFAHREN.

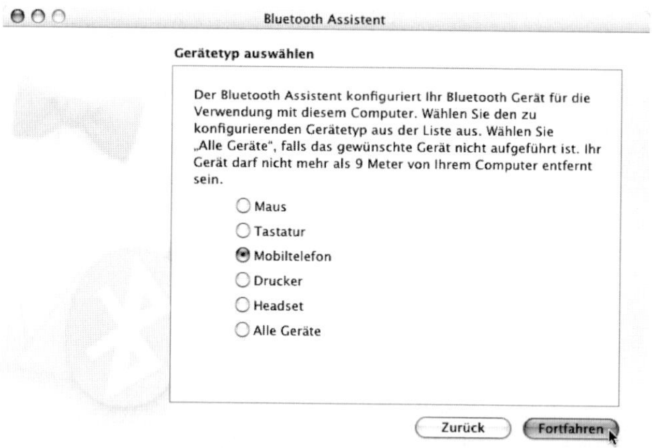

5. Markieren Sie die Option MOBILTELEFON und klicken Sie in FORTFAHREN, um den Suchvorgang nach allen erreichbaren Bluetooth-fähigen Telefonen zu starten.

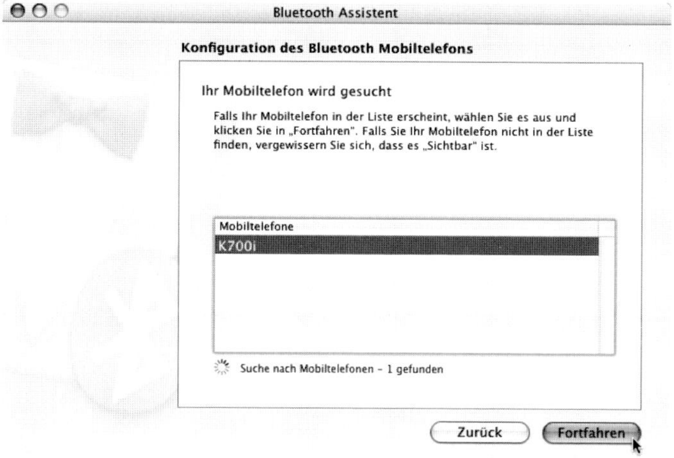

6. Nach kurzer Zeit der Suche sollte der Bluetooth-Assistent mit Suchergebnissen aufwarten. Markieren Sie unterhalb von MOBILTELEFONE das Telefon, mit dem Sie später Verbindung aufnehmen möchten. Klicken Sie in FORTFAHREN.
7. Der *Bluetooth Assistent* zeigt einen sechsstelligen Zahlencode an. Geben Sie diesen in Ihr Mobiltelefon ein. Ist dies erledigt, klicken Sie in dem Fenster der Gegenstelle in FORTFAHREN.

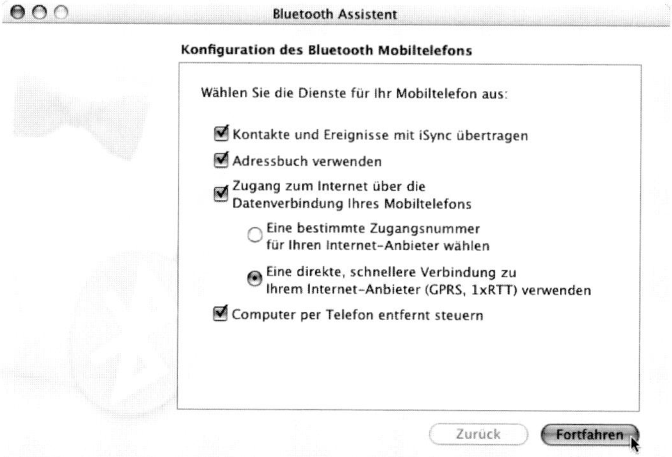

8. Im folgenden Fenster des Assistenten müssen Sie die Bluetooth-Dienste auswählen, die Sie in Verbindung mit Ihrem Handy nutzen möchten. Für unsere Adressbuch- und Kalendersynchronisation sind die ersten beiden Markierungsfelder Kontakte und Ereignisse mit iSync übertragen und Adressbuch verwenden von Bedeutung. Aktivieren Sie diese und klicken Sie anschließend in Fortfahren.
9. Klicken Sie im nächsten Fenster in Beenden, um den *Bluetooth Assistenten* zu schließen.

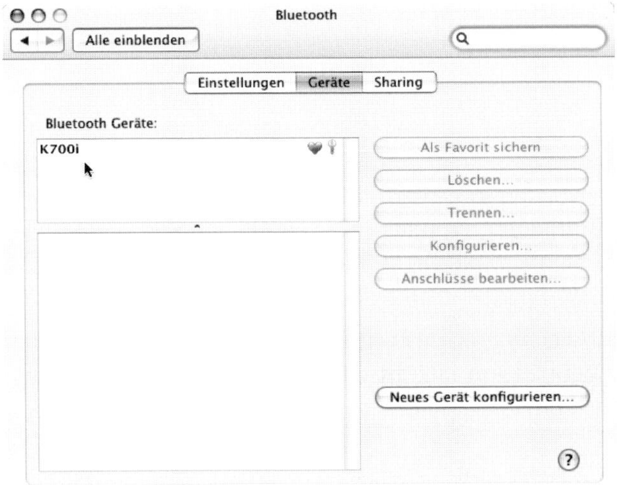

In der Systemeinstellung Bluetooth sehen Sie nun das Bluetooth-Handy unter Bluetooth Geräte eingetragen. Schließen Sie die Systemeinstellungen.

Um nun eine Synchronisation des Adressbuchs sowie des Kalenders mit einem Bluetooth-Handy durchzuführen, gehen Sie wie folgt vor:

1. Starten Sie *iSync*. Dieses Programm finden Sie unterhalb von Programme des angemeldeten Benutzers.
2. Rufen Sie aus dem Menü Geräte den Menüeintrag Gerät hinzufügen auf. Dies ist notwendig, um *iSync* zur Suche nach neuen Geräten zu veranlassen, mit denen eine Synchronisation durchgeführt werden soll.

3. *iSync* öffnet ein Dialogfenster mit der Bezeichnung GERÄT HINZUFÜGEN und sucht nach Geräten, mit denen es zukünftig synchronisieren kann. Hier sollte kurze Zeit später Ihr Bluetooth-Handy auftauchen.

4. Das Handy wird nun in die Liste der iSync-Geräte eingetragen. Klicken Sie im iSync-Dialogfenster auf das Symbol Ihres Handys. Daraufhin zeigt das iSync-Fenster diverse Einstellmöglichkeiten, den Sync-Vorgang mit dem Handy betreffend. Stellen Sie sicher, dass die Markierungsfelder wie aus der obigen Abbildung ersichtlich aktiviert sind. Klicken Sie erneut auf das Symbol Ihres Handys, um die Einstellungen zu schließen und klicken Sie anschließend in GERÄTE-SYNC. Nun synchronisiert Tiger sein Adressbuch und den Kalender mit denen des Handys.

Zukünftig brauchen Sie lediglich iSync aufzurufen und auf GERÄTE-SYNC zu klicken, um eine Synchronisierung durchzuführen.

9.6 Zugriff auf Windows-Freigabe mit SMB

SMB (*Server Message Block*) ist ein Netzwerk-Dateiprotokoll. Über die Jahre hinweg haben viele Firmen das SMB-Protokoll entwickelt, darunter Xerox,

3Com und vor allem Microsoft. Das SMB-Protokoll ist unter vielen Namen bekannt, wie beispielsweise LAN Manager und Microsoft Networking. Microsoft ist zum Marktführer von SMB-basierten Produkten geworden und hat das Protokoll nach seinen eigenen Bedürfnissen erweitert.

Dank der SMB-Unterstützung von Tiger ist es möglich, ohne Zuhilfenahme von zusätzlichen Programmen Verbindung zu einem Windows-Rechner im lokalen Netzwerk aufzunehmen. Voraussetzung ist lediglich, dass der entsprechende Windows-Rechner eine IP-Adresse besitzt, die zu allen anderen im LAN passt, und über eine Freigabe verfügt, auf die per Netzwerk zugegriffen werden kann.

1. Rufen Sie aus dem Finder-Menü GEHE ZU den Menüeintrag MIT SERVER VERBINDEN auf. Geben Sie im Eingabefeld ADRESSE die IP-Adresse des Windows-Rechners mit der Syntax `smb://IP-Adresse` ein (z.B. `smb://194.197.14.150`). Klicken Sie anschließend in VERBINDEN.

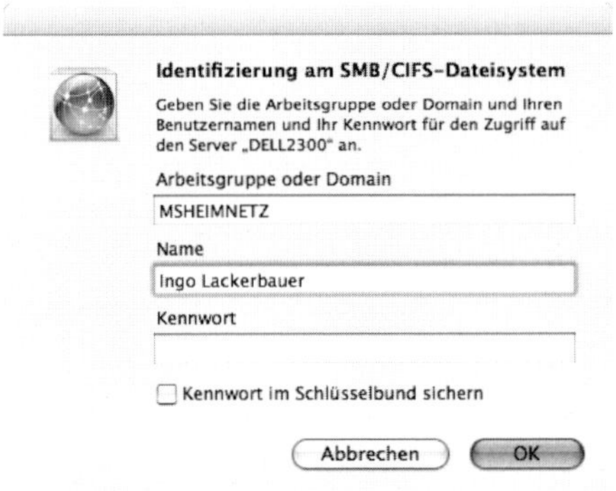

2. Es erscheint ein Dialogfenster, mit dessen Hilfe Sie sich am Windows-Rechner anmelden. Geben Sie unter ARBEITSGRUPPE/DOMAIN die Arbeitsgruppe ein, zu welcher der Windows-Rechner gehört. Im folgenden Eingabefeld NAME müssen Sie den Benutzernamen schreiben, mit dem sich der Windows-Benutzer an seinem Windows-Rechner anmeldet. Gleiches gilt für das KENNWORT. Klicken Sie anschließend in OK.

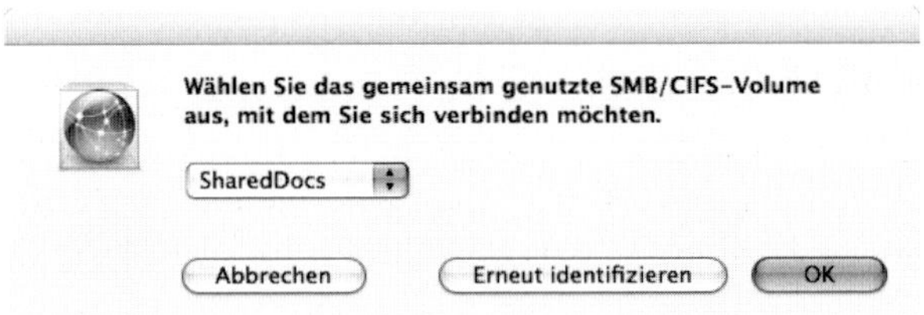

3. Im nächsten Dialogfenster wird Ihnen standardmäßig der Ordner SHAREDDOCS auf dem Windows-Rechner als Zielvolume vorgeschlagen. Dabei handelt es sich um einen speziellen Ordner in Windows XP, den jeder XP-Benutzer besitzt. Sind auf dem Windows XP-Rechner mehrere Ordnerfreigaben, werden diese im Einblendmenü angeboten. Wählen Sie eine Windows-Freigabe aus und klicken Sie in OK.
4. Sie finden nun auf Ihrem Schreibtisch ein Symbol mit der Bezeichnung SHAREDDOCS. Außerdem öffnet Tiger ein Fenster mit dem Inhalt des Ordners EIGENE DATEIEN des entfernten Windows XP-Rechners. In der Seitenleiste des Fensters finden Sie zudem das Netzwerksymbol SHAREDDOCS.

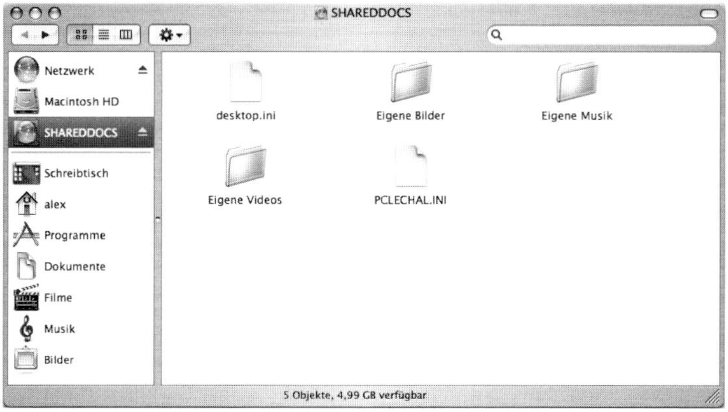

Je nachdem, welche Zugriffsrechte Sie auf Eigene Dateien des Windows-Rechners haben, können Sie Dateien aus diesem Ordner lesen (Nur-Lese-Rechte) oder sogar in diesem Ordner ablegen (Schreibrechte notwendig).

Möchten Sie die Netzwerkverbindung beenden, klicken Sie mit der rechten Maustaste auf das Symbol des Netzwerkvolumes SHAREDDOCS und wählen Sie aus dem Kontextmenü den Menüeintrag „SHAREDDOCS" AUSWERFEN aus. Alternativ dazu können Sie „SHAREDDOCS" AUSWERFEN auch aus dem Finder-Menü ABLAGE aufrufen oder das Tastenkürzel [⌘] + [E] benutzen (dazu muss das Netzwerkvolume allerdings markiert sein).

9.7 Windows Sharing

Im letzten Abschnitt haben Sie auf einen Windows-Rechner vom Mac aus zugegriffen. Jetzt wollen wir den umgekehrten Weg gehen. Wir werden von einem Windows XP-Rechner aus auf einen Mac zugreifen. Damit sich ein

Windows-Benutzer an einem Mac anmelden kann, muss zunächst einmal das Windows Sharing aktiviert werden.

Windows Sharing aktivieren

Dank Windows Sharing ist es möglich, dass Windows-Benutzer per SMB/CIFS auf gemeinsam genutzte Ordner eines Macs zugreifen können. Windows-Nutzer sind sogar in der Lage, freigegebene Drucker eines Macs zu nutzen. Um Windows Sharing zu aktivieren, gehen Sie wie folgt vor:

1. Öffnen Sie die SYSTEMEINSTELLUNGEN und klicken Sie in SHARING.
2. Klicken Sie in der Systemeinstellung SHARING auf das Markierungsfeld vor WINDOWS SHARING, sodass ein Häkchen vor dem Eintrag erscheint. Daraufhin startet Mac OS X 10.4 diesen Dienst. Mit einem Klick in die Taste STOPP können Sie diesen Dienst wieder beenden.
3. Tiger teilt Ihnen mit, dass Sie einen Account aktivieren, der Windows Sharing benutzen darf. Dies ist jedoch nur der Fall, wenn Ihr Mac über mehrere Benutzer verfügt. Klicken Sie dazu in die Taste ACCOUNTS AKTIVIEREN.

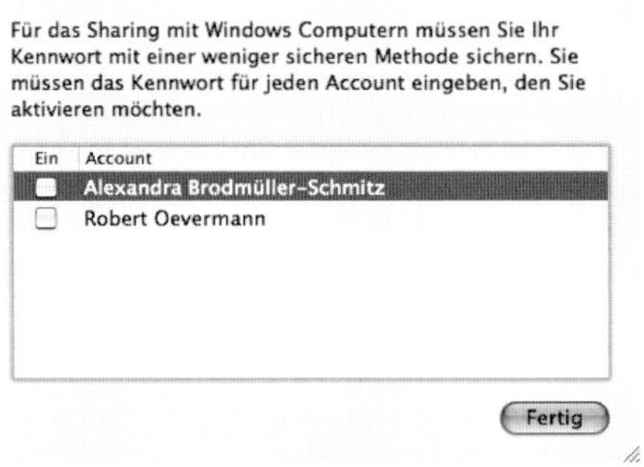

4. Klicken Sie in das Markierungsfeld des Benutzers, auf dessen Ordner per SMB/CFIS von einem Windows-Rechner aus zugegriffen werden soll. Sobald Sie in das entsprechende Markierungsfeld geklickt haben, erscheint ein weiteres Fenster.

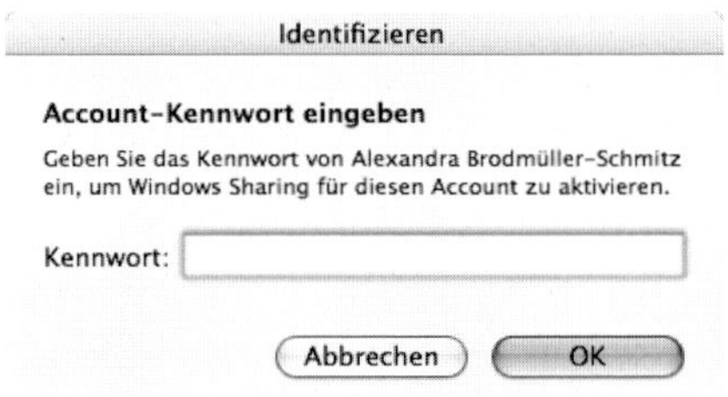

5. Geben Sie hier das Kennwort ein, mit dem sich der ausgewählte Benutzer am Mac anmeldet. Klicken Sie in OK. Klicken Sie in FERTIG und schließen Sie die Systemeinstellung SHARING.

Ihr Mac ist nun bereit, Netzwerkanfragen von Windows-Maschinen im Netzwerk entgegenzunehmen.

Zugriff auf einen Mac per Windows Sharing

Nachdem wir das Windows Sharing aktiviert haben, wollen wir nun einmal von einem Windows-Rechner auf einen Mac zugreifen.

1. Führen Sie auf dem Desktop von Windows XP einen Doppelklick in das Symbol NETZWERKUMGEBUNG aus. Windows öffnet das Dialogfenster NETZWERKUMGEBUNG.

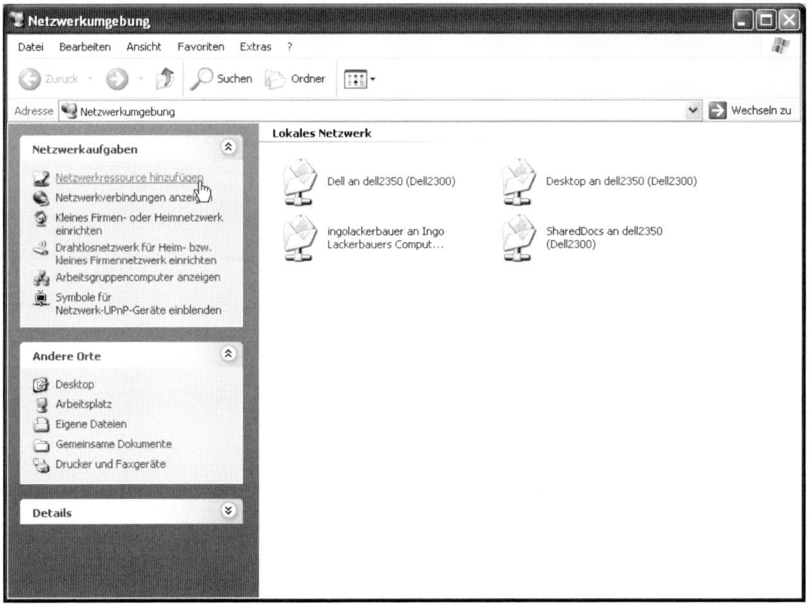

2. Klicken Sie in der Aufgabenleiste des Dialogfensters NETZWERKUMGEBUNG in NETZWERKRESSOURCE HINZUFÜGEN. Windows XP öffnet den ASSISTENT ZUM HINZUFÜGEN VON NETZWERKRESSOURCEN. Klicken Sie im Willkommensfenster in WEITER.
3. Wählen Sie im folgenden Fenster des Assistenten den Eintrag EINE ANDERE NETZWERKRESSOURCE AUSWÄHLEN und klicken Sie in WEITER.

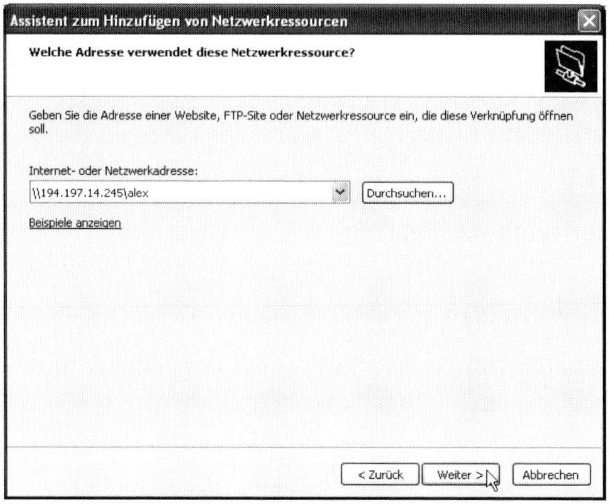

4. Geben Sie im Dialogfenster (wie oben zu sehen) im Eingabefeld INTERNET- ODER NETZWERKADRESSE nun die Adresse der Freigabe auf dem Mac ein – die Syntax lautet \\IP-ADRESSE\BENUTZERNAME. Klicken Sie anschließend in die Taste WEITER.

5. Kurze Zeit später öffnet sich ein kleiner Dialog. Hier müssen Sie den BENUTZERNAMEN sowie ein KENNWORT eingeben. Beachten Sie, dass der eingegebene Name sowie das Kennwort mit den Angaben des Benutzers, der auf dem entsprechenden Mac eingerichtet wurde, übereinstimmen müssen. Klicken Sie anschließend in OK.

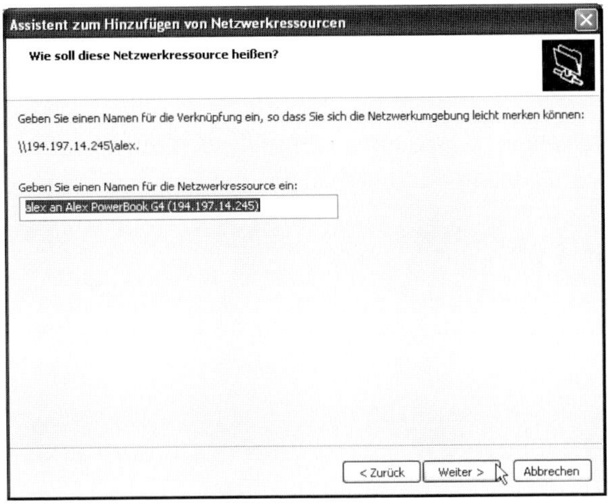

6. Als Nächstes müssen Sie der Freigabe einen Namen zuweisen, unter dem sie unter Windows geführt werden soll. Geben Sie hierzu unter GEBEN SIE EINEN NAMEN FÜR DIE NETZWERKRESSOURCE EIN einen Namen Ihrer Wahl an oder lassen Sie alles, wie es ist. Klicken Sie anschließend in WEITER.
7. Das folgende Dialogfenster informiert Sie darüber, dass die Netzwerkressource zukünftig im Ordner NETZWERKUMGEBUNG zu finden ist. Zudem ist das Markierungsfeld DIESE NETZWERKUMGEBUNG NACH KLICKEN AUF „FERTIG STELLEN“ ÖFFNEN aktiv, was bedeutet, dass die Ressource nach einem Klick in FERTIG STELLEN sofort geöffnet wird. Klicken Sie abschließend in FERTIG STELLEN.

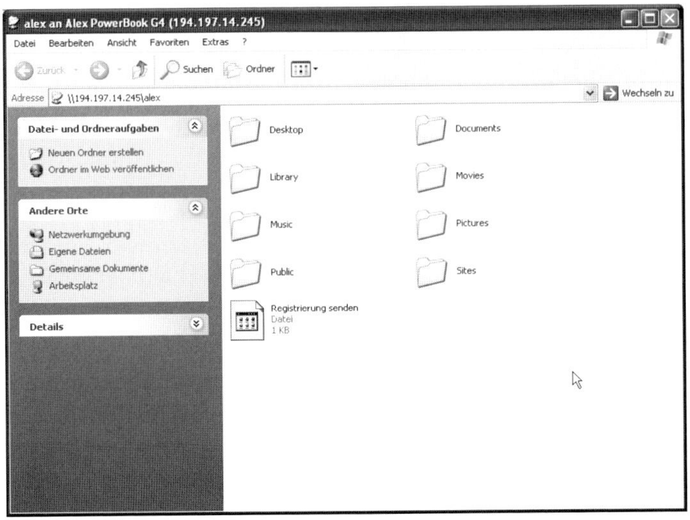

Im folgenden Dialogfenster sehen Sie nun den Ordner BENUTZER des entsprechenden Mac-Benutzers, mit dessen Zugangsdaten Sie sich von einem XP-Rechner aus an einem Mac angemeldet haben.

Zukünftig finden Sie die freigegebene Ressource, wenn Sie auf dem Windows-Desktop einen Doppelklick auf NETZWERKUMGEBUNG ausführen.

9.8 Datenfernzugriff per SSH

Wenn Sie das Anmelden per Fernzugriff (ENTFERNTE ANMELDUNG) erlauben, können Sie sich mithilfe der SSH-Funktion (*Secure Shell*) von einem anderen Standort aus bei Ihrem Computer anmelden. Anschließend können Sie einen SSH-Client verwenden, um sich von einem anderen Computer aus anzumelden. Idealerweise können Sie für diesen Zweck das Programm *Terminal* verwenden, das Sie unter PROGRAMME/DIENSTPROGRAMME finden.

Bevor dies jedoch möglich ist, müssen Sie den Dienst ENTFERNTE ANMELDUNG starten. Rufen Sie dazu die Systemeinstellung SHARING auf und klicken Sie in das Markierungsfeld ENTFERNTE ANMELDUNG, um diesen Dienst zu starten. Sie beenden den Dienst mit einem Klick in die Taste STOPP, bzw. einem erneuten Klick in das Markierungsfeld.

Ist der Dienst gestartet, öffnen Sie bitte das Programm *Terminal*. Wenn Ihr Benutzername beispielsweise PETER lautet und Ihr Computer die IP-Adresse 194.197.14.231 hat, müssen Sie als Shell-Befehl Folgendes eingeben:

```
ssh peter@194.197.14.231
```

Nachdem Sie den Befehl eingegeben haben, müssen Sie noch das Kennwort des Anwenders eingeben, auf dessen Rechner Sie per Terminal gelangen möchten. Haben Sie die Eingabe mit [↵] bestätigt, können Sie den jeweiligen Mac von der Command-Line-Ebene aus steuern. Sie sollten dabei jedoch über fundierte UNIX-Kenntnisse verfügen.

9.9 Datenzugriff per FTP

Mithilfe des in Ihrem Computer integrierten FTP-Servers können Sie anderen Benutzern alternative Möglichkeiten zum Kopieren von Dateien von und auf den Computer zur Verfügung stellen. Netzwerkteilnehmer haben die Möglichkeit, per Webbrowser bzw. FTP-Programm auf den Ordner PRIVAT des Benutzers eines anderen Macs zuzugreifen, mit dessen Zugangsdaten sie sich anmelden. Voraussetzung dafür ist ein gestarteter FTP-ZUGRIFF als Dienst in der Systemeinstellung SHARING.

1. Öffnen Sie die Systemeinstellung SHARING.
2. Aktivieren Sie FTP-ZUGRIFF, indem Sie es markieren und anschließend in START klicken oder ein Häkchen in das Markierungsfeld vor FTP-ZUGRIFF setzen. Daraufhin startet der Dienst FTP-ZUGRIFF.
3. Schließen Sie die SYSTEMEINSTELLUNGEN.

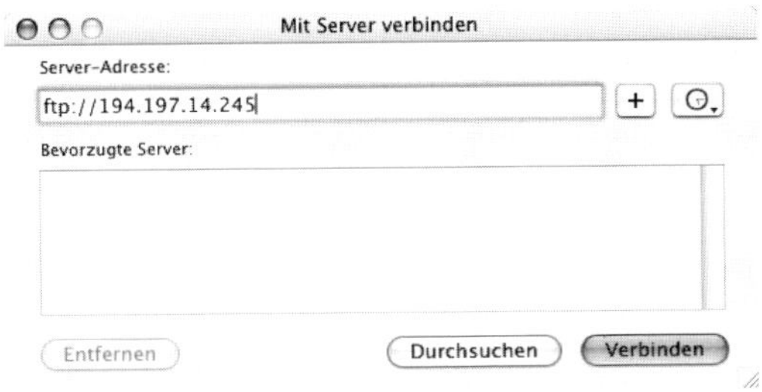

4. Rufen Sie aus dem Finder-Menü GEHE ZU den Menüeintrag MIT SERVER VERBINDEN auf. Geben Sie anschließend im Dialogfenster MIT SERVER VERBINDEN unter Server-Adresse FTP://IP-ADRESSE ein. Klicken Sie anschließend in VERBINDEN.

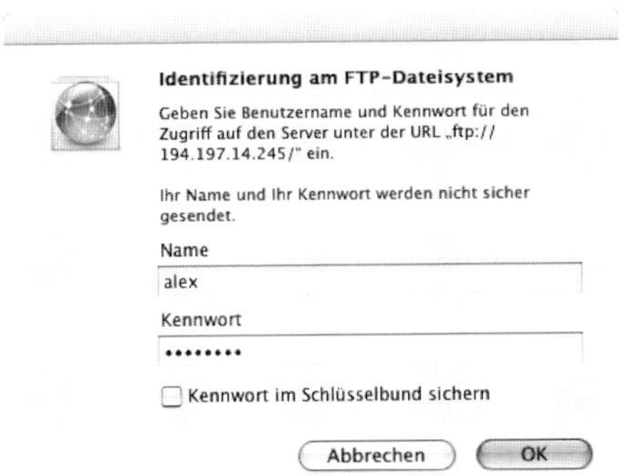

5. Schreiben Sie im folgenden Fenster den Benutzernamen sowie das Kennwort, unter dem Sie sich am entfernten Netzwerkrechner per FTP anmelden möchten (der entsprechende Benutzer muss dort allerdings existieren). Klicken Sie in OK.
6. Tiger öffnet nun ein Fenster mit dem Inhalt des Ordners PRIVAT des Benutzers, mit dessen Daten Sie sich angemeldet haben.

Alternativ zur soeben vorgestellten Vorgehensweise können Sie Safari starten und dort die Adresse `ftp://IP-Adresse` eingeben (z.B. `ftp://198.197.25.90/`).

Es folgt dann ein kleines Dialogfenster, das den Benutzernamen und das Kennwort abfragt.

9.10 Drahtloses Mini-Netzwerk mit Bonjour

Bonjour (ehemals Rendevouz) ist eine Lösung, um auf einfache Weise Computer und andere Bonjour-kompatible Geräte per AirPort drahtlos miteinander zu verbinden, ohne dass eine AirPort-Basisstation im Netzwerk vorhanden sein muss. Somit ist es möglich mittels Bonjour und AirPort Daten drahtlos zwischen zwei Macs auszutauschen. Sorgen Sie lediglich dafür, dass im Vorfeld das PERSONAL FILE SHARING aktiviert ist.

1. Stellen Sie sicher, dass AirPort aktiviert ist. Rufen Sie dazu die SYSTEMEINSTELLUNGEN auf und klicken Sie in NETZWERK.
2. Führen Sie einen Doppelklick in AIRPORT aus bzw. wählen Sie aus dem Einblendmenü ANZEIGEN den Menüeintrag AIRPORT aus. Stellen Sie sicher, dass im folgenden Dialogfenster das Markierungsfeld AIRPORT STATUS IN DER MENÜLEISTE ANZEIGEN aktiviert ist. Schließen Sie die Systemeinstellungen.

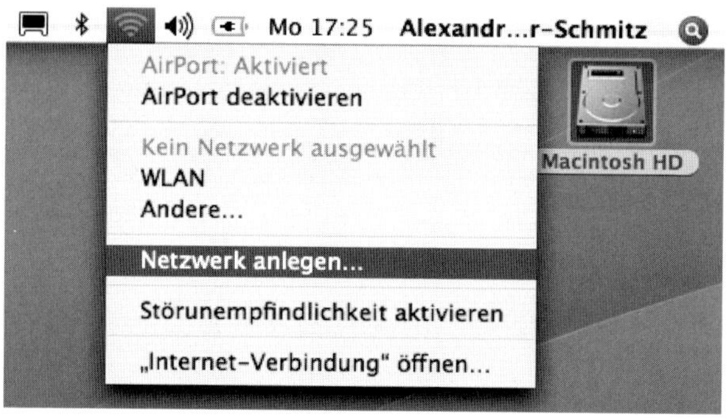

3. Klicken Sie in der Menüleiste in das AirPort-Symbol und rufen Sie aus dem Einblendmenü den Menüeintrag NETZWERK ANLEGEN auf. Es öffnet sich das Fenster COMPUTER-ZU-COMPUTER.

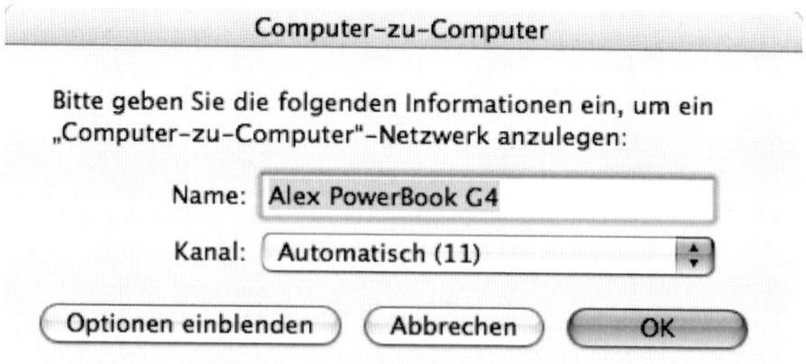

4. Geben Sie unter Name einen Namen ein, anhand dessen Ihr Gegenüber Ihren Rechner erkennt. Stellen Sie unter Kanal einen Kommunikationskanal ein, mit dem Sie untereinander kommunizieren. Standardmäßig ist hier Automatisch (11) eingetragen. Klicken Sie in OK.
5. Nun haben Sie Ihren Rechner für alle AirPort-Stationen freigegeben. Die Benutzer der entfernten Macs im Netzwerk müssen in das AirPort-Symbol klicken und aus dem Einblendmenü unterhalb von „Computer-zu-Computer"-Netzwerke den entsprechenden freigegebenen Mac auswählen.
6. Wenn Sie nun ein Fenster öffnen und in der Seitenleiste in Netzwerk klicken, sollte der freigegebene Mac erscheinen. Führen Sie einen Doppelklick auf die Netzwerkressource aus und melden Sie sich an.

9.11 AirPort

AirPort ist eine drahtlose Netzwerktechnologie, mit der Sie von nahezu jedem Ort, ob zu Hause, im Büro oder in Schule und Uni, im Internet surfen können – ohne Kabel, zusätzliche Telefonanschlüsse oder komplizierte Netzwerk-Hardware. Voraussetzung ist, dass Sie sich mit Ihrem Mac in einem Umkreis von ca. 50 Metern um die Basisstation befinden. Apples neue iMacs, eMacs, iBooks und PowerBooks sind von Haus aus AirPort-fähig, das heißt, diese Rechner sind mit der notwendigen Hard- und Software ausgestattet, um drahtlos zu kommunizieren. Das Einzige, was Sie zusätzlich benötigen, ist eine Airport-Basisstation.

Installation und Konfiguration der AirPort-Basisstation

Bevor Sie die AirPort-Basisstation anschließen, sollten Sie sich vergewissern, dass der mit der Basisstation wireless zu verbindende Mac AirPort-fähig ist. In diesem Computer muss eine AirPort-Karte installiert sein.

Verfügen Sie bereits über ein lokales Netzwerk, verbinden Sie den Ethernet-Anschluss der Basisstation mit dem Ethernet-Hub in Ihrem LAN. Sind Sie Besitzer eines DSL-Internetzugangs, verbinden Sie den zweiten Ethernet-(WAN-)Anschluss der Basisstation mit dem DSL-Modem. Somit sind alle Netzwerkteilnehmer in der Lage, einen zentralen DSL-Internetzugang zu teilen.

Um die Basisstation zu konfigurieren (dies müssen Sie von einem AirPort-Rechner aus durchführen), müssen Sie das Programm *AirPort Admin. Dienstprogramm* auf Ihrer Festplatte unter Programme/Dienstprogramme aufrufen (dazu muss Ihre AirPort-Karte aktiviert sein). Sollten Sie in Ihrem Netzwerk bereits über einen DHCP-Server verfügen, der allen angeschlossenen Netzwerkstationen IP-Adressen zuweist, müssen Sie diesen deaktivieren bzw. diese Funktion der AirPort-Basisstation abschalten. Tun Sie dies nicht, geschieht Folgendes: Die AirPort-Basisstation verteilt ihre IP-Adressen an alle AirPort-Netzwerkstationen; alle nicht an AirPort angeschlossenen Netzwerkstationen werden nach wie vor vom alten DHCP-Server mit IP-Adressen versorgt. Beide IP-Adressbereiche sind nicht kompatibel bzw. passen von ihrem Adressbereich her nicht zueinander. Die AirPort-Basisstation verteilt standardmäßig IP-Adressen im Bereich von 10.0.1.2 bis 10.0.1.200. Andere DHCP-Server versorgen Netzwerkstationen wiederum mit einem anderen Adressbereich – reine Definitionssache.

Besteht Ihr Netzwerk mehrheitlich aus Macs, die nicht über AirPort verfügen, sollten Sie den eventuell bereits vorhandenen DHCP-Server verwenden, und diese Funktionalität der Basisstation ausschalten. Sie müssen den entsprechenden AirPort-Stationen im LAN eine IP-Adresse manuell zuweisen. Wie dies geht, erfahren Sie später.

Nachdem Sie *AirPort Admin. Dienstprogramm* gestartet haben, erscheint kurze Zeit später das Dialogfenster BASISSTATION AUSWÄHLEN. Das Dienstprogramm sucht nun automatisch im Netzwerk nach AirPort-Basisstationen und listet alle gefundenen Geräte auf.

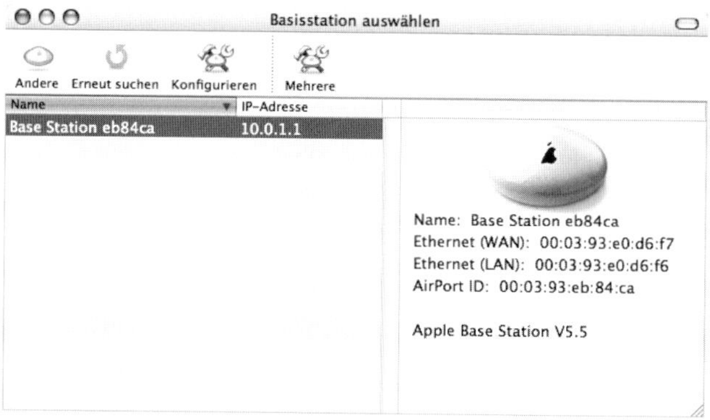

Markieren Sie Ihre Basisstation und klicken Sie dann in das Symbol KONFIGURIEREN auf der Symbolleiste. Sie werden nun nach einem KENNWORT gefragt, das Sie berechtigt, die Basisstation zu konfigurieren. Dieses lautet standardmäßig PUBLIC. Klicken Sie anschließend in OK.

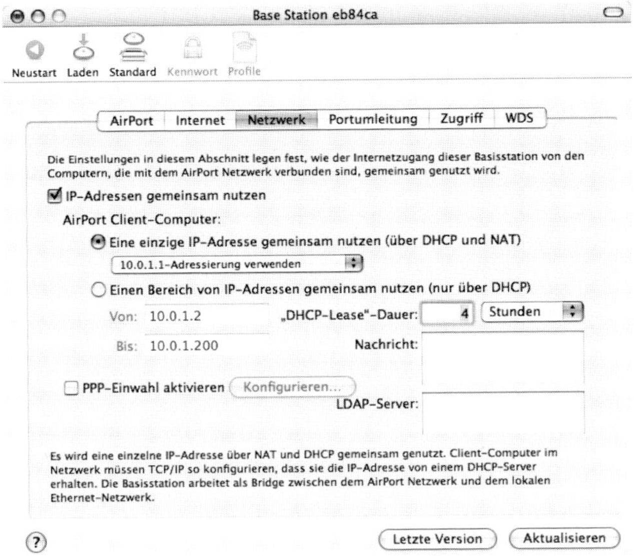

Möchten Sie nun den DHCP-Server ausschalten, müssen Sie in die Taste NETZWERK klicken und anschließend das Markierungsfeld IP-ADRESSEN GEMEINSAM NUTZEN deaktivieren. Klicken Sie anschließend in die Taste INTERNET.

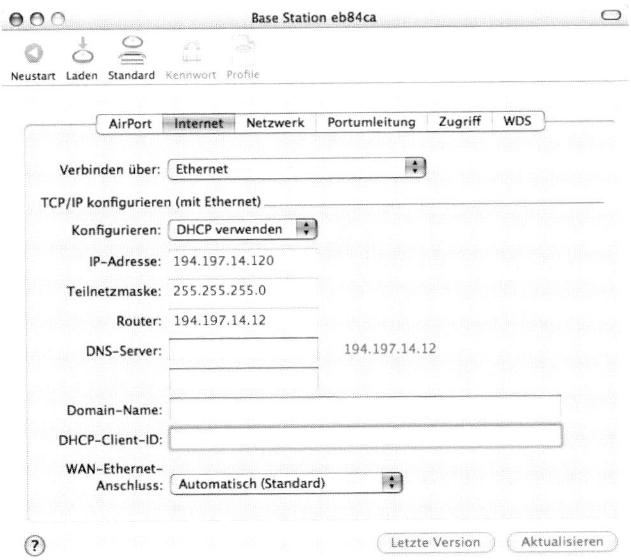

Wählen Sie nun aus dem Einblendmenü KONFIGURIEREN den Eintrag DHCP VERWENDEN. Sie teilen damit der AirPort-Basisstation mit, dass sie den im Netzwerk bereits vorhandenen DHCP-Server verwenden soll. Klicken Sie abschließend in die Taste AKTUALISIEREN.

Übrigens: Wenn Sie die AirPort-Basisstation als DHCP-Server mit einem anderen IP-Adressbereich verwenden möchten, müssen Sie im Bereich NETZWERK das Markierungsfeld IP-ADRESSEN GEMEINSAM NUTZEN aktivieren (damit aktivieren Sie den internen DHCP-Server der Basisstation). Markieren Sie anschließend die Option EINEN BEREICH VON IP-ADRESSEN GEMEINSAM NUTZEN. Geben Sie in dem Eingabefeld VON die Anfangs-IP-Adresse ein und bei BIS die letzte IP-Adresse Ihres neuen IP-Bereichs. Auf der Registerkarte bleibt alles beim Alten. Klicken Sie abschließend in AKTUALISIEREN.

Sie können nun das *AirPort Admin. Dienstprogramm* schließen und auf alle freigegebenen Netzwerkressourcen zugreifen, genauso, als wären Sie mit dem Netzwerk über ein Netzwerkkabel verbunden.

AirPort mit Internetzugang per PPPoE konfigurieren

Verfügen Sie über einen DSL-Zugang, können Sie die AirPort-Basisstation als DSL-Router verwenden. Alle Netzwerkteilnehmer, die über einen AirPort-Netzwerkzugang verfügen, sind dann in der Lage, sich einen einzigen DSL-Zugang zu teilen. Schließen Sie die Basisstation einerseits an das lokale Netzwerk und andererseits an das DSL-Modem an. Ist dies geschehen, rufen Sie das *AirPort Admin. Dienstprogramm* auf. Markieren Sie die entsprechende Basisstation, klicken Sie in KONFIGURIEREN und geben Sie Ihr Konfigurationskennwort ein. Danach klicken Sie die Taste INTERNET an.

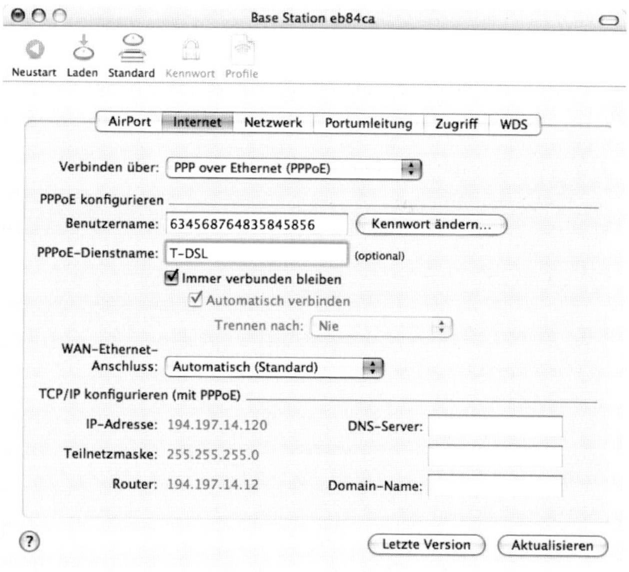

Wählen Sie aus dem Einblendmenü VERBINDEN ÜBER den Menüeintrag PPP OVER ETHERNET (PPPOE) aus. Dabei handelt es sich um das Übertragungsprotokoll für DSL-Verbindungen. Ihre Basisstation weiß dann, dass Sie für den Internetzugang das angeschlossene DSL-Modem bemühen muss.

Im Bereich PPPoE KONFIGURIEREN des Bereichs INTERNET müssen Sie nun einen BENUTZERNAMEN sowie einen DIENSTNAMEN eingeben. Beide Informationen entnehmen Sie bitte den Unterlagen zu Ihrem DSL-Anschluss. Ist Ihr DSL-Zugang mit einem Kennwort versehen, klicken Sie bitte in die Taste KENNWORT ÄNDERN, um das entsprechende Kennwort einzugeben. Wenn Sie das Markierungsfeld IMMER VERBUNDEN BLEIBEN aktivieren, bleibt Ihre Basisstation rund um die Uhr per DSL mit dem Internet verbunden.

Klicken Sie abschließend in die Taste AKTUALISIEREN, damit die Änderungen von der Basisstation übernommen werden.

Konfiguration des AirPort-Clients

Da Sie die AirPort-Basisstation in ihren Grundzügen konfiguriert haben, müssen Sie die Systemeinstellung auf Ihrem AirPort-Mac aufrufen. Sie müssen hier einstellen, dass Sie eine Netzwerkverbindung zukünftig per AirPort haben möchten.

Öffnen Sie dazu die SYSTEMEINSTELLUNGEN und dort die Systemeinstellung NETZWERK. Wählen Sie im Dialogfenster NETZWERK aus dem Einblendmenü ANZEIGEN den Eintrag AIRPORT. Klicken Sie in die Taste TCP/IP. Um die Vergabe einer IP-Adresse brauchen Sie sich nicht zu kümmern, da Sie über einen DHCP-Server verfügen (entweder den in der AirPort-Basisstation oder einen anderen in Ihrem Netzwerk). Möchten Sie Ihrem Mac trotz DHCP eine andere IP-Adresse zuweisen, müssen Sie aus dem Einblendmenü IPV4 KONFIGURIEREN die Einträge MANUELL oder DHCP MIT MANUELLER IP-ADRESSE auswählen. Sie müssen dann die notwendigen Daten selbst in den entsprechenden Eingabefeldern ergänzen.

Klicken Sie die Taste AIRPORT an. Wählen Sie aus dem Einblendmenü STANDARDMÄßIG VERBINDEN MIT: den Eintrag BEVORZUGTE NETZWERKE aus. Wählen Sie anschließend unter NETZWERKNAME Ihr lokales Netzwerk aus, mit dem Sie sich per AirPort verbinden möchten. Mit diesem Netzwerk werden Sie nun zukünftig automatisch verbunden.

Um einen geschützten drahtlosen Netzwerkzugang einzurichten (Verschlüsselung der Verbindung), klicken Sie in die Taste BEARBEITEN.

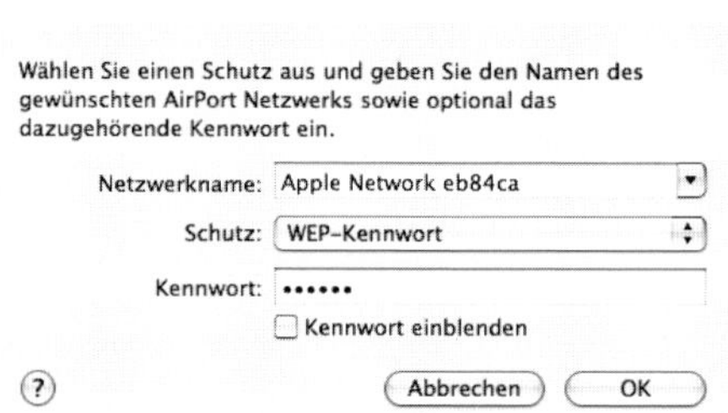

Wählen Sie aus dem Einblendmenü SCHUTZ eine Verschlüsselungsmethode aus. WEP-KENNWORT dürfte für Otto-Normalverbraucher an dieser Stelle durchaus ausreichen. Geben Sie anschließend ein Kennwort ein, mit dem Sie sich zukünftig am Netzwerk anmelden. Klicken Sie in OK.

Klicken Sie in JETZT ANWENDEN und schließen Sie die Systemeinstellungen.

Internet per AirPort-Netzwerk

Haben Sie alle vorherigen Installations- und Konfigurationsanleitungen befolgt, sollte Ihr Mac per AirPort mit dem lokalen Netzwerk verbunden sein und korrekt funktionieren. Um auf den Ordner PRIVAT eines anderen Netzwerkteilnehmers zuzugreifen, gehen Sie vor wie bereits weiter vorn in diesem Kapitel beschrieben. Möchten Sie eine Verbindung ins Internet etablieren, gehen sind folgende Schritte notwendig:

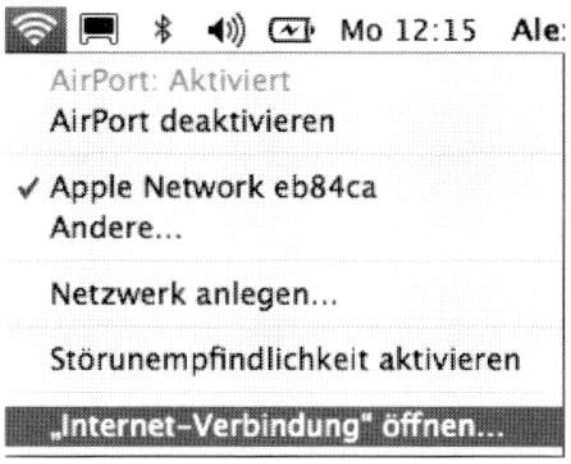

1. Klicken Sie auf das AirPort-Symbol in der Menüleiste des Finders.
2. Klicken Sie im Einblendmenü in „INTERNET-VERBINDUNG“ ÖFFNEN. Übrigens: Damit alle Netzwerkteilnehmer per AirPort auf das Internet zugreifen können, müssen Sie die AirPort-Basisstation mit der Telefondose (analog, nicht ISDN) bzw. mit einem DSL-Modem (falls Sie über DSL verfügen) verbinden.

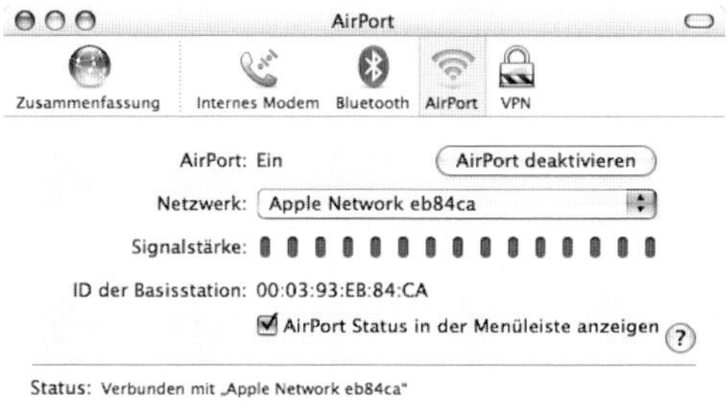

3. Es öffnet sich das Dialogfenster AIRPORT des Programms *Internet-Verbindung*. Stellen Sie sicher, dass im Einblendmenü NETZWERK das AirPort-Netzwerk ausgewählt ist, in dem Sie sich gerade befinden. Möchten Sie AirPort für Ihren Rechner deaktivieren, müssen Sie in die Taste AIRPORT DEAKTIVIEREN klicken. Haben Sie die entsprechenden Einstellungen getroffen, schließen Sie das Dialogfenster.

Sie sind nun in der Lage, per AirPort auf das Internet zuzugreifen. Programme wie Safari 2.0 oder Mail verbinden sich nun automatisch per AirPort mit dem Internet.

9.12 Firewall

Mac OS X 10.4 ist ein sehr komplexes Betriebssystem, das auf einem UNIX-Kernel basiert. Aufgrund der Komplexität unterläuft dem Benutzer schnell einmal ein Konfigurationsfehler, besonders dann, wenn er mit dem Terminal im Command-Line-Modus arbeitet. Besonders fatal ist dies dann, wenn Konfigurationsfehler im Bereich Internet und Sicherheit auftreten und Angreifern via Internet Tür und Tor geöffnet sind.

Aus diesem Grund gehört eine Firewall zur Grundausstattung von Mac OS X 10.4. Die integrierte Firewall ist jedoch standardmäßig nicht aktiviert.

Als Firewall bezeichnet man Programme, deren Aufgabe der Schutz von mit dem Internet verbundenen Netzwerken und Einzelplatzrechnern ist. Die Firewall von Mac OS X 10.4 schützt lediglich einen einzelnen Mac, nämlich jenen, auf dem die Firewall aktiviert wurde. Somit müssen Sie die Firewall für jeden Mac in Ihrem Netzwerk separat aktivieren.

Die Firewall von OS X 10.4 arbeitet mit Zugriffsregeln und erlaubt oder verbietet IP-Paketen den Zugang zu ganz bestimmten Ports, an denen die Server-Dienste des jeweiligen Macs laufen. Um dies zu erreichen, analysiert die Firewall die Header der einzelnen IP-Pakete im Netzwerk, in denen unter anderem die Ziel-Adressen abgelegt sind.

Bei der Aufstellung der Regeln gibt es zwei Möglichkeiten. Entweder man verbietet ganz bestimmte Services und erlaubt damit alle übrigen Services. Besser und sicherer ist jedoch die Methode, bestimmte Services zu erlauben und alle anderen zu verbieten. Diese Regeln lassen sich auf eingehenden wie auch auf den ausgehenden Datenverkehr anwenden. Das Eingeben der Regeln erfordert fundierte UNIX-Kenntnisse und ist nur über das *Terminal* möglich.

Für Anfänger eignet sich die Systemeinstellung SHARING viel besser. Zwar können hier keine Regeln definiert werden, aber die bereits vordefinierten Regeln bieten ebenfalls einen sehr guten Schutz. Öffnen Sie die *Systemeinstellungen* und klicken Sie anschließend auf die Taste FIREWALL.

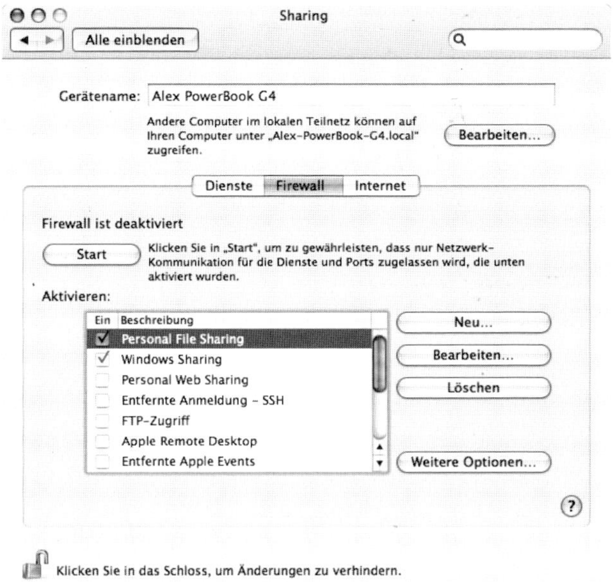

Je nachdem, welche Dienste Sie im Bereich DIENSTE gestartet haben, sind diese in der Auflistung AKTIVIEREN mit einem Häkchen versehen.

Klicken Sie in die Taste START, um die Firewall für die laufenden Netzwerkdienste zu aktivieren.

Ist dies geschehen, klicken Sie in die Taste WEITERE OPTIONEN. Daraufhin öffnet sich ein Fenster, in dem Sie zusätzliche Optionen zur Firewall einstellen können. Aktivieren sollten Sie auf jeden Fall TARN-MODUS AKTIVIEREN.

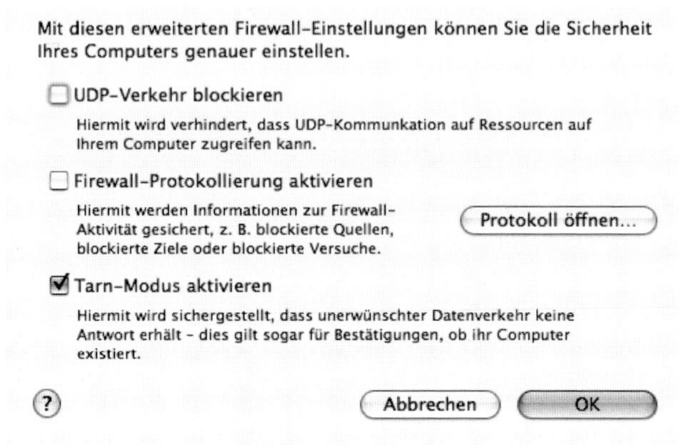

Der Tarnmodus macht Ihren Mac für Angreifer aus dem Internet unsichtbar. Klicken Sie in OK und schließen Sie die *Systemeinstellungen*.

Stichwortverzeichnis

E

F

G

H

I

J

K

L

M

N

O

T